普通高等教育"十一五"规划教材

PUTONG GAODENG JIAOYU SHIYIWU GUIHUA JIAOCAI

U0655686

FANGDICHAN JINRONG

房地产金融

主　编　刘长滨　周　霞
副主编　张　鑫　赵秀池
编　写　刘颖春　王　媛
　　　　张　俊　张　丽

中国电力出版社
http://jc.cepp.com.cn

内 容 提 要

本书为普通高等教育"十一五"规划教材。全书对房地产金融基础知识、房地产金融概论、房地产金融市场、房地产信贷、房地产证券化、房地产信托、房地产保险、项目融资、住房公积金、房地产金融法律法规体系等方面的内容进行了较为全面、系统的介绍。

本书在一般房地产金融教材理论体系的基础上,增加了货币、信用等房地产金融基础知识和项目融资等内容。特别邀请了银行、保险公司等房地产金融机构的资深从业人员参与重要章节的编写。在讲授基本理论知识的同时,对房地产金融领域出现的许多新问题、新现象进行了分析和探讨;并通过专题讨论、案例分析、思考题等方式引导学生进行延伸性思考。保证了本书的实践性、时效性和一定的前瞻性。

本书可作为高等院校房地产金融课程教材,也可作为房地产金融机构培训教材,并可作为房地产金融相关理论和实践研究的参考用书。

图书在版编目 (CIP) 数据

房地产金融/刘长滨,周霞主编. —北京:中国电力出版社,2008.8(2023.1重印)

普通高等教育"十一五"规划教材

ISBN 978 - 7 - 5083 - 7770 - 4

Ⅰ. 房… Ⅱ. ①刘…②周… Ⅲ. 房地产—金融学—高等学校—教材 Ⅳ. F830.572

中国版本图书馆 CIP 数据核字(2008)第 126170 号

中国电力出版社出版、发行

(北京市东城区北京站西街 19 号　100005　http://www.cepp.sgcc.com.cn)

中国电力出版社有限公司印刷

各地新华书店经售

*

2008 年 8 月第一版　2023 年 1 月北京第八次印刷

787 毫米×1092 毫米　16 开本　17 印张　411 千字

定价 **45.00** 元

前　言

为贯彻落实教育部《关于进一步加强高等学校本科教学工作的若干意见》和《教育部关于以就业为导向深化高等职业教育改革的若干意见》的精神，加强教材建设，确保教材质量，中国电力教育协会组织制订了普通高等教育"十一五"教材规划。该规划强调适应不同层次、不同类型院校，满足学科发展和人才培养的需求，坚持专业基础课教材与教学急需的专业教材并重、新编与修订相结合。本书为新编教材。

改革开放以来，作为我国最活跃、发展速度最快的经济领域之一，房地产业的繁荣离不开金融业的支持。特别是近年来，在银根紧缩的金融宏观调控背景下，资金融通成为房地产企业生存与发展的头等大事。为拓展投融资渠道，房地产金融市场不断推陈出新。与此同时，国际资本借助多种金融工具参与国内房地产市场的投资开发、经营销售等活动，为国内房地产企业注入活力的同时，也给房地产金融监管提出更新更高的要求。

为了适应房地产金融的发展，满足国内应用型本专科院校非金融专业房地产金融及相关课程教学、研究的基本需求，产生了编写本书的愿望。本书的特色主要体现在：

（1）理论的系统性。考虑到应用型本专科院校非金融专业学生的金融学基础知识相对薄弱，本书对货币、信用等房地产金融基础知识进行了简明扼要的介绍。在此基础上，对房地产金融市场、房地产信贷、房地产信托、房地产证券化、房地产保险、住房公积金、房地产金融法律法规制度等方面的内容进行了较为全面、系统的介绍。此外，由于房地产主要以项目开发经营的形式展开，本书对一般房地产金融教材中较少提及的房地产项目融资的内容进行了介绍。

（2）较强的实践性、时效性和一定的前瞻性。针对应用型人才培养的定位，本书在编写过程中，注重理论联系实践及知识和数据资料的时效性，并直接引入银行、保险公司等房地产金融机构的资深从业人员参与房地产信贷、房地产保险等章节的编写，以保证相关内容与实务的贴近。

在基本理论知识的基础上，本书对房地产金融领域出现的许多新问题、新现象进行了较为全面的介绍和探讨，并通过专题讨论、案例分析、思考题等启发、引导学生对所学内容进行延伸性分析、思考。

此外，本书的编写语言力求简洁明了、深入浅出，并在每章后附有本章关键词的中英文对照，方便学生进行相关英文资料的检索、学习。

除满足应用型院校房地产金融课程教学需求外，本书还可作为房地产金融机构培训教材，并可作为读者继续学习或从事房地产金融相关理论和实践研究的参考用书。

本书由北京建筑工程学院刘长滨、周霞（第三章、第六章、第七章、第八章）主持编写；参与编写的副主编有：交通银行北京分行张鑫（第四章），首都经济贸易大学赵秀池（第九章）；其他参编人员包括：吉林建筑工程学院刘颖春（第二章），北京建筑工程学院王媛（第一章）、张俊（第五章）、张丽（第十章）。全书由刘长滨、周霞统稿。此外，美国怡安保险经纪公司董自力、经济日报王琳、北京太平洋城房地产开发公司黄宇鑫等对本书的撰写提供宝贵的支持与帮助，编写过程中参考了多本相关教材和多篇专业论文，在此一并表示感谢。

由于时间和水平有限，加之房地产金融领域的发展变化日新月异、各种金融工具层出不穷，本书中难免存在不足之处，恳请广大读者批评指正。

编　者

2008 年 7 月

目 录

第一章　房地产金融基础知识

本 章 摘 要

本章从货币的定义开始简要介绍货币与货币制度、货币供求与货币政策、信用与信用制度等与房地产金融运行密切相关的基础金融理论，为后续各章的学习做好准备。

第一节　货币与货币制度

一、货币的定义和货币本质

从不同的角度考察，货币的定义有所不同。西方经济学者通常将货币定义为：在商品或劳务的支付中，或债务的偿还中被普遍接受的任何东西。这是从职能出发给货币下的定义，同马克思关于"货币是价值尺度与流通手段的统一"这一观点也是相吻合的。

马克思认为，货币首先是商品，它同普通商品一样，也是价值和使用价值的统一体。但是，货币不是普通的商品，而是一种特殊的商品。其特殊之处就在于：货币是表现一切商品价值的材料，即是固定充当一般等价物的商品。

货币是商品的一般等价物，具有直接同一切商品交换的能力，这是在不同社会形态下货币共有的本质特征。当然，货币流通的范围有一定的限制，不是任何东西都可以通过货币而占有，货币也不可能支配一切。

二、货币的形态

在人类历史的长河中，货币的具体形态一直在不断变化。但就总体而言，货币形态变化经历着一个由低级向高级不断演变的过程。

（一）商品货币阶段

商品货币是人类历史上最古老的货币。据史籍记载，牲畜、贝壳、皮革、农具等商品都曾经充当过货币。这些商品既是货币，又是普通商品，即除了作为交换媒介以外，还可直接用于消费。由于商品货币不易计量与分割，不便携带、运送和保存，随着商品交换的发展，便逐渐为金属货币所取代。

（二）金属货币阶段

由于金属比一般商品更适宜于充当货币材料，随着金属的开采和冶炼技术的发展，金属逐渐取代贝壳、布帛等成为商品交换中的货币商品。

金属用作货币，先以条块等形状流通，使用时要称重量、验成色，很不方便。有些大商人在金属条块上加上印记，以其信誉保证货币的重量和成色。然而，当商品交换突破了地方市场的范围后，私人信誉便不能满足人们对金属条块的重量、成色的要求。于是，出现了铸币，即由国家铸造的具有一定形状、重量、成色和价值的金属货币，作为一国的法定流通手段。最初的铸币是由铜、铁等贱金属铸成的。随着商品交换的进一步发展，铸币材料逐渐为白银或黄金等贵金属代替。由于其自然属性适宜充当货币，如质量均匀、便于分割、易于携带和保管、体积小而价值大等，金银特别是黄金，最后排斥其他商品独占货币商品的地位。

由此，马克思指出："金银天生不是货币，但货币天生是金银。"

需要指出的是，早期的铸币面值与铸币的实际价值基本上是一致的。后来，出现了"铸币变质"，即铸币的铸造重量轻、成色低。除使用中的磨损以外，主要是由于政府试图通过铸造不足值的铸币来增加财政收入。当不足值的，即劣质铸币出现于流通中时，人们往往会把足值的货币贮藏起来，而充斥于流通中的只能是劣币了。这就是所谓的"劣币驱逐良币律"。

（三）纸币阶段

纸币是纯粹的价值符号，或者是货币符号。所谓货币符号是指本身不足值甚至没有价值，而能代替足值铸币或金属货币执行货币职能的货币替代物。

纸币之所以能够代替金属货币充当流通手段，其原因在于：货币作为流通手段，只是商品交换的媒介。货币持有人关心的只是货币能否作为购买手段，买回与它等价的商品，而不必关心货币本身是否足值或有无价值，从而给货币符号代替真实货币流通提供了可能。这种可能性在实际生活中被统治阶级所利用，有意识地降低铸币成色，并强制使用，之后，国家直接发行毫无价值又无黄金准备的纸币来代替铸币流通。

（四）存款货币阶段

在信用事业日益发达、银行机构普遍设立的条件下，又出现了存款货币的流通。

存款货币是指在银行账户上可用于转账结算的活期存款。存款货币并不存在可触摸或可持有的实体，由于它可通过签发支票在商品交换中代替金属货币充当支付手段和流通手段，所以称为"存款货币"。存款货币的流通是以银行信用为基础的，汇票、本票和支票等由发行者负责兑现或清偿，所以存款货币属于一种"信用货币"。存款货币的流通加速了资金的周转，适应了迅速发展的商品经济的需要。

（五）电子货币阶段

在世界新技术革命的推动下，20世纪70年代以后出现了无形货币——电子货币。所谓电子货币又称"数据货币"，是指用电子计算机系统储存和处理的电子存款和信用工具。电子货币的出现改变了人们使用货币的方式，在金融业引发了一场革命，推动国民经济向无现金、无支票、无凭证的"三无社会"迈进。

三、货币的职能

货币在现代经济中一般被认为具有五项职能：价值尺度、流通手段、支付手段、贮藏手段和世界货币。前两项职能是货币最基本的职能，其他三项职能是在商品经济发展中陆续出现的。

（一）价值尺度

在现代经济社会中，任何一个国家都采用一种货币单位作为衡量与表现商品价值的共同尺度。比如，我国采用人民币作为货币的名称，单位为元。美国用的是美元，日本是日元，等等。虽然各国货币的名称不同，所代表的价值亦有差异，但它们在本国的货币制度中，都担负着同一责任，即衡量各种商品的价值。在现实生活中，所有的商品都用同一货币单位表示其价格，从而商品生产者能够彼此了解对方商品的价格，为商品交换提供了便利。

货币作为商品价值尺度只需有观念上的货币就可以了。与米、吨、公升等实物度量尺度的不变性不同，货币的价值或者购买力容易发生变动。货币的购买力是众多商品和劳务的平均价格水平的倒数，而价格水平又是用消费价格指数、批发价格指数或社会总产品中包括的所有商品和劳务的价格指数来衡量的。例如，若平均消费价格指数上涨一倍，则一元人民币的购买力或价值就降低 50％；反之，若消费价格指数下降 50％，那么，一元人民币的价值或购买力就提高一倍。

货币价值或购买力的上升会给社会带来很多的麻烦与混乱。简单讲，货币升值会引致商品的出口竞争力下降。相反，货币贬值则导致消费者在名义收入不变的情况下实际生活水平的下降。无论发生哪一种情况，都会给经济带来不利的影响，所以，保持货币单位价值的稳定性是货币管理当局的一项十分重要的任务。

（二）流通手段

货币作为流通手段的职能，即货币充当商品交换的媒介职能。货币作为流通手段的出现，使物物交换变得十分简单。需要用瓷器交换衣服的人，只需要将瓷器交换成货币，然后再用货币购买衣服。作为被人们普遍接受的交换媒介，货币实际上已取得了作为一般购买力即能够交换任何商品的权力。这种权力使商品交换变成两个独立步骤：一个是卖，取得货币；另一个是买，用货币换得商品。这两个环节的出现使货币与商品交换的脱节成为可能。

作为交换媒介的货币，必须是现实形态的货币而不能是观念形态的货币。

（三）支付手段

货币可以用做表示延期支付或未来支付的单位和工具。在现代经济制度中，由于生产的多样化和复杂化，各种商品生产时间不一致，销售时间也不一致，并且许多商品的产销带有季节性，这使得一些商品进入市场的时候，另一些商品还没有销售出去。商品尚未销售出去前，生产者手中没有货币，不能购进生产资料继续从事生产，这使得以信用方式完成买卖行为成为必要。货币执行支付手段的职能可以促使人们签订某些合同，规定各类交易可以在现在成交，而付款则在以后的一个日期实行。这样一来，商品的生产和销售就变得容易多了，因为商品可以通过商业信用来提供，生产者也可以通过商业信用获得劳动力和原材料。值得关注的是，货币的这一职能，使经济危机出现的可能性进一步加大。此外，货币在偿还贷款、缴纳税金、支付利息、支付工资等情况下，也执行着支付手段的职能。

发挥支付手段职能的货币必须是处于流通过程中的现实的货币，而不能只是观念中的货币。

（四）贮藏手段

货币的第四项职能是充当贮藏手段，即可以作为财富的一般代表被人们储存起来。

随着商品生产的发展，货币贮藏职能成了商品生产本身得以顺利进行的必要条件。我们知道，商品生产者需要不断地购买别人的商品，但是他自己的商品的售卖又是偶然的。因此，为了维持生产，解决滞销期间引起的困难，就需要贮藏货币。

货币的贮藏在商品经济中起到调节货币流通量的作用。由于流通中的商品量、商品价格及货币的流通速度经常变动，引起流通中所需的货币量不断增加或减少，这就需要贮藏货币作为调节货币流通量的手段，使实际流通中的货币量不断地适应流通领域中货币需要量的变动。在现代经济生活中，货币的贮藏职能已采取了新形式。银行成了贮藏货币的储存所。贮藏手段在金属货币制度下作为"蓄水池"的自动功能已被现代的信用制度部分地取代了。

作为贮藏手段的货币，必须既是实在的货币，又是足值的货币。因此，只有金银铸币或者金银条块等才能执行贮藏手段的职能。

（五）世界货币

货币的最后一种职能是充当世界货币，即在世界市场上发挥作用。世界货币的作用主要包括：第一，作为一般的支付手段，用来支付国际收支的差额；第二，作为一般的购买手段，用来购买外国商品；第三，作为社会财富的代表由一国转移到另一国，如支付战争赔款、对外贷款等。

金属货币时代，能够作为世界货币的只有黄金或白银，铸币是不能充当世界货币的。随着国际经济的发展，许多国家的纸质货币也开始在国际发挥价值尺度、财富转移、购买和支付手段等职能。世界货币的表现形式、性质都已经发生巨大变化。

四、货币制度

（一）货币制度的形成

货币制度的一些要素在资本主义社会前就陆续产生了。但是完整的货币制度是在资本主义经济制度产生之后逐渐形成的。为了改变货币流通的紊乱状况，各国政府先后以法令或条例的形式对货币流通作出种种规定。这些规定包括以下几个方面的内容：一是，建立统一和集中的货币发行体系，垄断货币发行；二是，规定货币单位以保证货币制度的稳定；三是，规定流通中的币材和货币量。可以说，西方国家政府在资本主义上升时期为克服货币流通混乱的状况，将已颁布的本位货币金属、货币单位、货币铸造、发行和流通程序、发行准备等法令和条例集中起来制度化的过程，就是资本主义货币制度的形成过程。迄今为止，各国历史上先后出现了银本位制、金币本位制、金块本位制、金汇兑本位制、平行本位制、双本位制、跛行本位制及不兑现的信用货币制度。

（二）货币制度的构成要素

资本主义国家开始建立的统一的货币制度，一般由以下四个要素构成。

1. 货币金属

货币金属，即规定哪一种金属作货币材料。货币金属是整个货币制度的基础，确定不同的金属作为货币材料，就构成不同的货币本位。例如，以白银作币材，就是银本位制；以黄金作币材，就是金本位制；以黄金和白银同时作币材，就是金银复本位制。

2. 货币单位

货币单位，即规定货币单位的名称及其所含的货币金属的重量，也称为价格标准。例如，英国的货币单位定名为"镑"，根据 1816 年 5 月的金币本位法案规定，1 英镑合成色11/12 的黄金 123.27447 格令（合 7.97 克）。美国的货币单位定名为"元"，根据 1934 年 1月的法令规定，其含金量为 0.888671 克。中国 1914 年的"国币条例"中规定，货币单位名称为"圆"，每圆含纯银 6 钱 4 分 8 厘（合 23.977 克）。

3. 各种通货的铸造、发行和流通程序

一个国家的通货，通常分为主币（即本位币）和辅币，它们各有不同的铸造、发行和流通程序。

（1）本位币。本位币是一国的基本通货。在金属货币流通的条件下，本位币是指用货币金属按照国家规定的货币单位铸成的铸币。本位币是一种足值的铸币，有独特的铸造、发行与流通程序，其特点如下：①自由铸造。一方面，每个公民都有权把货币金属送到国家造币厂请求铸成本位币；另一方面，造币厂代公民铸造本位币，不收费用或只收很低的造币费。②无限法偿。法律规定，在货币收付中无论每次支付的金额多大，用本位币支付时，受款人不得拒绝接受，故称为无限法偿币。在金属铸币流通制度下，为了保证本位币的名目价值与实际价值相一致，从而保证本位币的无限法偿能力，各国货币制度中通常都规定有每枚铸币的实际重量低于法定重量的最大限度，即铸币的磨损公差。

（2）辅币。辅币是本位币以下的小额货币，供日常零星交易和找零之用。辅币在铸造、发行与流通程序上具有以下特点：①用贱金属铸造，节省流通费用。②是不足值的铸币。③可以与本位币自由兑换。虽然辅币的实际价值低于名目价值，但法律规定，辅币可以按固定比例与本位币自由兑换。④限制铸造。即只能由国家来铸造。⑤有限法偿货币。即国家对每一次支付行为中使用辅币的数量进行了规定，超过规定限额的部分，受款人可以拒绝接受。如美国规定，10 分以上的银辅币每次支付限额为 10 元；铜镍所铸造的分币，每次支付限额为 25 分。但向国家纳税或向银行兑换时不受数量限制。

（3）纸币的发行和流通程序。在金属货币制度下，流通中的货币除了本位币及辅币外，还有银行券、纸币或不兑现的信用货币。

银行券产生于货币的支付手段职能，是代替金属货币充当支付手段和流通手段职能的银行证券。在银行业发展的早期，银行券由商业银行分散发行，19 世纪以后各国才集中统一由中央银行发行银行券。西方国家在 1929—1933 年的经济危机后，各国的银行券都不再兑现，从而演变为不兑现的纸币。

纸币是本身没有价值又不能兑现的货币符号。纸币产生的前提不是发达的信用制度，而是中央集权的国家政权和统一的国内市场。

在当代社会经济中，银行券和纸币已基本成为同一概念。因为：一是，各国银行券已经不再兑现金属货币；二是，各国的纸币已经完全通过银行的信贷程序发放出去，两者已经演变为同一事物。

4. 准备制度

在实行金本位制的条件下，准备制度主要是建立国家的黄金储备，这种黄金储备保存在中央银行或国库。其用途包括：①作为国际支付的准备金；②作为扩大和收缩国内金属流通的准备金；③作为支付存款和兑换银行券的准备金。当今世界各国均实行不兑现的信用货币流通制度，金银已退出货币流通领域，黄金准备的后两个作用已经消失。黄金作为国际支付准备金的作用依然存在，形式却发生了变化，已不再按货币含金量用黄金作为最后弥补国际收支逆差的手段，而是当一国出现国际收支逆差时，在国际市场上抛售黄金，换取自由外汇，以平衡国际收支。

目前，各国中央银行发行的信用货币虽然不能再兑换黄金，但仍然保留着发行准备制度。各国准备制度不同，但归纳起来，作为发行准备金的有黄金、国家债券、商业票据、外汇等。

（三）我国的货币制度

我国大陆地区的货币制度是人民币制度。1948 年 12 月 1 日中国人民银行正式成立，同时发行人民币。人民币发行以后，中国人民银行迅速收兑了旧经济制度下的法币、金圆券、银元券，同时通过收兑原解放区自行发行的货币统一了货币市场，形成了新中国的货币制度。在社会主义制度下货币制度的基本内容包括以下几个方面：

1. 人民币是我国的法定货币

人民币是由中国人民银行发行的信用货币，是我国的无限法偿货币，没有法定含金量，也不能自由兑换黄金。人民币的单位为"元"，元是本位币（即主币）。辅币的名称为"角"和"分"。人民币的票券、铸币种类由国务院决定。人民币以"￥"为符号，取"元"字汉语拼音的首位字母"Y"加两横而成。

2. 人民币是我国唯一的合法通货

国家规定了人民币限额出入国境的制度，金银和外汇不得在国内商品市场计价结算和流通。人民币的汇率，实行以市场供求为基础的、单一的、有管理的浮动汇率制度，人民币在经常项目下可兑换外汇，在国家统一规定下的国内外汇市场可买卖外汇。

3. 人民币的发行权集中于中央

人民币发行权掌握在国家手里，国家授权中国人民银行具体掌管货币发行工作。中国人民银行是货币的唯一发行机关，并集中管理货币发行基金。中国人民银行根据经济发展的需要，在由国务院批准的额度内，组织年度的货币发行和货币回笼。

4. 人民币的发行保证

首先，人民币是根据商品生产的发展和流通的扩大对货币的需要而发行的，这种发行有商品物资作基础，可以稳定币值；其次，人民币的发行还有大量的信用保证，包括政府债券、商业票据、商业银行票据等；再次，黄金、外汇储备也是人民币发行的一种保证。

5. 人民币实行有管理的货币制度

作为我国市场经济体制构成部分的货币体制，对内必须是国家宏观调节和管理下的体制，包括货币发行、货币流通、外汇价格等都不是自发的而是有管理的；对外则采取有管理的浮动汇率制。有管理的货币制度形式是在总结历史经验和逐步认识客观经济规律的基础上，运用市场这只无形的手和计划这只有形的手来灵活有效地引导、组织货币运行。

6. 人民币成为可兑换货币

货币的可兑换性是货币制度的内容之一。所谓可兑换性，是指一国货币兑换成其他国家货币的可能性。我国1996年实现人民币经常项目可自由兑换，在资本项目可自由兑换上则采取渐进式开放。按照国际货币基金组织划分的43个资本项目中，目前已有20至30个资本项目交易基本不受限制或有较少限制，人民币资本项目下已经实现了部分可兑换。

第二节　货币供求与货币政策

一、货币需求

（一）货币需求的概念

所谓货币需求，是指人们愿意以货币形式保有其收入和资产的一种需要或要求。

人们对货币的需求，一般主要出于以下三种动机：①交易性动机，指人们为了应付日常的商品交易需要而持有货币的动机；②预防性动机，指人们为了应付不测之需而保有一定量货币的动机；③投机性动机，是指人们积累一定数量的货币，伺机根据市场利率的变动进行投资以从中获利的动机。根据这三种动机，货币需求也可分为交易性货币需求、预防性货币需求和投机性货币需求。交易性货币需求，强调货币的交易功能，而预防性和投机性货币需求，则把货币看成是一种资产。

（二）货币需求的决定因素

（1）利率水平和融资条件。在正常情况下，利率水平与货币需求呈负相关关系，即利率上升，货币需求减少；利率下降，货币需求增加。融资条件的宽松会进一步增加货币需求；反之，则减少货币的需求。

（2）市场规模及交易方式。市场规模越大，对货币的需求越大。但货币需求在很大程度上取决于交易方式。

（3）资产收益率和投资环境。证券类资产收益率的变化，造成证券价格的升降，从而使人们在持有货币与购买证券之间做出选择。一般地说，资产收益率上升，投资环境改善，对货币需求会减少；反之，对货币需求会增加。

（4）通货膨胀预期和物价水平。通货膨胀预期与货币需求呈负相关关系，即当预期通货膨胀率上升时，人们担心货币会进一步贬值，对货币需求会减少；预期通货膨胀率下降时，则货币需求会增加。而物价水平与货币需求呈正相关关系。

（5）收入水平和理财技术。人们的收入水平与货币需求成正比。收入多，支出必然多，需持有的货币也多。但理财技术，会对人们的支出起分流的作用。所以理财技术改进，收益大，储蓄倾向增大，对货币需求会减少；反之，消费倾向增大，对货币需求会相应增加。

（6）个人取得收入的形式和时间间隔。一般情况下，货币收入在个人收入中所占的比重越大，对货币需求也越大。在其他情况不变的条件下，人们取得收入的时间间隔越长，对货币的需求也越多。

（7）金融市场效率与交易成本。在金融市场效率高且交易成本低的前提下，相当一部分交易可以通过债权债务相抵消来结算，从而减少作为流通手段的货币需求。同时，若金融市场比较完善，人们可以在保证正常支付需要的前提下，减少货币的持有量而相应增加其他金融资产的持有量，以增加收益。

当然，除上述因素外，其他经济和社会制度的因素、人们的预期和心理偏好等因素，对货币需求也有重要的影响。

（三）货币需要量

货币需要量，又称货币必要量，是指为保证经济正常运转和流通所需要的货币数量。货币需要量不是人们对货币主观追求或安排的结果，而是由货币流通规律决定的。

按照马克思对货币需要量的论述，流通中所必需的货币量，是为实现流通中待售商品价格总额所需的货币量。即

$$执行流通手段的货币必要量 = \frac{商品价格总额}{单位货币的流通速度}$$

这是货币流通规律的基本公式。当货币流通速度不变时，流通中所需货币数量同商品价格总额成正比。即商品价格总额愈大，所需的货币数量愈多；反之，就愈少。当商品价格总额不变时，流通中所需货币量与货币流通速度成反比，即货币流通速度愈快，所需货币量愈少；反之，则愈多。

马克思的关于货币流通规律的公式，有着重要的理论指导意义。它揭示了决定货币需要量的基本因素，特别强调了货币需要量的客观性。但应当看到，马克思的公式是以研究金属货币流通为对象的，在现代经济研究中运用这一公式时，必须考虑一些新的条件和新的因素。

二、货币供给

货币供给是指一国经济中货币投入、创造和扩张（收缩）的全过程。

（一）货币供应量及层次的划分

货币供应量，又称货币存量，是指在某一时点上，一国经济中包括现金、存款、商业票据、可流通转让的金融债券、政府债券等在内的用于各种交易的货币总量。凡是在中央银行和金融机构以外的各经济部门、企业和个人可用于交易的货币，都是货币供应量的组成部分。

按照货币流动性的差异，以存款及信用工具转换为现金所需时间和成本为依据，货币供应量可以划分为 M_0、M_1、M_2、M_3 等若干不同的层次。

国际货币基金组织对货币供应量层次的划分，采用两个口径：货币和准货币。货币相当于 M_1，即商业银行以外的通货加私人部门活期存款之和；准货币等于定期存款、储蓄存款和外币存款之和。货币加准货币相当于 M_2。

美国现行货币供应量的层次，除 M_1、M_2、M_3 外，还有 L 和 Debt。L 等于 M_3 加上某些债务工具。Debt（债务量）是一个更大的口径，指国内非金融部门在金融市场未清偿的债务总量。它与货币供应量统计并无直接联系。

我国的货币供应量划分为 M_0、M_1、M_2、M_3 四个层次。

（1）M_0：流通中的现金；

（2）M_1：M_0＋企业活期存款＋机关团体部队存款＋农村存款＋个人持有的信用卡类存款；

（3）M_2：M_1＋城乡居民储蓄存款＋企业存款中具有定期性质的存款＋外币存款＋信托类存款；

（4）M_3：M_2＋金融债券＋商业票据＋大额可转让存单等。

其中，M_1 是通常所说的狭义货币量，流动性较强；M_2 是广义货币量。

（二）货币供给形成机制

货币供给形成机制，是指在经济运行中，货币从哪里来，通过什么途径进入流通，从而形成连绵不断的货币运动。

现代经济中的信用货币都是由银行体系创造和提供的。中央银行的负债，即基础货币，又称"强力货币"或"高能货币"，包括两个部分：商业银行存入中央银行存款准备金（包括法定准备金和超额准备金）和社会公众持有的通货。中央银行通过调节基础货币的数量，数倍扩张或收缩货币供应量，由此构成了市场货币供应量的基础，基础货币也因此而得名。基础货币通常以下列公式来表达：

$$B = C + R$$

式中：B 表示基础货币；C 表示流通于银行体系之外的通货（现金）；R 表示商业银行持有的总准备金。

货币供给量与基础货币的比值，就是货币乘数，它表示基础货币扩张（收缩）的倍数。用公式表示为

$$M_s = m \cdot B$$

式中：M_s 表示货币供应量；m 表示货币乘数。

应当指出，通货 C 虽然是存款货币创造的根据之一，但它本身的量，是由中央银行的通货发行量决定的，不存在成倍扩张（收缩）的机能。引起数倍增加（或减少）的只能是存款货币 D。

所以，$M_s = C + D$。

总之，货币供应量的初始供给是中央银行提供的基础货币。基础货币经过商业银行无数次的存入和支取，派生出许多可用于交易的存款货币和支付工具，从而出现多倍的货币扩张。

三、货币均衡

（一）货币均衡的含义

货币均衡是指货币供应量与经济发展所需要的货币必要量的基本一致。当然，受种种条件限制，很难准确测量货币的供应量和需求量，所以，货币均衡仅仅表现和反映有关变量之间的一种趋同或协调状态。这种状态用公式表示为

$$M_s = M_d$$

货币均衡的实质是市场上商品供给和用货币购买力表示的商品需求之间的均衡。即，待交易的商品与劳务能够迅速转换为货币，流通中的货币能够迅速转换为商品或劳务；物价相对稳定，经济持续、稳定地增长。在这种状态下，不存在由于购买手段不足引起的商品大量积压和企业开工严重不足的现象，也不存在由于购买手段和支付手段过剩而引起的商品供给不足和物价上涨的现象。

货币的非均衡或失衡，即 $M_s \neq M_d$，可能有两种情况：一种是货币不足，即 $M_s < M_d$，表现为经济停滞增长或负增长，商品严重积压，失业率上升；另一种是货币过多，即 $M_s > M_d$，表现为商品不足，物价迅速上涨，经济增长速度减缓。

（二）货币均衡的实现条件

在现代经济条件下，实现货币均衡要依赖于一系列的客观经济条件和有效的调控手段。主要包括：

（1）中央银行或货币当局能有效地调整货币供给，以适应货币需求的变动，这是实现货币均衡的关键。调控的主要手段有法定存款准备金率、再贴现率和公开市场业务等。

（2）财政收支保持基本平衡。巨额财政赤字往往迫使政府向中央银行透支或借款，进而迫使中央银行大量发行货币，导致货币供求失衡，严重时甚至会引发通货膨胀。

（3）产业结构、产品结构比较合理。产业结构的严重失衡使得发展过快的部门对某些产品产生过旺的需求，加大这些产品价格上涨的压力；相反，发展过慢的部门，由于需求过低，造成产品积压，影响生产的正常进行。产业结构、产品结构不合理会引起商品供求结构失衡，也会导致货币供求失衡。

（4）国际收支保持基本平衡。在开放条件下，这是保证国内市场供求平衡和货币均衡的重要条件之一。因为国际收支不平衡，出现大量顺差或逆差均会引起本币对外币的升值或贬值，直接影响国内市场价格的稳定。

（三）货币容纳量弹性

在现实经济生活中，$M_s = M_d$ 只是一种理论上的假设。由于种种原因，货币供应量可以超过或低于流通中的货币需要量。货币供应量同货币需要量在一定限度内的偏离能够为经济运行所容纳，不至于引起物价和币值较大的波动，这种现象称为货币容纳量弹性，或货币供应量弹性。市场货币容纳量弹性幅度，在一定程度上反映公众对货币的信任程度。信任程度高，弹性幅度就大些；信任程度低，弹性幅度就小些。

货币容纳量弹性（M_e）的计算公式为

$$M_e = \frac{经济增长率}{货币供应量增长率}$$

当 $M_e = 1$ 时，表明货币供应量与国民经济同步增长；当 $M_e < 1$ 时，表明货币供应量增长率超过了经济增长率（一般用国民生产总值增长率或社会总产值增长率表示），即表示货币供应量的超前增长。研究表明，无论是国内和国外，货币供应量的超前增长都是一个带有稳定性的长期趋势。在货币供应量超前增长的情况下，如果货币流通和市场物价仍处于基本稳定的状态，就表明市场货币容纳量具有一定的弹性。至于 $M_e > 1$ 的极端情况，似乎在世界经济史上尚未出现。

货币容纳量弹性为货币流通的调节提供了回旋的余地。但当货币流通量规模过大超过市场容纳量弹性限度，即越出"临界点"时，会导致货币流通速度急剧加快，币值下降和物价上涨的幅度大大超过货币流通量的增长速度。如果不迅速采取措施改变这种情况，人们就可能对货币失去信心，挤兑存款、抢购商品等情况必然会跟着出现。

四、货币政策

（一）货币政策的含义及其构成要素

货币政策是指中央银行为实现特定经济目标，利用金融工具调控经济变量的各项制度和措施的总和。它是实现中央银行金融宏观调控目标的核心所在，在国家宏观经济政策中居于十分重要的地位。

货币政策有三大构成要素：①货币政策目标；②货币政策中介指标；③货币政策工具。它们三者之间的关系是：货币政策工具作用于货币政策中介指标，通过货币政策中介指标去实现货币政策目标，如图 1-1 所示。

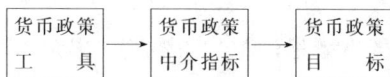

货币政策工具　→　货币政策中介指标　→　货币政策目标

图 1-1　货币政策三要素及其关系

受篇幅所限，下文主要介绍与房地产金融密切相关的货币政策工具。

（二）货币政策工具

货币政策工具是中央银行为实现货币政策目标而使用的各种策略手段，可分为一般性政策工具、选择性政策工具和其他补充性政策工具三类。

1. 一般性货币政策工具

所谓一般性货币政策工具，是指在货币供给总量调节中经常使用的，具有传统性质的货币政策工具。主要包括：

（1）法定存款准备金政策。存款准备金是金融机构为应付客户提取存款和资金清算而准备的货币资金，是银行存款量与贷款量之间的一个固定差额部分。准备金占存款或负债总额的比例就是存款准备金率。存款准备金分为法定存款准备金和超额准备金两部分。法定存款准备金是指金融机构按中央银行规定的比例上交的部分；超额准备金指准备金总额减去法定存款准备金的剩余部分。

最早实行存款准备金制度的是美国。20 世纪初美国颁布法律，规定了商业银行向中央银行缴纳准备金的制度。实行这一制度的本意是，银行所吸收的存款不能都贷放出去，而要留下一部分以应对存款人的随时支取。现代银行实行法定比率的准备金制度，其主要目的已经不是应付支取和防范挤兑，而是作为控制银行体系总体信用创造能力和调整货币供给量的工具。中央银行通过提高或降低法定存款比率达到收缩或扩张信用的目标。随着商品经济的发展与金融业在国民经济中地位的日趋重要，这一制度被广泛推行。

（2）再贴现政策。再贴现政策是指央行通过制定和调整再贴现率来影响市场利率和投资成本，从而调节货币供给量的一种货币政策工具。

再贴现政策是国外央行最早使用的货币政策工具。早在1873年，英国就用其调节货币信用。美国的贴现率制度始于20世纪30年代，1946年美国《就业法》确定了统一的官方贴现率（再贴现率）。

再贴现政策之所以在各国得以广泛运用，主要是因为它能为难以从金融市场获得需资金的部门和地区融资提供便利。作为货币政策的重要工具，再贴现既能引导信贷注入特定领域以增加流动性总量，又能对社会信用结构、利率水平、商业银行资产质量等发挥调节作用。

中央银行可利用再贴现政策履行最后贷款人的职责，通过再贴现率的变动影响货币供给量、短期利率以及商业银行的资金成本和超额准备金，达到其既调节货币总量又调节信贷结构的政策意向。

（3）公开市场业务。公开市场，是指各类有价证券自由、公开议价和交易的市场。公开市场业务则是指中央银行在公开市场上买卖有价证券，调节货币供给量以实现其金融控制和调节的活动。中央银行购进有价证券时，签发支票支付价款，证券出卖人将支票拿到自己的开户银行，开户银行收到这张支票后将它送交中央银行请求支付，中央银行承兑这张支票，并在证券出卖人开户银行在中央银行的准备金账户上增记支票金额。这时，证券出卖人开户银行的准备金增加了，而其他账户的准备金并不减少，结果是准备金总额增加（表现为超额储备增加也即基础货币增加），从而货币供给量增加了。当中央银行抛售有价证券的时候，情况则恰恰相反。

以上三项工具，也称货币政策的"三大法宝"。

2. 选择性货币政策工具

选择性货币政策工具是指中央银行针对某些特殊的经济领域或特殊用途的信贷而采用的信用调节工具。其主要有以下几种：

（1）消费信贷控制，是指中央银行对不动产以外的各种耐用消费品的销售融资予以控制。如规定消费信贷的最长期限、规定可用消费信贷购买的耐用消费品的种类等。

（2）证券市场信用控制，是指中央银行对有关有价证券交易的各种贷款进行限制。如规定购买股票的定金或保证金限额等。

（3）房地产信贷控制，是指中央银行为抑制房地产投机，对金融机构房地产贷款业务的限制。

（4）优惠利率，是指中央银行对按国家产业政策要求重点发展的经济部门或产业，规定较低贴现利率或放款利率的一种管理措施。如基础产业、高科技产业、出口创汇企业等，优惠利率大多在不发达国家运用。

（5）道义劝告、窗口指导和金融检查等间接工具。所谓道义劝告，是指中央银行利用其声望和地位，对商业银行和其他金融机构发出通告、指示或与各金融机构的负责人进行面谈，使商业银行和其他金融机构自动采取相应措施来贯彻中央银行的政策。所谓窗口指导，是指中央银行根据产业行情、物价趋势和金融市场动向，规定商业银行的贷款重点投向和贷款变动数量等。所谓金融检查，是中央银行对商业银行等金融机构的业务活动进行合法、合规性等多方面检查，并针对检查情况采取必要的措施。

第三节　信用与信用制度

一、信用

信用，是指商品买卖中的延期付款或货币的借贷行为。在商品货币经济条件下，这种借贷行为表现为以偿还为条件的商品或货币的让渡，即商品或货币的所有者暂时地出让商品或贷出货币，商品或货币的借入者则要在约定的日期还本，并支付一定的利息。因此，信用具有两个基本特征：一是以偿还为条件，即到期归还本金；二是在偿还时还带有一个增加额，即支付利息。债权和债务是构成信用这种经济行为的基本要素。

信用有实物借贷和货币借贷之分。在商品经济不发达的条件下，较多采用实物借贷形式，如旧中国的高利贷就盛行实物借贷。而在商品经济发达的条件下，信用更多采取货币的借贷形式。无论是实物还是货币，借贷的实体都是价值。所以，信用即借贷行为的内容，是价值的运动或转移。

作为价值运动的一种特殊形式，信用的"特殊"之处在于：

（1）信用是先让渡商品或贷出货币，作价值单方面的转移；而一般的价值运动，如商品交易，商品与货币同时做相向运动，表现为一手交钱，一手交货，钱货两清。

（2）在信用交易中，借贷双方的价值量是不对等的。贷者有获取利息的权利，借者则承担了支付利息的义务，转移的价值从而得到了增值。而在一般的价值运动中，商品与货币实行等价交换，两者价值量是相等的，只是商品的价值形态发生了变化。

从价值单方面让渡这一点来说，信用与财政似乎有相似之处。但财政分配具有强制性和无偿性，而信用交易必须以偿还和付息为条件的。

二、信用制度

信用制度，是约束信用主体行为的一系列规范与准则。信用制度可以是正式的，也可以是非正式的。正式的信用制度是约束信用主体行为及其关系的法律法规和市场规则，而非正式的信用制度是约束信用主体行为及其关系的价值观念、意识形态和风俗习惯等。自信用产生以来，各国都不断制定有关信用问题的各种法令法规，且这些法令法规日趋完善。一般来说，信用制度健全与否对整个社会的信用发展乃至经济秩序的稳定至关重要。因此建立一个稳定有序、能为经济发展提供有利条件的信用制度环境，是各国共同追求的目标。

三、信用形式

（一）商业信用

商业信用是指企业之间在买卖商品时采取赊销方式而相互提供的信用。

商业信用的具体形式有赊销商品、委托代销、分期付款、预付定金、补偿贸易等。归纳起来，主要有两大类：一类是以赊销、分期付款等形式所提供的卖方信用；另一类是以预付定金、分期预付货款等形式所提供的买方信用。

商业信用是较早产生的一种信用形式。在商品经济条件下，各企业之间的生产时间和流通时间经常不一致，使商品运动和货币运动在时间上、空间上产生脱节。如果商品交易只限于现金的支付，势必出现"卖不出"与"买不进"同时并存的矛盾，影响生产的正常进行。

而商业信用正是解决这种矛盾的可行办法之一。

商业信用区别于其他信用形式的特点体现在：

（1）商业信用体现生产或经营商品企业之间的信用关系。对授信的企业来说，通过商业信用的媒介作用，顺利地实现商品的销售；对受信的企业来说，通过商业信用方式，解决了资金不足的困难，保证企业生产或经营的正常进行。

（2）商业信用直接为企业再生产过程服务。商业信用所提供的信用，是处于企业资金循环周转过程中的商品资金，是企业生产经营资金的一部分，可以直接为企业的生产或经营服务。

（3）商业信用是一种直接信用。企业之间的信用关系，只要根据双方当事人的需要，通过直接协商即可确定，无需任何一种信用媒体参加。商业信用也是提供信用的简便方式，只要延期付款能为卖方所接受，或者预收货款能为买方所接受，交易双方自然乐意采用商业信用这种形式。这就使商业信用在商品交易中有较广泛的适用性。

当然，商业信用也有其局限性和缺点。如商业信用的规模受生产经营企业所拥有的资金数额的制约，商业信用的授受有严格的方向性限制，商业信用只是一种短期信用等。此外，商业信用还会掩盖企业经营管理中存在的问题，导致拖欠货款、逃避监督等负面影响。

（二）银行信用

银行信用是指银行及其他各种金融机构以货币形式，通过存款、贷款等业务活动提供的信用。

银行信用是伴随着现代银行制度的产生而发展起来的。银行信用的发展，一方面以存款方式把社会闲置的资金集中起来；另一方面又在社会范围内以贷款方式为企业提供资金，使再生产过程中资金的余缺得到调剂。

银行信用突破了商业信用的局限性，具有以下一些特点：

（1）商业信用的债权人和债务人都是企业，而银行信用反映银行与企业或个人之间的信用关系。

（2）银行信用集中起来的资金，不仅包括各个企业暂时闲置的货币资金，还包括社会各阶层和居民个人用作储蓄的货币收入。它突破了个别企业所拥有的资金数量的限制，在信用规模上大大超过了商业信用。

（3）银行的信用载体是处于货币形态的资金，可以不受商品流转方向的限制，克服了商业信用在方向上和对象上的局限性。

相比商业信用，银行信用在很大程度上满足了经济发展的需要，因而成为现代信用的基本形式。尽管如此，银行信用并不能完全代替商业信用。主要因为商业信用是银行信用产生的基础，而且商业信用具有银行信用所没有的直接、方便等优点。

（三）国家信用

国家信用，又称为政府信用，是以国家名义同其他信用主体之间发生的信用关系。它包括国内信用和国际信用两种形式。国内信用是国家以债务人身份向国内居民、企业、团体取得的信用，它形成国家的"内债"。国际信用是国家以债务人身份向国外居民、企业、团体和政府取得的信用，它形成国家的外债。无论内债还是外债，都是国家举借的债务，所以总称为国债。此外，还有国家以债权人身份，以贷款形式向外国政府提供的信用。

在我国，曾经认为既无内债又无外债是社会主义制度优越性的一种表现，这其实是一种误解。经济制度的优越与否，同国家是否举债并无联系。问题在于何时举债，债务收入用于什么地方，以及如何还本付息等。只要国债规模适当，还本付息有保证，是不足为虑的。在国内，通过发行公债集中社会闲散资金用于国家经济建设，可以促进国民经济的发展。即使发行国债是用于弥补财政赤字的，也比增发货币要好。

就"内债"来说，国家信用的基本形式是发行政府债券。期限在 1 年内的短期债券称为国库券，通常用于解决年度内先支后收的困难；期限在 1 年以上的中长期债券称为公债券，主要用于弥补财政赤字或国家重点建设的长期性投资。

就"外债"来说，国家信用主要以发行国际债券和举借贷款等方式取得。通过发行国际债券来筹措资金，是国际金融市场上一种较流行的形式。以国家名义发行的债券一般也称为公债，主要用于弥补国际收支逆差，或者为大型工程项目筹措资金。

国家信用与银行信用既有联系又有区别，不能互相取代。它们具有相同的资金来源，即都是通过信用形式集中的社会闲散资金。但在社会闲散资金总量一定的条件下，可能在量上有此增彼减的关系。也就是说，国家信用不应当过于膨胀，一是因为社会应债能力总是有限的，二是债务依存度过高，影响财政的健康运行，三是日后的还本付息压力太大。

（四）消费信用

消费信用是工商企业、银行或其他金融机构以商品、货币或劳务的形式，向消费者个人提供的信用。实行消费信用，消费者可以先取得商品或劳务，然后按照约定的期限偿还货款。

消费信用按其性质来说有两种类型：一种类似商业信用，由工商企业以赊销或分期付款形式向消费者提供商品或劳务；另一类则属于银行信用，具体有两种方式，或是由银行直接向消费者个人发放贷款，或者是由银行向提供商品与劳务的工商企业发放贷款。此外，以物品作抵押的典当行，为消费者临时融通的货币，也可算是消费信用。

消费信用的主要形式有：

（1）赊账或透支。主要用于日常零星的购买，属于短期信用。透支常采用信用卡方式进行。

（2）分期付款。这是最常见消费信用形式，多用于购买耐用消费品，如汽车、家具、房屋等，一般属中长期信用。按是否需要抵押品，消费贷款可分为信用放款和抵押放款两种：信用放款是不需提供任何抵押品的贷款；抵押放款则必须以汽车、住房及其他物品作抵押，方可向银行取得的贷款。

除以上四种形式外，还有合作信用的民间信用、国际信用等信用形式。

关键词中英文对照

货币定义（money definition）　　货币职能（money function）

货币层次（money arrangement）　货币需求（money demand）

货币供给（money supply）　　　　基础货币（money base）

货币乘数（money multiplier）　　 货币政策（monetary policy）

信用（credit）　　　　　　　　　公开市场业务（Open-Market Operations）

思 考 题

1. 货币的本质是什么？在现代经济社会中，货币有哪些职能？
2. 货币制度的构成要素包括哪些？简述我国的货币制度。
3. 何谓货币供给量和货币需要量？货币均衡的实质是什么？
4. 货币政策的主要内容包括哪些？一般性货币政策工具有哪些？
5. 试比较我国与英美等发达国家的货币制度与信用制度的差异。
6. 近年来人民币升值和存款准备金利率的上调对我国房地产金融市场有何影响？

第二章 房地产金融概述

本 章 摘 要

房地产金融的运行有较强的特殊性,因此,房地产金融往往以一般金融理论为基础作为一门独立的学科进行研究。本章主要讲述房地产金融三方面的基本问题,即:房地产金融的概念、特点和作用;我国房地产金融的发展;国外住房金融简介。

第一节 房地产金融的概念、特点和作用

一、房地产金融的概念

房地产金融是房地产开发、流通和消费过程中通过货币流通和信用渠道所进行的筹集资金、融通资金、结算或清算资金并提供风险担保或保险及相关金融服务的一系列金融活动的总称。房地产金融业务的内容主要包括吸收房地产业存款,开办住房储蓄,办理房地产贷款,从事房地产投资、信托、保险、典当和货币结算以及房地产有价证券的发行和代理发行与交易等。可见,房地产金融的基本任务是运用多种金融方式和金融工具筹集和融通资金,支持房地产开发、流通和消费,促进房地产再生产过程中的资金良性循环,保障房地产再生产过程的顺利进行。

房地产金融包括政策性房地产金融和商业性房地产金融。政策性房地产金融主要是房改金融,它是与住房制度改革有关的一系列金融活动。房改金融与商业性房地产金融的差异主要表现在以下几个方面。

1. 目的

房改金融不以营利为主要目的,房改资金循环周转增值的部分主要用于继续投入房改业务;商业性房地产金融是以营利为主要目的的金融业务。

2. 资金来源

房改金融资金归集具有强制性,具有特定的资金来源,且一般筹资成本较低,期限较长;同时,房改金融资金归集具有地方性,资金来源的具体形式和种类各地不同,且来源于当地城镇住房基金、当地企事业单位住房基金和当地个人住房基金等。

商业性房地产金融资金来源的渠道和方式多样,不具有强制性和地方性。

3. 资金运用

房改金融资金的运用具有特定性,即房改资金运用要符合房改政策的规定,具有专款专用的特征;房改金融资金运用也具有优惠性,资金运用的利率较低,期限较长;并且,房改金融资金运用具有地方性,即资金运用的具体投向和种类各地不尽相同,资金用于解决当地住房建设资金的不足以及当地企事业单位和个人购房资金的不足等。

而商业性房地产金融属于一般金融业务,受政策性影响相对较弱,商业性房地产机构运作此类资金时具有较大的自主性,且可以跨地区调剂资金余缺,收益统一归各金融机构总部(总行或总公司等),其地方性特征相对较弱。

4. 发展方向

房改金融具有明显的阶段性，而商业性房地产金融具有长期性。房改金融业务是住房制度改革派生出来的政策性金融业务，随着房改目标的实现，房改金融也将完成其使命；而商业性房地产金融是房地产与金融相互融合发展的产物，与市场经济社会相伴而长期存在。

5. 业务范围

房改金融业务属于商业性金融机构的委托业务，且只涉及住房；而商业性房地产金融属于商业性金融机构的自营业务，可涉及各类房地产。

6. 贷款融资操作

商业性金融机构承担的房改金融业务，只收取手续费，不得代垫资金，对房改金融资金的投向要符合委托人制定的政策性住房资金使用计划的要求，按照政策性住房资金管理规定，审定、使用和回收各项房改金融资金；而商业性房地产金融只作为商业性金融机构一般金融自营业务操作，需自寻资金来源，自主选择贷款对象，自行承担风险。

政策性房地产金融除了涉及政策性的房改资金融通外，还应该包括政策性房地产保险等内容。

二、房地产金融的特点

由于房地产金融的融资对象房地产具有与普通商品不同的特点，即房地产具有位置的固定性、使用的耐久性、产品的多样性以及区域性等，使得房地产资金的占用量大、周转期较长并具有增值性，从而决定了房地产金融是一个相对独立的金融领域，因此它有着与一般金融或金融市场不同的特征。

（一）房地产金融具有相对较高的安全性

这主要有三个方面原因：

（1）房地产金融是有担保的信用。房地产金融一般属于长期信用，因此，通常要求借款人提供担保。担保包括人的担保（即保证）和物的担保（主要为抵押和质押）。保证通常是由信誉卓著或资本雄厚的第三人（包括具有担保资格的法人和自然人）为债务人的债务清偿提供担保，当债务人不能履行贷款合同时，该第三人具有代为履行偿还贷款的责任；物的担保，就是以特定的财物为借款人债务的履行作担保，当债务不能履行时，债权人有权行使该担保物权（主要为抵押权和质押权），无论债务人是否还负有其他债务或是否将该担保物转让他人，都能从该担保物的执行中获得债权的优先清偿。以上两类担保，人的担保较为方便，而物的担保则更为安全。借款人可根据银行的要求选择一种或多种担保方式。个人住房抵押贷款因期限长达 10～30 年不等，因此，银行通常要求借款人必须提供所购住房作为贷款的抵押担保；房地产开发贷款因贷款期限通常在 3 年左右，而且贷款金额大，因此，银行通常也要求开发公司提供房地产抵押或第三方保证；对于少数信誉卓著的房地产公司，银行为争取优质客户，也可以采用信用贷款，即无担保贷款。

（2）房地产具有位置的固定性、使用的耐久性。房地产位置的固定性可产生区位价值，功能的耐久性充分体现其使用价值。这两个价值因素可以为房地产金融提供进一步的信用支持。

（3）房地产具有增值性。随着社会经济的发展和市场供求关系的变化，房地产在多数情况下会不断增值。这将大大提高债权的可靠性和房地产金融的安全程度。

（二）房地产信贷资产流动性较弱

一般情况下，房地产金融和其他金融一样，其负债大多为期限较短、流动性较强的短期负债，但其资产则具有期限较长、额度较大的特点。当该项信贷资产规模占银行信贷资产总量的比重较大时，银行便可能面临资金的流动性风险。为了增强此类资产流动性，目前许多国家对房地产抵押贷款实行证券化。通过房地产抵押贷款证券化，将期限长、额度大的抵押债权进行小额分割，以有价证券的形式，通过资本市场进行融资，这便使长期的抵押贷款资产具有很好的流动性。

（三）房地产金融业务具有较好收益性

一般讲，房地产资金占用量大、资金周转期较长，房地产金融业务收益率较高。同时，一宗房地产抵押贷款操作较为复杂，涉及的步骤较多，使得房地产金融业务派生性较强，可带动一些银行中间业务的发展，为金融部门带来了可观的手续费收入和稳定的优质客户群。

（四）房地产金融具有较强的政策性

房地产金融受政府政策干预较强，并且它是国家和政府实行有关房地产政策的重要依托。

1998 年以来，为保持房地产业的持续、稳定、健康发展，中国人民银行先后出台了一系列支持房地产业发展、防范金融风险的政策措施。例如，《关于加大住房信贷投入支持住房建设与消费的通知》（银发［1998］169 号）；《关于颁布〈个人住房贷款管理办法〉的通知》（银发［1998］190 号）；《关于下发〈关于改进金融服务支持国民经济发展的指导意见〉的通知》（银发［1998］215 号）；《关于印发〈关于开展个人消费信贷的指导意见〉的通知》（银发［1999］73 号）；《关于下发〈经济适用住房开发贷款管理暂行规定〉的通知》（银发［1999］129 号）；《中国人民银行关于规范住房金融业务的通知》（银发［2001］195 号）；《中国人民银行关于进一步加强房地产信贷业务管理的通知》（银发［2003］121 号，简称央行"121 号文"）；《中国人民银行、中国银行业监督管理委员会关于加强商业性房地产信贷管理的通知》（银发［2007］359 号）等一系列审慎性调控政策和措施，对进一步规范房地产信贷市场的发展，起到了重要作用。

三、房地产金融的作用

具体地讲，房地产金融的作用主要有以下两个方面：

（一）房地产金融对房地产业的支持作用

改革开放以来，中国的房地产业迅速兴起，成为最活跃、发展速度最快的经济领域。房地产业的繁荣与发展，离不开金融业的融资支持，而房地产市场则是金融业借贷资本的最大出路。与其他行业一样，房地产业也具有生产、交换、消费等过程，贯穿这个过程的资本运动，客观上需要银行等金融机构为其提供资本融通服务。房地产业又具有与其他行业不同的特点，这些特点包括生产周期长、资本占用量大、地域性强等特点。因此，一方面，房地产业对金融业的依赖性要强于其他行业；另一方面，房地产业的发展也推动了金融业的发展。世界很多国家的金融机构都把投资房地产作为提高经济效益、减少投资风险和增强信贷能力的重要手段。产业投资的增长，需要金融资本的相应增长，这是资本结合的一个重要特征。一般情况下，房地产市场越繁荣，房地产融资就越发达。

1. 房地产金融增加房地产开发资金投入，支持房地产商品供应

"得金融者得天下"，资金被喻为经营活动的血液，尤其对于需要大量资金的房地产行

业，资金的重要性更是不言而喻。房地产的开发建设离不开金融业的大力支持。金融业发挥自身筹融资的功能，通过吸收社会闲散资金，并在房地产开发建设需要资金支持时，向其发放开发贷款，补充其建设资金的不足，使房地产开发建设项目能按计划完工，有效促进房地产业的发展。

2. 房地产金融增加房地产消费资金信贷，带动房地产有效需求

市场营销学里有个公式，即

$$市场 = 消费者人数 \times 购买欲 \times 购买力$$

这三个因素有一项为零或很小，则没有市场或制约市场做大。目前在我国，拥有属于自己的住房是每户居民的愿望。住房商品和其他日用品不同，住房价格高，仅靠居民自身积蓄很难实现购房愿望，但如果有金融业的支持，情况就完全不同了。银行通过向居民发放住房消费贷款，使居民能够及时住上自己满意的住房，有了金融业的参与，居民的住房消费行为可提前 10～20 年，甚至 30 年，提前实现家居梦想。

3. 房地产金融执行国家房地产业政策，有效调节房地产业发展

房地产金融被称为房地产市场的"调节器"。金融业可利用信贷、利率等金融杠杆以及各种金融政策，对房地产业的发展进行调节，即对国家支持发展的房地产领域，金融业以优惠的信贷和利率政策予以经济支持，而对于国家限制发展的房地产，金融则提高融资成本限制发放贷款。

(二) 房地产金融对金融业的支持作用

这主要表现在调整银行信贷资产结构，改善资产质量，促进金融创新，推动金融体制改革等方面。个人住房消费贷款是银行质量高、效益好的信贷品种之一。从国外商业银行发展来看，商业银行信贷业务的重点通常是放在流动性较强的中短期企业贷款上。但随着金融市场竞争的日益加剧，商业银行的业务逐步向包括个人住房贷款在内的非传统业务领域延伸，并逐步成为住房金融市场上的主要资金提供者。个人住房贷款使商业银行从长期以中短期贷款为主的资产结构，向短、中、长期贷款共同发展的方向转移，使资产结构逐步趋于合理；同时，个人住房贷款因资产质量优良、效益良好成为各家银行竞争的焦点，个人住房贷款占商业银行总资产的比重通常都在 20％左右，有的甚至更高。此外，房地产企业及相关金融机构不断探索和尝试 MBS、REITs 等国外已经比较成熟而国内尚属新鲜事务的融资工具，对于国内金融市场投融资渠道的拓展、创新，甚至金融体制改革有极大的推动作用。

第二节 我国房地产金融的发展

一、我国房地产金融的产生

1897 年 5 月 27 日，中国通商银行成立。该行是由清政府督办、全国铁路大臣盛宣怀奏请清廷后成立的，是中国人自办的第一家银行，也是我国第一家发行纸币的银行，总行设在上海。到 20 世纪二三十年代，我国金融业务有着较大的发展，上海、天津等大城市金融业比较发达，房地产经营活动比较活跃，不少银行都介入房地产的投资开发经营和从事与房地产有关的贷款等业务。这些银行把投资开发经营房地产作为树立银行形象、吸引客户存款、获取高额利润、降低资产风险的一个重要手段。如当时的"北四行"（盐业银行、金城银行、中南银行和大陆银行的合称）合办的四行储蓄会在上海投资建造国际饭店大厦，该大厦成为

当时远东第一大厦。大厦建成后，各地四行储蓄会的存款大大增加，四行本身的存款也有了增加，四行在社会上的信誉有所提高。成立于 1907 年的浙江兴业银行于 1930 年 1 月正式拨款设立信托部，其业务有自造房屋用以出卖出租、办理房地产押款等。在旧上海的金融界中，浙兴的房地产业务做的最大，到 20 世纪 40 年代末，拥有 1000 幢房屋。

二、我国房地产金融的沉寂

我国房地产金融从 1949 至十一届三中全会以前，经历了从有到无、从存在到沉寂的过程。

（一）1949—1956 年房地产金融的短暂存在

建国初期，由于没有禁止房地产买卖、典当等市场活动，所以城镇房地产金融仍然存在了一段时期。1956 年，为配合国家实施的自建公助、鼓励职工个人建造住宅的政策，建设银行在辽宁、四川、内蒙古等 18 个省、市、自治区试办了一年的贷款总额 400 万元的建造住宅贷款，由职工所在企业出面统一向建设银行经办行办理申请，由企业负责按期归还。

（二）1957—1978 年房地产金融的沉寂

由于计划经济的推行，城镇住房建设投资转由国家财政拨款建设，住房作为福利近似无偿分配。住房实行供给制，房地产市场不复存在，房地产金融业务也随之消失。

三、我国房地产金融的复苏

1978 年，住房商品化的政策开始实施，我国投资体制和金融体制开始进行了一系列的重大改革，城镇住房制度开始进行改革，提出了住房商品化的观念。住房商品化的政策开始实施，从而为房地产金融业务的恢复和发展带来了机遇。

1979 年，中央决定将基本建设投资由财政拨款改为银行贷款，标志着房地产金融业的诞生。拨款改贷款后，无偿的财政资金转变为有偿有息的信用资金，住房投资逐步转向信用化运行轨道。

住房制度改革初期，大多数城镇住房是公有财产，住房消费并不在个人生活消费范围内，居民住房支出仅占家庭收入的 1‰～2‰。因此，群众增加的收入只能投向高档消费品，造成非住房类消费超前的不合理现象，进而影响了国民经济的进一步发展和人民群众生活水平的提高。针对这种情况，国务院确定了"提高房租，增加工资，促进个人买房"的基本思路。通过住房制度改革，促进个人买房，把大量的消费资金吸引到住房上来，从而使建筑业和房地产业得到更快的发展，人民群众住房水平得到提高。要促进住房商品化改革和住房建设的发展，必须依赖金融中介发挥其调剂资金余缺的作用。推进金融体制改革，已成为住房体制改革的客观需要。

四、我国房地产金融的发展

（一）我国房地产金融复苏后的发展

1988 年，国务院颁布《关于在全国城镇分期分批推行住房制度改革的实施方案》（国发[1988] 11 号），指出：房改工作要先试点后铺开，并确定了烟台、蚌埠、唐山、沈阳四个试点城市，通过提高房租，增加工资，将住宅由实物分配转向货币分配，并考虑防止冲击消费品市场和增加货币供应量。因此，这几个城市最先采用了发放住房券的形式。烟台、蚌埠先后成立了住房储蓄银行，为住房资金的筹集和融通提供金融服务。这段时期的住房金融，因职工购建房比例小，国家为抑制通货膨胀，对金融行业实行严格的贷款规模管理和实贷实存体制，住房资金要求存贷总量确保平衡，因此住房信贷资金的数额非常小。

1992 年末，中国工商银行、中国建设银行系统先后成立了房地产信贷部，制定了职工住房抵押贷款管理办法。各银行开始大规模进入住房金融领域。

与此同时，上海市借鉴新加坡的经验，按照"住房委员会决策、住房公积金管理中心运作、银行专户管理、财政监督"的原则率先建立了住房公积金制度。住房公积金管理中心按职工月工资一定比例，分别从职工和所在单位归集住房公积金，此外，单位住房基金、住房补贴以及城市住房基金和住房建设债券都由管理中心统一运作。住房公积金管理中心执行优惠的存贷款利率，存贷款业务委托商业银行办理。上海的公积金制度很快推广到全国，有效地提高了职工家庭解决自住住房的能力。

1994 年 7 月，《国务院关于深化城镇住房制度改革的决定》（国发［1994］43 号）提出"全面推行住房公积金制度"。

（二）我国房地产金融发展中的规范

1994 年末以来，有关部门出台了多项房地产信贷政策和规则，不断规范房地产金融业务。同年 12 月，人民银行、国务院房改办和财政部联合颁布《政策性住房信贷业务管理暂行规定》，规定政策性住房金融业务除烟台和蚌埠由住房储蓄银行办理外，其他城市（包括县级市）由建设银行和工商银行办理，县级由农业银行办理，并对政策性住房金融的业务范围等问题作出了规定。

1995 年，人民银行颁布《商业银行自营性住房贷款管理暂行规定》（银发［1995］220 号），对商业银行自主发放住房贷款作出了规定，它标志着以商业银行自营性住房信贷业务和委托性住房存贷款业务并存的住房信贷体系基本确立。

1995 年《中华人民共和国商业银行法》和《中华人民共和国担保法》先后颁布与实施，商业银行在中华人民共和国境内不得从事信托投资和股票业务，不得投资于非自用不动产，不得向非银行金融机构和企业投资。中国人民银行加大了规范商业银行经营的力度，正式出台了《贷款通则》，商业银行的经营活动进一步走向规范。在房地产金融领域，为了推进住房制度改革，促进住房消费，改善居民住房条件，解决居民改善住房要求和当前支付能力不足的矛盾，变将来消费为当前消费，提前改善住房条件。

（三）我国房地产金融发展中的推进

1998 年以前，银行房地产信贷的主要对象是房地产开发企业，1998 年以后扩展到个人住房消费信贷。

1998 年，为确保国民经济持续、快速、健康发展，中央决定在努力稳定出口和增加基础设施建设投资的同时，进一步深化住房体制改革，把扩大住房建设作为重要的经济增长点，以扩大内需。同年 7 月，国务院颁布《关于进一步深化城镇住房制度改革加快住房建设的通知》，该通知要求停止住房实物分配，逐步实行住房分配货币化，建立和完善以经济适用住房为主的多层次城镇住房供应体系，发展住房金融，培育和规范住房交易市场。通知的出台标志着我国住房制度改革进入全面启动阶段。从 1998 年国务院发布《关于进一步深化城镇住房制度改革加快住房建设的通知》（国发［1998］23 号）起，我国房地产市场开始发生根本性的变化，最明显的标志是福利分房政策取消和金融等行业进入房地产市场。政策的改变，使房地产迅速跻身主流市场，商品房所占比例从 1997 年的 34％迅速升到 93％左右。

同年，人民银行下发《关于加大住房信贷投入、支持住房建设与消费的通知》（银发［1998］169 号），进一步放宽了住房贷款的条件，委托性住房金融业务的承办银行扩大到所有国有独资商业银行和交通银行。住房体制改革的积极推进和金融行业住房信贷政策的出台，使中国金融行业住房信贷进入了一个快速发展的新阶段。

1999年2月，为扩大国内需求，开拓国内市场，促进和规范个人消费信贷业务的健康有序发展，中国人民银行对商业银行提出了积极稳妥地扩大个人消费信贷的指导意见，个人住房贷款范围可以扩大到借款人自用的各类型住房贷款。同时，在严格防范信贷风险的基础上，商业银行对购买住房的贷款比例可以按不高于全部价款的80%掌握，进一步提高了个人住房贷款的发放成数。

1999年4月，中国人民银行还印发了《经济适用住房开发贷款管理暂行规定》，支持经济适用住房建设，进一步规范了经济适用住房开发贷款的管理。

此外，为了支持城镇个人住房消费，发展个人住房贷款业务，保障债权实现，规范和完善住房置业融资担保行为，2000年5月建设部和中国人民银行联合发布了《住房置业担保管理试行办法》，以规范置业担保公司的运作，同时也丰富了住房贷款担保的主体。

2001年，针对房地产金融业务尤其是住房金融业务发展过程中出现的一些问题，如有的商业银行放松信贷条件擅自推出个人住房贷款业务品种、对不具备开发资质的公司或者开发条件不具备的项目发放贷款，中国人民银行在当年6月发布了《关于规范住房金融业务的通知》，重申并明确了商业银行开展住房金融业务应共同遵循的有关规定，维护公平竞争的经营环境，从而对防范信贷风险，促进住房金融业务快速、健康、规范发展起到了积极的作用，同时也有利于房地产业的健康发展。

（四）我国房地产金融发展中的调控

国家为进行宏观调控，2003—2004年一系列有关房地产的政策接连出台，从国土资源部治理整顿土地市场秩序（国土资源部49号）到最高人民法院对商品房合同纠纷作出司法解释（最高人民法院7号），从央行出台房贷新政、强化房贷风险管理（中国人民银行121号）到国务院促进房地产市场持续健康发展通知的出台（国务院18号），每一个有关房地产政策的出台均对房地产行业的发展产生了重要影响。

2003年6月5日，中国人民银行发布了121号文件，即《关于进一步加强房地产信贷的通知》，其中提出对大户型、高档商品房、别墅等项目的贷款限制，以及对购买高档商品房、别墅、商业用房、第二套以上住房的贷款提高利率和首付款比例等。按照央行121号文件精神，房地产企业、建筑施工企业贷款得到的流动资金，不能用在盖房上，买地的钱也不能靠银行贷款来交。另外，只有在主体结构封顶后，才能对购房人发放贷款。

2003年8月18日《国务院关于促进房地产市场持续健康发展的通知》（国务院18号文）规定：增加普通商品住房供应，控制高档商品房建设。对符合条件的房地产开发企业和房地产项目，要继续加大信贷支持力度，严禁违规发放房地产贷款。

2003年9月，央行将原6%存款准备金率提高到7%，直接锁住了至少1500亿元资金，其用意就是控制信贷规模的急速膨胀。2004年4月11日央行又宣布，从2004年4月25日起，资本充足率低于一定水平的金融机构，将执行8%的存款准备金率，国有独资、股份制商业银行、外资等金融机构将执行7.5%的存款准备金率，目的是进一步限制商业银行的信贷盲目扩张。而房地产业是信贷调控的首要对象之一。一年不到，存款准备金率再次被局部调整，正是央行对部分商业银行继续信贷扩张的回应。房地产信贷在商业银行的日常业务中占据重要比例，这两次存款准备金率的提高很大程度上限制了银行可进行放贷的流动资金，相应地，房地产企业所能够获得的金融支持也同比降低，使得部分自有资金不足的中小开发商雪上加霜。

为提高商业银行房地产贷款的风险管理能力，根据有关银行监管法律法规和银行审慎监管要求，2004 年 9 月初银监会公布并实施《商业银行房地产贷款风险管理指引》（以下简称《指引》）。《指引》着重规范商业银行如何有效管控房地产贷款，包括管控开发贷款和个人住房贷款风险的手段和方法，提供和介绍最佳做法，旨在引导商业银行确立全面的风险管理程序以有效识别、衡量、监测和控制所面临的房地产贷款风险。

中国人民银行决定，从 2004 年 10 月 29 日起上调金融机构存贷款基准利率并放宽人民币贷款利率浮动区间和允许人民币存款利率下浮。对不同的行业，加息的影响不一样，房地产行业受到十分明显的影响，特别是严重依赖银行贷款的房地产公司。

近年来，我国房地产金融市场的规范和调控的步伐日益加快。2006 年以来央行通过多次加息和上调存款准备金率紧缩房地产信贷，如表 2-1、表 2-2 所示；银监会通过九条新规严控房地产信贷风险；扶持规范信托业的相关政策出台，鼓励信托创新；2006 年 7 月 24 日，建设部、央行等六部委公布《关于规范房地产市场外资准入和管理的意见》，限制外资进入房产市场，堵截热钱流入；2007 年 9 月 27 日中国人民银行、中国银监会联合下发《关于加强商业性房地产信贷管理的通知》，对房地产投资市场进行调控。从紧货币政策措施的不断出台给房地产金融市场带来了深远影响。

表 2-1   存款准备金历次调整

次　　数	时　　间	调整前	调整后	调整幅度
26	2008 年 06 月 07 日	16.5%	17.5%	1%
25	2008 年 05 月 20 日	16%	16.5%	0.5%
24	2008 年 04 月 25 日	15.5%	16%	0.5%
23	2008 年 03 月 25 日	15%	15.5%	0.5%
22	2008 年 01 月 25 日	14.5%	15%	0.5%
21	2007 年 12 月 25 日	13.5%	14.5%	1%
20	2007 年 11 月 26 日	13%	13.5%	0.5%
19	2007 年 10 月 25 日	12.5%	13%	0.5%
18	2007 年 09 月 25 日	12%	12.5%	0.5%
17	2007 年 08 月 15 日	11.5%	12%	0.5%
16	2007 年 06 月 05 日	11%	11.5%	0.5%
15	2007 年 05 月 15 日	10.5%	11%	0.5%
14	2007 年 04 月 16 日	10%	10.5%	0.5%
13	2007 年 02 月 25 日	9.5%	10%	0.5%
12	2007 年 01 月 15 日	9%	9.5%	0.5%
11	2006 年 11 月 15 日	8.5%	9%	0.5%

次 数	时 间	调整前	调整后	调整幅度
10	2006 年 08 月 15 日	8%	8.5%	0.5%
09	2006 年 07 月 05 日	7.5%	8%	0.5%
08	2004 年 04 月 25 日	7%	7.5%	0.5%
07	2003 年 09 月 21 日	6%	7%	1%
06	1999 年 11 月 21 日	8%	6%	−2%
05	1998 年 03 月 21 日	13%	8%	−5%
04	1988 年 09 月	12%	13%	1%
03	1987 年	10%	12%	2%
02	1985 年	央行将法定存款准备金率统一调整为 10%		
01	1984 年	央行按存款种类规定存款准备金率,企业存款 20%,农村存款 25%,储蓄存款 40%		

资料来源:中国证券网。

表 2-2 　　　　　　　　　　央行不断提高商业银行基准利率

时 间	六个月(含)	一年(含)	一至三年(含)	三至五年(含)	五年以上
2002 年 02 月 21 日	5.04%	5.31%	5.49%	5.58%	5.76%
2004 年 10 月 29 日	5.22%	5.58%	5.76%	5.82%	6.12%
2006 年 04 月 28 日	5.40%	5.85%	6.03%	6.12%	6.39%
2006 年 08 月 19 日	5.58%	6.12%	6.30%	6.48%	6.84%
2007 年 03 月 18 日	5.67%	6.39%	6.57%	6.75%	7.11%
2007 年 05 月 19 日	5.85%	6.57%	6.75%	6.93%	7.20%
2007 年 07 月 21 日	6.03%	6.84%	7.02%	7.20%	7.38%
2007 年 08 月 22 日	6.21%	7.02%	7.20%	7.38%	7.56%
2007 年 09 月 15 日	6.48%	7.29%	7.47%	7.65%	7.83%
2007 年 12 月 21 日	6.57%	7.47%	7.56%	7.74%	7.83%

资料来源:根据央行公布数据整理。

(五)我国房地产金融发展中的创新和房地产融资多元化

目前来讲,我国房地产金融仍然以一级市场为主,二级市场尚未真正建立起来。一级市场体系中虽已包括商业银行、住房储蓄银行、非银行金融机构、住房公积金中心等机构,但仍以商业银行为主,其他机构发展并不充分或仅处于起步阶段。因而房地产融资渠道仍然以银行信贷为主,其他金融方式如上市融资、信托融资、债券融资以及基金融资等占比例仍不高。在 1998 年以前,银行房地产信贷的主要对象是房地产开发企业,1998 年以后才扩展到个人住房消费信贷。可见我国房地产金融以债权融资为主,股权融资比例较小,其融资格局较为单一的特征仍然存在。在房地产金融业务快速扩张过程中,由于金融机构经营行为本身存在不理性、不科学、不规范等问题，在房价飞涨的同时，土地储备贷款、个人住房消费信贷、房地产开发贷款、房地产信托贷款等房地产金融业务的风险也在日渐累积。特别是由于房地产开发资金过多地依赖于银行贷款，使得房地产投资的市场风险和融资信用风险集中于商业银行。

尽管房地产金融的发展存在一些问题，应当看到，在日益从紧的宏观调控政策的作用下，我国房地产金融已经进入了创新和房地产融资多元化的时代。除通过 IPO、买壳或借壳等多种渠道加快境内外上市融资的步伐外，信托、REITs、ABS、BOT、融资租赁等多种融资模式在房地产领域的理论和实践探索均有突破性进展。

在银根紧缩的背景下，信托在房地产金融创新方面逐渐成为一个生力军，从 2002 年到现在，信托每年累计为房地产业做的资金贡献在 500 亿～600 亿人民币之间。特别是进入 2008 年以来，银信合作推出的大量信托融资类产品中相当一部分投入到了房地产领域。

海外资金不断以并购等多种形式进入房地产市场。根据国家外汇管理局《2006 年上半年中国国际收支报告》，2006 年上半年，新设外资房地产企业 1180 家，同比增长 25.04％；合同外资金额 128.52 亿美元，同比增长 55.04％；实际使用外资金额 32.2 亿美元，同比增长 27.89％。

国内首单商业房地产证券化产品于 2006 年正式问世，交易的发起人是麦格理—万达房地产基金，该交易涵盖了长沙、大连、哈尔滨、沈阳、南京、南宁、济南、天津和武汉等 9 个城市的以超市为主的大型商业零售房地产项目。

2007 年 12 月国内首只房地产投资信托基金——越秀基金在香港成功上市。此外，由中房集团原总裁孟晓苏筹备，中房、山西大同煤业以及信达资产管理公司控股的相关人寿保险股份有限公司已于近日获得监管部门的所有批文，该保险公司拟在中国部分城市试点"倒按揭"，"倒按揭"作为从国内经济学者讨论的一个构想，到经营企业着手去运作的一个项目，已经跨出了重要一步。

可以预见到，在房地产金融政策指导下的房地产金融市场将进一步完善和发展壮大。

第三节 国外住房金融简介

国外的房地产金融业有着悠久的发展历史，如果从英国建筑协会的成立开始算起，已经有 200 多年的历史了，不少发达国家和地区房地产金融业的发展经历了其经济发展的各个阶段，如工业化、城市化、后工业化等过程，已形成了较为完备且各具特色的房地产金融体系。房地产金融的发达程度与各国经济发展水平密切相关。一般在发达国家，其房地产金融业发展较充分，房地产业在国民经济中的地位较为突出。英美等发达国家的房地产金融体系多是围绕着住房资金的融通逐步发展起来的，因而住房金融是其房地产金融研究的主要内容。特别是英、美、日、新加坡等国家住房金融的发展，对我国房地产金融的发展有重要借鉴意义。

据世界银行的统计，20 世纪末，在个人居住的房屋中，自置住房的比例：美国为 64％，英国为 65％，法国为 51％，日本为 62％，香港为 52％，新加坡则高达 84％。在住房高比例自置率的背后，是住房金融强有力的支持。住房金融被喻为住宅业发展的"蒸汽机"、"加速器"，同时它还是银行的黄金业务。住宅业的发展离不开银行的支持；反过来，在支持房地产过程中，银行也谋求着自身的发展。

一、英国住房市场与住房金融

(一) 英国的住房市场

英国人口流动性很大，但住房自有化率在世界上居领先地位。其住房自有化率高的原因主要是购房需求不断增加、政府政策鼓励居民自购住房、住房市场非常发达和有效的住宅融资支持等。英国金融体系十分发达，以建筑协会为主体的住房金融体系对住房自有化起到重要作用。目前英国办理住房抵押贷款的金融机构和协会有上百家，向顾客提供品种多样和灵活可靠的抵押贷款。在英国拥有房产的家庭大部分都是抵押贷款户。

2000 年以来，英国住房价格持续上升，房地产市场异常活跃，贷款买房的人不断增加。受次级贷危机和本国经济影响，在英国中央银行连续加息等政策作用下，2008 年 6 月，英国住房市场泡沫破灭，房市恶化，小型房地产开发公司纷纷退出住房建设开发，大型建筑开发商也暂停上新项目，预期 2008 年英国新建住房总数将下降至 1945 年以来的最低水平。英国住房市场开始进入降温和调整期。

(二) 英国的住房金融

英国的住房金融发展模式对一些国家特别是欧洲国家及原英联邦国家的住房金融业的发展均产生了较大影响。

1. 英国的住房金融概况

英国是住房金融出现比较早的国家，已有 200 多年的历史。1775 年，理查德·凯特雷在英国伯明翰开创了第一家互助性的建筑业协会。英国建筑业协会是专门经营住房抵押贷款的互助合作性金融机构，其主要业务是吸收股金和储蓄存款，发放个人住房抵押贷款。建筑业协会流传到美国后，经过 200 多年的演进，英国、美国最后形成了完全不同的住房金融制度。英国保留了以建筑业协会、商业银行为主的一级抵押贷款市场的住房金融制度，而美国则逐步形成了以二级抵押贷款市场为主的住房金融制度。两种住房金融制度成为当今世界上不同住房金融制度的典型。

长期以来，英国住房金融市场一直由专业的住房金融机构即建筑协会垄断经营，专业性住房金融机构在住房金融市场处于支配地位，而以其他金融机构作为补充力量，这是传统英国住房金融模式的代表性特征。建筑协会之所以长期占据住房金融市场主体地位，主要是由于政府鼓励居民自购住房的政策和政府对建筑协会金融税收的支持政策。20 世纪 90 年代以来，一些大的商业银行也积极介入住房信贷领域。目前，哈利法克斯抵押贷款银行和全国建筑协会是英国最大的两家专业抵押贷款银行，国民阿比银行和英国最大的商业银行汇丰银行等也都排在承办抵押贷款的金融机构的前 10 名之内。

现在，英国金融管理部门对从事抵押贷款的金融机构采取一种自愿接受监管的原则。各家金融机构只是根据市场规则进行运作。为了保护消费者利益不受损害，英国金融管理机构——金融服务管理局制定相应规则，从 2004 年 10 月 31 日开始实施。这些规则包括要求银行提高咨询标准、借贷价格和条件更加透明以及清楚告诉消费者各种借贷方案可能遇到的风险。另外，金融服务管理局还将根据咨询服务情况给银行划分等级，并在借贷咨询人员资格、消费者能力评估、申请借贷前关键事实介绍、向消费者推销借贷等方面有更加严格规定等。

2. 英国的住房抵押贷款

英国的住房抵押贷款从贷款资格和条件方面看，只要有职业和工资收入，任何人都可以申请抵押贷款。银行在向顾客推荐贷款品种前，首先要详细了解顾客何时毕业、何时参加工作、收入情况、身份证明等。同时，贷款人必须在所贷款银行或其他银行有相当于贷款额10%的存款。各项细目都必须在贷款申请单上详细填写，并输入电脑。

英国的住房抵押贷款从还款期限来看，通常从 5 年到 25 年不等，最长的有 30 年期贷款；还有一种与养老金挂钩的贷款，还款期可达 40 年。贷款金额一般为所购买住房价格的70％～90％，不同机构政策略有不同，贷款额大致为个人年收入的 3.5 倍。如果夫妻共同买房，则是一方收入的 3.5 倍加上另一方收入的 1.5 倍或双方收入相加的 2.75 倍。贷款买房时还必须通过律师，并交付 1％～4％的印花税。

英国的住房抵押贷款从贷款和还贷方式来看，也有各种选择：可以把利息和本金一起按月或按双月等额分期偿还；也可以平常只付利息，到贷款期限时一次还清本金；还可以分期分批两者混合安排等。贷款利息大致分为固定利息和随调利息，完全视贷款方式而定，种类不下数十种，是抵押贷款中最为复杂的部分。应付利息额也根据具体情况各异。一般各家抵押贷款机构还会在中央银行调整利息后相应调整抵押贷款利率。

借款人不管是按预先规定的固定分期还付方式满期还贷，还是中途提前还清贷款，或增加月还贷额以缩短还贷期限，都可自由选择。银行根据签订合同时双方同意的相关规定灵活处置，不给还款数额设限，但利息会有调整。如果借款人不能正常履行合同，按时还贷，贷款机构则有权把其住房收回。但这种情况一般不会出现，由于英国拥有完善的信用制度和信誉文化，任何个人都不敢让自己的信誉沾染污点，否则将无法在社会立足。如果是由于非故意因素，如失业和其他突发灾难，导致借款人不能按时还贷，政府就业部门一般都会帮助其安排就业，使人们不至于失去还贷能力。

银行一般在放贷的同时，还会推荐住房和财产保险服务。借款人还可以把房产转给银行，转给哪家银行可由贷款人自己选择，银行将根据当时的房价作出评估。另外，英国政府在针对还贷期间的住房转卖、首次置业、二次买房、买房供出租、与养老金挂钩的贷款等制定了具体的交易规则和措施。

英国的抵押贷款品种多，各品种的还贷条件不同。银行一般都有专门的咨询人员向准备贷款买房的人士提供详细咨询和介绍，在英国还有专门从事为借款人推荐最佳贷款的机构。通过这些方式，借款人就可以很方便的选择适合自己的经济条件和生活消费方式的贷款方案。借款人如果在还贷期间，遇到问题，还可以投诉。各家抵押贷款机构一般都会在抵押贷款指南上明确告诉顾客就哪些问题向什么部门投诉的详细地址和投诉电话。如果投诉没有得到满意解决，贷款部门还会向顾客提供英国金融监察服务机构的地址和联系电话。另外，各家承办抵押贷款的机构还须参加英国金融服务补偿机制。该机制确保一旦金融机构破产，借款人的损失能够得到补偿。

二、美国住房市场与住房金融

（一）美国的住房市场

美国是经济发达的资本主义国家，联邦政府在住房政策方面的目标是"让全体居民有足够的住宅"。为了实现这一目标，联邦政府的主要措施是广泛地利用其发达的金融机构，采取抵押贷款的方式促使居民购房、建房，并且对买房者提供优惠，包括降低贷款利率和免征用来还本付息方面的个人所得税。同时，对低收入家庭提供福利付款、住房津贴，或允许租住政府建造的低租金公共住房，并鼓励私人建房。美国于 60 年代末期成套住宅总套数已大于城市居民总户数，已具备了为每户居民提供一套以上成套住宅的条件。70 年就提出"每个房间的使用率超过一个人为过度拥挤"的公众住房标准。据统计，90 年代初美国人均居住面积已大于 48m²，套均建筑面积大于 175m²，住房消费满意度大于 70%，户均拥有 2 套以上成套住宅的比例超过居民总户数的 10%。解决住房问题已处于全世界的领先地位。

自 2001 年至 2007 年次级贷危机发生前，美国房地产价格持续上扬，美国人的购房热情急剧上升。这段时期美国房地产市场持续强劲的原因主要有两个：一是房屋价格与收入相比处于相对比较合理的水平。国际公认只有居民家庭的年收入与房价之比为 1：6 左右时，住房的有效需求才能形成。美国商务部的报告显示，近年美国家庭的平均年收入大致为 4.2 万多美元，而 2003 年 5 月份美国的单栋新建住房的全国中间价格为 19.5 万美元，全国平均价格为 24.25 万美元，分别相当于家庭平均年收入的五倍和六倍左右。控制住房价格使大多数家庭能够承担得起，这是美国住房销售顺畅的重要前提。第二，美国灵活而又可行的房地产金融运作机制则是美国住房销售久盛不衰的最重要的原因。

（二）美国的住房金融

1. 美国的住房抵押贷款制度和抵押贷款证券化

美国居民的住房水平的提高与其高度发达的住房抵押贷款机制密切相关。美国是目前世界上发放住房贷款最多的国家。住房抵押贷款是购房人以所购住房为抵押，向金融机构申请贷款来支付该住房的购房款的一种住房金融类型，以此为基础相应地形成了美国住宅金融的一级市场、二级市场和住房抵押保险市场。

美国的《住房法》把居民贷款购房的还款时间限定为最长不超过 30 年。虽然不可能每个居民贷款都把还款期定为 30 年，但多数要贷 10～20 年。金融机构借出购房贷款，要通过很长的时间才能回收，资金流动缓慢，从而降低金融机构的资产质量和经营效果。由于原来的美国联邦国民抵押贷款协会属于政府机构，有政府的直接支持，问题还不突出。而当 1968 年将协会改为股份公司后，问题就突出来了。实行购房抵押贷款证券化，就是针对以上问题采取的措施。其运作方式是，由政府特许的金融机构承保所有金融机构购房抵押贷款的债权。然后把债权通过合法的手续和途径发行股票、债券直至国债，将贷款的债权变现，并将变现后的资金通过购买金融机构的债权等方式还给贷款的金融机构，使金融机构加快资金流动，提高资产质量，并持续不断地给新的购房者发放贷款。在美国，抵押贷款证券经过高水平的经营管理使其良性运行，从而使一级市场抵押贷款和二级市场证券化有机衔接，完善了住房金融体系；有效地解决了金融机构因长期贷款而造成长期积压资金的问题，改善了金融机构资产质量和提高经营效果；将金融机构的贷款风险通过证券市场转移为社会投资者共同负担；并通过这种社会融资活动及时为住房建设和流通筹集大量资金。

2. 美国的房地产金融担保和保险市场

完善的职能分工、明确的担保和保险制度是美国住房金融体系的又一特色。其担保和保险体系为住房金融一级和二级市场提供安全保证。在一级市场上，当贷款数额占所购房价的 80% 以上时，金融机构就必定要求借款人投保。担保和保险不仅转移了金融机构的风险，也有利于抵押证券在二级市场上的发行。

在一级市场上，联邦住房管理局（FHA）、退伍军人管理局（VA）等政府担保机构为住房抵押贷款提供保证保险。此外，从20世纪五六十年代起，开始出现由私人成立的住宅抵押保险公司，并在80年代得到迅速发展。通常，政府机构只为购房债务支出占家庭收入29%～41%的中低收入居民提供担保，私营住房贷款担保机构、私营保险不只是局限于中低收入者，可以是任何具有支付能力的购房者。凡有一定支付能力的购房者，其购房抵押贷款的20%～30%部分均可申请私营抵押贷款保险。

在二级市场上，由政府国民抵押协会、联邦国民抵押贷款协会、联邦住房贷款抵押公司等提供担保，目的是加强FHA、VA保险的抵押贷款在二级市场的流动。

此外，美国的住房金融市场结构完整，特别是高度发达的二级市场为住房资金的快速融通提供了极大的便利。

三、日本住房市场与住房金融

（一）日本的住房市场

二次世界大战后，日本元气大伤，百废待兴。尤其是住宅市场，供应严重不足，住房紧缺成为全国一个严重的社会问题。为解决这一难题，日本政府采取了由政府、民间、个人共同集资的政策，并通过立法方式由政府强制执行。这种措施产生了良好的效果，使战后日本住宅建设在国民生产总值中所占比例保持在6%～8%。随着日本经济自20世纪60年代中期以来的快速发展，经济实力的迅速增强，住宅质量从战后初期低标准的简易房提高到设施齐全的较高标准住房，至1981年，全日本基本解决了供需之间的数量上以及质量上的矛盾。此后，日本在继续开发新建住宅区的同时，加快了旧区改造工作，并提出了"向二十一世纪新城镇目标迈进"的计划，并在很多地区开始实施。政府在实现最低居住水准的同时，提出了诱导性的居住水准，这种水准的居住面积比最低居住标准将近翻了一番。

20世纪80年代后期，日本经济摆脱了"石油危机"的影响后，开始快速回升，生产和需求十分旺盛，出现了历史上少有的繁荣。"日本的经济发展可以突破一般的世界经济规律，日本的地价永远不会下降"，这种信念使日本出现了地产投机风潮。地产价格不断上扬，泡沫越吹越大。这个时期由于日元升值加之日本央行为了刺激经济的持续发展，采取了非常宽松的金融政策等原因，日本出现了大量的剩余资金。大量剩余资金不断流入股市和房地产市场。房地产商、建筑公司甚至一些中小企业都利用土地担保向银行贷款，再购买土地进行房地产开发，致使股票和房地产价格暴涨。日本金融机构认为有房地产担保的借贷是一项赚钱的买卖，纷纷给房地产公司和建筑公司发放贷款，形成了房地产不断升值和信贷规模不断扩大的恶性循环。据日本国土厅公布的调查统计数据，1985年，东京都的商业用地价格指数为120.1（1980年为100），但到了1988年就暴涨到了334.2，在短短的3年间暴涨了近2倍，日本经济从此埋下了10多年未能了结的祸根。1990年，地产的总价值约为20万亿美元，大约是1955年的75倍，相当于当时全球股市总市值的2倍。日本的地价极高，从价值量上来说，单东京的地价总值就相当于当时整个美国地价总值。1991年，日本股价和房地产价格同时开始暴跌，日本房地产泡沫破灭。导致房地产价格下跌的原因有二：其一是银行利率的连续大幅度提高；其二是政府紧缩对房地产企业的贷款。

泡沫留下了严重的后遗症，导致日本经济10多年来一蹶不振，被称为"失去的十年"。房地产价格的暴跌重创了日本金融业，是造成日本经济衰退的"罪魁祸首"。许多房地产商和建筑公司的投资血本无归，根本无力偿还银行的贷款，不得不宣布破产。虽然房地产公司在向银行贷款时基本上都有房地产作担保，但随着土地价格的不断下跌，担保的价值日益下降，致使日本金融机构的不良债权大幅增长。从1995年以来，日本全国的金融机构虽然已经利用营业利润或者房地产、股票等资产处理了约50万亿日元的坏账，但不良债权的余额不仅没有减少，反而越来越多。据日本金融厅发表的统计数据，截至2002年3月底，日本全国金融机构的不良债权余额仍有52.4万亿日元，比上年同期增长9.5万日元，连续两年增加。不良债权增加导致金融机构抗风险能力低下。目前，日本13家大型银行的平均资本充足率已经降至8%，为国际清算银行规定的下限。国际著名的企业信用评级机构不断降低日本金融机构的信用等级，导致其在国际金融市场的筹资难度加大，成本提高。另外，金融机构为了减少不良债权的发生，不得不提高贷款门槛，缩小了信贷规模，使得日本央行放松银根的政策不能产生效果，许多企业因得不到生产所需资金被迫破产。

直到2000年初，日本房地产业才开始有了缓慢的回升，住宅市场需求增长，住宅总工程数比1999年同期增长16.8%，私人住房动工数量同比上升26.9%，出租用房动工数量同比上升5.4%，租金价格上升，日本房地产业显示出复苏迹象。其中经济状况的好转以及住房贷款利率的下降，是推动房地产业复苏的主要动力。

（二）日本住房金融

日本住房金融模式是由政府住宅金融机构（日本住宅金融公库）、一般金融机构、保险机构、住宅建设机构、企业和居民共同参与，互为补充的运行模式。住宅金融公库和一般金融机构分别针对中低收入家庭和高收入家庭提供住房融资，保险机构负责住房保险，公营和私营的住宅建设机构负责提供住宅，居民是住房的市场需求方，企业通过参与本企业职工的住房贷款，给贷款以利息补贴和担保，可以充实企业的福利保健制度，对解决员工住房发挥了重要作用。日本约33.2%的企业引进了企业住房贷款业务，其中，资本金100亿日元以上的企业有73.7%引进了这种制度，形成日本独特的住房金融现象。

1. 日本住房金融体系

日本的住房发展体系可划分为住房开发体系与住房金融支持体系。

1）住房开发体系包括政策性住房开发体系和商业性住房开发体系，前者在中央是由城市基础整治公团承担的，在地方则由地方住宅供应公社承担。后者则由不动产开发商承担商业性住房开发业务。

2）住房金融支持体系包括政策性住房金融支持体系和商业性住房金融支持体系（图2-1）。前者实行"全国一盘棋"的单一化模式：住宅金融公库总部设在东京，把全日本分为12个地区并设立分部，实行垂直领导，统一管理。而商业性住房金融支持体系是由商业银行提供商业住房贷款。

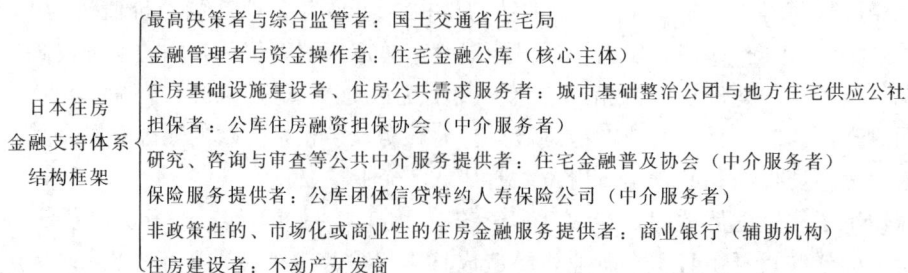

日本住房
金融支持体系
结构框架
{
最高决策者与综合监管者：国土交通省住宅局
金融管理者与资金操作者：住宅金融公库（核心主体）
住房基础设施建设者、住房公共需求服务者：城市基础整治公团与地方住宅供应公社
担保者：公库住房融资担保协会（中介服务者）
研究、咨询与审查等公共中介服务提供者：住宅金融普及协会（中介服务者）
保险服务提供者：公库团体信贷特约人寿保险公司（中介服务者）
非政策性的、市场化或商业性的住房金融服务提供者：商业银行（辅助机构）
住房建设者：不动产开发商
}

图2-1　日本住房金融支持体系结构框架

2. 日本的住宅金融公库

长期以来，日本的住房金融政策是由住房金融公库作为主要执行主体的，公库业务的政策性色彩很明显，其市场性取向不明显，商业化关联度相对偏低。住房金融公库制度是日本政府在日本处于绝对缺乏住房的情况下采取的一种国家化金融发展制度，公库贷款的资金大部分是以国家财政投资方式来筹集，公库贷款的对象以个人为首要对象，同时兼及地方住宅供应公社与民间机构。

（1）住宅金融公库成立背景。二战结束后，战败并遭受重创的日本所面临的一个重大问题是住房短缺。由于通货膨胀造成地价和建设费用高涨，民间机构的建设能力日显短缺，对政府的政策要求以及对大藏省和城市银行的资金要求越显迫切，设立特殊银行的呼声很强烈。1950 年 5 月 6 日，日本公布了"日本住宅金融公库法"，同年 6 月 5 日成立了"日本住宅金融公库"。该公库是由政府全额出资的独立企业法人，实行财政预算制，利润一般都要上交国库。公库的总部设在东京。

（2）住宅金融公库的宗旨。住宅金融公库的宗旨是："为国民大众的健康和满足文化生活的住宅建设、住宅用地的购买所需资金，在向其他金融机构和银行筹措较困难时，本公库给予融通。"它行使政府住房金融的职能，融通长期低息基金。

（3）住宅金融公库资金来源。住宅金融公库资金来源除资本金和向政府借款外，还有财政拨款或通过财政筹集的邮政存款、保健年金、国民年金等融通的长期低息资金，以及政府担保的公团和公库发行的住宅债券。

（4）住宅金融公库业务实施。住宅金融公库住房贷款发放的重点是为解决老年人、残疾人和两代人住房的资金问题。该机构提供的住房贷款条件优惠，偿还期长，利息较低。贷款基本条件是：借款人的自有资金不能少于房价的 20%，并对贷款与房价的比例有一定限制，一般借款人每年偿还贷款的比例为家庭年收入的 18% 左右，最高不得超过 25%～30%。贷款利率根据财政投资融资借款利率（该利率根据国债的票面利率制定）进行变动，同时参考公库收支情况和政策性优惠等因素。为了保证公库贷款的安全，公库贷款要求贷款人设定公库为第一抵押权人，并要参加火灾保险和团体信用人寿保险。1972 年公库还成立了公库住宅融资保证协会，为借款人提供担保。在 1970 年以前，民营金融机构的资金主要投入到了工商业中，日本住宅金融公库几乎包揽了所有的住房贷款。据统计，在 1950—1999 年间，日本住宅金融公库累计融资户数占这一期间日本建成全部住宅户数的 30%。日本平均每 7 户拥有住房的居民中，就有 1 户通过日本住宅金融公库融资。

此外，根据住房对策审议会及国会审议规定，公库应该"尽量争取节约经费，有效利用资金，并且要特别考虑到顺畅地、高效率地实施业务，可将一部分业务委托给地方公共团体及民间金融机构"，因此，公库自身制定业务规范、事业计划、资金计划、贷款方针，决定标准建设费及融资，对接受其委托的机构实施业务指导监督等总括性业务，而受理申请、实施融资、债券管理等委托给一般金融机构，至于融资住宅的设计审查、施工审查则委托给地方公共团体。

四、新加坡的住房金融——中央公积金模式

新加坡解决国民住房问题的核心金融政策是推行住房公积金制度，将国家建房后的低价出租转变为居民分期付款购买。新加坡中央公积金模式的特点可以概括为：公积金管理法制化；有稳定的公积金存款利率；公积金使用具有很强的政府性；有优惠的公积金会员借款条件。

新加坡的中央公积金制度创立于 1955 年 7 月，建立这一制度的初衷是为年迈退休的雇员提供养老金。随着经济与社会的发展，公积金的用途已扩大到住房、交通、保健、投资和教育等多方面，中央公积金制度也从单纯的为退休人员提供生活保障的强制性储蓄计划，演变成一项全面的社会福利保障储蓄计划。公积金由雇员和雇主各按雇员工资的一定比例按月缴给中央公积金局。新加坡无论是国家兴建住宅还是个人购买住宅，资金主要来源于中央公积金，可以说公积金是由中央公积金局统一管理的社会公益性强制储蓄。按照公积金的有关规定，雇员可以动用公积金储蓄用于购买住宅的首期付款。购房者从银行借贷的住宅贷款，可用每月缴纳的公积金作为分期付款。这样，雇员购买住房的款项（首期付款和从银行得到的贷款）都可用公积金储蓄偿还。

（一）中央公积金制度的主要内容及其发展演变情况

中央公积金制度的建立，开始只是一个简单的养老储蓄制度。几十年来，随着社会经济的发展和人民生活水平的提高，根据各个时期的具体情况，制定了一些规定或补充办法逐步完善扩大的公积金的使用范围，以适应当时社会和个人的需要，已逐步发展演变成为一个综合性的制度，包括养老、住房、医疗等。

（1）养老、残疾和死亡计划。从 1955 年建立中央公积金制度到 1968 年，公积金只能在年满 55 岁取得退休资格时或移民到国外去时或残废丧失工作能力时或死亡时，可以一次性领取这笔钱（死者由其生前指定的受益人领取）；到了 55 岁的退休者在领取公积金时，账户里必须留下最低存款 3.16 万新元（夫妇俩为 4.7 万新元），以保障他们退休后的基本生活，以防止一些人把存款全部取出后花光用尽，有的去环球旅行，有的冒大风险投资等。

同时还制定了"填补退休账户计划"，如果会员退休时，账户里不足 3 万元存款，允许会员作三种选择：一是继续储存，到 60 岁时，每月发给 200 多新元（1987 年规定为 237 新元），发完为止，如会员中途死亡，余款付给生前指定的受益人；二是允许把钱存入特准的银行（利息较高），由银行按上述办法支付；三是允许到特殊的保险公司买年金保险，到 60 岁时，按保险办法每月发给 300 新元左右，发至死亡为止，但会员如中途死亡，不予退款。

1980 年制定了家属保障保险计划，这是一项非强制性的低价保险计划，规定会员按不同年龄每年缴纳保险费，当会员终身残废或死亡时，本人或家属可以领取 3 万元的保险金。

（2）住户计划。1968 年制定了低价住房计划，允许低收入者用公积金存款购买低价公房，如果存款不够，可申请贷款，并用以后缴纳的公积金分期偿还。1975 年，又制定中等收入者的住房计划。1981 年，制定私人住宅计划。1981 年，还制定了家庭保险计划，强制用贷款买中、低价房屋的会员购买这项保险，目的是保障会员在发生终身残废或死亡时，能够用这笔钱偿还贷款，以保存其住房（如会员死亡，住房可归子女所有）。目前，有 90% 的会员有了自己的住房。

（3）医疗计划。1984 年，制定了保健储蓄计划，允许会员从公积金存款中支付自己及其家属一定的数额的住院医疗费用。这项计划只能解决一般的住院医疗费用，而对重病人的巨额住院医疗费用则远远不够。为此，1990 年，制定了医保双全计划，这是一项非强制性的低价医疗保险计划，由中央公积金局从参加这项保险的会员账户中提取少量费用实行社会统筹，调剂使用。重病住院医疗费用，先按保健储蓄计划规定支付一定数额后，剩余部分再按医保双全计划从统筹基金中支付 80%。这项计划只限于 65 岁以下的会员参加；对 65 岁以上会员的问题，尚在研究中，因为如扩大到这些老年人，会大幅度增加医疗费用。

　　此外，1978 年制定公共汽车股票计划，允许会员用公积金存款购买公共汽车股票，以享受乘车的优待和分红，其股息也高于公积金的利率；1984 年制定雇主公积金福利计划。当时新加坡经济发展很快，工人频繁地变动自己的工作，为了增强企业的凝聚力，允许雇主在发放工资时扣下一部分钱自行管理，作为福利再发给工人。这项计划不是强制性的，至今只在几家大公司中实行；1986 年制定投资计划。允许会员在保留一定基本数额的公积金的原则下，用一部分存款购买信托投资股票、黄金等。如果投资出现风险，由会员自己负责；如果赚了，投资所得连同本金必须再存入公积金账户；1989 年制定了教育计划。允许会员用公积金存款支付自己或子女的高等教育学费，但不能用于国外就学。当毕业后工作时，应立即把钱连同利息存入公积金账户；1992 年制定了自雇人员参加公积金的计划；1993 年，制定改善投资计划。

　　新加坡中央公积金的投资管理由该国的公积金局负责，基金投资主要依据政府的指示用于购买政府债券和支持基本建设。整个基金投资操作过程缺乏透明度和公开性，也无竞争性可言，其结果是收益率较低。整个 20 世纪 80 年代，收益率大约为 3%，而同期智利养老金基金投资收益率达到 13%。低收益率显然无助于缴费率的降低。此外，新加坡中央公积金制度强调个人账户预先积累，除了在家庭内部互济外，社会共济作用十分有限，客观上难以起到社会保障"稳定器"的作用。

　　2003 年上半年的经济颓势使新加坡企业不堪重负，经济衰退使新加坡著名的中央公积金制度面临重大的考验。新加坡总理吴作栋 2003 年 9 月宣布，对中央公积金制度进行重大改革。改革的主要焦点是：从 10 月 1 日起，公积金总缴费率将下调 3 个百分点至 33%，雇员保持 20%，雇主缴费率则从 16% 减为 13%。政府也计划在 2006 年 1 月 1 日，进一步把缴纳公积金的薪金顶限调低至 4500 新元，届时雇主每年将因此能节省 4 新亿元的工资成本。同时，介于 50～55 岁的雇员的公积金总缴费率将逐年下调，直到 2006 年的 27% 为止。政府对削减公积金总缴费率所作的调整，每年将为雇主省下 13 亿新元的成本。这也意味着2006 年后，雇主每年总共能节省 17 亿新元的工资成本。

　　（二）中央公积金的筹集和运营

　　（1）公积金的筹集。公积金由雇主和雇员共同缴纳。国家对公积金不征税，并为公积金的支付提供担保。公积金的缴费率由隶属劳工部的全国工资理事会提出建议，经政府同意后实行。工资理事会在考虑经济增长，增加工资的同时，一并对公积金的缴费率提出建议。一般规律是在经济形势好、工资增长的同时，提高缴费率；在经济衰退、企业困难时，降低缴费率。

　　（2）公积金的利率。从 1955 年以来，公积金利率一直略高于通货膨胀率，从而保证了公积金不贬值，并略有增加。公积金主所得利息无需交税，银行所得利息则要交税。公积金利率随银行利率每年调整两次（4 月和 10 月），每月计算一次，每年进一次账户。

　　（3）公积金的运营。中央公积金局根据《公积金法》和《信托投资法》进行投资运营，按规定，公积金存款可以投放以下几个方面：①政府债券；②金融管理局存款；③可转让存款证；④市场债券；⑤信托公司股票；⑥银行定活期存款。中央公积金局聘请了五位投资专家负责这方面的工作，每月向中央公积金局递交投资报告，每三个月召开一次投资会议，报告本季度工作实绩和下季度工作计划。

　　（4）收缴公积金的保证措施。《公积金法》规定，所有雇主在雇佣人员时必须到公积金局注册。公积金局通过计算机对各单位进行控制，当计算机反映出其雇主未按时交款时，先由公积金局催缴，如超过 7 天宽限期仍不交者，即采取法律行动。法律行动分法庭外销案和法庭判决。宽限期以外缴纳公积金的惩罚如下：①按迟交天数每天 1.5％罚收滞纳金；②罚金全部由雇主缴纳；③法庭最高罚款，每条罪状罚 2500 新元，重犯者最高罚款每条罪状10000 美元；④如雇主扣了雇员的工资却不缴纳者，给予 10000 新元罚款或判 2 年徒刑；⑤交不起罚款者，可向法庭申请查封资产，并对该雇主报穷，即从此不能再经商或办实业。以上办法可以查出雇主是否交款，但查不出是否交足了款，为此，辅助以投诉办法。如果雇员向公积金局投雇主未足额交款时，公积金局立即进行调查。如情况属实，该雇主应提供该单位全部人员最近六年的薪金簿进行核实。少交的，要补交本息并处以各种惩罚（没有薪金簿的，则查对所得税缴费数或找雇主谈话）。

每个会员有一个密码，可随时来函、来电查询其缴费情况。公积金局每年给会员寄两次（1 月和 7 月）报告单，报告其缴费和支出的情况，包括开户额、存入额、最后存入期和基金余额等。此外，公积金局每年要向会员征求意见和建议，以改进他们的服务。

（三）中央公积金的管理体制

中央公积金制度由中央公积金局统一管理。中央公积金局隶属于劳工部，由劳工部制定有关政策并进行监督。中央公积金局依法独立操作，其他部门不加干预。

中央公积金局实行董事会领导下的总经理负责制。董事会主席和总经理由劳工部委托，任期三年。董事会由 11 人组成，主席 1 人，董事 10 人，董事中包括政府代表 2 人，雇主代表 2 人，专家 4 人。董事会每两个月开会一次，对重大问题进行决策。董事会下设两个委员会，即人事财政委员会和计划决策委员会，负责处理一些具体政策问题。

中央公积金是独立的半官方机构，设总经理和副总经理各 1 人，日常工作由总经理负责。下设 6 个部：①会员服务部，负责有关会员服务计划的制定与执行；②雇主服务部，负责雇主如期足额的缴费，并向他们传达信息；③人事部，负责人员的配备和调整；④行政部，负责日常事务和公共关系；⑤电脑部，主要负责投资方面的问题。另外，在总经理直接领导下，设内部审计部。各部门不设副职，全局 700 人。

中央公积金局的管理费用相当于年收缴公积金的 0.5％，1993 年行政开支 5700 万新元经费主要来源于利息计算差（公积金局每月得到的是复利，而给会员的利息一年才存入账户一次）；其次，来自公积金大厦出租、停车场出租收入以及代政府征收的外国劳工费的手续费，经费不与公积金的征收和投资效益挂钩。

（四）中央公积金制度的特点

1. 价值观念强调自立

公积金制度要求会员首先应该自立，依靠自己，只有在自己储蓄存款不足时，才由家属填补。公积金制度把个人努力程度与本人存款多少和他所享受的待遇紧密地联系在一起，会员越是努力工作，公积金存款就越多，他所享受养老金、医疗保健等福利待遇也越多。从这一基本点出发，公积金制度具有强烈的激励机制，帮助新加坡建立了一支刻苦工作的劳动队伍。据新加坡有关负责人介绍，新加坡人愿意努力工作，新加坡的劳动力已成为吸引外资的一个重要因素，这是公积金制度作出的一大贡献。

2. 管理办法讲究透明

会员的存款采用个人账户集中。一方面，会员有自己的账户，透明度很高；另一方面，政府公积金各项费用的收支、管理、运营的情况透明度很高，有利于监督、管理和宏观调控。

3. 保证制度增强信心

政府出面为公积金支付作担保，增强了会员对制度的信心；养老、医疗计划，由于引进了保险机制，逐渐趋于完善。如养老计划实施后，补充了最低存款计划，弥补了原规定的一次性支付的不足；保健医疗实施后，补充了医保双全计划，统筹解决了 65 岁以上重病人的住院医疗费用问题。

4. 具体使用可以灵活

会员的公积金存款，除了在到达退休年龄时才能领取养老金之外，退休前，还可以在特准范围内，用于购买住房、股票、黄金以及支付医疗、教育费用等。

5. 在经济发展中发挥作用

（1）补充建设资金。通过购买政府债券，为国家经济建设提供了大量资金。政府利用这笔长期可靠的、源源不断的资金，基本完成了住宅、道路、机场、港口等基础设施的建设。从 20 世纪 80 年代起，又用这笔钱向海外投资，使经济得到了迅速的发展。

（2）抑制通货膨胀。20 世纪 70 年代到 80 年代初，新加坡经济迅速发展，工资不断提高，通过公积金缴费率，把一部分消费基金转化为积累基金，从而有效地控制了通货膨胀；而在经济建设不景气时，又通过降低雇主的缴费率，使经济很快得以恢复。如允许会员分期付款购买住房，既解决了住房，又调整了人们的消费结构。所以，公积金制度是调整社会消费和积累比例的有效手段，也是对国家经济发展和政府一些重大经济政策的补充。

（五）公积金制度存在的主要问题

1. 树立信心问题

这对公积金来说至关重要。如果会员缺乏信心，没有信任度，他们就会回避缴费，甚至在雇员和雇主之间达成某种默契，联合起来逃避缴费。为此，必须采取多种措施，提高信任度。如定期给会员寄存款报告，使会员知道账户存有多少钱和有关的信息；会员要求提款时，要很快把钱给他，一般不超过一星期等。

2. 逃避缴费问题

一些雇主有意逃避缴费，甚至一些雇主与雇员达成协议不缴费。但由于雇员利益受到了损害，一旦他们发现问题离开这家公司时，就会到公积金局投诉。对这个问题，一是需要有一个及时有效的执法系统；二是需要同企业雇主直接交涉。

3. 收益风险问题

中央公积金作为一项长期的巨额存款，在实际支付之前有很长一段沉淀期，如何既防止它因通货膨胀而发生贬值，又使之转化为资本而具有自行增值的能力，是政府必须解决好的一个问题。为了实现公积金的保值增值，中央公积金局交公积金存款积存部分主要用于购买政府发行的长期公债或股票，并适当投资。由于政府发行的债券和股票都是以政府持有的资产储备作保证，并且有稳定的利息或股息收益，所以公积金储蓄完全可以保证会员存款的安全性、无风险性并取得预期收入。尽管过去 40 年，在资金运营方面，实现了公积金存款的保值。但是，今后能否做到难以预期。因此，如何有效地运用资金，搞一些好的投资，使会员得到一个正利率，仍然是一个值得十分重视的问题。

4. 提款压力问题

当会员的存款越来越多时，他们就想把这笔钱提出来，用于交税、环球旅游或送子女到国外上大学等。多年来，一直存在着这种压力。要顶住这种压力，必须付出巨大的努力。

5. 服务质量问题

新加坡是一个开放的城市，与外界交往甚多，国外的服务水准会很快反馈到国内来。因此，会员普遍要求公积金局的服务水准不断提高。

总而言之，世界各国住房金融的发展具有共同特点。一是政府的参与和干预。住房金融需要的资金量十分巨大，占用时间极长，而且风险高，缺乏流动性，这就决定了住房金融体系的运作离不开政府的参与和管理。政府作用的方式有：通过建立公营性金融机构，体现和贯彻政府金融政策意图，并为居民解决住房提供资金；协调各种融资主体之间的利益关系与运行规则，由此对住房金融市场进行有效的调节和控制；调节金融工具，完善住房金融体系的功能；通过制定相关的法规，保障住房金融政策的贯彻和规范住房金融市场上金融机构的行为。二是政策性和经营性住房金融的有机结合。不论是发达国家还是发展中国家，其住房金融既要受到政府的干预，又要有高度灵活的市场调节。只有将两者有机结合，才能保证住房资金的来源，调动金融机构的积极性，刺激居民的住房需求，很好地解决居民的住房问题。

关键词中英文对照

房地产金融 real estate finance　　　　金融体系 financial architecture

住房金融 housing finance　　　　　　住房公积金 housing provident fund

房地产市场 real estate market　　　　居民住房建设 residential construction

政策性住房 policy-related house　　　　住房补贴 rental allowance；housing allowance

住房分配货币化进程 capitalization process of housing distribution/allocation

商品房 commercial residential building

思 考 题

1. 试比较房改金融与商业性房地产金融的差异。

2. 与一般金融相比，房地产金融有什么特点？

3. 借鉴国外住房金融的发展经验，试讨论我国房地产金融未来的发展方向。

4. 结合本书第九章住房公积金的内容，对比新加坡中央公积金制度与我国住房公积金制度的异同。

第三章 房地产金融市场

本 章 摘 要

作为金融市场的重要组成部分,房地产金融市场承担着房地产资金的融通与结算、优化资源配置、分散转移风险等重要职能。本章阐述了房地产金融市场的内涵、特点、分类、构成要素等基础知识;介绍了房地产金融机构的类别划分及国内外房地产金融机构体系的概况。

第一节 房地产金融市场概述

一、房地产金融市场的内涵

一般来讲,任何一种有关商品和劳务的交易机制都可以形成一种市场。随着商品市场和商品交易的发展,各种货币借贷、票据和有价证券的买卖等融资活动日益增多,金融市场逐渐产生并日渐繁荣。由于房地产业资金运动存在需求量大、投入集中、周转期长、风险高等特点,其广泛而活跃的融资活动必须通过各类房地产金融机构,借助市场关系才能顺利展开。因此,房地产金融市场可以概括为房地产资金供求双方运用金融工具进行各类房地产资金交易的场所与行为的总和。它可以是一个固定的场所,也可以是无形的交易方式。交易的方式可以是直接的,也可以是间接的。其业务范围包括房地产贷款、房地产信托、房地产证券、房地产保险、房地产典当等多种房地产金融活动。

随着城镇住房制度改革的深入,房地产金融市场对房地产经济的促进作用日益明显。在为房地产的生产、流通、消费筹集和分配资金的过程中,房地产金融市场不仅满足了资金供求者的各种投融资需求,而且为投融资人转移和规避风险提供了便利。通过多渠道、多层次的资金运动,房地产金融市场不断地优化资金配置,提高了资金利用的经济效益,广泛且及时地传递和反馈着各种房地产产业信息和金融信息。此外,政府可以通过房地产金融市场对房地产业和金融业实施宏观调控。

二、房地产金融市场的特点

房地产金融市场是金融市场的重要组成部分,但是由于房地产行业具有较强的特殊性,房地产金融市场也呈现出与一般金融市场的不同之处。

(一) 资金需求量大,融资数额高

相对于一般商品而言,房地产价格高昂。特别是在城市化进程较快,经济发展水平较高的城市和地区。以北京地区为例,2007 年全年一手商品住宅成交均价高达 11463.8 元$/m^2$。可见,房地产的生产和消费过程中,需要投入的资金量大。无论是房地产开发商,还是购房者,需要融通的资金数额都较其他商品更高。

(二) 房地产信贷资金流动过程中期限结构不对称

房地产信贷资金主要来源于银行等金融机构吸纳的存款,大部分属于短期资金,而且来源相对分散。但是房地产项目的开发建设周期较长,资金回收慢。住房消费类贷款的还款期限最长可达 30 年。因此，房地产信贷资金来源短期性和资金运用长期性之间的矛盾较为明显。

（三）证券化的需求迫切

如前述，房地产信贷资金存在存短贷长的问题，开展此类信贷业务的银行等金融机构可能面临资金的流动性风险。通过房地产抵押贷款证券化，可以使这部分长期资产短期化，流动性得到极大改善。同时由于资金需求量大且回收期长，房地产开发商青睐于以发行房地产股票、债券或借助房地产投资信托基金等方式从证券市场募集资金，特别是当面临银根紧缩的融资困境时。因而，与一般金融市场相比，房地产金融市场中以各种有价证券的形式进行资本融通的需求更为迫切。

（四）房地产金融业务专业性强、成本高、收益好

一方面，房地产金融业务大多操作复杂、专业性强。以房地产开发贷款为例，其操作流程包括贷前调查、贷款项目评估、抵押物价值评估、授信审查、审批放款和贷后管理等多个环节，涉及保险机构、评估机构、房地产管理及产权登记机关等多个部门，需要资信评估人员、房地产估价师、律师等各类专业人员的配合。特别是在进行贷款项目评估和抵押物价值评估时，对操作人员的房地产专业知识和经验的要求较高。由于环节多，业务专业性强，这类业务的经营成本也较高。

另一方面，由于房地产的保值增值性较强，以这类资产为基础的房地产金融业务风险低，收益率高。此外，这类业务涉及的步骤多，流程长，可能产生的派生业务多，从而为金融机构带来不菲的中间业务收入。

（五）受政府宏观调控政策影响大

住宅具有商品和社会保障品的双重属性，即使是自由的市场经济国家，也不会完全听凭市场机制对住房市场进行调节。各国或各地区政府都会结合本国或本地区情况，制定各项住房政策，促进住房市场的发展。其中住房抵押贷款的贴息、贷款担保制度等住房金融政策对住房市场通常产生较大影响。由于金融市场与房地产市场互相根植关系，信贷等金融政策也多成为政府对住房市场进行宏观调控的重要手段。

（六）担保方式多元化

如本书第二章所述，房地产金融通常是有担保的信用行为。借款人可以选择一种或多种担保方式。金融机构一般会要求借款人以所购买或建造的房地产为抵押物提供物的担保。由于我国目前个人和企业信用体系尚在建设中，金融机构对借款人的担保方式要求较为严格，甚至要求双重担保。如商业银行对个人抵押贷款的借款人不仅要求以所购住房作为贷款抵押物，同时由开发商提供阶段性担保。在专业担保机构体系较完善的市场中，也可以由专业担保机构提供第三方担保，如美国的联邦住宅管理局等。此外，有些金融机构还要求借款人向保险公司投保以进一步分散风险。

三、房地产金融市场的分类

基于不同的研究角度，房地产金融市场的类别划分不同，主要包括以下几类。

（一）基于不同市场层次的类别划分

按照市场层次的不同，房地产金融市场可以划分为房地产金融一级市场和房地产金融二级市场。

房地产金融一级市场是指资金需求者通过房地产金融中介机构或者资本市场进行初始资

金融通的市场。包括居民为购买、建造、修葺、投资房地产向银行申请个人住房抵押贷款、个人商业用房贷款、二手房贷款等个人房地产消费贷款，房地产企业为获取房地产开发经营资金向金融机构申请的房地产开发贷款和经营性持有物业贷款以及通过证券市场发行的股票、债券，建筑企业向银行申请的流动资金贷款，非房地产机构为购置固定资产向银行申请的贷款等融资活动以及上述信贷和证券业务的附属金融业务，如政府机构、信托机构和保险机构等对房地产信贷和证券发行提供的各类保证。

房地产金融二级市场是指资金需求者通过房地产抵押贷款证券化或各类房地产有价证券的再交易进行资金再融通的市场。二级市场是在适应房地产信用资金的流动性、均衡各金融机构的存贷结构的基础上产生的。包括金融机构为提高房地产信贷资产的流动性，将所持有的房地产贷款出售给二级市场金融中介或者直接以抵押贷款证券的形式从证券市场快速收回资金的过程，以及持有各类房地产有价证券的投资人之间进行的再交易。

房地产金融一级市场是二级市场的基础和前提，二级市场是一级市场存在与发展的重要条件之一，无论从流动性还是从各类房地产金融产品价格的确定上，一级市场都受到二级市场的重要影响。

（二）基于融资过程有无中介机构参与的类别划分

按有无中介机构参与，房地产金融市场可以分为直接金融市场和间接金融市场。

直接金融市场是指资金需求者直接从资金所有者那里融通资金的市场。具体来讲，主要包括房地产开发企业或建筑企业通过发行债券或股票等方式在金融市场上筹集资金，或者房地产金融机构直接向房地产业投资，参与企业的开发、经营等活动。

间接金融市场是资金的供求双方通过银行等金融机构作为信用中介进行资金融通的市场，主要包括金融机构展开的各类房地产信贷业务。在间接融资过程中，不论资金最终归谁使用，资金所有者都将只拥有对信用中介机构的债权而不能对最终使用者具有任何权利要求。

相比间接融资而言，直接融资所筹集的资金更稳定，资金使用期限更长，而且资金供求双方直接形成债权债务关系，债务人面临着债权人的直接监督，资金的使用效益相对提高。因此，直接融资是发达国家房地产金融市场的重要组成部分。

（三）基于金融交易期限的类别划分

按金融交易期限的不同，房地产金融市场可以分为货币市场和资本市场。

房地产金融货币市场是指一年期以内短期房地产资金融通的金融市场，如各类短期信贷市场、同业拆借市场、票据承兑和贴现市场以及短期债券市场等；房地产金融资本市场是指一年期以上的中长期房地产资金融通市场，如房地产股票市场、中长期债券市场、中长期借贷市场等。

从金融市场发展历史来看，货币市场是资本市场的基础。货币市场所融通的资金大多用于企业短期周转，而资本市场融通的资金大多用于企业的创建、更新、扩充设备或储存原材料等。通常情况下，由于期限短、流动性高、变现能力强，货币市场的风险小于资本市场。

（四）基于不同服务对象的类别划分

按服务对象的不同，房地产金融市场可以划分为房产金融市场和地产金融市场。

房产金融市场是指银行及其他金融机构为房屋再生产进行资金融通的市场。其中由于住房商品的特殊性，住房金融市场成为各国房产金融市场的重要组成部分。就其包含的内容来讲，有狭义与广义之分。狭义的住房金融是指围绕着居民或消费性的非营利住房机构的住房建设、流通、消费、修缮等展开的资金融通活动总和。而广义的住房金融是指围绕着所有住房建设、流通、消费、修缮等展开的资金融通活动总和。即广义的住房金融市场融资主体不仅包括居民和消费性的非营利住房机构，还包括营利性的住房机构如开发商。

地产金融市场又称土地金融市场，是以土地为媒介进行资金融通的市场，主要包括发生在土地开发、利用、经营过程中的贷款、存款、投资、信托、租赁、抵押、贴现、保险、证券发行与交易以及土地金融机构办理的各类中间业务等活动。土地金融又包括农地金融与市地金融两大类。前者以农地为媒介，后者以市地为媒介。

由于房产与地产的不可分割性和内在统一性，房产金融市场与地产金融市场并不是截然分立的，二者相互影响相互作用。在实际的生产生活中，经常用以指代房地合一状态下的房地产金融。

（五）基于主要资金来源渠道的类别划分

按照主要资金来源渠道的不同，房地产金融市场可以划分为政府主导基金型房地产金融市场、合同储蓄型房地产金融市场、抵押型房地产金融市场和混合型房地产金融市场。

政府主导基金型房地产金融市场是由政府建立全国性的基金管理局，为房地产开发投资和住房消费提供稳定的信贷资金来源。这种房地产市场通常出现在经济相对落后、房地产建设资金短缺的国家和地区。在这类市场中，全国性的基金管理局是资金融通的重要枢纽。其中，以新加坡的中央公积金管理局和巴西的就业保障基金会的运作最为成功。1950年新加坡开始建立中央公积金制度，要求凡有薪金收入者必须与其雇主一起按月薪的一定比例缴存中央公积金，由中央公积金局为公民提供集住房、养老、医疗、投资和教育于一体的全方位社会保障服务。1968年开始实施特准购房计划，允许会员用已存的和未来的公积金存款购置住宅，将公积金这一社会保障制度与住房金融制度有机结合。1996年巴西成立就业保障基金会。要求雇员将工资总额的一定比例的税款交给就业保障基金会，存入个人专户。达到一定年限后，雇员可提取账户存款购买住房或偿还房款。就业保障基金会委托"全国住宅银行"对该基金账户进行经营管理，不仅可对个人提供购房贷款，还可对住宅建设机构提供建设贷款，成为住宅建设资金的主要供给者，从而解决了住房资金来源问题。

合同储蓄型房地产金融市场主要通过住房储蓄制度和合同制度进行住房资金融通。这类市场中，通过住宅储蓄银行、互助合作性质的建房协会等非官方机构组织建房资金的筹集和融通。购房者通过订立合同或契约，定期存入资金，达到一定要求后可申请购房贷款。如德国的住房储蓄市场和英国的互助合作住房金融市场。

抵押型房地产金融市场是指房地产业所需资金以抵押为基础通过抵押市场和资本市场来筹集，不需要建立强制性的储蓄和住房基金作为金融机构房地产信贷业务的资金来源。这类市场多出现在欧美等金融市场体系完备的发达资本主义国家，由广大存款人、经营抵押贷款的商业银行、收购和发行有价证券的证券公司和金融公司以及机构投资者等金融市场的多方参与主体形成利益链条，多样化的抵押贷款是其资金流动的中心环节。在抵押贷款的基础上，借助各种金融工具，通过灵活的证券化运作，与其他金融市场相互渗透，按照市场机制进行房地产资金的融通。

混合型房地产金融市场兼具基金型和抵押型房地产金融市场的特点。房地产资金的来源渠道包括政府设立的基金会、金融机构抵押信贷等。这类房地产市场中，私人金融机构与官方机构都发挥重要作用。比如，日本的房地产金融市场，在战后经济濒临崩溃、资金严重短缺的情况下，日本住房建设和消费资金必须借助强有力的官方机构来筹集，为此，日本政府建立了住宅都市整备公团、住房金融公库等官方机构直接进行资金的筹集和住宅的建造。同时，私人金融机构的信贷活动也日趋活跃，信贷资金来源也逐渐多样化。通过民间和国家两条资金渠道，日本的住房供需矛盾得到极大缓解。

（六）基于融资工具的类别划分

按照融资工具的不同，分为房地产抵押贷款市场、房地产证券市场、房地产保险市场、房地产信托市场、房地产租赁市场等。

房地产抵押贷款市场是指企业或购房者以符合条件的房地产作为借款担保向房地产金融机构融通资金的市场，包括个人房地产消费信贷市场和房地产企业开发贷款市场。

房地产证券市场是指围绕着房地产股票、债券、抵押贷款证券、投资基金券等各种有价证券的发行和买卖形成的各种交易关系总和，包括房地产股票市场、房地产债券市场、房地产抵押贷款证券化市场、房地产投资基金市场等。

房地产保险市场是指以房屋及其相关利益和责任为保险标的展开的保险业务市场。

房地产信托市场是指受人所托代为办理房地产买卖、租赁保险等房地产信托业务的市场。

房地产租赁市场是指依据设备领域的融资租赁原理，在不改变房地产所有权的前提下，借助金融租赁平台，在房地产所有者即资金需求者、金融租赁公司、资金供给者之间进行资金融通的市场。

四、房地产金融市场的构成要素

与其他市场一样，一个完整的房地产金融市场通常包括交易主体、交易客体、交易工具、交易价格、市场机制等基本构成要素。

（一）交易主体

交易主体是指房地产金融市场的参与者，其中狭义的交易主体是指参加房地产金融交易的资金盈余或不足的企业、个人以及金融中介机构，广义主体是指包括房地产资金供给者、资金需求者、中介人和管理者在内所有参加交易的单位、机构和个人。

（1）居民个人。随着经济水平和收入水平的提高，居民个人可能会将日常消费支出后的结余部分用于银行储蓄投资，或者直接用于购买房地产股票、债券、专门的住房储蓄等，也可能由于购房资金的不足向银行等金融中介机构申请房地产抵押贷款。因此居民个人既是房地产金融市场上重要的资金供给者，也是房地产金融市场上最大的资金需求者。

（2）企业。各类企业在生产经营的过程中可能出现资金的盈余或暂时闲置。企业可以用这部分资金购买房地产金融工具或将之存入银行等金融中介机构，以获取投资收益。由于房地产开发经营通常需要投入巨额资金，并且房地产项目的运作周期较长，资金占用时间长、回收慢，所以房地产开发、施工等企业很可能由于资金的短缺向金融中介机构申请贷款，或通过发行股票、债券等方式从房地产金融市场筹集所需资金。因此，与居民个人相似，企业也以资金的供给者和需求者的双重身份参与房地产金融市场的资金融通。

（3）金融机构。金融机构是房地产金融市场中资金供给者和需求者之间的重要桥梁，承担着市场中介的作用。包括各类存款性金融机构和非存款性金融机构。前者如商业银行、储蓄机构、信用合作社，后者如保险公司、养老基金、投资银行、投资基金等。金融机构一方面可以通过广泛吸收存款或发行金融工具等方式筹措资金；另一方面可以发放各类房地产贷款，或从金融市场中购进房地产有价证券和其他金融工具。此外，还可以提供房地产金融咨询、代理发行房地产证券等中间服务。

（4）政府。在各个国家和地区的房地产金融市场上，政府都充当着资金的供给者、需求者和监管者等多重角色。一方面政府可能拨专款支持房地产的发展；另一方面，为弥补财政资金的不足，政府可以通过发行债券从房地产金融市场筹集资金用于房地产建设；此外，政府可以通过经济、行政、法律等多种手段对房地产金融市场进行宏观调控，如利率的变动、房地产税收政策的变化、信贷额度的调整、金融机构业务范围的规定等。

（二）交易客体

交易客体即交易对象。房地产金融市场的交易对象不管具体形态如何，都是货币资金。其交易都是实现货币资金的所有权、使用权转移的过程。在交易中，资金供给者出让了货币资金的使用权，并根据对该笔资金的所有权收取报酬即利息或股息，并在债权期满后收回本金；资金需求者在承诺了对方债权或股权后获得货币资金使用权，并以支付利息或股息的方式给予对方一定的补偿。随着流通市场的发展和金融衍生市场的兴盛，实际交易对象是什么已经不那么重要了，人们关注更多的是各类金融交易工具。

（三）交易工具

交易工具是交易的载体。金融市场的交易工具是金融交易的证明，简称金融工具。金融市场的发展与创新使房地产金融工具品种繁多。传统金融工具主要是各种债权和产权凭证，如股票、债券、商业票据、存单等。在传统金融工具基础上又逐渐开发出各类衍生金融工具，主要包括期货合约、期权合约、认股权证、掉期合约等。目前我国房地产金融市场仍然以股票、债券、商业票据、存单、房地产抵押贷款契约等传统金融工具居多。近年来，关于房地产抵押贷款证券、房地产投资信托基金券等金融工具的尝试和探索日益增多。

（四）交易价格

每笔房地产金融交易都是按照一定的价格成交的，通常以利率表示。利率是利息率的简称，即利息与产生利息的本金的比率。其中利息是资金的使用者为获取一定量资金在一段时间内的使用权而付出的资金成本，包括资金借出者因推迟消费遭受的损失以及借出资金因通货膨胀而发生的购买力损失两部分。在金融领域中，利率的概念通常是各种利率的统称，它常用各种金融工具的到期收益率计算。在激烈的市场竞争推动下，各类房地产金融交易也受到供求规律的支配，其交易价格由金融工具代表的交易价值决定。因此，金融工具的估值成了判断价格高低的关键。当市场供求实现均衡时形成的交易价格即为均衡价格，被认为是与实际价值相吻合的收益。

（五）市场机制

市场机制即市场运行的实现机制，是指市场机制体内的供求、价格、竞争、风险等要素之间互相联系及作用机理。它是市场经济成长过程中最重要的驱动因素。市场机制是一个有机的整体，一般情况下主要包括供求机制、价格机制、竞争机制和风险机制。对房地产金融市场而言，还包括拆借与贴现机制、证券发行与交易机制等。

（1）供求机制。供求机制是指通过商品、劳务和各种社会资源的供给和需求的矛盾运动来影响各种生产要素组合的一种机制。在房地产资金融通过程中，由于资金供求关系不断变化导致资金价格即利率的涨落，利率的涨落又反过来调节资金供求的数量，从而使供求机制成为一种制衡机制，调节整个金融市场的运行。因此供求机制是房地产金融市场运行最基本的机制。利率机制、竞争机制、风险机制等其他机制都必须通过供求机制形成并发挥其具体功能。

（2）价格机制——利率机制。价格机制是指在市场竞争过程中，市场上某种商品市场价格的变动与市场上该商品供求关系变动之间的有机联系的运动。由于各类金融交易的价格以利率形式表现，因此房地产金融市场的价格机制表现为利率机制。在市场经济条件下，利率水平是由资金的供求关系决定的。即当资金供大于求时，利率会下降；而当资金供不应求时，利率则会上升；在一定利率水平下，资金供求基本平衡，这种利率便是均衡利率。由此可见，利率水平是金融市场资金供求关系作用的结果。然而，利率并非单向地决定于供求关系，它也反过来影响资金的供给与需求，发挥调节资金供给量和需求量的作用。因此，利率机制不仅通过货币资金的价格信息来反映和调节资金供求关系，还能引导资金在各部门之间的自由流动，从而实现资金资源的优化配置。

（3）竞争机制。竞争机制是指在市场经济中，各个经济行为主体之间为自身利益而相互展开竞争，由此形成的经济内部的必然联系和影响。在金融市场运行过程中，存在着众多的资金供给者和需求者，其融资利益必然按照竞争原则来选择和实现。由于竞争机制通过价格或非价格竞争优胜劣汰，激励市场参与者最大限度地发挥各自的主动性和创造性以确保自身的生存和发展，因而，竞争机制一方面可以保证社会资金的有效运用，并不断推动房地产金融业的发展和创新；另一方面又可以保证利率等机制功能的发挥。

（4）风险与收益机制。在房地产金融活动中，风险与收益并存。风险机制与收益机制相互作用，对房地产金融市场的稳定与繁荣起着重要作用。其中风险机制是市场交易主体在资金融通过程中盈利、亏损与破产之间的相互联系和作用的机制。它以收益为诱导并以损失为压力作用于各交易主体，迫使金融市场活动的参与者对风险和收益进行反复平衡，并对资金融通与企业经营作出谨慎性决策，从而大大减少资金流动的盲目性。风险机制又可以分为风险补偿机制和风险平衡机制。风险补偿机制是风险与收益补偿之间相互作用和制约的收益保护的安全机制。风险平衡是分散、选择和平衡风险，消除和降低金融市场风险的平衡机制。收益机制是收入与利率、风险之间的相互联系与作用方式，是金融市场运行的最大动力。

（5）拆借与贴现机制。拆借与贴现机制是货币市场即短期金融市场运行的重要机制。其中，拆借机制是金融同业内部充分利用时间差、空间差和行际差，调剂资金余缺进行短期资金融通的市场机制。贴现机制是商业票据持有者在票据到期之前为获得现款向银行付出一定的利息实现资金融通的一种票据转让机制。与贷款机制相比，贴现机制能够更迅速、更灵活地满足贴现者的流动性需求，有效提高资金的运转效率，促进金融市场的繁荣活跃。

（6）证券发行与交易机制。证券发行与交易机制是证券市场即长期金融市场运行的重要机制。其中，证券发行机制是初级证券市场出售信用工具、筹集资金的市场机制；证券交易机制是二级证券市场提供流通和转让有价证券的机制。这两种证券市场机制相辅相成，共同作用，既满足了房地产企业和房地产金融机构面向社会公开筹资的需求，也为社会公众的投资创造了便利条件。

第二节　房 地 产 金 融 机 构

一般来讲，凡专门从事各种金融活动的组织机构，均可称为金融机构。各类金融机构是社会资金运动的总枢纽和国民经济的综合部门，他们能提供各种不同的金融工具和信用工具，金融市场则为这些金融工具提供自由买卖的场所，并使资金的供求者聚集在市场上完成各种金融工具的交易活动。金融机构越发达，金融创新越多，提供的金融工具就越多，市场也就越兴旺。从这个意义上说，金融机构的发展是金融市场形成和发展的条件，金融市场是金融机构发展的必然结果。而房地产金融机构则是指专营或兼营房地产金融业务的各种金融机构。他们是房地产金融运营的载体，是房地产资金融通过程中资金供给者和需求者之间的信用中介组织及为房地产资金融通提供服务的其他金融组织。

一、房地产金融机构的性质

房地产金融机构产生、存在和发展的过程中呈现出以下固有特性：

（一）金融性

房地产金融机构是以经营和管理货币资金为主营业务的专业机构。与其他金融机构一样，信用也是其生存的基础和前提。在金融管理上，需要接受银监会、证监会、保监会等相应监管部门的监督管理。

（二）企业性

除监管机构外，大多数房地产金融机构是办理货币信用的经济实体，借助各种金融工具从事货币资金的保管、结算、兑换、出纳、贷放及证券发行、管理等经营活动，实行独立的经济核算，并在资金融通过程中实现资金的增值，获取经营利润。

（三）行业性

随着住房制度和土地使用制度改革的深化，国家不断完善房地产金融机构体系，旨在通过金融专业化，分离、转化和筹集房地产特别是住房建设资金，促进房地产业的发展，解决居民住房问题，同时贯彻国家的各项房地产政策。因此，房地产金融机构必须突出行业特色，以房地产业及相关产业为服务对象，集中资金支持房地产业的发展。在办理房地产资金结算、贷放及发行和管理各类房地产证券时，必须结合房地产企业特点和房地产商品属性，相比一般金融业务而言专业性更强。

（四）政策性

房地产金融机构不仅应当认真贯彻执行国家的各项金融政策方针，而且肩负着支持住房建设和住房制度改革的重要使命，因此其业务具有较强的政策性。除市场化的房地产金融业务外，房地产金融机构还参与房改，承担各项政策性房地产金融业务，如受托管理住房公积金、特定条件下提供优惠的住房抵押贷款等。此外，通过房地产金融机构的金融服务活动贯彻执行各项房地产金融政策也是国家对房地产金融市场进行宏观调控的重要途径。

二、房地产金融机构的分类

由于经济基础、金融环境及房地产金融制度的差异，各国房地产金融机构的设置呈现不同特点。总的来讲，各国房地产金融机构从不同的角度可分为以下几类：

（一）根据所从事的主营业务进行的类别划分

按其所从事的主营业务，房地产金融机构可以分为银行和非银行金融机构两大类别。银行是经营货币和信用业务的特殊企业，通过吸收存款、发放贷款、办理结算汇兑等业务融通资金。包括中央银行、商业银行和各专业银行。而非银行金融机构是指那些经营各种金融业务但又不称为银行的金融中介机构，如保险机构、投资信托机构、证券机构、财务公司等。

（二）根据金融市场级别进行的类别划分

按其服务的金融市场级别，房地产金融机构可以分为房地产金融一级市场机构和二级市场机构。房地产金融一级市场机构主要是在一级市场直接提供资金融通或提供担保、保险等金融产品和服务的金融机构。如开办房地产贷款业务的商业银行、互助储蓄银行、保险公司、置业担保公司等。房地产金融二级市场机构是指在二级市场上为房地产抵押贷款证券化提供相关金融产品和服务的金融机构，如购买住房抵押贷款资产组合的机构、为抵押贷款证券化担保的机构以及发行抵押贷款证券的特设机构等。

（三）根据资金筹集和运用方式进行的类别划分

按照资金筹集和运用方式的不同，房地产金融机构可以分为吸收存款型、契约型和投资型金融机构。吸收存款型房地产金融机构的资金主要来源于个人和机构的存款，筹集来的资金主要通过发放各类贷款的方式运用出去。这类机构多为银行类金融机构，如开办房地产业务的商业银行、储蓄银行等。契约型金融机构通过长期契约方式筹集资金，资金主要投向资本市场。如为抵押贷款提供保险或担保的保险公司、在资本市场上购买房地产股票或债券的养老基金等。投资型金融机构主要通过出售短期商业票据或者发行股票、债券和受益凭证等来筹集资金。其资金运用方式较为灵活，可以向个人和企业提供贷款，也可投资资本市场，或者投资不动产和实业。如证券公司、信托公司等。

（四）根据各金融机构从事金融活动的目的进行的类别划分

按其从事金融活动的目的，房地产金融机构可以分为商业性金融机构、政策性金融机构和监管性金融机构。商业性房地产金融机构主要以盈利为目的，其服务对象主要是建筑与房地产企业和居民个人。这类金融机构按其所从事的具体业务活动又可以分为商业银行、专业银行和非银行金融机构。政策性房地产金融机构是由政府为解决居民住房资金问题专门设立的，以政府政策目标的实现为主要服务目的，其服务对象主要是符合政府在某一时期政策规定条件的各经济主体。如我国的住房公积金管理中心、日本的住宅金融公库、美国的联邦住宅管理局等。监管性金融机构是对金融交易行为主体进行全面性、经常性检查督促的特定机构。包括外部监管机构和自律性监管机构。前者如中央银行、银监会等国家设立的监管机构，后者如银行业协会、证券业协会等金融系统内各类行业自律性协会组织。

（五）根据经营性质进行的类别划分

按经营性质，房地产金融机构可以分为公营、私营和合作房地产金融机构。公营房地产金融机构包括政府相关机构、国有银行等。如美国的政府国民抵押协会、新加坡的中央公积金局等。这类机构以执行国家房地产（特别是住房）发展政策，调节住房金融市场资金余缺为主要服务目的。私营房地产金融机构包括商业银行、保险公司和私营储蓄银行等。合作房地产金融机构如英国的建筑协会、美国的住房储蓄与贷款协会、我国的住房合作社等以互助合作方式进行住房资金融通。

三、我国房地产金融机构体系

我国房地产金融机构体系是在 20 世纪 80 年代改革开放的宏观背景下，为了适应土地使用制度改革和住房制度改革的需要，伴随着房改金融业务产生和发展起来的。经过 20 多年的探索、培育与发展，我国房地产金融机构体系日臻完善。一是建立了以金融监管当局和行业自律性组织为核心的监管体系。二是形成了以国有控股商业银行为主，股份制商业银行、城市商业银行、信用合作机构等机构并存的银行类房地产金融机构体系。三是成立了专业性住房储蓄银行。四是陆续成立了服务于住房融资及担保、保险业务的非银行类金融机构，比如信托投资公司、住房置业担保公司、保险公司等。我国目前的多层次、多类型的房地产金融机构体系如图 3-1 所示。

监管机构

- 我国房地产金融机构体系
  - 银行类（**银监会**）
    - 专营机构——中德天津住房储蓄银行
    - 兼营机构
      - 中国工商银行、中国建设银行、中国银行、中国农业银行等国有控股银行
      - 交通银行、中信实业银行、招商银行、中国光大银行、中国民生银行、华夏银行等全国性股份制商业银行
      - 深圳发展银行、上海浦东发展银行及其他各地城市商业银行等区域性股份制商业银行
      - 花旗银行等外资银行在中国的分行
      - 厦门国际银行等合资银行
      - 泰华国际银行等外资独资银行
  - 非银行类
    - 专营机构（**住房公积金管理委员会、财政部门、建设部等**）
      - 住房公积金管理中心
      - 住房合作社
      - 住房置业担保公司
    - 兼营机构
      - 保险机构类（**保监会**）
        - 中国太平洋财产保险公司等中资财产保险公司
        - 美国美亚等外资财产保险公司及安保集团等
        - 外资保险公司代表处
        - 中国人寿再保险公司等再保险公司
        - 中国人保资产管理公司等保险资产管理公司
        - 山东鲁能英大保险代理公司等保险专业中介机构
      - 信托投资类——中国国际信托投资公司、中煤信托投资公司、上海国际信托投资公司、北京国际信托投资公司等——**银监会**
  - 证券类机构（**证监会**）
    - 中国国际金融公司等证券公司
    - 申银万国等证券投资咨询公司
    - 美国雷曼兄弟等外资证券机构驻华代表处

图 3-1　我国房地产金融机构体系

四、各类房地产金融机构主要职能和相关业务

房地产金融机构的基本职能是通过向资金供求双方提供各种房地产金融产品和资金结算、理财等多种金融服务，实现房地产资金从供给方向需求方的有效转移。不同类型的房地产金融机构提供的房地产金融产品和服务有所不同。

（一）商业银行

商业银行是指依法设立的，面向社会公众，吸收公众存款、发放贷款、办理结算等业务，以获取利润为经营目的的企业法人，也称存款货币银行。它是具有现代企业基本特征的特殊金融企业。目前我国商业银行有三类。第一类是中国工商银行、中国农业银行、中国银行、中国建设银行等国有控股商业银行。第二类是股份制商业银行，目前包括交通银行、深

圳发展银行、中信实业银行、中国光大银行、华夏银行、中国投资银行、招商银行、广东发展银行、福建兴业银行、上海浦东发展银行、海南发展银行、中国民生银行等12家。第三类是北京银行、天津银行等110余家股份制城市合作银行，是在原城市信用合作社清产核资的基础上，吸收地方财政、企业入股组建而成的。

1. 商业银行的基本职能

（1）信用中介。信用中介是指商业银行作为借贷双方的"中介人"，通过吸收存款等负债业务，集中社会闲散资金，再通过发放贷款等资产业务，将货币资金投向需要资金的社会经济各部门，实现资本的融通。在这一过程中，商业银行从吸收存款的成本与发放贷款的利息收入、投资收益的差额中，获取经营利润。信用中介职能是商业银行最基本、最能反映其经营活动特征的职能，也是其区别于其他金融机构的重要特征。

（2）支付中介。商业银行在为顾客办理与货币有关的业务，如保管货币、贵金属、证券以及办理现金收付和存款转账等，发挥支付中介的职能。在这一过程中，商业银行成为工商企业、团体和个人的货币保管者、出纳者和支付代理人，可以最大限度地节约社会流通费用，加速货币资金周转。

（3）信用创造。长期以来，商业银行是唯一能够吸收各种存款并发放贷款的金融机构，由于支票流通和转账结算，贷款又可转化为存款，在存款不提现或不完全提现的基础上，增加了商业银行的资金来源，最后在整个银行体系，形成数倍于原始存款的派生存款。由此商业银行通过自己的信贷活动创造和收缩活期存款，具有信用创造的职能。

（4）提供金融服务。商业银行可以利用其在国民经济活动中的特殊地位，以及信息灵通、联系面广等优势，运用电子计算机等先进手段的工具，为客户提供多种金融服务，如信息咨询、代理融通、信托、租赁、计算机服务、现金管理、经纪人业务、国际结算、发放工资、提供信用证服务、办理信用卡等。在现代经济生活中，提供多种金融服务已成为商业银行的重要职能。

（5）调节经济。商业银行通过其信用中介活动，调节社会各部门的资金余缺，同时在中央银行货币政策指引下，在国家其他宏观政策的影响下，实现调节经济结构，调节投资与消费比例关系，引导资金流向，实现产业结构调整，发挥消费对生产的引导作用的功能。商业银行还可以通过在国际市场上的融资活动来调节本国的国际收支变化。

20世纪80年代以后，在金融全球化、自由化、电子化及融资证券化等发展趋势下，商业银行越来越多地打破了传统的以存、放、汇业务为主的格局，逐渐向保险、信托、租赁和证券投资等业务领域进军，甚至向非金融的领域诸如资信传输、仓库保管、企业评级、业务咨询、投资预决算、商品营销和计算机服务等方面进行业务拓展。此外，资产负债证券化尤其是住房抵押贷款的证券化发展迅速，极大程度地改变了商业银行过去将贷款等资产一路持有到期的做法，资金的寻求更多地通过诸如回购协议交易和发售CD、债券、票据及股票其至是基金受益凭证等方式来进行，使得"具有决定意义的始终是存款"这一商业银行运营中的传统公理受到了越来越多的挑战。

2. 我国商业银行房地产金融业务的发展

（1）中国建设银行。建设银行的前身为成立于1954年10月的中国人民建设银行，是一家隶属于财政部的国有专业银行。1994年根据国家金融体制改革，中国人民建设银行逐渐向综合性商业银行转型，1996年正式更名为中国建设银行。之后随着中国建设银行的财务重组、改制、注资、分立等一系列的改革措施，于 2004 年成立建设银行股份有限公司。2005 年 8 月公司引入境外战略投资者美国银行和新加坡淡马锡全资子公司富登金融，并在同年成功登陆香港联交易所，募集资金 725.5 亿元。

建设银行是我国房地产金融业务开办最早、规模最大的国有商业银行。从 1954 年至 1978 年的 20 多年间，建设银行主要承担了集中办理国家基本建设预算拨款和企业自筹资金拨付、监督资金合理使用、对施工企业发放短期贷款、办理基本结算业务等职责。由于一直负责建筑业和房地产业的信贷和财务管理工作，1985 年开始，建设银行参与我国住房制度改革，直接参与房改试点方案的制订以及有关房地产金融措施的研究工作，主动配合各地房改需要，最早承办房改金融业务并率先承办住房公积金业务。1994 年经营管理体制全面改革后，在承继原有职能的基础上，建设银行不断拓展房地产金融业务职能，先后开办了个人住房抵押贷款、个人二手房贷款、个人商用房贷款等多项商业性房地产金融业务，取得了良好经营效益，个人住房抵押贷款保持 70% 以上的市场占有率。自 2004 年 10 月股改上市以来，建设银行坚决贯彻国家宏观调控政策和合理控制风险，房地产开发贷款与个人住房按揭贷款业务均保持稳健快速发展。截至 2007 年 6 月 30 日，建行在房地产业发放贷款约占公司类贷款总额的 14.5%，住房公积金存贷款业务市场份额分别为 57.5% 和 50.9%，个人住房贷款余额为 4740 亿元，市场占有率为 21.7%，是目前国内最大的个人住房贷款银行和公积金业务承办银行。2008 年 3 月，建设银行在英国《欧洲货币》杂志"2008 年度私人银行与财富管理调查系列评奖"颁奖典礼中获得"最佳房地产投资奖"，成为首家获得该奖项的中资银行。目前，建设银行的房地产金融业务，已形成了以银行信用为基础，以政策性住房金融业务和商业性房地产金融业务为主体，以中间服务性业务为补充的综合体系。

（2）工商银行。工商银行成立于 1984 年 1 月。成立初期主要承担原中国人民银行承办的工商企业流动资金、技术改造资金贷款以及资金结算和各种存款业务。2005 年 10 月，工商银行整体改制为股份有限公司。2006 年工商银行 A＋H 同步发行上市成功。公开发行上市标志着工商银行完成了从国有独资商业银行到股份制商业银行，再到国际公众持股公司的历史性跨越。发行上市有力地促进了中国工商银行的经营战略转型和各项业务的创新发展，全行盈利能力、风险控制能力和可持续发展能力显著增强。作为中国资产规模最大的商业银行，工商银行拥有全国最大的客户群，业务范围广，业务量大，业务品种丰富，科技水平先进，总资产、总资本、核心资本、营业利润等多项指标都居国内业界第一位。其经营业绩为世界金融界所瞩目，多次被《欧洲货币》、《银行家》、《环球金融》、《亚洲货币》和《金融亚洲》等杂志评选为"中国最佳银行"、"中国最佳本地银行"、"中国最佳内地商业银行"，并连续被国内媒体评为"中国最受尊敬企业"。

1989 年 9 月，工商银行加入国际住房合作社与储蓄协会联盟，成为中国唯一的联盟会员单位。1991 年工商银行全面介入住房金融市场，致力于城市住宅建设与消费，支持和培育大型优质房地产开发企业，拓展大型优质住宅小区的信贷业务，大力推进以大中城市为中坚的住房金融发展战略。虽然起步晚，但是凭借布局合理的营销网络，广泛而优质的客户基础，多元化的业务结构、先进的科技应用水平，工商银行很快成为国内最大的抵押贷款银行。

工商银行目前的房地产金融业务种类齐全，以传统的存款服务和商业性房地产企业开发贷款、个人住房贷款（一手、二手）及政策性的住房公积金贷款、组合贷款为主，以中间服务业务为辅。

（3）中国银行。中国银行于 1912 年由孙中山先生批准成立，至 1949 年中华人民共和国成立的 37 年间，中国银行先后是当时的国家中央银行、国际汇兑银行和外贸专业银行。1949 年，中国银行成为国家指定的外汇外贸专业银行。1994 年，中国银行成为国有独资商业银行，与其他三家国有独资商业银行一道成为国家金融业的支柱。2003 年，中国银行被国务院确定为国有独资商业银行股份制改造试点银行之一。2004 年 8 月，中国银行股份有限公司挂牌成立，2006 年 6 月 1 日、7 月 5 日，中国银行先后在香港证券交易所和上海证券交易所成功挂牌上市，成为首家 A＋H 发行上市的国有商业银行。中国银行多年来的信誉和业绩，得到了银行同业、国内外客户和权威媒体的广泛认可，曾先后 8 次被《欧洲货币》评选为"中国最佳银行"和"中国最佳国内银行"，连续 18 年入选美国《财富》杂志"世界500 强"企业，被《亚洲风险》杂志评为 2006 年度"中国最佳银行"。1994 年和 1995 年，中国银行先后成为香港、澳门的发钞银行。

中国银行的房地产金融业务包括公司金融业务、个人金融业务和金融市场业务。个人房地产金融业务以"理想之家"住房贷款为主，包括个人一手房直客式贷款、个人住房公积金贷款、个人二手房贷款、个人商业住房贷款、二手房交易资金委托监管、二手房交易资金委托管理等业务。公司房地产金融业务包括土地储备贷款、住房开发贷款和商用房开发贷款等房地产开发贷款、房地产企业流动资金贷款及固定资产贷款等传统贷款，以及提供存款、结算、票据贴现、企业理财、资产托管等金融服务。中国银行是我国国际化程度最高的商业银行，在办理有关房地产业投资和非贸易的国际结算，国际房地产业的信托投资、信用担保、融资租赁、咨询，组织和筹集房地产开发外汇资金，发行房地产外币债券，办理外籍人士住房按揭贷款等方面具有独特优势。

（4）中国农业银行。中国农业银行是四大国有独资商业银行之一，网点遍布中国城乡，成为国内网点最多、业务辐射范围最广的大型国有商业银行。业务领域由最初的农村信贷、结算业务，发展成为品种齐全，本外币结合，能够办理国际、国内通行的各类金融业务。

除种类齐全的个人住房贷款、商品房开发项目贷款等个人和企业房地产金融业务外，中国农业银行还开办高校房地产贷款、政府土地储备贷款、政府园区土地开发贷款等业务。由于农村地区是农业银行的传统业务领域，所以农业银行在办理农村和城市郊区乡镇居民建房和购房储蓄、各类农村企业和集体单位建房及购房贷款、农村相关房地产业务的转账结算、信托、租赁、投资、咨询等房地产金融业务时具有较强优势。

（5）以交通银行为代表的各中小商业银行。我国中小商业银行是指四大国有银行、政策性银行以外的所有以股份制为组织形式、资产规模相对较小的商业银行，主要包括 11 家全国性或区域性股份制商业银行、100 余家城市商业银行、少数住房储蓄银行、正在试点的农村商业银行以及处在研究中的新型民营银行等。作为专营房地产金融机构，住房储蓄银行的相关业务在下文单独介绍。

以 1986 年交通银行成立为标志，我国四大国有商业银行一统天下的局面被打破，进入了金融主体多元化的时代。10 多年来，中小商业银行在市场经济体制改革中稳步发展，现已成为我国金融体系的重要组成部分。多数中小商业银行都将自身定位于"为中小企业服务"。由于委托管理层次少、与客户地域联系密切、决策迅速、容易监督、能有效避免"信息不对称"所带来的逆向选择和道德风险等特点，中小商业银行比较适合为中小房地产企业提供各类商业性房地产金融服务。

以交通银行为例。交通银行始建于 1908 年（光绪三十四年），是中国早期四大银行之一，也是中国早期的发钞行之一。1958 年，除香港分行仍继续营业外，交通银行国内业务分别并入当地中国人民银行和在交通银行基础上组建起来的中国人民建设银行。为适应经济体制改革和发展的要求，1986 年 7 月 24 日，作为金融改革的试点，国务院批准重新组建交通银行。1987 年 4 月 1 日，重新组建后的交通银行正式对外营业，成为中国第一家全国性的国有股份制商业银行，总行设在上海。2004 年 6 月，在深化股份制改革中，交通银行完成了财务重组，成功引进了汇丰银行、社保基金、中央汇金公司等境内外战略投资者。2005 年 6 月 23 日，交通银行在香港成功上市，成为首家在境外上市的中国内地商业银行。2006 年交通银行获得《欧洲货币》"2006 年中国最佳银行"的荣誉称号。

在正常的储蓄业务、银行卡业务、个人理财业务以外，交通银行对个人提供的房地产金融业务以个人商业房地产贷款业务为主，包括"轻松安居贷"、个人住房贷款、个人房产转按揭贷款（含住房和商铺）、个人商铺贷款、个人房产装修贷款等。除专门针对中小企业的"展业通"信贷结算产品外，交通银行可以向房地产企业及相关企业、机构提供对公贷款、对公存款、贸易融资、票据贴现、结算、担保、企业理财等企业银行服务。特别是对房地产及相关企业可以发放本外币流动资金贷款、本外币固定资产贷款等贷款服务。

3. 我国商业银行的主要房地产金融业务类型

从 20 世纪 70 年代末 80 年代初起，根据国务院文件精神，结合住房制度改革的具体情况和实际进程，各级政府陆续委托银行经人民银行批准设立房地产信贷部，专门办理有关住房生产、消费资金的筹集、融通和信贷结算等业务。在此基础上，各国有银行的房地产业务从最初的政策性房改金融业务向房地产金融方向发展，并逐渐成为我国房地产金融机构的主体之一。根据银行提供的金融产品的种类，国有银行通常将个人房地产信贷业务和企业房地产信贷业务合并在房地产信贷部办理。自 2004 年起，依据以客户需求为中心的原则，各国有银行借组织机构改革之际，陆续撤销房地产信贷部，与其他股份制银行一样，将个人房地产信贷业务、企业及机构房地产信贷业务分别归到个人业务部、公司业务部进行管理。

综合来看，目前各商业银行主要开办以下房地产金融业务：

（1）商业性房地产金融业务。对私的商业性房地产金融业务以传统的个人房地产贷款业务为主，如个人住房贷款、个人二手住房贷款、个人自建住房贷款、个人商用房贷款等贷款产品。其中个人住房贷款又可以分为用于购买合作机构（房地产开发商等）依法建造、销（预）售的住房的个人住房贷款和直接向未通过合作机构（房地产开发商等）推介的借款人发放的个人住房贷款，如工商银行的直贷式个人住房贷款。有些银行推出的个人住房贷款不受地理区域和有无合作协议的限制，如建设银行的个人住房贷款、中国银行的"易居宝"个人一手房直客式贷款和北京银行的不指定楼盘按揭贷款等。近年来出现了住房接力贷款、转按揭、循环贷款等新产品。

各银行还根据本行和本地区特点，陆续推出一些特色房地产金融服务。如北京银行推出的个人住房担保贷款和中央国家机关个人住房贴息贷款。前者是北京银行与北京市住房贷款担保中心合作的向借款人发放的由担保中心作为保证人，为申请住房贷款的借款人提供连带保证责任担保，以确保贷款资金安全的个人住房贷款；后者是北京银行与北京市住房资金管理中心合作的运用银行资金向购买北京银行和住房资金管理中心共同批准的贴息项目的借款人发放的商业性住房贷款，利息差额由北京市住房资金管理中心贴付。

此外，随着银行业务的不断创新，各商业银行除为个人提供各类存款服务和房地产贷款业务外，还可以为个人提供住房交易资金托管业务、各类可能投向房地产领域的银行理财产品、电子银行及信用卡服务等。

对公的商业性房地产金融业务主要包括：

1）传统的企业房地产贷款业务，如向受政府委托负责土地的征用、收购、整理、储备和出让的机构或企业提供土地储备贷款；向开发建造经济适用住房或各档次商品住宅的房地产开发企业提供住房开发贷款；向开发建造写字楼、办公楼、商场、商铺等商用房的房地产开发企业提供商用房开发贷款；为满足房地产企业在生产经营过程中短期资金需求而发放的企业流动资金贷款；为解决企业固定资产投资活动的资金需求而发放的固定资金贷款等；农业银行还为高校建设提供高校房地产贷款业务。

2）为房地产企业及从事房地产业务的相关企业提供存款服务。

3）票据贴现、企业发债担保、法人账户透支、统一授信、企业支付结算、资产托管、企业理财、电子银行、投资银行等各类企业金融服务。

4）与房地产开发类贷款相关的中间业务，如房地产价格评估、工程造价咨询、房地产咨询、代理房屋保险、代理房地产抵押登记、代理房地产物业收费等。

（2）政策性房地产金融业务。

建设银行、工商银行、农业银行、中国银行等银行在支持我国住房制度改革的过程中，开办了各类政策性房地产金融业务，即房改金融业务。

1）对私的政策性房地产金融业务主要包括：

①接受各地住房资金管理部门委托，为职工个人（业主）办理住房基金账户的设立、缴存、支取、结算、查询和对账等金融服务，包括住房公积金账户、住房补贴账户、住房维修基金账户等。

②接受住房公积金管理中心委托向借款人提供公积金个人住房贷款。

③个人住房组合贷款，即当借款人申请住房公积金贷款不足以支付购房所需资金时，银行同时为其发放公积金个人住房贷款和商业性个人住房贷款而形成的特定贷款组合。

④接受客户委托，为申请公积金贷款、组合贷款或商业性个人住房贷款的个人客户提供公积金委托提取还贷服务。

⑤为住房公积金职工个人客户提供多种电子渠道服务，包括网上银行、手机银行查询、电话银行查询、自助银行查询等。

2）对公的政策性房地产金融业务主要包括：

①为住房资金管理部门、缴存单位建立专用账户并办理住房资金账户的设立、缴存、支取、查询和结算，包括住房公积金、住房补贴、住房维修基金、住房租赁保证金、售房资金、住房债券资金等住房资金归集业务。

②为住房资金管理部门搭建住房资金集中管理网络平台，提供住房资金账户网上银行转账、划拨和查询的电子渠道。

③各类住房资金增值服务，如为各级住房资金管理部门提供单位活期存款、单位协定存款、单位通知存款、单位定期存款等银行存款产品服务；作为债券结算代理人，接受住房资金管理部门的委托，为其在中央国债登记结算公司开立账户，办理债券投资和结算代理等服务；为住房资金管理部门提供银行柜台国债交易服务。

④接受各地住房公积金管理中心的委托，利用委托人提供的住房资金，根据委托协议受托发放住房公积金贷款。

⑤为各级城镇政府（财政部门）和事业、企业等单位自行筹集、管理和使用专项用于本单位房改的住房基金提供专门账户服务。包括各级政府存入的用于本地区住房改革项目的专项城镇住房基金、行政事业单位存入的用于住房改革项目的专项行政事业单位住房基金、企业存入的用于住房改革项目的专项企业住房基金等。

⑥为公积金缴存单位提供电子渠道服务，单位客户可以通过建设银行企业网上银行为职工缴存公积金，并可随时随地使用网上银行、电话银行查询本单位公积金账户和职工个人公积金账户的余额、月缴额、缴存明细等信息。

（二）住房储蓄银行

住房储蓄银行是专门经营住房储蓄贷款的专业银行，是一种自愿合作建房组织。与一般商业银行的个人住房贷款不同，其业务特点是：先存后贷、低存低贷、固定利率、专款专用、封闭运作。根据自己的住房需要和储蓄能力，客户先与银行签署"住房储蓄合同"，然后有规律地或者一次性地进行储蓄。存款期内客户除获得存款利息外，还能得到政府奖励。在存款总额达到合同金额的一定比例时，储户就可以向银行申请合同全额的购房贷款。银行将所积累的资金按特定的公式，对住房储蓄者进行配贷，储户的存贷利率差是它的主要利润来源。住房储蓄银行只向住房储蓄客户吸存，也只向自己的住房储户放贷。此外，各国政府通常会对参与住房储蓄的储户给予一定的贴息支持或者储贷奖励。那么，住房储蓄业务究竟如何通过团结互助满足储户住房资金需求的呢？

以一个简单的例子说明住房储蓄的原理。假设有10个人都想自己建房，每人各需资金10万元。若每人每年能储蓄1万元，则每人都分别需要10年才能筹集建房所需的资金。但是，若这10人联合起来共同储蓄，即将其每年储蓄金额放在一起，那么在第一年年底，就有一个人可以用集体储蓄的10万元（他自己存的1万元和其他9个人的9万元）去建房，这笔钱他将以每年1万元的方式进行偿还，共需9年可以还清。第二年，其他9人每人仍各储蓄1万元，总共是9万元，加上第一个已经用集体储蓄建房的人所还的1万元，总共是10万元，第二个人也可用集体储蓄的10万元去建房了。以此类推，到第10年，第10个人也可以建房。将每个人等待建房的时间相加求平均值，可以得到

$$\frac{1+2+3+4+5+6+7+8+9+10}{10}=5.5（年）$$

即平均每人只等了五年半就都达到了自己的建房目的，比每个人单独储蓄建房（10年）平均快了四年半。

住房储蓄在欧洲已有七八十年的发展历史，目前全世界已有80多个国家建立了10万多个这样的组织。以住房储蓄体系较发达的德国为例，据统计，目前德国1/3的现有住房受住房储蓄银行贷款资助，近1/3的居民与住房储蓄银行签订了住房储蓄合同。

20世纪80年代，为了推动住房商品化的进程，配合烟台、蚌埠等试点城市的住房制度改革，我国也曾设立两家住房储蓄银行，即1987年成立的烟台住房储蓄银行与1988年成立的蚌埠住房储蓄银行。这两家住房储蓄银行的基本职能是承担各种住房基金的存贷业务，发行债券、股票筹集住房基金，及通过参股、直接投资等多种方式参与房地产经营等。其资金来源主要是各级住房基金、原有财政投资和企业自筹用于住房的资金、住房出售出租收入、

房租补贴、住房维修和折旧费、个人住房专项基金、住房债券、单位的住房周转资金等。作为住房金融改革的试点,这两家银行在一定程度上带动了地区的住房建设和消费发展。但是无论是总资产,还是业务量,均未达到预期效果。其资金筹集融通的方式、规模和业务范围与国外住房储蓄银行也有较大不同。可以说,烟台和蚌埠住房储蓄银行并不是真正意义上的住房储蓄银行。在住房改革深化和房地产金融机构体系完善的过程中,这两家银行逐渐调整了业务范围、服务对象和融资方式,开始面向房地产开发企业和普通居民个人开展存贷业务。2001年,烟台住房储蓄银行虽未更名,但是通过增资扩股改制为综合性的股份制商业银行;同年,蚌埠住房储蓄银行与其他几家城市信用合作社合并组建蚌埠市商业银行,也加入了城市商业银行的行列;2003年,烟台住房储蓄银行正式更名改制为恒丰银行股份有限公司(简称恒丰银行),成为全国第11家股份制商业银行。尽管这两家银行作为住房储蓄银行的试点建设并未获得真正的成功,但是在其多年发展中积累的许多经验和教训,为建立国内真正意义上的住房储蓄银行提供了有益的启示。

在烟台和蚌埠住房储蓄银行先后改弦更张之际,中国建设银行与德国最大的住房储蓄银行施威比豪尔银行(以下简称"施豪银行")酝酿合资组建中德住房储蓄银行,将德国住房储蓄银行的先进经验引入我国住房金融领域。2001年10月,这一尝试获得了中国人民银行的批准。2004年2月15日,中德住房储蓄银行在天津正式营业。至2007年上半年,其住房储蓄合同额已突破100亿元。中德住房储蓄银行是我国第一家中外合资的住房储蓄银行,它依据"固定利率、低息低贷"的原则,推出面向个人的住房储蓄产品,真正发挥了住房储蓄银行的作用。

住房储蓄银行的建立是对我国住房金融体系的进一步完善。它以类似于公积金体系的低存低贷的运作机制建立了住房金融互助合作体系,为老百姓提供了一种安全、可靠的住房金融工具,通过将自有资金的积累和融资手段有机结合的方式,刺激个人为住房积累资金从而提高其住房投资的能力,特别是对不在公积金的覆盖范围之内的相当一部分中低收入的城镇职工而言,增加了其购房贷款的获取渠道,减轻了中低收入者的买房负担。相比一般商业银行的房贷业务来讲,住房储蓄银行吸纳的资金及储户的还款专款专用,不得用于风险投资,而且配贷机制严格,从而降低了银行房贷业务的风险。可见,住房储蓄银行对于改善人民居住条件,保障金融安全,促进社会稳定和经济发展等具有重要意义。

由于设立时日尚短,住房储蓄银行在我国的发展还有一些亟待解决的问题。主要表现在:相关法律法规体系尚不健全;与住房公积金贷款相似,对于中低收入者来讲在合同期限内达到配贷条件比较困难,存在"穷人帮助富人"的问题,即中低收入者"低存"的资金收益通过"低贷"转给了收入相对较高且更快达到配贷条件的人;相比国内一般商业银行长达30年的还款期限,住房储蓄银行的贷款期限短,还款压力大;高达50%的最低存款额比例,导致客户达到配贷条件的时间过长;封闭式运作模式下,银行获取利润的途径单一等。因此,住房储蓄在我国尚处于摸索阶段,有必要结合我国房地产金融市场的具体情况,进一步探讨和完善其政策法规体系、市场运营模式等。

(三)住房合作社

根据国际建房与储蓄组织联盟的定义,住房合作社是一种互相帮助、共同建房的非营利性团体,属于集体合作性质,它是以建房资金融通和储蓄、建设和管理一体化来解决住房问题的,不以盈利为目的的群众性的公益团体。其宗旨是改善社员居住条件,为社员住宅提供现有条件下的最佳服务。它以自愿、协作、平等互利、民主管理为组织原则，实行入社自愿，退社自由。广大社员筹集资金、由合作社以合作形式进行住宅建设并对建成的住宅进行分配、维修和管理。合作社成员参与制定合作社的规章制度来共同管理社区。合作住房在立项、征地、规划等方面需要办理的手续与普通商品住房基本一致，但由于省去了中间的开发商环节，且通常享有政府的税收和土地优惠，所以社员的住房成本大大降低了。可以说，它是解决中低收入者住房问题的良好途径。

住宅合作社在国外已有 200 多年的发展历史。1775 年，理查德·凯特雷在英国伯明翰建立的互助建筑协会是第一家住宅合作社。该建筑协会由愿意购买房屋的人自愿认股加入，每位成员定期将固定金额存入社团，供社团买地建房。房屋建成后，社团采用一定方式分配给成员。这类住宅合作社在英国迅速发展。至 1987 年，建筑协会的持股人数达到 4000 多万，占英国人口的 2/3，在英国的住房金融市场上发挥重要作用。1831 年美国仿效英国，在宾夕法尼亚州建立"牛津节俭会"，随后美国各地相继成立住房合作社性质的房屋互助会和房屋贷款协会。19 世纪中叶后，法国、德国等西方国家先后都出现了住宅合作社，并且以法律形式承认了住宅合作社的合法性。20 世纪初，西方国家形成了群众性的住宅合作运动。二战以后，西方国家城市住宅问题空前尖锐，住宅合作社的发展在一定程度上减轻了政府的压力。因此，各国政府纷纷通过加强立法、提供税收和土地优惠等措施支持本国住宅合作社的发展。20 世纪 60 年代以后，住宅合作社在前苏联、东欧国家广泛成立，并发展到亚洲、非洲、南北美洲及澳大利亚等地区。目前，住房合作社遍布世界 40 多个国家和地区，数量超过 7 万个，拥有社员 2000 多万人。欧美一些国家的住房合作社少则几百个，多则上千个。住房合作社已经成为各国解决住房问题的主要形式之一。

我国的住房合作社建设起步较晚。改革开放前，有人曾提出过"合作住宅"、"民建公助"、"公建民助"等建房形式，但受计划经济体制所限未能实现。住房制度改革开始后，各省市相继出现了民建公助、公建民助、民建互助等建房形式。南阳市、长春市及邮电系统等在这方面进行了一些有益尝试，但总的说来合作建房的影响还是比较小。1983 年，全国城镇住房建设和房地产管理改革座谈会上第一次提出发展住房合作社。1986 年，我国第一家住房合作社——由上海市玩具出口公司组建的"上海新欣住宅合作社"成立。其后，北京、天津、沈阳、武汉等地纷纷组建不同形式的住房合作社。1988 年，国务院颁发《关于分期分批实行住房制度改革》的文件，将住房合作社列为住房制度改革的重要组成部分。1992 年，国务院房改领导小组、建设部、国家税务局印发了《城镇住房合作社管理暂行办法》，极大地推动了我国住房合作社的发展。到 2004 年年底，全国已经有 7 千多家住房合作社，解决了近 200 万户家庭的住房问题。实践证明，住房合作社在解决我国城镇居民住房问题方面发挥了积极的作用，也受到了广大职工家庭的欢迎。但是随着 1998 年住房分配货币化制度的实行和城市化进程的加快，单位和行业逐渐从住房建设领域退了出来，各地政府在城市经营中出于经济利益驱动等多方面原因，对住宅合作社在税收、土地等方面给予的支持也一再减少，导致我国住房合作社的发展陷入了停滞期，全国住房合作社总数比 20 世纪 90 年代上半期锐减一半以上，合作建房量不到全国建房总量的 1%。

我国的住房合作社主要包括四种类型：一是社会性住宅合作社，由政府机构组织成立，社员由本行政区域内的中小单位及其职工组成；二是危改型住宅合作社，由政府机构组织危改区片居民组成；三是系统型住宅合作社，由各系统利用已有划拨用地组织本系统职工参加；四是单位型住宅合作社，由各单位组织本单位职工参加。与国外住房合作社相比，我国的大多数住房合作社实际上只是城镇职工合伙集资建房的合作方式，即人们共同出资买地建房或者直接买房，房屋建造完或买到手后，房屋产权各归各人所有。这种职工型住房合作社是我国特定历史和政策的产物，并非真正意义上的住房合作社。随着我国住房分配制度的改革和商品房市场的逐步完善，这种类型住房合作社的发展目前已处于十分缓慢的状态。除部分高校和少数大型国企外，一般单位已停止发展这种类型的住房合作社。

近年来，我国城镇房价迅速攀升，广大中低收入者只能"望房兴叹"，借鉴国外经验，大力发展真正意义上的住房合作社的呼声也越来越高。应尽快从法律法规体系的完善、税收及用地政策的出台、社员资格认定、组织管理模式、产权交易、资金筹集使用等环节入手，推动我国住房合作社的健康发展。

（四）住房公积金管理委员会及住房公积金管理中心

住房公积金管理委员会是由各直辖市和省、自治区人民政府所在地的市以及其他设区的市（地、州、盟）设立的，由人民政府负责人和财政、建设、人民银行等有关部门的负责人以及有关专家、工会代表、职工代表和单位代表组成的住房公积金管理的决策机构，其中有关部门负责人及专家占1/3，工会代表和职工代表占1/3，单位代表占1/3。住房公积金管理委员会在住房公积金管理方面履行的职责主要包括：制订和调整住房公积金的具体管理措施并监督其实施；拟订住房公积金的具体缴存比例；确定住房公积金的最高贷款额度；审批住房公积金归集、使用计划；审批住房公积金归集、使用计划执行情况的报告。另外，住房公积金管理委员会应当按照中国人民银行的有关规定，指定受委托办理住房公积金金融业务的商业银行。国务院建设行政主管部门会同国务院财政部门或者由省、自治区人民政府建设行政主管部门会同同级财政部门对住房公积金管理委员会进行监督管理。

住房公积金管理中心是各直辖市和省、自治区人民政府所在地的市以及其他设区的市按照精简、效能的原则，设立的直属城市人民政府的不以盈利为目的的独立的事业单位，负责住房公积金的管理运作。每个直辖市或省、自治区人民政府所在地的市以及其他设区的市（地、州、盟）只能设立一个住房公积金管理中心。县（市）不设立住房公积金管理中心；但是前述住房公积金管理中心可以在有条件的县（市）设立分支机构。其具体职责见本书第九章"住房公积金"。

（五）保险机构类

作为一种经济补偿制度，现代意义上的保险，最初产生于海上运输的需要。公元前2000年，航行在地中海的商人在遭遇海难时，为避免船只和货物同归于尽，往往抛弃一部分货物，损失由各方共同分摊，形成"一人为大家，大家为一人"的共同海损分摊原则，成为海上保险的萌芽。1347年10月23日热那亚商人勒克维伦开立的承担"圣克维拉"号船从热那亚至马乔卡的航程保险单是世界上最早的保险单。18世纪后，保险业迅速发展。进入19世纪后，保险对象和范围不仅限于传统的财产损失和人身伤亡，逐步扩展到生存保险、责任保险、信用保险和再保险等业务。

保险公司是一种专门经营商业保险或再保险业务的非银行金融机构。1676年成立的汉堡火灾保险社是最早的专营保险的组织。根据保险种类的不同，西方各国建有形式多样的保险公司，如财产保险公司、人寿保险公司、火灾和事故保险公司、老年和伤残保险公司、信贷保险公司、存款保险公司等。其中人寿保险公司的规模最大。保险公司将投保人交纳的保险费集中起来建立保险基金，一旦某一投保人发生意外，保险公司将在保险合同规定的责任范围内担负损失补偿的责任。保险公司收取的保险费，除支付赔偿款和业务开支外，剩余的巨大资金在未用作赔付外，可以进行投资以实现保险基金的增值。由于该资金来源稳定、期限长，经常被用于有价证券的投资。因此，保险公司通常是金融市场重要的资金供给者。

我国保险业的发展较为坎坷。1949 年 10 月 1 日前，我国保险市场基本被外国保险公司垄断，未形成完整的市场体系和保险监管体系。1949 年后我国保险业起伏较大。1949 年中国人民保险公司成立起至 1952 年新中国保险业经历从无到有的大发展；1953 年停办农村保险、整顿城市业务；1954 年恢复农村保险业务、重点发展分散业务；1958 年停办国内业务；1964 年保险机构大力发展国外业务；1966 年"文化大革命"中几乎停办国外保险业务；1979 年恢复国内保险业务，我国保险业进入一个新的发展时期。目前全国共有保险公司 110 家，保费收入世界排名第 9 位，保险公司总资产达到 2.9 万亿元，形成了包括保险公司、保险资产管理公司、再保险公司、保险专业中介公司在内的中资与外资保险机构并存的较为完整的保险机构体系。

由于房地产在生产、交换到消费的全过程中，可能面临各种财产损失、责任损失，西方各国保险公司逐渐推出了房地产产权保险、房屋保险、建筑工程保险、信用保险、房地产责任保险等品种齐全的房地产保险业务。自恢复国内业务开始，我国的保险机构即开始参与住房制度改革。在借鉴国外成功经验的基础上，以保险公司为主的各类保险机构在我国房地产金融市场上发挥日益重要的作用。现阶段直接或间接参与房地产保险的保险机构主要包括：中国太平洋财产保险股份有限公司、中国平安财产保险股份有限公司、中国人寿财产保险股份有限公司等 27 家中资财产保险公司及美国美亚等 15 家外资财产保险公司；慕尼黑再保险公司、中国人寿再保险股份有限公司等 6 家再保险公司；中国人保资产管理股份有限公司等9 家保险资产管理公司；山东鲁能英大保险代理有限公司、北京润得保险经纪有限公司、广东方中保险公估有限公司等 2000 多家保险专业中介机构及安保集团等 139 家外资保险公司代表处。

上述保险机构在普通保险产品的基础上，又陆续推出了房屋财产保险、住房抵押贷款保险、建筑工程保险、安装工程保险等专门的房地产保险产品，既解除了房屋购买者的后顾之忧，为房地产业资金融通提供了重要保证，又促进了房地产信用体系的建立和完善。此外保险公司可以通过业务创新，将保险业务与抵押贷款业务相融合直接参与房地产资金融通，还可以作为机构投资者以资金供给者的身份为房地产业提供重要资金来源。可见，房地产保险已经成为我国房地产金融市场的有机组成部分。

（六）证券机构类

证券公司是一种专门从事有价证券买卖的非银行金融中介机构，主营业务包括承销债券、股票发行、代理个人或单位从事证券交易、自行买卖有价证券、提供证券集中登记过户等。根据其业务种类，可以将证券公司分为综合类证券公司和经纪类证券公司。前者可以开展综合业务，后者只能从事代理客户买卖证券业务。自 1987 年 9 月我国第一家证券公司——深圳经济特区证券公司成立以来，我国证券公司经历了从无到有，从小到大的快速发展历程，成为金融市场的重要组成部分。据中国证券业协会公布的数据，截至 2007 年 1 月底，我国已设立中国国际金融有限公司等 104 家证券公司，中银万国等 105 家证券投资咨询公司，美国雷曼兄弟等 107 家外资证券机构驻华代表处。其中 68 家证券公司取得外资股业务资格，57家证券公司具有客户资产管理资格。

近年来，在我国房地产业迅速发展和银根紧缩的金融调控背景下，证券公司纷纷涉足房地产金融业务，主要包括：为房地产及相关企业发行股票、债券等有价证券；接受房地产及相关企业委托代理买卖有价证券；基金的发起和管理；为房地产企业提供企业重组、收购与合并服务；房地产项目融资顾问；接受房地产及相关企业委托进行外汇买卖或者其他资产管理；为房地产及相关企业委托提供投资顾问等金融中介服务。证券公司还为个人提供证券市场交易资金第三方托管等中介服务。此外，综合类证券公司也可以机构投资者的身份在证券市场自行买卖房地产及相关企业证券，成为房地产金融市场的资金供给者。

（七）信托投资公司

信托业务发源于英国，由于其特殊的制度功能，迅速被其他国家引进并得到发展壮大，已成为与银行、证券和保险并举的现代金融业四大支柱之一。信托投资公司则是以受托人的身份，主要经营信托业务的非银行金融机构。

1979年10月4日，中国国际信托投资公司的成立是我国信托业起步的标志。之后，我国信托业的发展一度出现膨胀过快、政出多门、业务混乱的局面。至1989年，各地信托投资公司约有1000家。自1982年至今，我国先后对信托业进行了六次整顿，为信托业的发展奠定了坚实的基础。到目前为止全国批准保留的信托投资公司不到60家，原则上每个省（直辖市）、自治区保留一至两家。《信托法》、《信托投资公司管理办法》和《信托投资公司资金信托业务管理暂行办法》的相继颁布和实施，为我国信托投资公司的发展提供了更为坚实的法律保障。

信托投资公司业务特点是收益高、责任重、风险大、管理复杂等。国际上信托投资公司的投资业务大多分为两类：以某公司的股票和债券为经营对象，通过证券买卖和股利、债息获取收益；以投资者身份直接参与对企业的投资。现代信托业是在英国的土地尤斯制的雏形下发展起来的，因此，信托业与房地产业的融合由来已久。近年来，由于业务范围广、筹资方式灵活多样、筹资规模大，信托投资逐渐成为国内外房地产金融市场的融资新宠。目前我国信托投资公司开展的与房地产有关的业务主要包括：资产管理业务、部分投行业务、自营业务及其他中间业务。详细内容见本书第六章"房地产信托"。值得关注的是，信托投资公司并不等于信托，它只是直接运用信托制度和信托法律关系的金融机构之一。

（八）其他类

主要包括金融资产管理公司、信用社、财务公司、金融租赁公司、投资基金管理公司等非银行金融机构和可视作金融机构的典当行等。作为辅助金融机构，这类金融机构的服务对象多为中小规模的房地产企业和个人短期投资，其融资规模受到一定制约，一般相对较小。

（九）金融监管机构体系

为保护公众利益、保障房地产金融体系安全稳定及房地产金融机构的公平竞争，各国均根据本国政治经济和金融环境特点，对各类金融机构的房地产金融活动进行监督管理。完备的金融监管体系通常包括金融监管当局、行业自律机构、中介机构及社会舆论监督。

1. 金融监管当局

在各国金融监管体制向混业监管发展的同时，我国坚持采用自1992年以来逐步形成的分业监管体制。相应地，我国的金融监管当局包括：1948年12月1日成立的中国人民银行，制定货币政策，进行货币金融管理，并对商业银行、储蓄银行等金融机构提供再贷款、再贴现、资金清算、资金转移等服务；1992 年 10 月 25 日成立的中国证券监督管理委员会，对证券业实施监督管理；1998 年 11 月 18 日成立的中国保险监督管理委员会，对保险业实施监督管理；2003 年 4 月 28 日成立的中国银行业监督管理委员会，对全国银行业金融机构及其业务实施监督管理。至此，我国形成了较为完善的金融业分业管理体制。上述金融监管当局主要通过非现场检查监督和现场检查两大类途径对各类房地产金融机构进行监督管理。非现场检查监督主要针对银行等金融机构提交的资产负债表等各种报表和报告进行合规性检查与风险性检查。前者主要通过计算金融机构的资本充足性、流动性、贷款集中度、准备金等指标，检查其是否符合监管当局制定的审慎政策规定。后者通过对资料数据进行对比分析、趋势分析或计量模型分析，评估金融机构的风险状况并预测其发展趋势。现场检查主要由监管当局派人进入金融机构，查阅各类财务报表、文件档案、原始凭证和规章制度等资料，核实、检查和评价金融机构报表的真实性和准确性及其经营状况、风险管理和内部控制的完善性。特别是对内部控制的检查、对资产状况的检查和负债状况的检查。金融监管部门实施监管时通常需要综合运用法律工具、经济工具和行政工具等多种工具确保其监管目标的实现。

　　2. 行业自律组织

　　由于金融监管机构难以覆盖所有金融活动，通过金融行业自律性组织可以对金融机构进行补充性约束。因此，行业自律性组织是金融机构的重要延伸和辅助。其监管活动以职业道德为支柱，自检互检制度为基础。我国目前的金融行业自律性组织主要包括中国银行业协会、中国信托业协会、中国保险业协会、中国证券业协会等四大行业协会，另外还有中国财务公司协会、中国期货业协会等专业协会对特定领域的金融活动进行自律性监管。金融自律监管主要通过金融同业成员相互之间的信息交流与磋商，利用共享的财务资料与管理经验等揭示经营中可能存在的风险加以防范。

　　我国房地产金融监管当局的监管活动主要围绕房地产信贷业务以及房地产股票、债券等各类有价证券业务的监管展开。由于银行信贷是我国房地产企业资金的传统来源，因而对房地产信贷业务的监管格外重要。在对商业银行房地产信贷等金融业务的监管实践中，金融主管当局主要依靠法律法规实施约束，具体监管过程中则主要依靠金融稽核。近年来人民银行和银监会不断出台法规条例或者以通知的形式颁定准则，对商业银行房地产信贷操作进行管理。详见本书第十章"房地产金融法律法规"。此外，监管当局还运用道义劝告或政策导向来管束商业银行的行为。以 2002 年底央行对各商业银行进行的房贷检查为例。这次大范围大规模检查的重点是各行有无违规发放开发贷款；有无逃避上级行的授权管理，以流动贷款代替开发贷款；有无放松条件向个人提供住房抵押贷款；以及在个人商用房贷款上是否存在问题。在检查后的货币政策执行报告上，虽然没有明确地限制对房地产业的贷款，但是央行提醒各商业银行注意风险，其倾向已经表露。此后，各行在发放房贷时都谨慎了很多，否贷比例有所上升。除一般货币政策工具外，中央银行还可以通过选择性货币政策工具对房地产信贷进行调控。选择性货币政策工具是中央银行针对某些特殊经济领域或特殊用途而采用的特定信用调节工具，其中就包括对房地产业的"不动产信用控制"。具体来说，不动产信用控制是中央银行对商业银行等金融机构向客户提供不动产抵押贷款的管理措施，包括规定贷款的最高限额、贷款的最长期限和第一次付款的最低金额等。

3. 中介机构

审计事务所、会计师事务所、律师事务所和外部资信评级机构等中介机构也能够通过受金融监管当局所托进行报表审计和现场检查对房地产金融机构起监督作用。

五、国外房地产金融机构

（一）国外房地产金融机构的基本类型

国外房地产金融机构主要有5种基本类型：普通商业银行、住宅储蓄贷款类机构、专业抵押银行、政府公营或参与的房地产金融机构、保险公司等其他相关房地产金融机构。

各国的商业银行最初都以工商存贷为主营业务。随着定期存款的增长和房地产业的发展，商业银行开始发放期限较长的房地产贷款。二战后，由于战后恢复经济和重建任务重、住房供需矛盾尖锐，美英等发达国家的商业银行大规模发展房地产信贷业务。商业银行迅速成为各国房地产金融体系的骨干力量。

住房储蓄贷款类机构以吸收个人的长期储蓄为主要资金来源，并向储户发放专用购房贷款。英国的建房协会、美国的储贷协会、德国的住房储蓄银行、澳大利亚的房屋互助协会等都属于这类机构。这类机构多数都是出于解决中低收入者住房资金短缺问题，在互助合作基础上逐步发展起来的，都获得政府不同程度的支持。所不同的是，有的储贷机构是盈利性机构如德国的住房储蓄银行，有的则是非营利性的互助组织如英国的建筑协会。许多欧洲国家，特别是英国、德国、丹麦等国，此类机构在其房地产金融体系中发挥重要作用。以英国为例，英国的建房协会已成为英国最大的也是最主要的房地产金融机构，办理全国80%以上的住房金融业务。

专业抵押银行与一般商业银行或储蓄贷款机构不同，它有"银行"之名而无其实。它不通过吸收存款获取资金，不需要设立大量分支机构网。它通过向商业银行、保险公司或退休基金等机构投资者发行短期债券或者向商业银行借款等方式筹集资金，然后用筹集来的资金对购房者发放房地产抵押贷款，再将抵押贷款出售给长期贷款人。因此，抵押银行持有某一抵押债权的时间通常较短，其业务一般需要其他融资机构做媒介。各国抵押银行的组织形式不同。有的附属于商业银行，有的是作为独立的金融机构存在的。美国的抵押银行60%是独立经营，40%属于储贷协会或银行。在激烈的市场竞争下，抵押银行也逐渐将服务领域扩大到一般金融业务。

为了贯彻国家关于房地产业的发展战略，各国均会设立一些公营的房地产金融机构直接或间接参与房地产金融活动。各国的公营房地产金融机构各具特色，在房地产金融市场上扮演不同角色。如日本的住宅金融公库是本国最大的专业住宅金融机构，向个人和企业提供长期、低息房地产贷款。美国的联邦住房管理局及退伍军人管理局主要为房地产抵押贷款提供官方担保。新加坡的中央公积金局对公民交纳的公积金进行统一管理等。

此外，在各国的房地产金融市场中，都会有保险公司、财务管理公司、信托公司、证券公司等金融机构参与房地产资金融通。特别是在美国等资本市场发达的国家，这类金融机构参与房地产融资活动的深度和广度甚至可能超过一般商业银行。

（二）典型国家的房地产金融机构

1. 英国的房地产金融机构

英国是世界金融业的发源地，也是最早创建专业的房地产金融机构并从事房地产金融活动的国家。其房地产金融发展模式对欧洲国家以及原英联邦国家房地产金融业的发展产生重要影响。目前，英国已经形成了包括建房协会、商业银行、住房金融公司等机构在内的健全的房地产金融体系。其中建筑协会等专业的住房金融机构在英国的房地产金融市场中发挥主导作用，并且逐渐成为其最大特色。

建房协会是英国规模最大的，也是世界上历史最悠久的专业性互助型房地产金融组织。它不以营利为目的，通过吸收股金和储蓄存款，为中低收入家庭及其他存在住房资金短缺问题的个人或家庭提供低利率住房贷款。建筑协会的行为受到严格的法律限制，并享有政府的优惠政策。20世纪70年代末，建筑协会住房金融业务的市场占有率达到90％以上。20世纪90年代以来，随着金融业竞争的加剧和政府优惠政策的减少，建筑协会的市场份额虽有较大幅度下降，但仍占主导地位。

英国的住房金融公司是一个行业性服务机构，主要向无法从银行获取优惠贷款的建房协会提供建房资金。由于利率变动吸存资金不足等原因建房协会可能需要通过银行贷款等方式获取用于发放贷款的资金。但是由于建筑协会较为分散，且相当一部分规模较小，银行不愿向其提供优惠贷款。住房金融公司可以向银行申请长期贷款，或者以发行债券等方式从私人和资本市场筹集建房资金，然后转贷给建房协会。

20世纪90年代以来，随着金融业竞争的加剧和政府对建房协会等住房专业机构优惠政策的逐渐减少，金融机构间业务出现了相互交叉和融合的趋势。哈利法克斯抵押贷款银行、国民阿比银行及英国最大的商业银行汇丰银行等商业银行通过收购、兼并建筑协会等途径迅速介入了这一领域，使得建筑协会在住房金融市场上的垄断地位不断削弱。这些银行虽然在抵押贷款利率以及借还贷条件方面有些细微差别，但大致的贷款和还贷原则基本相同。

此外，英国的存款银行、商人银行、贴现所、外国银行、财务公司、保险公司、退休基金等，也多作为兼营机构参与房地产贷款业务或票据承兑业务等房地产金融活动。

2. 美国的房地产金融机构

美国是世界上较好解决住房问题的国家之一，拥有全球最为发达的房地产金融一级市场和二级市场，以及最完备的房地产金融机构体系。

（1）美国的房地产金融一级市场金融机构。房地产金融一级市场机构主要包括房地产抵押贷款的发放机构及为贷款发放提供担保的机构。在美国，主要有：商业银行、储贷机构、抵押银行、基金和保险公司等其他非银行金融机构、住房金融担保机构。

同其他各国一样，商业银行在美国的房地产金融体系中发挥重要作用。最初美国法律限制商业银行经营长期房地产抵押贷款业务，后来美国银行法放宽了对商业银行兼营房地产抵押业务的限制。20世纪20年代，美国住房需求旺盛，住房抵押贷款业务有利可图，商业银行纷纷介入住房金融领域。自20世纪80年代以来，金融业管制的放松以及住房抵押二级市场的建立，促使商业银行的住房抵押贷款业务发展迅速，一度占有全美住宅抵押业务35％左右的份额。随着抵押银行、人寿保险公司、养老基金等非银行金融机构的介入，商业银行在住房抵押贷款市场中的份额也逐步下降。

美国的储贷机构包括储蓄贷款协会、互助储蓄银行等专门从事储蓄业务和住房抵押贷款业务的非银行金融机构。美国的住房抵押贷款体系正是在储贷机构基础上发展和完善的。1816年美国东海岸成立第一家互助储蓄银行，1831年宾夕法尼亚州成立第一家储蓄贷款协会。从二战结束至20世纪70年代，是美国储贷类机构发展的黄金时期。70年代中期，仅储蓄贷款协会就有高达4000亿美元的住房抵押贷款，成为美国房地产金融市场的中坚力量。

80 年代末以来，由于利率水平的上升、行业优惠政策的陆续取消及其他金融机构的介入，储贷类机构出现较为普遍的巨额亏损，陷入金融危机。1989 年 2 月布什总统宣布了处理美国储蓄贷款协会危机的紧急计划。20 世纪 90 年代以来，储贷类机构纷纷进行改革，并在金融管制放松的背景下，逐步介入其他金融业务领域。其在美国住房金融市场上的主导地位不复存在。

抵押银行是美国最具特色的房地产金融机构之一，在美国有 100 多年的发展历史，最初以土地银行、抵押公司的形式出现。二战以后一度以承销联邦住宅管理局和退伍军人管理局担保的抵押贷款为主。20 世纪 80 年代以后，伴随着住房抵押二级市场的发展，抵押银行独特灵活的经营优势得到充分发挥，逐渐成为美国金融市场最大的抵押贷款机构。为了提高资金周转率，美国的抵押银行通常在接受借款人的贷款申请后，与投资银行一起将抵押贷款打包成抵押贷款支持证券（Mort-gage Backed Securities，MBS）后出售给投资银行以转移风险；投资银行与抵押银行签署协议，要求抵押银行在个人贷款者拖欠还贷的情况下回购抵押贷款。投资银行再将抵押贷款进一步打包成担保债务凭证（Collateralized Debt Ob-ligation，CDO）出售给保险基金、养老基金或者对冲基金等投资者。抵押银行还会购买一些信用违约互换合约来进一步分散自己的风险。2001 年至 2005 年，受低利率的货币政策影响，美国房地产市场高度繁荣，美国人购房的热情急升，其中抵押银行广泛参与的次级抵押贷款市场得到迅猛发展。但是自 2004 年 6 月起，在利率不断提高、房地产市场逐渐走向萧条的情况下，购房者难以将房屋出售或者通过抵押获得再融资，导致拖欠债务比率和丧失抵押品赎回权比率剧增。使得次级贷款出现大量呆账、坏账，同时贷款风险由抵押银行向参与次级贷款证券化运作的资本市场机构投资者转移。尽管 2007 年 9 月欧、美、加、澳、日等国央行共同注资试图缓解危机，但是仍然未能阻止美国次级贷款损失向国际金融业的蔓延，最终引发次级贷危机。在这场金融危机中，抵押银行成为首当其冲的受害者。继 2007 年 4 月，美国第二大次级抵押贷款机构新世纪金融公司（NCFC）申请破产保护后，许多抵押银行出现大规模裁员及利润下滑的局面。

共同基金、人寿基金和保险公司等非银行金融机构不直接发放抵押贷款，而是作为房地产拥有者或通过购买二级市场的抵押贷款组合作为长期资金供给者参与房地产金融活动。这类机构资金来源稳定，且期限长，是抵押贷款证券的主要投资者。

美国房地产抵押贷款的一个重要特点是"押上加保"，即大部分抵押经过保险和保证。作为一级和二级市场的中介，美国的房地产保险保证机构体系为提高金融机构贷款信心创造重要条件，也是政府干预房地产金融市场的重要工具。包括：1934 年依据《国民住宅法》成立的联邦住宅管理局，主要为低收入家庭的抵押贷款提供担保；1944 年成立的退伍军人管理局，主要为现役和退伍军人及其家庭成员获得低利率住宅抵押贷款提供担保；1964 年根据《农民住宅管理局法案》建立的农场主住宅管理局，主要为农场主、农村团体及不容易获得贷款的地区提供担保；20 世纪 50 年代到 60 年代开始出现的私营保险公司，在 20 世纪 80 年代得到迅速发展，主要为不符合政府担保机构担保条件的抵押贷款申请人提供担保。

（2）美国的房地产金融二级市场金融机构。高度发达的二级抵押市场是美国房地产金融市场的主要特色之一。二级市场的房地产金融机构主要包括联邦国民抵押协会、政府国民抵押协会及联邦住房贷款抵押公司等政府及准政府机构。

成立于 1938 年的联邦国民抵押协会（即房利美，Fannie Mae），最初主要负责购买和出售由联邦住宅管理局担保的抵押贷款，以增强其贷款的流动性。1954 年美国《住宅法修正案》中明确指出除在二级市场买卖抵押贷款外，该协会还可为政府特定住宅项目提供资金支持以及管理和经营政府持有的抵押贷款。1968 年后该机构分离为行使政府职能的政府国民抵押协会和以盈利为目的的私营股份制公司。由后者继续沿用联邦国民抵押协会的名称。随着二级市场的繁荣，联邦国民抵押协会也以自己的名义发行由其收购的抵押贷款组合担保的抵押支持证券。

成立于 1968 年的政府国民抵押协会（即吉利美，Ginnie Mae），是原联邦国民抵押协会改组分离后的产物，由联邦政府全资拥有，受联邦住宅与城市发展部管辖。主要职责是经营和清偿原联邦国民抵押协会作为政府所购买的抵押贷款和抵押资产；为政府特别项目提供资金支持；购买联邦住宅管理局、退伍军人局、农场主管理局担保的抵押贷款；为符合条件的以政府担保的抵押贷款组合为基础发行的抵押支持证券提供担保。

成立于 1970 年的联邦住房贷款抵押公司（即弗雷德美，Freddie Mae）由政府设立，主要负责向储蓄机构发放的常规抵押贷款提供二级市场服务。自 1985 年其联邦住房贷款抵押公司发行的抵押支持证券开始向外国投资者开放。该公司已成为美国房地产金融二级市场抵押贷款及相关证券的最大交易商。

此外，自 20 世纪 80 年代以后，私营机构也纷纷介入二级抵押贷款市场。

3. 德国的房地产金融机构

除一般商业银行外，德国的专业房地产金融机构较为发达，主要包括住房储蓄银行、抵押银行、住宅互助储金信贷社等。

其中住房储蓄银行是德国住房金融体制中最具特色的机构之一，它为二战后德国的居民住房重建做出了突出贡献。德国的住房储蓄银行一度达到 600 多家，其合同制的储蓄贷款运作机制较为成熟、完备，在筹集居民建房资金方面卓有成效。德国的住房储蓄银行通常不设分行，其业务的营销和受理主要通过其他商业银行的机构网点代理。近年来，德国的住房储蓄银行一方面积极寻求与全能银行更广泛的合作，一方面向海外拓展业务。由于住房储蓄银行专款专用，不能经营其他信贷业务和风险交易，全能银行通常不能直接经营住房储蓄业务。因此，一些全能银行、公司通过成立子银行的方式积极介入住房储蓄业务。以德国最大的住房储蓄银行施豪银行为例，自 20 世纪 90 年代以来，施毫银行积极向海外拓展业务，在欧盟国家内设立分行或与当地商业银行合作，直接销售其住房储蓄合同，发放贷款。此外，施毫银行通过与非欧盟国家的商业银行建立合资银行的途径，以其专有技术和投资分享收益。如与我国建设银行合办的中德住房储蓄银行。

除上述机构外，德国的信用合作银行、商业银行、保险公司等金融机构也从事房地产金融业务。

（三）国际性房地产金融机构

在金融全球化的发展趋势下，为便于展开房地产金融活动的国际合作，产生了住房互助协会与储蓄协会国际联合会、住房互助社团与储蓄协会亚洲太平洋联合会等专业的国际性房地产金融机构以及世界银行、世界储蓄银行协会、国际金融公司等兼营的国际性房地产金融机构。

成立于 1914 年 8 月的住房互助协会与储蓄协会国际联合会旨在通过制定可靠有效的标准、鼓励立法、定期会议交流等方式促进住房储蓄和合作建房机制在全球范围的推广并加强这一建房机制在全球范围内的合作。其主要成员包括南非、津巴布韦、阿根廷、巴西、牙买加、巴拿马、美国、以色列、澳大利亚、比利时、丹麦、德国、瑞士、英国等国家和地区的组织。其章程规定至少三年召开一次代表大会。

成立于1979年5月的住房互助协会与储蓄协会亚洲太平洋联合会旨在与IUBSSA协作，推进亚洲太平洋地区住房互助协会和储蓄协会的建立，改进亚洲太平洋区域各国人民的住房标准，通过推荐统一的实践标准提高成员住房互助和储蓄机制的运作水平，以满足住房需求。该协会也至少每三年召开一次代表大会。

成立于1994年的世界储蓄银行协会前身为国际储蓄银行协会，是由85个国家和地区的117家主要从事储蓄业务的银行和金融机构组成的非官方、非营利性国际金融组织，是国际金融界唯一的由许多具有不同政治、经济、文化背景的机构共同支持的组织。它是各国储蓄银行信息交流中心，充当了世界各国储蓄银行交流中心和国际论坛。它以年会、理事会、研讨会等方式为来自不同国家和地区的储蓄银行提供了总结业务经验、探讨合作前景的契机。这一机构对于推动各储蓄银行房地产金融业务的国际交流起到重要作用。

此外，成立于1956年旨在帮助发展中国家动员国内外资本以促进发展中国家的经济进步的国际金融公司以及成立于1945年12月通过优惠贷款帮助发展中国家发展农业、工业和教育等的世界银行也与住房建设和住房金融有着密切关系。

专题讨论：我国房地产金融市场与金融机构改革

阅读材料3-1　　　　我国金融机构体系的形成与
面临的主要问题[1]

一、1978年以前新中国金融机构体系的形成

（一）初步建立

为了统一货币、促进物资交流、支持生产恢复和发展，解放战争胜利在即，中央开始着手创建金融体系。1948年12月1日，中国人民银行正式组建成立。这是我国社会主义金融事业的开端，标志着新中国金融体系的诞生。之后，通过合并解放区银行、没收并改组官僚资本银行、取缔外资银行的在华特权、改造私人银行与钱庄，以及建立农村信用社组织等途径，新中国金融机构体系逐步建立起来。

到1952年国民经济恢复时期结束时，我国已经建立了以人民银行为核心，在人民银行统一领导下的几家专业银行和其他金融机构并存的金融体系格局；对各类金融机构实行了统一管理，有效调控了市场货币供求。

（二）"大一统"的金融机构体制的形成和发展

从1951开始，国家便按照一切信用归国家银行的原则，使人民银行成为"信贷中心、现金中心和结算中心"，承担了为国家"守计划、把口子"的资金供应和货币监督任务。第一个五年计划中，与高度集中的计划管理体制相适应，按照前苏联银行模式建立起一个高度

---

[1] 选编自孙天琦. 中国金融改革：改革开放30年的历程与发展趋势. http://finance.ce.cn/info/macro/200709/29/t20070929_12649970_5.shtml，部分数据来自银监会、保监会网站。

集中的国家银行体系，即"大一统"的银行体系模式。在计划经济的特定环境下，"大一统"的金融体制有利于统一指挥，便于政策贯彻和全局控制。在第一个五年计划期间和60年代初的三年经济调整期间，这种金融体制曾十分明显地表现出自己的效率和优点。但是，高度集中的计划经济模式与社会生产力发展的要求不相适应，不能使社会主义制度的优越性得到应有的发挥。突出的一点是统得过多，忽视商品和市场的作用，尤其是基层金融机构，更无法发挥主动性、积极性。

二、改革开放后金融机构体系的发展

1978年开始进行金融体制改革。1979年10月，邓小平同志提出"要把银行作为发展经济、革新技术的杠杆，要把银行办成真正的银行"，从而开始了恢复金融、重构金融组织体系的工作。

1979至1984年中国农业银行、中国银行、中国人民建设银行、中国工商银行等国有专业银行陆续恢复、设立，中国人民银行完全摆脱具体银行业务、专门行使中央银行职能。

1985至1993年，各专业银行由机关式管理方式向企业化管理方式过渡，打破资金分配上的"大锅饭"，逐步强化银行的资金约束，并打破银行间的业务限制，使专业银行由"准企业"向真正的企业过渡。

1994年至今，逐渐发展成为以"一行三会"（即中国人民银行、银监会、保监会、证监会）为监管机构；政策性金融和商业性金融相分离；以国有控股商业银行为主体、农村信用合作社、信托机构、金融租赁公司和信用担保机构、证券机构、证券投资基金、保险机构等多种金融机构并存的现代金融机构体系。

三、金融机构发展面临的主要问题

从整体来看，国有控股商业银行在一定程度上居于垄断地位，中小金融机构、信托公司、租赁公司、财务公司等非银行金融机构发育迟缓，非公有制经济金融市场准入步伐太慢。由于银行经营机制、社会信用环境以及成本制约等多方面的原因，金融机构所提供的金融产品和金融服务还远远不能满足不同层次、不同类型经济主体的实际需要。具体表现在：

（1）国有商业银行现代金融企业制度尚未真正建立。到目前为止，我国国有金融机构纷纷进行股改上市、引进战略投资者，但是其内部治理结构不健全，金融机构体制改革相对滞后，现代金融制度有待建立，由此导致了一系列偏离商业银行经营原则的经营行为，如高息揽储、恶性竞争、违规放贷、盲目放贷、创新意识淡薄、服务意识不强、不良资产偏高等，潜在金融风险较大。

（2）我国股份制商业银行现有经营管理机制与市场经济发展不相适应的问题日益突出。海南发展银行的关闭，就是这一矛盾的集中体现，给其他股份制商业银行提供了深刻的教训与启示。当前，我国股份制商业银行发展中也面临四大国有银行发展中如人员素质不高、管理体制不完善、商业化经营机制不健全、税负较重等问题外，还存在外部环境制约、经营风险较大，抵御风险能力不足、业务特色不明显等问题。

（3）政策性银行在其发展中面临行业立法滞后、资金来源的多样性、资金运用中的潜在风险较大、资产负债联运管理、内部经营机制不完善、业务过于单一等一系列较为特殊的问题。因此，在设计政策性银行的发展思路时，也要充分考虑其业务、资产、负债的特殊性。

（4）农村信用社的发展面临着产权制度制约（股权设置结构不合理）、决策机制制约（民主管理难以实行）、治理结构约束（管理体制和内部控制制度不完善）、经营思想制约

（经营目标和战略方向偏移）和适度经营规模等诸多问题，政府指令性管理的色彩十分浓厚，经营目标的实现在很多情况下是以牺牲社员利益为代价的，难以激发社员的参与意识以及参加监督和民主管理的积极性，这些问题如果不解决，对农村信用社的长远发展十分不利。

（5）信托机构从 1979 年至今经历了数次整顿，目前已成为金融体系的重要组成部分。但是，由于政策支持的力度不够、资产质量低且风险大、社会认同性及业务人员的素质较低、业务创新能力不足，中国信托业的发展受到很大阻碍，在一定程度上也无法适应新形势的需要。因此，如何为中国信托业确定新的发展思路、如何实现信托业与其他金融机构的协调发展，将是未来几年我国信托业改革的重点。

（6）由于社会认识不足、欠租问题严重、法律环境不完善、行业监管条块分割、融资渠道不畅等问题，我国租赁业总体发展缓慢，市场基础比较薄弱。目前整个融资租赁业处于无序竞争状态，近年来业务甚至有所萎缩，租赁公司普遍面临经营困难和支付风险，不少租赁公司负债额较大，资金周转困难。

（7）金融监管体系不完全适应金融现代化的需要。

这主要表现在以下三方面：

一是在混业经营的大趋势下我国实行比较严格的分业经营、分业监管的体制，有可能造成过度监管，从而浪费监管资源，影响了金融机构的业务开展。另外，对一些创新业务，有可能形成无人监管的局面，造成监管资源供给不足，相关业务盲目发展和违规操作，酿成新的金融风险。此外，多家监管部门的监管协调和信息共享都面临着一些具体的困难。

二是目前的金融监管法制化进程还有待加快。现有的法律规定过于原则，一些条款缺乏可操作性。监管部门出台的监管措施、监管意见还有相当一部分是基于行政性的规定，从而造成了监管工作的随意性较大，甚至形成政府部门和监管当局对金融机构和金融市场的过度干预。

三是目前银行和上市公司的信息披露还不够充分、及时，监管部门在规范市场主体行为、营造信息充分且竞争公平的金融市场环境方面还面临着大量的艰巨的任务。

阅读材料 3-2　　　　　　　**美国次级债危机的产生❶**

美国的住房抵押贷款大致分为三个层次：第一层次是优质贷款，面向信用等级高，收入稳定可靠，债务负担合理的优良客户。第二层次是"Alt-A"贷款，客户既包括信用分数在 620 到 660 之间的主流阶层，也包括少部分分数高于 660 的高信用度客户，这部分客户信用记录良好但无法提供收入证明，利率比优质贷款产品普遍高 1%～2%。第三层次是次级贷款，为信用分数低于 620 分，收入证明缺失，负债较重的人提供的贷款。这种针对信用记录较差的客户发放的贷款利率相应地比一般抵押贷款高很多。因此，具有高风险、高收益的特征。

通常情况下，个人贷款者是向抵押贷款公司而不是直接向银行申请抵押贷款。为了提前回笼贷款，转移风险，抵押贷款公司将抵押贷款出售给商业银行或者投资银行，银行将抵押贷款组成资产池，重新打包成抵押贷款证券后再出售给购买抵押贷款证券的投资者，这些投

---

❶　节选自董金玲，刘传哲．美国次级债市场的运作机制及其危机启示．中国管理信息化，2008 年 1 月．

资者主要是共同基金、养老基金、对冲基金等机构投资者,这就是抵押贷款支持的证券(MBS),如果是次级抵押贷款支持的债券,这些债券就形成了次级债。

次级贷的产生促进了美国房地产业的发展,解决了大批中低收入家庭住房问题,使美国的房屋拥有率在过去的 10 年中从 64% 上升到 69%,超过 900 万的家庭拥有了自己的房屋,这其中许多借贷者为低收入或信用不佳者。

2007 年 3 月,美国住房抵押贷款银行家协会公布的报告显示,次级房贷市场出现危机,次级债券违约率达到 10 年以来的最高点 12.4%,远远高于去年同期的 6.72%。消息传来,美国股市全面下挫。2007 年 4 月 2 日,美国最大的次级债发行商新世纪金融公司申请破产保护,标志着美国次级房贷市场危机爆发。导致美国次级抵押贷款市场危机出现并且波及欧美、日本市场的直接原因是美国住房市场的持续下滑,但从本质上讲,有其更深层次的原因。

(1) 次级债在设计中存在内在缺陷,使贷款发放过程极易产生道德风险。从次级债的运作机制可以看出,一级市场上的按揭贷款提供者直接将资产打包出售,不承担抵押贷款的违约风险。因此,抵押贷款公司有可能为了追逐高额利润,不惜降低信贷门槛、放宽贷款的审核,忽视风险管理和贷款人自身的偿付能力和信用状况。由于美国前段时间房地产火暴,次级贷款者总是处于有暴利可图的循环中,进而又会刺激贷款者盲目扩大贷款规模,加上贷款机构之间的竞争日益加剧,导致低首付甚至是零首付的抵押产品比比皆是,抵押贷款的额度甚至可以超过抵押品的价值。

(2) 信贷机构盲目乐观。2001 年以来,不断上涨的房价使抵押贷款公司乐观地认为:即使贷款人现金流不足以偿还贷款,他们也可以通过房产增值获得再贷款或者是变卖房产来填补缺口。在整个利益链中,次级贷款的借款人愿意以高出优惠利率 2%～3% 的成本进行借贷,抵押贷款公司的利润来自于将抵押贷款出售给银行,银行的利润来自于将抵押贷款证券出售给抵押贷款证券购买者,而抵押贷款证券购买者会享受到比购买国债或投资级债券更高的收益。所有这一切都是建立在房价不断上涨的假设之上,但是,房屋市场不可能永远上涨,当房价持平或下跌时,就会出现资金缺口而形成坏账。2006 年美国房地产市场开始下滑,房价下跌,利率攀升,借款者的资金成本急剧上升,违约客户陡增,利益的链条随之被打破。

(3) 美联储的货币政策是次级债产生的温床,也是次级债危机爆发的催化剂。2001 年到 2004 年,美联储连续 13 次降低利率,联邦基金利率从 6.5% 降至 1% 的历史最低水平。过剩的流动性大量涌入股市、房市,美国人的购房热情急剧上升,炒房投资盛极一时。2004 年 6 月以后,美联储以每次 0.25 个基点的幅度连续加息 17 次,使利率高达 5.25%。贷款利率的提高,使得炒房成本一路抬高,贷款违约急剧上升,全美多家次级市场放款机构深陷坏账危机,并直接造成次级债的价格下跌,巨额的赎回使基金不得不低价转手流动性较差的次级债券。从某种意义上说,美国为刺激经济复苏的低利率政策促使了次级抵押贷款的迅速增长,而为抑制经济过热和稳定通货膨胀预期,大幅度提高利率的货币政策,又直接导致了次级抵押贷款偿付危机的爆发。

(4) 信用增级和评级机构不负责任的评级掩盖了次级债的风险,使投资者难以做出正确的判断。美国多家信用增级和信用等级评定机构在次级债评定过程中,滥用职权,肆意评估,其不负责任的评级,使本具有很高违约风险的次级债被披上了一层漂亮的外衣,一些次级债的信用等级甚至达到了 AAA 级，从而吸引了大量的投资者，使最初由次级贷款者的个人违约行为带来的损失演变成了从购房者、抵押贷款公司、投资银行、机构投资者到个人投资者无一幸免的连锁反应。

专题讨论：

1. 结合阅读材料 3-1 和我国房地产金融机构体系构成，你认为我国房地产金融机构改革未来的发展方向是什么？

2. 结合阅读材料 3-2 和我国房地产金融市场体系，你认为美国次级债危机带给我国房地产金融市场改革的启示是什么？

关键词中英文对照

房地产金融市场 Real Estate Financial Market

房地产金融机构 Real estate financial institution

房地产投资信托基金 Real Estate Investment Trusts

信托咨询公司 Trust and Consultation Co.

存款机构 thrift institutions

商业银行 commercial banks

中央银行 central bank

抵押银行 mortgage bank，building society

次级债务 Subordinated debt

一级市场 Primary Market

二级市场 secondary market

非银行金融机构 non-bank financial institutions

金融工具 Financial Instrument

思 考 题

1. 如何理解房地产金融市场的概念？

2. 房地产金融市场有何特点？

3. 房地产金融市场如何分类？

4. 房地产金融市场由哪些基本要素构成？

5. 简述我国房地产金融机构体系的构成。

6. 商业银行的房地产金融业务主要有哪些？

第四章 房 地 产 信 贷

本 章 摘 要

房地产信贷是房地产金融学最为重要的内容之一，尤其是在资本市场尚处于发展阶段，房地产行业融资渠道相对单一的我国，商业银行的房地产信贷显得更为重要。本章首先简要介绍了商业银行房地产信贷的基本原理，然后，从房地产开发贷款、个人住房贷款和房地产信贷风险管理等方面，对商业银行的房地产信贷业务做了较为详细的介绍。

第一节 房地产信贷的基本原理

一、信贷的基础知识

（一）信贷的基本概念

信贷，是一种以偿还本金和支付利息为条件的借贷行为，表示债权人（贷款人）和债务人（借款人）之间发生的债权债务关系。在商业银行的经营活动中，信贷也被称之为贷款业务，即销售贷款的业务。

信贷不同于一般的商品交易。信贷是以偿还为条件的价值的单方面让渡，即在贷款人将货币资金借予借款人时，借款人并未同时对贷款人进行任何形式的价值补偿，而是遵循价值交换原则，约期向贷款人归还贷款本金并支付利息。

贷款是一种特殊的金融商品，其特殊性主要体现在使用价值上。贷款的使用价值是一种能够使货币增值的能力。借款人向银行申请贷款，购买的是这笔贷款资金在某一时间里的货币增值能力，换句话说，借款人购买的是该笔贷款资金在某一时间里的使用权，而不是这笔资金的所有权。资金仅仅是这种增值能力的载体。

信贷业务是商业银行最为重要的业务之一，因为，信贷业务直接产生的利息收入和派生的中间业务收入是商业银行的主要收入来源之一，同时，信贷业务还是商业银行联系客户的重要纽带，带动了商业银行的其他业务。

（二）信贷与货币的关系

信贷是调剂财富余缺的一种形式，货币则是在交换中普遍接受的一般等价物，两者具有密切联系。信贷与货币所表现的都是不同商品生产者之间的经济关系，都是价值运动形式，只是分别属于两个不同的范畴。信贷是由实物借贷到货币借贷演变而来的，而货币形式的借贷扩大了信贷的范围和规模；信贷的出现发展了货币的支付手段职能，加速了货币的流动。当货币由金属货币发展到纸币乃至电子货币时，货币本身就成为一种信用工具。货币制度与信用制度关系密切，其发行和流通是通过信用程序完成的，对信用活动高度敏感。信贷的扩张会增加货币供给；信贷的紧缩将减少货币供给，即信贷资金规模的调剂将影响货币流通速度和货币供给的结构。

因此，国家经常通过利率杠杆，调整信贷规模与结构，达到调控货币供给，约束流动性，实现国家经济的宏观调控。由于房地产业与众多行业有着紧密的关联性，因而，国家经济的宏观调控经常要从房地产信贷入手。

（三）货币的时间价值

货币的时间价值是指当前所持有的一单位货币比未来等量的货币具有更高价值。对此可进一步解释为，当前一单位货币的购买力与未来等量货币的购买力不同，其原因在于要节省现在的一单位货币不消费，改在未来消费，则在未来消费时必须有大于一单位的货币可供消费，差额即作为延迟消费的补偿。

货币之所以具有时间价值，主要是由于：

（1）货币可用于投资获取收益，从而在未来可获得更多的货币量；

（2）货币的购买力会因为通货膨胀的影响而随时间下降；

（3）未来预期的收入在当前具有不确定性。

（四）利息与利息率

所谓利息是指在一定时期内，贷款人将其拥有的货币资本的使用权让渡给与其建立借贷关系的借款人后所获得的报酬。利息以利息率作为度量尺度。利息率简称利率，是在一定时期内，利息额同贷出资本额（即贷款本金额）的比率。因此，利率也被称为贷款的价格。对于商业银行而言，吸收存款为存款人向商业银行贷出资金；发放贷款为商业银行向借款人贷出资金的借贷行为，对应的资金价格分别为存款利率和贷款利率。

$$i = \frac{I}{P} \qquad\qquad (4-1)$$

式中　i——贷款利率；

　　　I——利息额；

　　　P——贷款本金额。

贷款利率按照不同标准，可以分为以下种类：

1. 按期限单位划分

按照贷款计息的期限单位，可划分为年利率、月利率和日利率：年利率是以年为单位计算利息，以本金的百分之几表示；月利率是以月为单位计算利息，以本金的千分之几表示；日利率以日为单位计算利息，以本金的万分之几表示。如同样一笔贷款，年利率为 7.2%，则也可以用月利率表示为 6.0‰ 或日利率 0.2‰（按 30 天计）。

2. 按利率决定方式划分

按照贷款利率决定方式，可划分为法定利率、公定利率和市场利率。

由政府金融管理部门或中央银行确定的利率是法定利率，也称为官定利率；由非政府部门的民间金融组织，如银行公会等所确定利率是公定利率，该利率对行业中的会员银行具有约束力；按照市场规律而自由变动的利率是市场利率。法定利率和公定利率都不同程度地反映了非市场力量对利率形成的干预。

3. 按利率是否浮动划分

按照贷款期限内利率是否浮动，可划分为浮动利率和固定利率。

固定利率是指在贷款期间，贷款利息按照借贷双方约定利率计算，不随市场利率的变化而变化。固定利率主要适用于贷款期限较短和市场利率波动不大的情况，贷款期限较长的个人住房贷款极少在整个贷款期间使用一个固定不变的利率。

浮动利率是指在贷款期间，贷款利息按照市场利率的变化情况定期进行调整的利率。我国个人住房贷款主要使用的是浮动利率。根据中国人民银行规定，贷款期限在 1 年以上的个人住房贷款在遇法定利率调整时，于次年 1 月开始，按相应利率档次执行新的利率。

4. 按利率制定划分

按照贷款利率制定，可划分为基准利率和差别利率：基准利率是指在多种利率并存的条件下起决定作用的利率；差别利率是指根据特定标准分别制定不同的利率，如客户分类差别利率等。

基准利率的变动是货币政策的主要手段之一，是各国利率体系的核心。中央银行改变贷款基准利率，将直接影响商业银行的放贷收益，从而对信贷起着限制或鼓励的作用，并同时影响其他金融市场的利率水平。

5. 按利率真实水平划分

按利率真实水平划分，可划分为名义利率和实际利率：名义利率是借款契约和有价证券上载明的利息率，也就是金融市场上的市场利率，包含了物价变动的预期和货币增、贬值的影响。而实际利率则是指名义利率剔除了物价变动因素之后的利率，是债务人使用资金的真实成本。

名义利率和实际利率的关系可概括为

$$实际利率 = 名义利率 - 通货膨胀率$$

二、房地产信贷的基本概念及特性

对于房地产金融市场而言，资金融通就像一架马车，而"直接融资"与"间接融资"就像马车的两个车轮，拉动着房地产业的发展。直接融资，即资金从盈余部门向赤字部门的直接转移；间接融资，即资金从盈余部门通过银行等金融中介机构实现向赤字部门的转移。就目前而言，间接融资方式是我国房地产行业融资的基本形式，其中最典型、最重要的间接融资方式，即商业银行的房地产信贷业务。

房地产信贷是指以商业银行为主体的房地产金融机构针对房地产的开发、经营、消费活动开展的信贷业务。

（一）房地产信贷的基本特性

（1）与国民经济发展的密切相关性。房地产行业是国民经济的支柱行业，与许多行业密切相关，而房地产信贷是目前我国房地产行业的主要融资形式，因此，房地产信贷与国民经济发展有着密切的相关性。

（2）高收益性。一方面，房地产信贷可提高商业银行经营效率，降低营销成本，为商业银行形成长期稳定的收益，是商业银行之间竞争最为激烈的业务之一；另一方面，房地产信贷对于房地产开发企业的财务杠杆作用非常突出。合理使用商业银行信贷资金，是保障房地产项目开发资金需求的重要途径。

（二）房地产信贷的其他特点

此外，与一般信贷业务相比，房地产信贷还呈现以下特点：

（1）贷款投向受到严格控制。商业银行对房地产开发贷款严格要求投向具体的房地产开发项目，一般不许开发商将贷款资金挪至其他项目，进行所谓"滚动开发"，因此，贷款银行往往对房地产信贷资金账户实行严格的管理。

（2）贷款期限较长。受项目的开发周期制约，房地产开发贷款期限可能达到 1～3 年，甚至到 5 年；而个人住房贷款的合同贷款期限可达 20～30 年，平均实际贷款期限也可达 5～10 年。期限较长的贷款对贷款银行贷后管理的要求就更高。

（3）贷款规模与资产占比有限制。为控制房地产信贷风险，房地产开发贷款一般要控制在商业银行全部信贷资产的 10％左右。近年来，由于个人住房贷款具有高收益、低风险的特点，商业银行一般均希望提高个人住房贷款在其信贷资产中的占比。目前我国的商业银行个人住房贷款占比一般在 10％～15％，或更高一点。某些国家和地区的著名商业银行的个人住房贷款甚至高达其信贷资产的 40％以上。

三、房地产信贷的分类

（一）按贷款主体划分

按贷款主体划分，房地产信贷分为房地产企业贷款和个人贷款。房地产企业贷款包括房地产开发贷款和经营性持有物业贷款，其中，经营性持有物业贷款，一般简称为法人按揭贷款，是指商业银行向物业经营机构或其他企、事业单位发放的，用于购置自营商业用房或自用办公用房的，期限较长分期还款的法人贷款；个人贷款包括个人住房贷款、个人商业用房贷款，及其附属信贷产品和衍生信贷产品，如二手房贷款、转按揭、加按揭等。

（二）按信贷资金来源划分

按信贷资金来源划分，房地产信贷分为自营性房地产贷款和委托性房地产贷款。自营性房地产贷款的资金来源是商业银行吸收的各类银行存款；委托性房地产贷款的资金来源是其他非银行机构自有或根据相关政策规定募集的资金。

其中委托性房地产贷款按委托贷款主体又可分为房地产开发委托贷款和个人住房委托贷款。前者是其他非银行机构利用其自有或募集的资金，根据国家相关政策，以特定的授信标准和操作规定，委托商业银行向指定的房地产开发项目发放的房地产贷款。后者是地方政府的住房公积金管理部门利用其归集的个人住房公积金，委托商业银行向公积金缴存人发放的用于购买自住普通住宅或经济适用住房的个人住房公积金贷款。

对于商业银行而言，信贷资金来源不同，所承担的风险不同，利润来源也不同。商业银行承担自营贷款的风险，获取全部的利息收入；委托机构承担委托贷款的风险，获取贷款利息收入，作为受托方的商业银行获取委托贷款手续费收入。

第二节　房地产开发贷款

一、房地产开发贷款概述

（一）房地产开发贷款基本概念

房地产开发贷款，是指商业银行向房地产开发企业发放的，用于开发、建造向市场销售、出租等用途的房地产项目的贷款。按行业划分，房地产开发贷款是商业银行公司类贷款中最为重要的贷款类别之一。

房地产开发贷款的借款人是经工商管理部门注册的，政府主管部门认定并拥有一定资质的，合法具有房地产开发、经营权的企业。

（二）房地产开发贷款分类

按贷款用途，房地产开发贷款可分为土地开发贷款、商品房开发贷款和持有物业经营性贷款。这三类贷款对应房地产开发、经营的不同阶段。

1. 土地开发贷款

土地开发贷款是指商业银行向政府所属土地储备机构或受政府委托进行土地整理的房地产开发企业发放的，用于土地一级开发（包括土地收购及土地前期开发与整理）的贷款。

2. 商品房开发贷款

商品房开发贷款是指商业银行向房地产开发企业发放的，用于开发、建造向市场销售、出租等用途的商品房项目，包括住宅项目、商业用房项目及经济适用房项目的贷款。

3. 其他类房地产开发贷款

除上述主要贷款类型外，房地产开发贷款还有以下派生产品。

（1）房地产开发企业流动资金贷款。这是指商业银行向房地产开发企业发放的，用于解决企业资金周转问题的贷款，贷款用途一般不与具体开发项目相联系。这类贷款资金最终仍然用来支持房地产项目的开发。由于其用途不指向具体开发项目，贷款银行对贷款资金的使用实施监控的难度较大，贷款资金多被反复挪用，所以，商业银行一般会严格控制此类贷款的发放。

（2）建筑安装企业流动资金贷款。这是指商业银行向符合条件的建筑安装企业发放的，用于解决在项目建设施工过程中流动资金不足的贷款。贷款用途为：项目建设过程中各类备料、阶段性建筑材料等物资储备、购置设备机具及其他生产经营活动费用支出等。这类贷款资金最终也用于房地产项目的开发，因此也属于房地产开发贷款范畴。目前房地产市场普遍存在建筑安装企业垫资施工的情况，使贷款资金存在较大法律风险。相对房地产开发企业流动资金贷款而言，商业银行对建筑安装企业的流动资金贷款监管更加困难。因此，商业银行对此类贷款的发放一般持极为审慎的态度。

（3）项目储备贷款。这指商业银行向符合一定条件的大型、特大型优质房地产开发企业发放的，用于其解决住房开发项目前期资金需求的贷款。住房项目储备贷款属于住房开发过程中的过渡性贷款，贷款银行一般会在发放商品房开发贷款后，收回相应的住房项目储备贷款。由于存在较大政策性风险，项目储备贷款也是商业银行严格控制与管理的一类房地产开发贷款。

此外，按照资金来源的不同，房地产开发贷款也可分为委托性开发贷款和自营性开发贷款。详见本章第一节。其中，自营性房地产开发贷款将是本节讨论的重点。

（三）房地产开发贷款的客户分类

按企业规模、融资模式和经营特点，商业银行一般将房地产开发贷款的借款企业划分为以下类别：

一类客户，企业资金实力强大，融资渠道多元化，一般同时开发多个房地产项目，现金流充裕，主要依靠企业综合收益归还贷款的大型房地产企业集团或上市公司；

二类客户，企业资金实力较强，但融资渠道单一，依赖银行信贷资金对同一房地产项目进行同物业类型或不同物业类型的多期滚动开发，可依靠项目开发的整体收益归还贷款；

三类客户，企业资金实力一般，项目投资中自有资金占比较低，主要依赖银行信贷资金对单一项目进行开发，完全依靠项目收益归还贷款。

客户分类的目的在于，商业银行根据房地产开发贷款的客户分类结果，针对不同类别的房地产开发企业，以及其对应的不同房地产开发项目，对房地产开发贷款实施差异化管理。

（四）房地产开发项目的分类

按项目功能划分，房地产开发项目主要分为住宅类和商用类，其中，住宅类房地产开发项目包括经济适用住房、普通商品房、高档商品房、别墅等；商用类开发项目包括临街商铺、大型商场、大型购物中心、写字楼、酒店、高档娱乐设施等。

受授信政策限制和风险控制约束，商业银行的房地产开发贷款对房地产开发项目的支持是有选择的。一般情况下，商业银行会对房地产开发项目作以下简单分类，按照不同的分类标准，选择和确定给予房地产开发贷款支持的项目。

支持类项目：对市场销售前景好、经济效益好、还本付息能力强，且项目建筑面积或建筑规划占地面积在 10 万 m²（含）以上的普通商品房项目和经济适用房项目予以支持。

选择支持类项目：对高档商品住宅项目、商业用房、写字楼等项目，结合项目的具体情况有选择地给予支持。

谨慎支持类项目：对酒店、别墅、大型商场或购物中心、高档娱乐设施等项目要结合项目的具体情况，分析研究，谨慎支持。

（五）房地产开发贷款的一般管理模式

为防范和控制房地产开发贷款的政策风险、市场风险和操作风险，商业银行对房地产开发贷款一般会采取贷款封闭管理模式，即商业银行从贷款发放，到按期收回贷款本息的整个过程，对贷款资金的流动实施全过程的监控管理，以保障贷款资金的合规合理使用及安全地收回。贷款的封闭管理主要包括项目授信管理、贷款使用管理、销售回款管理、贷款收回管理及抵押物管理等。

1. 项目授信管理

对贷款支持的企业与开发项目执行严格的企业准入标准和项目准入标准；坚持贷款额度与项目投资相匹配、还款计划与建设销售期相匹配的原则。

2. 贷款使用管理

贷款发放后，商业银行将贷款资金划转至企业在贷款银行开立的监管账户中，通过审核贷款用途，控制贷款资金专款专用，确保资金用于贷款指向的项目建设，防止企业挪用。

3. 销售回款管理

商业银行一般通过对项目销售率的监测，间接监控项目销售收入资金。

$$项目销售率＝项目已售面积/项目可售面积$$

项目销售收入一般包括一次性全额付款购房人的房价全款和贷款购房人的首付款加个人住房贷款。

对于住宅类房地产项目，个人住房贷款是销售收入主要来源。为防止企业挪用销售收入资金，保证项目工程建设如期完成，保证开发贷款最终安全收回，开发贷款的商业银行一般要确立项目时的个人住房贷款主办行地位，以便于实施销售回款的管理。

4. 贷款回收管理

一般情况下，当房地产开发项目的销售收入资金总额等于项目的开发投资总额扣除房地产开发贷款额和企业自有资金的投入额时，商业银行则要求借款企业应开始归还开发贷款，并随着项目销售收入的实现，按一定比例分期收回开发贷款本息。为避免不法开发企业在销售高峰之后向贷款银行甩弃尾房，商业银行应要求借款企业必须在项目销售率最高不超过80％前，归还全部房地产开发贷款本息。

5. 抵押物管理

抵押担保是房地产开发贷款最常见的一种担保方式。由于房地产开发贷款的抵押物一般是在建工程，随着项目工程建设、销售，开发贷款使用、收回，在这个过程中抵押物价值在不断变化。因此，商业银行在确保抵押权合法有效的前提下，通常在以下方面加强对抵押物的动态管理。

（1）随着工程建设进度及时办理新建部分的抵押登记手续，特别是针对放款时仅以土地使用权抵押或随着工程进度逐笔发放贷款情况，尤其要确保抵押的足值、有效。

（2）一般不接受车库、会所等公建部分单独作为抵押物；不接受人防等不可销售的配套公建部分作为抵押物。

（3）严格控制抵押率。土地使用权和在建工程抵押的，抵押率控制在最高不超过其评估价值的 70%；仅使用土地使用权抵押的，抵押率应控制在最高不超过其评估价值的 60%。

（4）抵押物评估价值不是认定贷款抵押物价值的唯一依据。商业银行还可根据市场同类项目、周边同类物业的销售价格，以及抵押物已经实际投入的成本、是否拖欠工程款和设备款等综合因素，测算其实际价值。如果抵押物实际价值与评估价值出现较大差异，原则上以实际价值为依据。

（5）房地产开发贷款抵押物释放的一般控制原则：

①先还款后解押，按照抵押物评估单价乘以拟解押面积计算应归还的贷款金额，归还贷款本息后，贷款银行再释放拟解押面积对应的抵押物。

②解押后抵押率不低于初始抵押率，部分释放抵押后，剩余抵押物应能够完全覆盖贷款银行的贷款本息，否则，贷款银行不应办理后续解押，或者贷款银行要求借款人增加抵押物或提供第三方担保。

③解押应与个贷进入同步，在抵押率不低于原抵押率的前提下，个人住房贷款及时跟进解押，保证销售资金，包括个人贷款资金可足额按期归还相应开发贷款。

（6）如果借款企业提出抵押物置换要求，贷款银行可在保证抵押率不低于规定要求、不降低抵押物品质、不影响抵押物处置变现等条件下，同意借款企业置换抵押物。

二、房地产开发贷款的一般操作流程

商业银行房地产开发贷款的一般操作流程涉及贷前调查、贷款项目评估、抵押物价值评估、授信审查、审批放款和贷后管理等主要环节。

（一）贷前调查

商业银行在受理房地产开发企业贷款申请时，一般要求企业提交申请贷款的相关资料，在对资料进行初步审查的基础上，展开对申贷企业和开发项目的贷前调查。

申贷资料主要包括，企业法人营业执照；企业资质证明文件；公司章程；财务报表；贷款证；有效担保的法律证明文件；已经取得的《建设用地规划许可证》、《建筑工程规划许可证》、《国有土地使用权证》、《建设工程施工许可证》；贷款项目开发可行性研究报告；贷款项目工程预算报告；项目开发自有资金及已投资金证明材料等。

房地产开发贷款贷前调查的主要内容如下：

1. 企业基本情况

这主要包括公司的历史沿革、股权结构、法人代表任职经历、主要经营管理者情况等。

2. 股东背景情况

其中对于公司的股东应追溯至最终控制人。

3. 企业授信情况

（1）申贷企业在本行的授信情况；

（2）申贷企业在他行的授信情况；

（3）申贷企业在本行的个人住房贷款情况；

（4）申贷企业在他行的个人住房贷款情况和授信条件。

4. 财务情况分析

调查分析企业的资产负债结构及配比情况，重点科目的明细及变动情况。

5. 项目基本情况

（1）项目具体规划情况。主要包括项目性质、地理位置、项目四至、周边环境、项目规划、占地面积、建筑面积、建筑形式、楼座数量和层数、户型分布等。项目如包含商业部分还应了解商业部分的各项属性、商业部分是否有物理分割、销售定位与销售策略等。

（2）四证（《建设用地规划许可证》、《建筑工程规划许可证》、《国有土地使用权证》、《建设工程施工许可证》）取得情况。包括已取得的证件数量，证件所记载的内容是否相互一致。

（3）项目预算、投资比例及投资来源情况。包括项目总投资和成本结构，已投入金额，资金缺口及筹措方案等。

（4）项目建设进度。包括开工时间、目前的形象进度以及预计的竣工、入住时间。

（5）销售及收益预测情况。主要包括与周边项目的比较分析、销售定位、销售价格、销售进度等。

6. 担保情况分析

这主要包括担保方的担保能力或抵押物基本情况等的分析。

7. 综合评价及结论

综合评价中主要包括授信额度的测算、风险度测算等方面。结论中包括最终确定的授信额度、期限、还款计划、利率、担保方式、个人贷款成数、最高年限、保证金比例等。

（二）项目评估

1. 贷款项目评估的基本概念

房地产开发贷款项目评估，简称贷款项目评估，是指银行根据资金安全性、流动性、效益性的要求，运用相应的授信工具，采用专门的评估方法，对申贷企业的资信状况、拟（在）建项目的可行性、合理性、建设条件、市场环境和各种不确定因素，以及项目财务情况，包括盈利与偿债能力、成本与费用支出、投资收益与经济效益等方面进行全面、系统分析评价的过程。

贷款项目评估是商业银行房地产开发贷款决策过程中的一个重要环节。贷款项目评估的资料收集过程也是贷款银行进行贷前调查的过程；贷款项目评估报告是贷款银行对申贷企业和拟（在）建项目整体情况的总结与研判；项目评估报告的结论是贷款银行贷款审批的重要依据之一。贷款项目评估中授信工具的确定和评估方法与参数的选择，反映了贷款银行的风险偏好。

2. 贷款项目评估的主要内容

一般情况下，贷款银行可由本行内部评估部门进行贷款项目的评估，也可以委托第三方中介机构进行。

贷款项目评估的内容主要分为三个部分：申贷企业资信评价、开发项目整体评价和贷款风险综合评价。

（1）申贷企业资信评价。主要包括：

企业基本情况，包括企业历史沿革、隶属关系、股权结构、组织形式、资质等级、经营范围与规模、经营状况、经营业绩、信用状况、涉诉情况、人员构成、技术装备、在建和已建工程情况、经济实力、技术水平、未来发展前景等。

法定代表人与主要经营管理者基本情况，包括个人品德与能力、学历与学位、综合素质、从业经历、信用状况、经营经验、管理水平等。

企业财务情况，包括企业三年内总资产、总负债、所有者权益、流动比率、资产负债率、速动比率、存货周转率、应收账款周转率、开发产品销售率、负债总规模和构成、自身盈利能力、偿债能力、资金融通能力、现金流量分析等，以及企业基本账户与结算账户开立与使用情况、还本付息情况、贷款卡信息等。

（2）贷款项目整体评价。主要包括：

建设条件评估，主要进行项目建设内容、规划和建设方案的评估，包括项目的性质、特点、地理位置、规划环境、周边环境、占地面积、建筑面积、销售面积、绿化面积、建筑的密度与容积率、配套设施、建筑的各项技术指标、动迁安置计划等。

市场评估，主要进行市场供需状况与发展趋势分析，特别是项目特点分析、同类项目供需分析、消费者的收入与消费偏好分析、品质与价格比较、政策影响分析等；市场竞争力分析，其中包含项目品质、位置、户型、功能、居住环境、配套设施、价格、物业管理，以及销售策略等。

投资估算与融资方案评估，其中项目总投资评估主要针对开发成本和当期费用进行；融资方案评估主要是审查分析项目各资金来源，特别是项目自有资金的规模和比例。

偿债能力评估，包括拟（在）建项目损益预测、项目资金筹集与支出预测、项目销售与成本和利润结转预测、税费及财务费用测算等，分析可用于偿还贷款本息的净现金流量，按最大还款能力计算贷款还款期。

（3）贷款风险综合评价。采用定量与定性的方式，从政策、行业、市场、企业的经营与管理、项目的开发建设销售与管理，以及技术、环境等方面，分析企业与项目存在的风险，并评估担保措施可靠性和有效性，最终得出贷款风险度的评价结论。

（三）抵押物价值评估

抵押物价值评估是指银行对作为贷款抵押物的房地产价格进行评估，并据此确定抵押贷款额度。通常情况下，贷款额等于抵押房地产价格乘以房地产抵押率。抵押物价值评估准确与否，与贷款发生风险时得到补偿的程度息息相关。许多抵押贷款遭受损失的主要原因是对抵押物价值评估过高、抵押物实际价值不足所致。抵押物价值评估的具体方法不在本教材所述范围，请参阅房地产价值评估相关教材。

（四）授信审查

授信审查，或称贷款审查，是贷款银行的授信审查部门根据安全性、流动性和收益性的原则，依据贷款投向政策，对房地产开发企业提供的申贷资料进行审查，在贷款项目评估报告和抵押物价值评估报告的基础上，评价贷款风险，按规定程序，向贷款审议决策机构提出贷款决策建议。

对于房地产开发贷款，商业银行一般采取集体审议决策的方式。贷款审议决策机构一般为相应级别的贷款审查委员会（简称贷审会），贷审会在一定的授权范围内，对贷款进行审查、审议。

授信审查的主要内容一般包括：资料的完整性；政策的合规性；项目的可行性；财务状况的合理性、安全性；授信要素（期限、利率等）的合理性；担保的合法性、合规性、有效性、可靠性；贷款风险的可控性。

（五）审批放款

1. 授信审批方式

根据授信审批的差别授权原则，商业银行一般要设定授信审批权限，采取分级审批的方式，对集团公司、关联公司和境外跨国公司的授信采取特殊审批方式。

房地产开发贷款的审批人一般是贷款银行有权人授权的信贷执行官。信贷执行官根据贷款审查委员会的审议决议，行使贷款审批权。

2. 贷款发放

贷款发放是贷款决策的执行阶段，一般包括以下环节：

（1）签订借款合同。借款合同中应约定贷款种类、用途、金额、利率、期限、还款方式，以及借贷双方的权利、义务、违约责任和共同约定的其他事项。

合同经有权签字人签字，加盖公章后生效。

（2）落实担保。连带责任保证方式担保的，应在核保的基础上，另外签订保证合同，保证合同与借款合同同时生效。

抵押（含在建工程抵押）方式担保的，则应另外签订抵押合同，持相关法律文书，在政府主管部门办理抵押登记后，抵押权设定。

质押方式担保的，则应另外签订质押合同，持相关法律文书，在政府主管部门或相应商业银行办理质押登记后，或在贷款银行将有效、合法、足值的权利凭证收押后，质押权设定。

（3）发放贷款。申请提款。房地产开发企业在贷款审批通过后，可根据项目资金需求情况，在贷款银行规定的时限内提用贷款。企业提款前，贷款银行应与企业签署借款借据。

核验贷款审批意见落实情况。贷款银行在审批贷款时，可能会提出有条件同意发放贷款的审批意见，因此，在发放贷款前应确认条件的落实情况。

放款。贷款银行信贷部门审核借款借据上各项要素后，向会计部门发出放款指令；会计部门根据信贷部门的放款凭证与审批要件，按合同约定将贷款资金划入借款企业账户。

（六）贷后管理

贷后管理是商业银行实施贷款风险管理的重要环节。鉴于房地产开发贷款的特殊性，商业银行一般会对房地产开发贷款进行专项的贷后管理，主要包括：

1. 监控信贷资金流向

房地产开发贷款发放后，贷款银行应在一定时限内对企业账户内的大额资金划转进行监控，防止信贷资金被挪用，保证贷款的合理使用。

2. 实地查访借款企业与项目情况

房地产开发贷款发放后，且借款企业发生对外支付的 7 个工作日内，贷款银行应对贷款的直接用途进行查访，注意收集付款凭证、发票等，作为查访报告的附件留档；在贷款期限内，应按期进行实地查访，包括现场了解工程进度及抵押物变动情况、企业账户收支和现金流量变化情况、施工企业工程款支付情况、项目建设与销售情况、借款企业资产负债变化情况等，根据查访了解情况作定期监控或查访报告。

3. 定期收集重要信息

定期收集和借款企业相关的各类客观信息（如贷款卡信息、网上预售信息、重大经营事件等）。特别是在项目开盘销售后，贷款银行应要求借款企业按月报送项目销售额、项目销售率、销售资金回笼情况、个人住房贷款发放额、本行个人住房贷款比例和销售回笼资金的使用情况等信息。

如果发现借款企业发生以下情况之一的，须及时采取相应风险控制措施，防止贷款出现风险。

（1）项目建设计划出现重大调整；

（2）企业自筹资金或企业其他融资渠道发生重大变化；

（3）企业违反法律、法规或政策从事经营；

（4）企业存在隐瞒、欺骗或重大违约行为；

（5）企业财务或经营出现严重问题；

（6）开发项目潜在或显现严重问题；

（7）企业出现欠息、表外业务垫款；

（8）贷款为不良贷款形态；

（9）企业有形成较大风险的其他行为。

4. 项目工程概算、预算、决算管理

贷款银行应高度关注并尽量参与贷款项目概算、预算、决算审查及项目建设工程招标和竣工验收等工作。项目竣工后要求借款人提交竣工验收备案表和工程决算报告。

5. 档案管理

贷款银行应在房地产开发贷款发放后，及时做好贷款资料的立卷、归档和日常管理。

6. 逾期贷款的专项检查与催收

贷款到期前，借款企业可根据自身经营情况选择按期偿还贷款本息，或清偿利息后申请贷款展期。贷款银行收到企业展期申请，一般应按照新授信进行审查审批。

当借款企业未申请展期，或申请展期未得到批准的，贷款到期后的第一日起，贷款即为逾期。

贷款发生逾期，贷款银行应立即进行实地调查和内部检查。调查和检查的主要内容包括，贷款逾期的形成原因；贷款状态转化的可能性；催收、转化、处置及保全方案或措施；内部流程各环节有无失误，及相应责任等。

在逾期贷款专项检查的基础上，贷款银行应采取各种积极有效的措施，催收逾期贷款。

7. 不良贷款的管理

当贷款逾期超过贷款银行规定的时限等控制标准，贷款即为不良贷款。贷款银行应对不良贷款实施专项管理，采取包括债务重组、以物抵债、法律诉讼等清收处置措施，直至风险资产转化。

根据不同的风险偏好和风险管理理念，商业银行内部对于不良贷款的具体管理规定与流程也不尽相同，不在此一一赘述。

第三节 个人住房贷款

一、个人住房贷款概述

个人住房贷款在商业银行乃至在一个国家的国民经济中都占有重要的位置。

1996年以来，随着居民收入的提高和消费能力的不断扩大，以及国家货币化住房分配制度的实施，个人购买住房逐步成为居民解决住房问题的主要途径，这也为我国商业银行个人住房贷款业务的快速发展提供了巨大的市场需求空间。中国人民银行先后颁布了《个人住房贷款管理办法》和《加大住房信贷投入，支持住房建设与消费》等文件，在规范个人住房贷款操作管理、防范贷款风险的基础上，极大地推动了商业银行个人住房贷款业务的发展。

由于个人住房贷款具有贷款风险分散、资产质量良好、客户群体稳定、收益时间长、附加效益高、综合成本低等特点，现已成为各商业银行发展转型的一个重要战略目标，也是各商业银行角逐个人金融业务的主战场，竞争日趋激烈。

（一）个人住房贷款的基本概念

中国人民银行《个人住房贷款管理办法》对个人住房贷款做出如下定义：个人住房贷款是指贷款人向借款人发放的用于购买自用普通住房的贷款。贷款人发放个人住房贷款时，借款人必须提供担保。借款人到期不能偿还贷款本息的，贷款人有权依法处理其抵押物或质物，或由保证人承担偿还本息的连带责任。贷款人，即发放个人住房贷款的金融机构，一般为商业银行，以下通称贷款银行。

银行业监督管理委员会《商业银行房地产信贷风险管理指引》中定义：个人住房贷款是指向借款人发放的用于购买、建造和大修理各类型住房的贷款；商业用房贷款是指向借款人发放的用于购置、建造和大修理以商业为用途的各类型房产的贷款。

个人住房贷款俗称按揭贷款。"按揭"一词的由来有不同说法，其中之一是英语"mortgage"（抵押之意）的粤语音译。也有一种说法认为，"按"与"揭"分别表示抵押与解押之意。总之，按揭贷款内在含义是抵押贷款，即个人住房抵押担保贷款。由于目前我国房地产市场中的个人住房贷款涉及多种担保方式，而且房屋类型多样，如二手房、商铺等，因此，本章以"个人住房贷款"来概括表述。

（二）个人住房贷款的基本特性

1. 消费特性

中国人民银行对个人住房贷款的投向明确规定，借款人的贷款用途是用于购买自用普通住房，即用于住房消费。由于贷款投向的约束，个人住房贷款归属为个人消费类贷款，借款人按期偿还贷款本息依赖其第一还款来源，即借款人的稳定收入。因此，消费特性是个人住房贷款的重要特性之一。

对于个人贷款购买商业用房的，如果借款人以其税后收入偿还贷款的，应属于投资性消费，因此，仍应归于个人消费类贷款的范畴；如果借款人以其税前收入，如租金形式的营业收入，直接偿还贷款的，应属于投资行为，贷款应归于个人经营性贷款的范畴。贷款银行对于个人消费贷款和个人经营性贷款在操作管理和风险控制上是有较大区别的。

2. 期限特性

个人住房贷款的贷款期限一般为 20～30 年，对于银行，这属（超）长期贷款，对于个人，则是一笔长期承担的债务。因此，作为贷款的第一还款来源，具有相对稳定的工作和收入，是借款人是否具有承担长期债务能力的一个重要判断条件。

3. 还款特性

（1）分期还款。由于贷款本息的偿还主要是依靠借款人稳定的收入，因此，个人住房贷款具有分期偿还本息的特性。我国绝大部分城市都采用月薪制，因此，贷款银行与借款人多约定按月分期偿还贷款本息的方式。在某些实行周薪制或双周薪制的国家或地区，也有采用按周或按双周分期还款的方式。人们通常所说的"双周供"，就是贷款银行基于双周薪的发薪制而定制设计的还款方式。

（2）还款额确定。个人住房贷款还款金额的确定与一般银行的公司类贷款不同，借款人可以根据自己的年龄、收入预期、工作特点、身体状况等因素，在借款合同中事先约定每期还本付息金额；借款人也可以在合同履行过程中，根据实际情况变化，申请变更还款方式，重新约定每期还款额。

还款额的确定有很多种方法，主要有等额本息法、等额本金法、等比法（或称累进还款法）、等差法等。

（3）还款比例限制。目前，为保证借款人的收入与消费支出和债务之间的合理匹配，银行监管部门要求，个人住房贷款借款人每月的房产支出与其收入之比应控制在 50％以下；每月所有债务支出与收入比应控制在 55％以下。如果不符合上述任一比例要求的，应建议增加共同借款人或适当延长贷款年限和减少贷款额，以降低月还款额。房产支出与收入比和债务与收入比的计算公式为

$$房产支出与收入比 = \frac{本次贷款的月还款额 + 月物业管理费}{月均收入}$$

$$所有债务与收入比 = \frac{本次贷款的月还款额 + 月物业管理费 + 其他债务月均偿付额}{月均收入}$$

上述计算公式中提到的收入为借款人自身可支配收入，即独立借款的为借款人本人可支配收入，共同借款的为主借款人和共同借款人的合计可支配收入。如借款人已婚，则为其家庭的全部可支配收入。

借款人的收入与其债务或住房消费支出之间保持合理比例，是贷款风险控制的基本要素之一，也是贷款的消费特性所决定的。

（4）担保特性。个人住房贷款是担保贷款，即贷款银行发放个人住房贷款时，借款人必须提供合法有效的担保。担保方式主要有抵押、质押或连带责任保证，或以上两种或三种担保方式合并使用。详见下文"个人住房贷款的担保"。

（5）与开发项目的关联性。个人住房贷款与对应的房地产开发项目具有紧密的关联性。

作为消费者，借款人贷款目的在于购买住房。对于初次交易的新房（包括期房和现房）而言，房地产开发项目房屋质量将对借款人购房及还款意愿产生直接影响。当借款人贷款购买的住房存在重大问题时，借款人往往会以延期或拒绝偿还银行贷款等方式进行对抗，个人住房贷款将会因此而形成潜在风险。

对于大多数开发商而言，当项目进展具备规定销售条件时，楼盘销售回笼资金，包括个人住房贷款资金，将支撑项目建设达到规定入住条件。因此，银行提供个人住房贷款的支持，是房地产开发项目顺利完成的重要条件之一。

对于贷款银行，发放开发贷款的目的在于最大规模地获得楼盘项目个人住房贷款的资源。贷款银行在发放开发贷款后，适时适度对购买楼盘的住房消费者发放个人住房贷款，同时按比例逐步退出开发贷款，目的在于控制风险，保障收益。当贷款银行向没有本行开发贷款支持的楼盘发放个人住房贷款时，应加强对项目的贷后监控管理，高度关注信贷资金流向，防止资金挪用。

（三）个人住房贷款的分类

1. 按信贷资金来源划分

按照信贷资金来源划分，个人住房贷款可分为自营性贷款和委托性贷款。

（1）委托性个人住房贷款。委托性贷款是指由政府部门、企事业单位或个人等委托人提供资金，由商业银行（即受托人）根据委托人确定的贷款对象、用途、金额、期限等贷款条件，代为发放、监督使用并协助收回的住房贷款，贷款银行（受托人）只收取手续费，不承担贷款风险，贷款的利息收入由受托银行划付公积金管理机构。因目前委托性个人住房贷款委托人主要是各地住房公积金管理中心，故又称公积金贷款。贷款利率按照中国人民银行规定的公积金贷款利率执行。

（2）自营性个人住房贷款。自营性贷款指商业银行以合法方式筹集资金、向符合贷款银行规定条件的自然人自主发放的，用于在城镇购买、建造和大修理自住住房的贷款，其风险由贷款银行承担，并由银行收回贷款本金和利息，又称商业性贷款。贷款利率按照中国人民银行规定的相关利率执行，对于符合贷款银行规定条件的，贷款利率可在一定范围浮动。

自营性个人住房贷款和委托性贷款也可以组合发放，组合发放的个人住房贷款称为组合贷款。由于组合贷款存在两个贷款主体对应同一债务和同一个抵押物，当贷款出现风险时，在风险资产的处置上存在一定法律障碍，但个人住房组合贷款在弥补公积金贷款额度不足的缺陷，解决中低收入人群住房消费问题方面，起到积极作用。

2. 按贷款用途划分

（1）个人住房贷款，是指贷款银行向借款人发放的用于购买自用住房的贷款。一般情况下，个人住房贷款特指购置初次交易住房的贷款，俗称"一手房贷款"，初次交易住房包括期房和现房。

（2）个人存量房贷款，俗称"二手房贷款"，指贷款银行向借款人发放用于购买售房人已取得房屋所有权证、具有完全处置权利、在二级市场上合法交易的个人住房或商用房贷款。

（3）个人商用房贷款，是指贷款银行向借款人发放的用于购买自营商业用房和自用办公用房的贷款。

（4）个人住房抵押综合消费贷款，是指借款人以其本人或第三人名下的个人住房或个人商用房抵押，向贷款银行申请的用于指定用途（消费或经营）的贷款。

（5）个人住房装修贷款，是指贷款银行向借款人发放的用于自有住房装修的贷款。

（6）个人车位贷款，是指贷款银行向个人住房贷款借款人配套发放的用于购买具有完全产权的车库（位）的贷款。

（四）个人住房贷款的附属信贷产品

个人住房贷款的附属信贷产品主要有：

1. 转按揭

个人住房转按揭贷款（简称"转按揭"），是指已经办理个人住房贷款的借款人，在还款期间，由于房屋出售、赠与、继承、离异等原因引起房屋产权变动，需将已抵押给贷款银行的房屋产权和未结清的个人住房贷款同时转移给受让人，并由受让人指定的贷款银行在重新办理抵押登记后，继续为房屋产权的受让人办理个人住房贷款的业务。如果受让人指定的贷款银行为原贷款行，则称为同行转按揭；如果受让人指定的贷款银行非原贷款行，则称为跨行转按揭。

如果借款人由于利率调整，以降低贷款成本，或调整贷款额度为由，在原房屋产权不变的前提下，结清其在原贷款银行的个人住房贷款，释放抵押后，在另外商业银行申请办理抵押贷款，这种贷款被称之为同名跨行转按揭或无交易转按揭。同名跨行转按揭由于涉及两个贷款银行，且操作环节较多，贷款真实用途不易确认，如果借款人以部分新贷款结清在原贷款银行的贷款，则还要解决抵押生效前的阶段性担保问题，因此操作风险较大。

2. 加按揭

个人住房加按揭贷款（简称"加按揭"）指对贷款银行现有个人住房贷款客户发放的以原贷款抵押物为担保的购房支出及家居消费支出的贷款。随着借款人逐期偿还贷款本息，抵押率不断降低，因此，在保证抵押率不超过规定范围，贷款用途符合规定要求的前提下，贷款银行可在原抵押物的基础上，向借款人追加发放一定额度的个人贷款，即所谓加按揭。

3. 逆按揭

逆向年金抵押贷款（简称"逆按揭"、"倒按揭"）是一种适合老年人的消费信贷产品，是指拥有住房的老年借款人把其拥有完全产权的房子抵押给贷款银行，由贷款银行按约定每月向借款老人发放贷款以作为生活费用，到期结清贷款本息。如果贷款期间借款老人去世，其亲属则可提前清偿贷款银行贷款本息，收回抵押房产；无亲属的，贷款银行可处置抵押物以清偿贷款本息。

（五）个人住房贷款的衍生信贷产品

目前，各商业银行在中国人民银行《个人住房贷款管理办法》的基础上，根据各自的发展战略和个人金融产品规划，以及自身的风险控制能力，通过个人信贷产品的创新，已经将个人住房贷款拓展为丰富的个人信贷衍生产品系列。主要包括：

（1）固定利率房贷。固定利率个人住房贷款产品，一般有两种形式，借款人与贷款银行约定在贷款偿还期内执行一个固定利率；借款人与贷款银行约定按下列方式或下列方式的组合，执行固定利率。

1）期权式。借款人与贷款银行约定，将贷款偿还期分为若干时段，首个时段执行事前约定的固定利率，第二个时段后，借款人有选择在以后相应时段，按当前时点利率执行浮动利率，或另行约定执行固定利率。借款人为获得未来利率选择期权，向贷款以后支付期权费用。

2）利率组合式。借款人与贷款银行约定，将贷款本金分为两部分，一部分贷款本金执行固定利率，另一部分执行浮动利率。

（2）房贷理财账户。房贷理财账户，是指贷款银行将借款人的储蓄账户和个人住房贷款账户相挂接，当借款人储蓄账户存款达到约定额度，贷款银行按一定比例将存贷利差返还借款人，借此使借款人放弃提前还款，同时稳定了借款人在贷款银行的存、贷款额度。

类似产品还有抵利型房贷、存贷通等。

（3）房产抵押综合授信。借款人以其完全产权的房产抵押获得银行给予其综合授信额度；在约定的授信期间，借款人向贷款银行提交贷款用途证明或材料，可以申请在其综合授信额度内循环提用贷款；贷款银行根据每笔贷款具体用途，确定借款人贷款额度与期限。

类似产品还有随借随还贷等。

（4）住房接力贷。借款人指定子女或者父母作为共同借款人，以突破贷款银行对贷款期限受借款人年龄限制的约束。

（5）房贷随心还。在不低于事先约定的每期最低还款额的前提下，借款人可按合同约定的程序，随时电话通知贷款银行还款或调整当期还款金额。

（6）房贷双周供。根据我国个人薪酬支付惯例，个人住房贷款一般定为按月还款。在周薪制的城市和地区，借款人可以与贷款银行约定，按周或按双周还款。

（7）跨行无交易转按揭贷款。贷款银行以置换借款人在他行的个人住房贷款而发放，没有房屋实际交易的个人住房贷款。随着抵押物的升值和借款人贷款余额的减少，借款人如果另有融资需求，往往希望重新评估抵押物，并增加借款额度。

（六）个人住房贷款的担保

贷款银行在发放贷款时，根据国家法律、法规等相关要求，借款人应提供担保，以保障贷款债权实现。贷款担保是一种法律行为，应当遵循平等、自愿、公平和诚实信用的原则，保证贷款担保具有合法性、有效性和可靠性。个人住房贷款的担保方式主要有：

1. 保证担保

贷款保证担保是指保证人为借款人履行借款合同项下的债务向贷款银行提供担保，当借款人不按借款合同的约定履行债务时，保证人按保证合同约定承担担保责任。

保证担保分为连带责任保证和一般保证。个人住房贷款的保证担保方式为连带责任保证担保。

2. 抵押担保

贷款抵押担保是指抵押人（借款人或者第三人）不转移对抵押财产的占有，以该财产作为抵押物向抵押权人（贷款银行）提供担保，当借款人不履行债务时，贷款银行有权按照抵押合同的约定以抵押物折价或者以拍卖、变卖抵押物所得的价款优先受偿。

根据我国《担保法》及相关法规规定，凡是有争议、不合法或违法建设、开发和销售的房地产以及不准许入市的房地产都不能设定抵押。

如果以依法取得的国有土地上的房屋作抵押，应当将该房屋占用范围内的国有土地使用权同时抵押。原则上应当将同宗土地上的道路、绿地、天台、走廊、停车场、空余地或者其他公用设施同时抵押。

3. 抵押加阶段性保证担保

抵押加阶段性保证方式指贷款银行以借款人所购的住房作抵押，在借款人取得该住房的房屋所有权证和办妥抵押登记之前，由开发商提供阶段性连带责任保证的一种担保方式。阶段性保证期限是从贷款发放之日起，至借款人取得房屋所有权证、办妥抵押登记并将相关房屋他项权证交由贷款银行收押之日止。

4. 期房抵押

预购商品房抵押（简称期房抵押），是指贷款银行以借款人购房的已取得商品房预售许可，但尚未取得该住房的房屋所有权证的住房作抵押，作为偿还贷款的一种约束行为。

由于抵押人尚未取得抵押物的所有权，期房抵押并不是法律意义上的抵押，本质上是政府主管部门防止一房多售而采取的一种行政行为。因此，仅以期房抵押作为偿还贷款的担保是不够的。

5. 质押担保

贷款质押担保是指出质人（借款人或者第三人）将贷款银行可以接受质押的动产或者权利移交贷款行占有或者依法办理质押登记手续，以该动产或者权利作为质物向贷款行提供担保，当借款人不履行债务时，贷款银行有权按照质押合同的约定以质物折价或者以拍卖、变卖质物所得的价款优先受偿。

二、个人住房贷款的计算

（一）个人住房贷款基本计算方法

按照中国人民银行《个人住房担保贷款管理办法》规定，贷款期限在 1 年以内（含 1 年）的，实行到期一次还本付息，利随本清；贷款期限在 1 年以上的，按月归还贷款本息。

1. 1 年期贷款的计算

个人住房贷款的贷款期限在 1 年以内（含 1 年）的，在贷款到期时按下式计算贷款利息：

$$I = niP \qquad\qquad (4-2)$$

式中　P——贷款本金；

　　　I——期末应付利息额；

　　　i——贷款月利率（‰）；

　　　n——贷款月数。

例 4-1　某借款人向某商业银行申请个人住房贷款 100000 元，期限 10 个月，贷款月利率为 4.725‰，到期一次利随本清。计算借款人到期应还贷款本息。

解　根据公式（4-2），$I = 10 \times 4.725‰ \times 100000 = 4725$（元）。

则，到期借款人还本付息金额为 104725 元。

各商业银行出于控制风险和降低成本考虑，除非客户有特殊需要，一般很少发放贷款期限在 1 年以内的个人住房贷款。

2. 期限在 1 年以上贷款的计算

贷款期限在 1 年以上的，借款人一般应按月归还贷款本息。借款人按照借款合同约定的还款日，在每个还款期期末，向贷款银行偿还当期贷款利息和部分贷款本金；银行则要根据借款合同约定和借款人的实际还款情况，进行贷款本息的计算。计算公式如下：

$$I_n = iP_n \qquad\qquad (4-3)$$
$$Q_n = R_n - I_n \qquad\qquad (4-4)$$
$$P_{n+1} = P_n - Q_n \qquad\qquad (4-5)$$

式中　I_n——当期应还利息额；

　　　P_n——当期期初贷款本金额（上期期末本金余额）；

　　　Q_n——当期偿还贷款本金额；

R_n——当期还款额；

P_{n+1}——下期期初贷款本金额（当期期末贷款本金余额）。

式中：R 为每期的还款额，俗称"月供"。由上述公式可以看出，每期还款额为当期应还利息与当期应还本金额之和。

例 4 - 2 某借款人向某商业银行申请个人住房贷款 100000 元，期限 24 个月，贷款月利率为 4.875‰，借款人选择按月等额本息方式还款，合同约定每月还款额为 4425.31 元。计算前两个月月末偿还本金额、利息金额和贷款的余额。

解 根据公式（4 - 3），第一个月期末应还利息额为

$$I_1 = 100000 \times 4.875‰ = 487.50 \text{（元）}$$

因为每月还款本息合计为 4425.31 元

所以根据公式（4 - 4），第一个月末偿还贷款本金为

$$Q_1 = 4425.31 - 487.50 = 3937.81 \text{（元）}$$

根据公式（4 - 5），第一个月期末贷款本金余额为

$$P_2 = 100000 - 3937.81 = 96062.19 \text{（元）}$$

96062.19 元也是下期期初贷款本金额。

同理：

$$I_2 = 96062.19 \times 4.875‰ = 468.30 \text{（元）}$$

$$Q_2 = 4425.31 - 468.30 = 3957.01 \text{（元）}$$

$$P_3 = 96062.19 - 3957.01 = 92105.18 \text{（元）}$$

3. 提前还款的计算

个人住房贷款期限一般较长，贷款期间，借款人往往会根据个人的收入等因素的变化情况提前偿还贷款。提前还款可分为提前结清贷款或部分提前还款。

提前结清贷款的计算比较简单，不必赘述。部分提前还款可分为合同还款日提前还款和非合同还款日提前还款两种情况：

（1）合同还款日提前还款的计算。合同还款日提前还款是指，在借款合同约定的还款日提前还款。根据公式（4 - 3）推演下式：

$$Q_n = R_a - I_n \tag{4 - 6}$$

式中 Q_n——当期偿还贷款本金额；

R_a——提前还款额（a：advance，提前之意），R_a 大于约定还款额；

I_n——当期应还利息额。

例 4 - 3 某借款人向某商业银行申请个人住房贷款 100000 元，期限 24 个月，贷款利率为 4.875‰，借款人选择按月等额本息方式还款，合同约定每月还款额为 4425.31 元。借款人在第二个月期末还款日持 3 万元办理提前还款。计算第二个月末的贷款余额。

解 由例 4 - 2 得出，第二月期初贷款余额为 96062.19，应还利息为 468.30 元，代入公式（4 - 6），则第二个月末偿还的贷款本金为

$$Q_2 = 30000.00 - 468.30 = 29531.70 \text{（元）}$$

代入公式（4 - 5），第二个月末的贷款本金余额为

$$P_3 = 96062.19 - 29531.70 = 66530.49 \text{（元）}$$

（2）非合同还款日部分提前还款的计算。非合同还款日部分提前还款是指，在借款合同约定的还款日之外的任意时间提前还款。

首先计算合同还款日到提前还款日之间应还贷款利息，再计算出所还贷款本金和提前还款后贷款本金余额；待在下个合同还款日，再恢复根据原约定还款额进行计算。

$$I_m = \frac{i \cdot m \cdot P_n}{T} \qquad (4-7)$$

式中　I_m——本期期初到提前还款日的应还贷款利息额；

　　　T——提前还款日前后两个合同还款日之间实际天数；

　　　m——上期合同还款日到提前还款日之间实际天数；

公式（4-7）按提前还款日所跨越的两个合同约定还款日之间的实际天数，和上期合同还款日到提前还款日之间的天数，按日计算出应还利息额。

$$Q_m = R_a - I_m \qquad (4-8)$$

式中　Q_m——提前偿还贷款本金额；

　　　R_a——提前还款额；

$$P_m = P_n - Q_m \qquad (4-9)$$

式中　P_m——提前还款后贷款本金余额；

　　　P_n——当期期初贷款本金额。

$$I_{m+1} = \frac{i \cdot (T-m)P_m}{T} \qquad (4-10)$$

式中　I_{m+1}——提前还款日到本期期末的应还贷款利息额。

$$Q_n = R_n - I_{m+1} \qquad (4-11)$$

式中　Q_n——合同还款日偿还贷款本金额；

　　　R_n——合同还款额。

$$P_{n+1} = P_m - Q_n \qquad (4-12)$$

式中　P_{n+1}——当期期末贷款本金余额。

例 4-4　某借款人向某商业银行申请个人住房贷款 100000 元，期限 24 个月，贷款利率为 4.875‰，借款人选择按月等额本息方式还款，合同约定每月还款额为 4425.31 元，贷款发放日为 1 月 15 日。借款人正常还款一期后，在 3 月 5 日持 3 万元办理提前还款，在 3 月 15 日恢复正常还款。计算提前还款后的贷款余额与第二个月期末贷款余额。

解　由例 4-2 得出，第二月期初贷款余额为 96062.19 元，该期实际天数为 28 天，则根据公式（4-7），计算截至提前还款日应还利息为

$$I_m = \frac{0.004875 \times 18 \times 96062.19}{28} = 301.05（元）$$

根据公式（4-8），计算提前还款日偿还的贷款本金为

$$Q_m = 30000.00 - 301.05 = 29698.95（元）$$

根据公式（4-9），计算提前还款后贷款余额为

$$P_m = 96062.19 - 29698.95 = 66363.24（元）$$

根据公式（4-10），合同还款日恢复正常还款后贷款余额计算得

$$I_{m+1} = \frac{0.004875 \times 10 \times 66363.24}{28} = 115.54（元）$$

根据公式（4-11），合同还款日偿还贷款本金额为

$$Q_2 = 4425.31 - 115.54 = 4309.77（元）$$

根据公式（4-12），期末贷款本金余额为

$$P_m = 66363.24 - 4309.77 = 62053.47（元）$$

合同还款日恢复正常还款后贷款本金余额为 62053.47 元。

非合同还款日部分提前还款还有另外一种计算方法，即提前偿还的贷款本金按当期实际天数计算提前偿还部分本金的应还利息，当期期初贷款本金减去提前偿还的本金作为当期期初本金，按当期实际天数计算当期利息。公式推演如下：

根据公式（4-8），提前偿还的金额中包括提前偿还的本金和其产生的利息

$$Q_m = R_a - I_m$$

因为，其中提前偿还的本金在 m 天所产生的利率为

$$I_m = Q_m \cdot m \frac{i}{T}$$

所以

$$Q_m = \frac{R_a}{1 + m \frac{i}{T}} \qquad\qquad (4-13)$$

又因为

$$I_m = R_a - Q_m$$

且提前偿还了部分贷款本金，期初贷款本金额为

$$P'_n = P_n - Q_m \qquad\qquad (4-14)$$

式中　P'_n——提前还款后当期期初贷款本金余额；

　　　P_n——当期期初贷款本金额。

根据公式（4-3）、公式（4-4）和公式（4-5），计算提前还款后合同还款日的偿还利息额、偿还贷款本金额和期末贷款本金额。

仍以上例说明，代入公式（4-13）、公式（4-8）计算提前偿还本金额和其对应的应还利息额

$$Q_m = \frac{30000}{1 + \frac{0.004875}{28} \times 18} = 29906.28（元）$$

$$I_m = 30000 - 29906.28 = 93.72（元）$$

提前还款的 3 万元中，提前还本 29906.28 元，还息 93.72 元。

代入公式（4-14），计算提前还款后的期初贷款本金额为

$$P'_n = P_n - Q_m = 96062.19 - 29906.28 = 66155.91（元）$$

代入公式（4-3）、公式（4-4）和公式（4-5），计算得

$$I_n = 66155.91 \times 0.004875 = 322.51（元）$$

$$Q_n = 4425.31 - 322.51 = 4102.80（元）$$

$$P_{n+1} = 66155.91 - 4102.80 = 62053.11（元）$$

合同还款日还款额仍为 4425.31 元，其中还息 322.51 元，还本 4102.8 元，当期期末贷款本金余额为 62053.11 元。

如果两个合同还款日之间按 30 天计算，两种计算方法的结果将完全一致。

（3）提前还款后的合同要素变化。

借款人提前还款本质上是一个合同变更行为。由于借款人提前还款，导致借贷双方原先约定的合同要素变化，因此，借贷双方在提前还款前，应就合同变更签订补充合同，对发生变化的合同要素重新做出约定。

发生变化且必须重新约定的合同要素是贷款期限和每期还款额。借款人可以选择两种方式之一来变更合同：摊薄，即原定贷款期限不变，每期还款额减少；缩期，即每期还款额不变，原定贷款期限缩短。

摊薄：根据提前还款当期贷款余额、剩余期数及当期执行利率，可重新计算未来每期还款额，并以此在变更借款合同时重新约定每期还款额。

以例 4‑3 来加以说明：

因借款人选择按月等额本息方式还款，合同约定每月还款额 4425.31 元是以式（4‑15）计算得出的：

$$R = \frac{iP(1+i)^n}{(1+i)^n - 1} \tag{4-15}$$

式中　R——每月还款额；

　　　i——贷款月利率（‰）；

　　　P——贷款本金；

　　　n——贷款总期（月）数。

当借款人提前还款后，当期贷款余额为 66530.49 元，剩余期数为 22 个月，利率仍为 4.875‰，贷款仍采用等额本息还款法，代入公式（4‑15）可求出新的每月还款额：

$$R = 3196.54 （元）$$

每月还款额为 3196.54 元，比原来的 4425.31 元减少 1228.77 元。

缩期：同理，根据提前还款当期贷款余额、每期还款额及当期执行利率，可重新计算未来剩余期数。

仍以例 4‑3 说明：借款人提前还款后，当期贷款余额为 66530.49 元，每月还款额仍为 4425.31 元，利率为 4.875‰，代入公式（4‑15）变形，可求出剩余贷款期数：

$$n = \frac{\ln\left(\dfrac{R}{R - iP}\right)}{\ln(1+i)} = 15.65 （月）$$

贷款剩余期数取 16 个月，比原贷款期限缩短 6 个月。

借款人也可以在不超过原合同贷款期限的前提下，根据自身收入变化情况，重新约定每月还款额和贷款期限。

（4）提前还款的处罚。

个人住房贷款一般期限较长，商业银行存在存贷款期限结构匹配的风险问题；同时，商业银行一般用于发放个人住房贷款的资金成本较高；目前，存贷款息差收窄已成国际上的趋势，息差形成的利润空间已经日渐微小；另外，为争夺个人住房贷款这一优质资产业务，商业银行在前期营销的投入都是非常大的。因此，个人住房贷款提前还款打乱了银行的资金配置计划，降低了资金使用效率，同时，其利息收入可能不足以补偿成本投入，从而形成提前还款的风险。

在部分国家和地区，个人住房抵押贷款借款人如果在贷款期限内的前几年提前还款，贷款银行往往计收罚金来控制提前还款风险。

4. 利率调整

根据中国人民银行规定个人住房贷款采用浮动利率，即，如果在个人住房贷款的贷款期内遇到法定利率调整，商业银行则根据中国人民银行公布的贷款利率，相应调整贷款利率，新发生的贷款将执行新的利率，已发生的贷款当年仍执行调整前利率，并于利率调整的次年1月1日起执行新的利率。

贷款利率调整后，对于已发生的贷款，每月还款额也要相应变化。等额本金还款的，每月应还本金不变，每月应还利息要根据新利率重新计算；等额本息还款的，每月还款额要根据公式（4-15）重新计算，式中本金 P 为期末贷款本金余额，而借款期限 n 则为剩余期数。

借款人合同还款日一般并不是每月的1日，因此，利率调整计算应采用分段计息方式，即上一还款日至12月31日执行原利率结算贷款利息，1月1日至下一还款日执行新利率。

例 4-5 某借款人向某商业银行申请个人住房贷款100000元，期限24个月，贷款利率为4.875‰，借款人选择按月等额本息方式还款，合同约定每月还款额为4425.31元，贷款发放日为9月15日，当年中国人民银行调整个人住房贷款利率为4.275‰。计算次年1月应还贷款利息。

解 根据计算可知年末贷款余额为88128.90元，代入公式（4-7）分段计算1月份应还的利息，设调整前后的利率分别为 i、i'，调整前后应付的利息分别为 I_m、I'_m，则

$$I_m = \frac{i \cdot m \cdot P_n}{T} = \frac{0.004875 \times 16 \times 88128.90}{31} = 221.74 （元）$$

$$I'_m = \frac{i' \cdot (T-m) \cdot P_n}{T} = \frac{0.004275 \times 15 \times 88128.90}{31} = 182.30 （元）$$

所以利率调整后，合计应付利息为

$$221.74 + 182.30 = 404.04 （元）$$

5. 逾期贷款罚息的计算

借款人逾期还款，商业银行将根据事先约定，对逾期的应还贷款本息计收罚息。个人住房贷款逾期罚息率一般为合同约定贷款利率上浮30%～50%。计算公式如下：

$$K = k \frac{i}{T} \cdot mR \tag{4-16}$$

式中 k——逾期罚息率；

   K——逾期贷款罚息额；

   R——逾期本息合计；

   i——贷款利率（‰）；

   m——逾期天数；

   T——还款期总天数。

例 4-6 某借款人向某商业银行申请个人住房贷款100000元，期限24个月，贷款利率为4.875‰，逾期贷款罚息率为在借款合同载明的贷款利率水平上加收30%。借款人选择按月等额本息方式还款，合同约定每月还款额为4425.31元，贷款发放日为1月15日，2月15日为第一个还款日，但借款人发生逾期，直至2月25日还款。计算逾期罚息。根据公式（4-16）计算：

$$K = (1+0.3) \times \frac{0.004875}{31} \times 4425.31 \times 10 = 9.05 （元）$$

（二）个人住房贷款还款方式

个人住房贷款期限较长，根据中国人民银行规定，借款人一般采用分期偿还贷款本息的方式。在借款人与银行就个人住房贷款签订借款合同中，作为一个重要的合同要素，要明确约定借款人每期的还款额。围绕还款额的确定，商业银行可向借款人提供多种还款方式以供选择。而借款人可以根据自己的偏好和对自己未来收入的预期，合理选择还款方式。

依据每期本息偿还额的变化规律，即现金流量序列来确定，个人住房贷款还款方式主要有等额本息还款法、等额本金还款法、等比本息还款法、等差本息还款法，以及上述还款方式派生的各种还款方法等。

1. 等额本息还款法

等额本息还款法，即贷款期限内每期以相等的还款额偿还贷款本金和利息。

月均等额本息还款是个人住房担保贷款最为常用的一种归还贷款本息的方式。每月还款额是根据相应的计算公式（4-15）计算获得：

$$R = \frac{iP(1+i)^n}{(1+i)^n - 1}$$

式中　R——每月还款额（含当月所还贷款本金和利息）；

　　　i——贷款月利率（‰）；

　　　P——贷款本金；

　　　n——贷款总期（月）数。

公式（4-15）是目前个人住房贷款业务中使用最为频繁的一个公式，也是房地产信贷业务中最为重要、最为著名的一个公式。

在按月等额均还贷款本息的还款计算中，每月固定的还款额 R 包含了当月偿还的本金和利息。我们设每月期末所还的本金分别为 P_1、P_2、P_3、…、P_n，即

$$P = P_1 + P_2 + P_3 + \cdots + P_n \qquad (4-17)$$

P 为贷款期限内应还的全部贷款本金，即实际借款额。在第一个月末，借款人偿还了本期的贷款本金和利息，还款额应为

$$R = P_1(1+i) \qquad (4-18)$$

式中：P_1 为本期末偿还的贷款本金；$P_1 i$ 为 P_1 在本期产生的应付利息。

公式（4-18）可变为

$$P_1 = \frac{R}{(1+i)}$$

第二个月的本金为 P_2，实际贷款期是两个月，在第一个月末应还的本息合计为 $P_2(1+i)$，所以，第二个月末的还款额为

$$R = [P_2(1+i)](1+i) = P_2(1+i)^2$$

$$P_2 = \frac{R}{(1+i)^2}$$

依此类推，第 n 个月末，还款额为

$$R = P_n(1+i)^n$$

$$P_n = \frac{R}{(1+i)^n}$$

由此，将 P_1、P_2、P_3、…、P_n 代入公式（4-17），可变化为

$$P = \frac{R}{(1+i)} + \frac{R}{(1+i)^2} + \frac{R}{(1+i)^3} + \cdots + \frac{R}{(1+i)^n}$$

$$P = R\left[\frac{1}{(1+i)} + \frac{1}{(1+i)^2} + \frac{1}{(1+i)^3} + \cdots + \frac{1}{(1+i)^n}\right] \qquad (4-19)$$

在公式（4-19）两边同时乘以（1+i）：

$$P(1+i) = R\left[1 + \frac{1}{(1+i)} + \frac{1}{(1+i)^2} + \cdots + \frac{1}{(1+i)^{n-1}}\right] \qquad (4-20)$$

以公式（4-20）减公式（4-19）：

$$P(1+i) - P = R\left[1 - \frac{1}{(1+i)^n}\right]$$

整理后

$$R = \frac{iP}{1 - \dfrac{1}{(1+i)^n}} \qquad (4-21)$$

整理公式（4-21），从而导出按月等额均还贷款本息方式的个人住房贷款月均还款额的计算公式：

$$R = \frac{iP(1+i)^n}{(1+i)^n - 1}$$

贷款利率确定后，当银行与借款人约定了贷款期限（还款月数）和贷款额后，代入公式（4-15），便可计算出月还款额。每期固定的还款额 R 包含了当期的所偿还的贷款本金与利息。

一旦 R 确定，在贷款期限内，利用公式（4-3）、公式（4-4）、公式（4-5），可以计算出任一期的期末应付贷款利息；期末所还贷款本金；期末贷款本金余额，即下期贷款本金期初余额。

例 4-7　假设借款人向银行银行贷款 100000 元，期限 24 个月，月利率为 4.875‰，计算还款计划表。

根据公式（4-15），计算出月均还款额为 4425.31 元。

然后，根据公式（4-3）、公式（4-4）、公式（4-5），分别计算每期期末应还贷款利息、偿还贷款本金和期末贷款本金余额：

第一个月末向银行偿还了本息合计 4425.31 元，其中，第一个月应付利息为

$$100000 \times 4.875‰ = 487.50（元）$$

第一个月末偿还贷款本金为

$$4425.31 - 487.50 = 3937.81（元）$$

第一个月末尚未偿还的贷款本金余额为

$$100000 - 3937.81 = 96062.19（元）$$

96062.19 元为本期末贷款本金余额，即下期期初贷款本金。因此，在第二个月末应付利息为

$$96062.19 \times 4.875‰ = 468.30（元）$$

第二个月末偿还的本金为

$$4425.31 - 468.30 = 3957.01（元）$$

第二个月末贷款本金余额为

$$96062.19 - 3957.01 = 92105.18 （元）$$

依此类推，可将每期应还的本金与利息计算出来汇总列表，即为还款计划表。

等额本息还款方式的特点是：每月还款额是相等的，便于计算；每期的贷款本金余额逐渐减少，每期所付利息也在减少。

2. 等额本金还款法

等额本金还款法，即贷款期限内，按月分期偿还贷款本金和利息，其中每期所还本金相等。

每期所还本金计算：

$$Q_n = \frac{P}{N} \tag{4-22}$$

式中　Q_n——第 n 期应还贷款本金；

　　　P——贷款本金总额；

　　　N——贷款总期数。

根据公式（4-3），各期应还利息应为

$$I_n = i \cdot [P - (n-1)Q_n] \tag{4-23}$$

式中　i——贷款利率；

　　　n——当期贷款期数；

　　　I_n——第 n 期应还利息。

根据公式（4-22）和公式（4-23），可以求得每期还款额

$$R_n = I_n + Q_n \tag{4-24}$$

式中　R_n——第 n 期末应还款金额。

等本还款法计算公式比较简单，在此不做数学推导。

当贷款银行与借款人约定了贷款期限和贷款本金，代入公式（4-22）、公式（4-23）和公式（4-24），便可计算出每月偿还的本金、各期利息和各期期末还款额。

例 4-8　假设借款人向银行贷款 120000 元，期限 24 个月，月利率为 4.875‰，采用等本还款方式，计算第 1 期期末和最后一期期末还款额，以及其中应还利息和贷款本金。

解　根据公式（4-22），可计算出每月应还本金为

$$Q_1 = Q_2 = \cdots = Q_n = \frac{P}{N} = \frac{120000}{24} = 5000 （元）$$

根据公式（4-23），第一期期末应还利息为

$$I_1 = [120000 - (1-1) \times 5000] \times 4.875‰ = 585 （元）$$

根据公式（4-24），第一期期末还款额：

$$R_1 = 5000 + 585 = 5585 （元）$$

最后一期应还利息：

$$I_{24} = [120000 - (24-1) \times 5000] \times 4.875‰$$

$$= 5000 \times 4.875‰ = 24.375 （元）$$

$$R_{24} = 5000 + 24.375 = 5024.375 （元）$$

等本还款法特点：每期还款额中所还贷款本金相等的，而应付利息是变化的，因此，每

期还款额则是不同的。

与等额还款法比较，借款人在贷款期满时所付利息总额要少，但这并不说明等本还款法比等额还款法有任何优惠，因为，采用等本还款法的借款人在整个贷款期的前段，比采用等额本息还款法偿还较多的本金。多还了本金，自然少还息，但前期还款压力较大。

3. 等比还款法

等比还款法，即贷款期限内，逐年按同一比例递增偿还额，且每年年内各月均以相等的偿还额足额偿还贷款本金和利息。计算公式如下：

$$R_1 = \frac{P}{12}\Big[\frac{(i-d)(1+i)}{(1+i)^N - (1+d)^N}\Big] \tag{4-25}$$

$$R_N = R_1(1+d)^{N-1} \tag{4-26}$$

式中 R_1——第一年月还款额；

P——贷款本金；

i——贷款年利率（%）；

N——贷款年期限；

d——等比年递增率；

R_N——第 N 年的月均还款额。

等比还款法借用了等比序列的现金流量计算思想来计算每一年的月均还款额，是国外商业银行常用的一种还款方式。由于计算公式复杂，目前我国商业银行虽然在营销宣传中或有介绍，但在实际操作中基本不使用此还款方式。

假设借款人借款额为 P（贷款本金），借款期为 N 年，贷款年利率为 i，每年还款额为 A_N，每年偿还本金为 P_N，还款年递增率为 d，则每年的还款额为

$$A_1 = P_1(1+i)$$
$$A_2 = P_2(1+i)^2$$
$$\vdots$$
$$A_N = P_N(1+i)^N$$

由上式变化得

$$P_1 = \frac{A_1}{(1+i)}$$
$$P_2 = \frac{A_2}{(1+i)^2}$$
$$\vdots$$
$$P_N = \frac{A_N}{(1+i)^N}$$

因为年还款额按年递增率 d 递增，则各年还款额之间关系为

$$A_2 = A_1(1+d)$$
$$\vdots$$
$$A_N = A_1(1+d)^{N-1} \tag{4-27}$$

因为 $P = P_1 + P_2 + \cdots + P_N$

将 P_1、P_2、P_3、$\cdots$、P_N 代入：

$$P = \frac{A_1}{(1+i)} + \frac{A_2}{(1+i)^2} + \cdots + \frac{A_N}{(1+i)^N}$$

将 A_1、A_2、A_3、$\cdots$、A_N 代入：

$$P = A_1 \left[\frac{1}{(1+i)} + \frac{(1+d)}{(1+i)^2} + \cdots + \frac{(1+d)^{N-1}}{(1+i)^N} \right] \qquad (4-28)$$

将公式（4-28）的等号两边分别乘以 $(1+d)$ 和 $(1+i)$：

$$(1+d)P = A_1 \left[\frac{1+d}{1+i} + \frac{(1+d)^2}{(1+i)^2} + \cdots + \frac{(1+d)^N}{(1+i)^N} \right] \qquad (4-29)$$

$$(1+i)P = A_1 \left[1 + \frac{1+d}{1+i} + \frac{(1+d)^2}{(1+i)^2} + \cdots + \frac{(1+d)^{N-1}}{(1+i)^{N-1}} \right] \qquad (4-30)$$

当 $i \neq d$ 时，公式（4-30）减公式（4-29），得

$$[(1+i)-(1+d)]P = A_1 \left[1 - \frac{(1+d)^N}{(1+i)^N} \right] \qquad (4-31)$$

$$P = \frac{A_1}{I-d} \left[1 - \frac{(1+d)^N}{(1+i)^N} \right] \qquad (4-32)$$

因为　　　　　　　　　　　　　　$A_1 = 12R_1$

代入公式（4-32）：

$$P = \frac{12R_1}{I-d} \left[1 - \frac{(1+d)^N}{(1+i)^N} \right]$$

从而导出

$$R_1 = \frac{P}{12} \left[\frac{(I-d)(1+i)}{(1+i)^N - (1+d)^N} \right]$$

根据公式（4-27）：　　　　　　　$A_N = A_1(1+d)^{N-1}$

而　　　　　　　　　　　　　　　$A_1 = 12R_1 ; A_N = 12R_N$

导出　　　　　　　　　　　　　　$R_N = R_1(1+d)^{N-1}$

公式（4-25）、公式（4-26）在应用中应注意使用条件，贷款年利率不能等于还款年递增率，即 $i \neq d$。

当贷款年利率等于还款年递增率时，即当 $d=i$ 时，将 $d=i$ 代入公式（4-28），得

$$P = A_1 \left(\frac{1}{1+i} + \frac{1}{1+i} + \cdots + \frac{1}{1+i} \right) = \frac{NA_1}{1+i} \qquad (4-33)$$

公式（4-33）变形：

$$A_1 = \frac{P(1+i)}{N}$$

因为 $A_1 = 12R_1$，从而导出

$$R_1 = \frac{P(1+i)}{12N} \qquad (4-34)$$

$$R_N = R_1(1+d)^{N-1} = R_1(1+i)^{N-1}$$

公式（4-34）的使用条件为贷款年利率等于还款年递增率。

等比还款方式特点是，借款人每年的还款按固定比例增加或减少，可根据借款人的收入预期设定还款计划，但计算复杂。另外，由于等比还款法将每一年中 12 个月平均还款之和，作为一次年度还款，忽略了一年中每个月资金时间价值的差异。

4. 等差还款法

等差还款，即贷款期限内，每期还款本息合计为上期还款额加/减一个固定的值计算得出。计算公式如下：

$$R_1 = \frac{iP(1+i)^N}{(1+i)^N - 1} + G\left[\frac{N}{(1+i)^N - 1} - \frac{1}{i}\right] \tag{4-35}$$

$$R_N = R_1 + (N-1)G \tag{4-36}$$

式中 N——贷款总期数（按月还款时为月数）；

$\quad i$——贷款月利率（‰）；

$\quad P$——贷款本金；

$\quad R_1$——首月还款额；

$\quad R_N$——第 n 月还款额；

$\quad G$——公差。

等差还款法借用了等差序列的现金流量计算思想，来计算每一期还款额的。

根据等差序列特性：

$$R_2 = R_1 + G$$
$$\vdots$$
$$R_N = R_1 + (N-1)G \tag{4-37}$$

每期还款与每期所还本金的关系为

$$R_1 = P_1(1+i)$$
$$R_2 = P_2(1+i)^2$$
$$\vdots$$
$$R_N = P_N(1+i)^N$$

整理上式，得各月所还本金：

$$P_1 = \frac{R_1}{(1+i)}$$
$$\vdots$$
$$P_N = \frac{R_N}{(1+i)^N}$$
$$P = P_1 + P_2 + \cdots + P_N$$
$$= \frac{R_1}{(1+i)} + \frac{R_2}{(1+i)^2} + \cdots + \frac{R_N}{(1+i)^N}$$

代入公式（4-37）：

$$P = \frac{R_1}{(1+i)} + \frac{R_1 + G}{(1+i)^2} + \cdots + \frac{R_1 + (N-1)G}{(1+i)^N}$$

整理得

$$P = R_1\left[\frac{1}{(1+i)} + \frac{1}{(1+i)^2} + \cdots + \frac{1}{(1+i)^N}\right]$$
$$+ G\left[\frac{1}{(1+i)^2} + \frac{2}{(1+i)^3} + \cdots + \frac{(N-1)}{(1+i)^N}\right] \tag{4-38}$$

上式等号两边同乘 $(1+i)$，得

$$(1+i)P = R_1 \left[\begin{array}{c} 1 + \dfrac{1}{(1+i)} + \cdots \\ \cdots + \dfrac{1}{(1+i)^{N-1}} \end{array} \right] + G \left[\begin{array}{c} \dfrac{1}{(1+i)} + \dfrac{2}{(1+i)^2} + \cdots \\ \cdots + \dfrac{(N-1)}{(1+i)^{N-1}} \end{array} \right] \quad (4\text{-}39)$$

公式（4-39）减公式（4-38），得

$$iP = R_1 \left[1 - \frac{1}{(1+i)^N} \right] + G \left[\frac{1}{(1+i)} + \frac{1}{(1+i)^2} + \cdots + \frac{1}{(1+i)^N} - \frac{(N-1)}{(1+i)^N} \right]$$

$$= R_1 \left[\frac{(1+i)^N - 1}{(1+i)^N} \right] + G \left[\frac{(1+i)^N - 1}{I(1+i)^N} - \frac{N}{(1+i)^N} \right]$$

将 i 移到方程右边：

$$P = \frac{R_1}{i} \left[\frac{(1+i)^N - 1}{(1+i)^N} \right] + \frac{G}{i} \left[\frac{(1+i)^N - 1}{i(1+i)^N} - \frac{N}{(1+i)^N} \right]$$

$$R_1 = \left[iP - G \frac{(1+i)^N - 1}{I(1+i)^N} + G \frac{N}{(1+i)^N} \right] \frac{(1+i)^N}{(1+i)^N - 1}$$

最终整理得等差还款方式的月还款额计算公式：

$$R_1 = \frac{iP(1+i)^N}{(1+i)^N - 1} + G \left[\frac{N}{(1+i)^N - 1} - \frac{1}{i} \right]$$

$$R_N = R_1 + (N-1)G$$

等差还款方式的特点是，可根据借款人的收入预期设定还款计划，计算准确合理，计算结果清晰明了，计算公式略显复杂，但仍为具有推广价值的还款方式之一。

三、个人住房贷款的一般操作流程

商业银行个人住房贷款业务的操作一般主要包括以下环节。

（一）楼盘项目的审查

初次交易住房（包括期房和现房）的个人住房贷款其主要风险之一来自房地产开发项目。在与房地产开发企业就新建楼盘销售建立个人住房贷款合作关系前，商业银行要对楼盘项目进行审查，审查内容主要包括对开发企业相关资料的调查核实、项目的实地考察、合作准入审查。

1. 调查核实

贷款银行应对企业提供的资料进行调查核实，主要有：

（1）开发企业的基本情况，如企业的组织形式、注册资本、财务状况、经济实力；企业的经营范围、资质等级、信用等级、法定代表人资质、开发业绩及其自身具备的优势；企业是否提供阶段性连带责任保证担保并具有足够担保能力。

（2）楼盘项目的基本情况，如项目立项及报批手续是否合法有效，批文内容是否前后一致；开发项目的"五证"［《建设用地规划许可证》、《国有土地使用权证》、《建设工程规划许可证》、《建筑工程施工许可证》和《商品房预（销）售许可证》］是否齐全；土地出让合同及土地、房屋权证是否真实、合法，土地出让金是否全部缴交；土地抵押及在建工程抵押情况，是否办理过其他银行贷款的抵押登记；项目总投资概算、资金来源与到位情况；住宅应为主体结构封顶，商业用房应为竣工验收的房屋。

2. 实地考察

贷款银行应对楼盘项目进行实地考察，主要包括：

（1）考察项目地理位置、社区环境、物业管理、配套工程、市政设施及交通条件等情况；

（2）了解项目占地面积、容积率、建筑面积、建筑结构、栋数、套数及户型设计等情况；

（3）了解项目资金运用情况、工程进度、公建配套落实情况及项目销售情况；

（4）对相邻地段、同类、同档次物业的销售价格、销售情况和客户群体等进行考察，并与申请的项目进行比较分析，对项目的销售前景、价格定位做出判断；

（5）调查楼盘项目的销售方式是否符合相关法律规定。

3. 准入审查

在企业与项目的调查、考察结束后，贷款银行相关部门要进行准入审查，对是否与房地产开发企业就具体楼盘项目建立个人住房贷款业务合作关系，以及个人住房贷款的成数、期限、利率、抵押与阶段性保证担保，以及资金结算等事项做出决策。

准入审查中应高度警惕风险楼盘的进入。风险楼盘项目主要特征：

（1）建筑工程质量不合格；

（2）因建设项目计划出现重大调整或企业资金严重短缺等因素，可能产生"烂尾"；

（3）不能提供合法"五证"；

（4）存在债权、债务和产权纠纷或正处于法律诉讼阶段；

（5）未经主管部门预售登记备案，不具备合法销售条件；

（6）开发企业或其法定代表人或经营管理负责人有不良信用行为记录；

（7）开发企业信用等级在 BBB 级（含）以下。

（二）贷款受理

年龄在规定范围之内［一般要求 18 岁（含）以上，65 岁（含）以下］，具有完全民事行为能力的自然人，可以向银行申请个人住房贷款。贷款银行受理贷款申请时要求提供的资料主要包括：

1. 借款人资料

（1）借款人合法的身份证件；

（2）借款人经济收入证明或职业证明；

（3）有配偶的借款人需提供夫妻关系证明；

（4）有共同借款人的，需提供借款人各方签订的明确共同还款责任的书面承诺；

（5）有保证人的，必须提供保证人的有关资料。

2. 所购房屋资料

（1）借款人与开发商签订的《购买商品房合同意向书》或《商品房销（预）售合同》；

（2）首期付款的银行存款凭条和开发商开具的首期付款的收据复印件；

（3）贷款银行要求提供的其他文件或资料。

一般由贷款银行的分支机构受理个人住房贷款的申请。

（三）贷前调查

贷款银行信贷人员收妥上述贷款申请资料后，应约见贷款申请人，对其身份、购房行为的真实性、所购住房的情况及还款能力等进行核实确认；对申请资料进行调查、核实与分析。个人住房贷款贷前调查主要包括：

（1）所提供的资料是否真实、完整、合法、有效；

（2）借款人借款申请是否自愿属实；

（3）借款人的贷款用途是否真实；

（4）借款人是否已经支付了符合规定的首期房款；

（5）贷款年限加上借款人年龄是否符合规定条件；

（6）借款人的职业和经济收入是否稳定，是否具有偿还贷款本息的能力；

（7）借款人购买商品房的价格是否与当时、当地、同类物业的市场价格水平相符；

（8）借款人的抵押物是否足额有效，抵押物共有人是否出具同意抵押的书面授权文件；

（9）保证人是否具有保证资格和保证能力，是否出具了同意提供保证担保的书面文件。

一般由贷款银行的分支机构进行个人住房贷款的调查，并出具调查意见。

（四）个人资信评估

在进行贷款调查的同时，贷款银行应对申请人个人资信状况进行评估。贷款银行一般采用个人客户信用等级评定方法评估个人资信状况，即按照统一的个人客户信用等级评分指标体系和标准，以偿债能力为核心，以担保能力为基础，对个人客户的资信状况进行综合评价和信用等级确定。

如果申请人属于以下情况之一的，应拒绝其借款申请，不再进行个人资信评估：

（1）年龄在规定范围以外的；

（2）不具有完全民事行为能力的；

（3）不能提供合法有效身份证明、收入或职业证明的；

（4）假造或提供虚假证明的；

（5）有不良信用记录的。

贷款银行个人资信评估的指标体系大同小异，基本上是从还款意愿、还款能力和第二还款来源三个方面设置指标，一般包括个人素质、职业情况、负债收入比率、持有资产情况、担保情况、综合印象等基本指标组成：

（1）个人素质。通过借款人年龄、受教育程度、职业等基本情况反映借款人未来的发展潜力和贷款偿还能力。其中：

年龄——反映借款人目前的民事行为能力以及偿还贷款的有效时间；

受教育程度——反映借款人的文化素质，并间接反映借款人未来的职业发展潜力；

健康状况——反映借款人实际身体状况；

行为状况——反映借款人个人信用状况和信誉状况。

（2）职业情况。

归属行业——反映借款人收入稳定性；

职业——反映借款人的职业特点、职级与收入稳定性；

职业稳定性——即借款人职业变动频率，反映借款人收入稳定性。

（3）负债收入比例。

房价收入比——即借款人购买房屋的总价格与其家庭年均收入的比例，反映借款人住房消费能力；

还款收入比——即借款人平均每月偿还贷款本息金额与其家庭月均收入的比例，反映借款人偿还贷款本息的实际能力。

（4）持有资产情况。

借款人持有资产包括金融资产（包括储蓄存款、保险、基金等）和固定资产（包括已有住房、汽车等）——反映借款人的资产状况和经济实力。

（5）担保情况。

抵押、质押率——反映通过处置抵押物和质押物对收回贷款本息的保障能力；

抵押物变现能力——对于抵押担保，反映抵押物有效变现的难易程度；

保证人信用等级——对于连带责任保证担保的，反映保证人的保证能力。

（6）综合印象。

银行信贷人员对借款人的综合评价——银行信贷人员通过调查、交谈、访问等形式对借款人的综合直观评价。

贷款银行最终根据各项得分情况，进行个人资信等级的评定，撰写信用评估报告。个人客户资信状况的评估一般由贷款银行的分支机构通过计算机系统完成。

（五）个人统一授信

个人统一授信是指通过核定个人客户的综合授信额度，统一控制个人客户在贷款银行内部贷款总量的一种风险管理制度。

最高综合授信额度是指贷款银行在对个人客户的资信状况、债务偿还能力、贷款担保能力等进行综合分析与评价的基础上，核定的个人客户在贷款银行贷款总量的最高限额。

个人客户最高综合授信额度一般由贷款银行的分支机构报上一级分行审批和管理。

（六）贷款审查和审批

贷款银行的审查人和审批人在其授权范围内，负责对贷款（包括最高综合授信额度）申请进行审查、审批。对超过授权范围的，应按规定上报审批。

审查、审批要点包括：

（1）贷款申请资料是否齐全，要素填写是否规范，信息是否合理、一致；

（2）借款申请人是否具有足够的偿债能力，如果以其他房屋抵押的，抵押物是否足值、合法、可靠，房屋所有人（含法定共有人）同意抵押的证明是否合规、有效；

（3）首期房款是否按规定足额支付；

（4）所购房屋交易价格是否合理；

（5）所购房屋属期房的，房地产开发商提供的阶段性担保是否合法、合规、有效；

（6）授信方案是否合理，借款申请人总贷款额度是否控制在授信额度之内；

（7）贷款金额、成数、利率、期限、还款方式是否符合相关规定。

（七）贷款的发放

经贷款审批同意的，在办妥相应担保手续后，由贷款银行与借款人根据借款合同签署借据，贷款银行依据借据约定的贷款金额、期限、利率、放款时间、资金划入账户等要素，向借款人发放个人住房贷款，并通知借款人放款信息。

借款人贷款购买房屋办理相关财产保险的，保险第一受益人应为贷款银行，放款前保险单正本交由贷款银行执管。

属于期房抵押的，借款人应将《房屋买卖合同》和预抵押登记证明文件原件，首期付款的存款凭条或开发商收据复印件交贷款人收押保管。当项目竣工验收合格后督促开发商及时办理房屋所有权证，同时通知借款人与贷款银行共同办理现房抵押登记手续，《房屋他项权证》交由贷款银行收押。

属于现房抵押的，应在办妥抵押登记后，由贷款人收押《房屋他项权证》。

属开发商提供阶段性担保的，贷款银行应在项目竣工验收合格后督促开发商及时办理房屋所有权证，同时通知借款人与贷款银行共同办理抵押登记手续，《房屋他项权证》交由贷款银行收押。

贷款发放后，贷款银行将根据借款合同约定的金额、扣款周期、扣款日期扣款，并发放借款人的个人还款账号，以及借款人的委托扣款授权书，自动扣收其应收贷款本息，并计算出还款当期贷款余额。

（八）档案管理

个人住房贷款业务档案指贷款银行在办理和管理贷款业务过程中形成的，记录和反映贷款业务处理过程的各项业务材料。贷款档案管理的内容主要包括：借款人相关资料、借款合同相关资料、贷后管理相关资料及其他有关文件材料等贷款业务材料归档范围；贷款业务材料立卷与归档；贷款业务档案保管与使用；贷款业务档案鉴定与销毁等。

贷款银行一般会将档案管理的定期检查作为个人住房贷款贷后检查的主要内容之一。

（九）合同变更

贷后合同要素变更，简称合同变更，是指在贷款期间，借款人根据自身还款情况，向贷款银行提出变更贷款合同中重要条款的请求，贷款银行经规定程序的审查后，与借款人就原合同要素变更签署贷款补充协议。合同变更一般主要涉及以下合同要素的变更：

（1）调整还款方式；

（2）调整贷款期限（指缩短贷款期限，贷款银行一般不同意个人住房贷款的展期）；

（3）提前部分还款或提前全部结清贷款；

（4）贷款利率调整。

根据中国人民银行规定，在贷款期限内如遇法定利率调整，贷款银行应按以下规定调整借款人的贷款利率：①贷款期限一年以内（含一年）的，合同利率不调整。②贷款期限一年以上的，当年仍执行调整前利率，于次年1月1日始，按相应利率档次执行调整后的利率规定。

贷款利率调整后，贷款银行应按调整当期贷款余额、原档次调整后的利率水平、剩余年限计算出利率调整后借款人每月需偿还的贷款本息额，并将调整结果通知借款人。

（5）抵押物变更。

合同变更操作要点：①申请变更一方须提交书面申请，须征得合同其他当事人的书面同意，且原合同保证人和抵押人对合同变更后的贷款同意继续承担担保责任，或新设定的符合银行规定的保证人和抵押人对合同变更后的贷款承担担保责任；②借款人必须还清已到期尚未归还的本金、利息和罚息；③能够提高借款人归还贷款的能力或降低贷款风险；④须对新的抵押物进行价值评估。

（十）贷后风险检查

贷后风险检查是个人住房贷款贷后管理的重要内容之一，贯穿于贷款银行自贷款发放之日起到贷款本息收回之时止的整个贷款期间。贷后风险管理的核心内容是对借款人、保证人和担保情况进行持续的跟踪检查，主要了解借款人职业、收入、通信地址等变动情况；属期房阶段性保证的，还应了解开发商情况和楼盘项目进展情况。

贷款银行应针对以下主要潜在风险点展开贷后检查：

（1）借款人未按合同约定的日期和金额归还贷款本息；

（2）借款人有违法、违纪等不良行为，受到法律、行政、经济制裁或处罚；

（3）借款人收入明显下降；

（4）借款人健康状况恶化或遭受重大人身伤害，丧失或部分丧失劳动能力；

（5）借款人死亡、宣告失踪或死亡及丧失民事行为能力，且无合法继承人、受遗赠人或法定继承人、受遗赠人拒绝履行合同；

（6）借款人有套取银行信用，挪用贷款行为；

（7）借款人所购房屋及其他财产遇不可抗拒的自然灾害或社会灾难，导致损失或灭失；

（8）借款人或抵押人未经贷款银行同意，擅自将设定抵押权或质权的财产或权益拆迁、出租、出售、转让、馈赠或重复抵押；

（9）借款人拒绝或阻挠贷款银行的贷后风险检查或提供虚假材料、信息；

（10）借款人居所和联系方式经常变动；

（11）抵（质）押物贬值，或抵（质）押权益受到损害，抵（质）押权难以实现或不能实现；

（12）期房项目未按正常进度完工或在约定的时间内未能办妥房地产产权证，进行有效抵押；

（13）保证人资格及能力出现问题；

（14）新法律法规的实施使相关合同存在法律方面的缺陷和问题；

（15）贷款手续及信贷档案不齐全，重要文件或凭证遗失，对债权实现有实质性影响。

（十一）贷款收回

借款人偿清全部贷款本息后，贷款银行会计部门出具贷款结清凭证给信贷部门；信贷部门通知借款人，持其有效身份证件、保管抵押物凭据或保管质物凭据、贷款结清凭证领回由贷款银行收押的法律凭证和有关证明文件；采取抵押担保的，贷款银行应协助办理抵押登记注销手续。

（十二）违约贷款催收

个人违约贷款催收，是指贷款银行信贷人员在规定的违约时段内，对违约的借款人及保证人，通过发出催收提示和还款通知等方式，督促其履行贷款合同，清偿违约贷款本息的过程。

违约贷款催收的主要方式包括短信息催收、电话催收、信函催收、上门催收、律师函催收，直至向违约借款人提起法律诉讼等。

（十三）不良贷款处置

不良贷款是指借款人未按贷款合同约定按期偿还贷款本息，且超过规定时限，按照银行内部贷款分类标准，其贷款形态为次级、可疑或损失类的贷款。

个人不良贷款清收处置，是指贷款银行清收人员根据我国法律、法规及银行内部有关规定，对个人不良贷款及时采取法律诉讼、以物抵贷等措施追索、处置，实现违约贷款本息收回的过程。

（十四）风险资产损失核销与核销后的管理

个人信贷风险资产损失核销，简称呆账核销，是指贷款银行在个人贷款逾期后采取所有可能的措施，实施必要的程序，历经尽职追索之后仍未收回债权，贷款成为风险资产，贷款形态为损失类贷款，按照财政部、税务总局相关规定要求，以及商业银行内部规定的报批和操作程序，使用拨备准备对其进行财务冲销的行为过程。

银行实施呆账核销一般应遵循尽职追索、责任追究、依法合规、时效性、保密性、账销案存等原则。

风险资产损失核销后的管理，简称账销案存管理，是指商业银行对于已按规定程序核销的个人信贷风险损失，应在转入表外科目登记核算后，纳入风险资产管理范围，继续组织催收追索的行为过程。

由于个人对其债务承担无限责任，因此，贷款银行对违约借款人的追索应是无时限且持续地追索，不会因核销而终止。这也是公司信贷业务与个人信贷业务在风险资产处置方面所体现的最为重要的差异。

风险资产损失核销与核销后的管理属于商业银行内部风险管理的重要内容之一，本书中仅做简单介绍。

第四节　房地产信贷风险管理

一、信贷风险的基本概念

（一）贷款的特性

（1）贷款本身具有内在的风险。对于商业银行而言，信贷资产存在到期无法收回本息的风险，导致其资产负债表不能完全反映信贷资产的真实价值，或者说不能反映贷款的内在风险。

（2）一般情况下，贷款无法以市场价格确定价值。

（3）贷款信息不对称。贷款银行无法及时全面地掌握借款人自身经营状况和财务状况及还款意愿和还款能力，因此，借贷双方必然存在信息的不对称。

贷款的特性决定了其存在风险的必然性。

（二）信贷风险的基本定义

信贷风险，是指商业银行的贷款业务遭受各种直接或间接损失的可能性，以及损失程度与范围的不确定性。

（三）风险的基本分类

《新巴塞尔协议》要求商业银行必须纳入经济资本计量的风险类型分为信用风险、市场风险、操作风险。按照监管部门对风险的划分，三类风险定义如下：

（1）信用风险，是指交易对手或债务不能正常履行合约或信用品质发生变化而导致交易另一方或债权人遭受损失的潜在可能性，是商业银行面临的重要风险，也是最主要的风险。其直接表现就是商业银行不良贷款上升，信贷质量恶化。

（2）市场风险，又称价格风险，是指由于被用于交易的资产或可交易的资产的价值发生变化而导致损失的风险。可以分为利率风险、汇率风险、股市风险、商品价格风险（期货风险）。对于商业银行来说，市场风险主要是利率风险和汇率风险。

（3）操作风险，是指由于不完善或失灵的内部控制、人为错误、制度失灵以及外部事件给银行带来直接或间接损失的可能性。操作风险包括诸如控制风险、信息技术风险、欺诈风险以及法律和商誉风险等。与信用风险、市场风险相比，操作风险大多是在银行可控范围内的内生风险，与收益无关，主要取决于商业银行管理的水平与效率；而信用风险和市场风险更多表现为外生风险，与收益相关。

二、风险管理的基本方法

（一）风险管理发展的基本过程

风险与银行相伴而生，人们对风险的认识和研究是随着银行业发展而逐步深入的。但商业银行系统地实施风险管理，却是在现代商业银行快速发展的推动下，在对金融危机的不断反思中，大致经历以下几个阶段逐步形成。

20世纪80年代初期，伴随《巴塞尔协议》的诞生，商业银行有了第一个通过对不同类型资产规定不同权数来量化风险的分析方法，主要解决了信用风险问题；

20世纪90年代，主要国际大银行开始建立自己的内部风险测量与资本配置模型，以弥补《巴塞尔协议》的不足，目的在于解决市场风险问题；

1997年亚洲金融危机爆发以来，人们发现导致危机的风险来自市场风险、信用风险和操作风险的综合作用，因而更加重视市场风险与信用风险的综合模型以及操作风险的量化问题，由此，全面风险管理模式开始引起各商业银行的关注。

2004年6月《新巴塞尔协议》正式出台。《新巴塞尔协议》要求商业银行必须将信用风险、市场风险、操作风险纳入经济资本计量之中，因而，近几年来，随着《新巴塞尔协议》的全面实行，全面风险管理模式被商业银行广泛接受，逐步成为主流的风险管理模式。

（二）全面风险管理模式

全面风险管理，是指商业银行将信用风险、市场风险、操作风险、流动性风险和其他风险，以及包含这些风险的全部各种业务，承担这些风险的全部内设机构，一并纳入到统一的体系之中，依据统一的标准对各类风险进行测量和汇总，进而对全部风险进行控制和管理。

全面风险管理是与商业银行经营战略保持一致的、整体的、全程的、量化的和立体的风险管理模式。

全面风险管理模式分为风险识别、风险计量、风险控制、风险监测、风险处置与补偿五大内容，每项内容都是全面风险管理不可或缺的重要组成部分。在五个部分的共同作用下，商业银行才能保证最早的识别并计量风险，最大限度地控制风险，最有效率地处置风险。

风险识别，是指对尚未发生的、潜在的、客观存在的各种风险进行系统地归类，以确定特定风险。

风险计量，是指通过风险的定性分析和定量分析，对特定风险发生的可能性或损失的范围与程度进行估计和衡量，以决定采取何种管理办法来控制风险。

风险控制，是指商业银行根据风险管理的目标，针对特定风险，制订具体的风险应对措施与计划，以防范风险、降低风险，最终化解风险。

风险监测，是指以信息技术为工具，按照风险应对措施与计划，通过对贷款风险的监督和控制，预防潜在风险的发生，减少预期风险损失。

风险处置与补偿，是指按照风险应对措施与计划，利用包括法律诉讼在内的合法催收手段，对贷款风险进行控制，减少事实风险的损失，并通过以物抵贷、债务重组、动用风险拨备核销等方式有效处置事实风险。

鉴于风险控制、风险监测、风险处置与补偿等内容更多地涉及商业银行的内部操作，本节仅着重介绍房地产信贷的风险识别和风险计量。

三、房地产信贷风险识别

由于目前我国房地产市场融资渠道单一，商业银行基本参与了房地产开发的全过程，直接或间接地承受了房地产市场各个环节的信用风险、市场风险和法律风险等。因此，上述信贷风险在房地产信贷领域具有一些特殊的风险表现形态。控制房地产信贷风险，实施房地产信贷业务的风险管理，首先要能够识别房地产信贷风险。以下从房地产开发贷款和个人住房贷款两类主要房地产信贷产品的风险分类，介绍房地产信贷的风险识别。

（一）房地产开发贷款风险

房地产开发贷款的主要风险有如下几类。

1. 来自房地产开发企业的风险

（1）经营模式的风险。

中国人民银行发布的《2004年中国房地产金融报告》称："房地产开发商以银行借贷融资为主，自有资金很少。有统计显示，我国房地产开发商通过各种渠道获得的银行资金占其资产的比率在70％以上。房地产开发企业负债经营的问题较为严重。"

房地产行业是资金密集型的高风险行业，负债经营是房地产开发企业的经营运作特征，也是行业风险根源所在。在高额利润的驱动下，房地产开发企业追逐财务杠杆效应，目前普遍采用高负债的经营模式，即企业的项目开发自有资金严重不足，项目建设几乎完全依赖商业银行的信贷资金。银根宽松时，企业盲目扩展、粗放经营，使企业的财务风险和经营风险积聚。一旦银根收紧，资金链紧张或断裂，企业将会出现项目建设中断，楼盘烂尾，无力还贷，疲于应诉的局面。房地产开发企业的高负债经营模式已逐渐成为影响商业银行房地产开发贷款安全的主要风险因素之一，并且延伸、波及个人住房贷款业务。

（2）经营管理的风险。

受企业经营管理者的综合素质、经营经验、人格品质、管理团队等方面影响，房地产开发项目出现品质、质量问题，甚至违规建设或违反建筑规划，受到建设主管部门的处罚或购房人的投诉、诉讼等，导致商业银行房地产开发贷款出现风险。主要风险因素有：项目建设未按计划进度完工或影响房屋销售；项目未能通过竣工验收，或在约定的时间内未能办妥房屋产权证；借款企业因拖欠施工企业工程款，引发纠纷或诉讼，以致项目建设停止或工期延长；借款企业有违法、违纪等不良行为被追究法律责任，受到行政、经济制裁或处罚，或有其他重大民事经济纠纷诉讼的；借款企业法定代表人有经济或品德问题，或者在民事、经济纠纷中涉讼，或法定代表人出逃、被拘留等；借款企业因对外提供担保，被担保人无法履行债务，导致其承担连带保证责任，或出现其财产被查封、处置等情况；借款企业或抵押人未经抵押权人（贷款银行）同意，擅自将已设定抵押权或质押权的财产或权益拆建、出租、出售、股权投资、转让、馈赠或重复抵押。

（3）信贷资金挪用风险。

房地产开发企业躲避贷款银行的资金监管，将信贷资金或项目资本金挪用到其他项目的开发，或挪作股市投资等其他用途，导致房地产开发贷款出现风险。

抽逃项目自有资金是最为常见的挪用方式。房地产开发企业针对各个开发项目，分别设立独立的项目公司，而项目建设资本金由母公司统一注入，待项目取得房地产开发贷款后，母公司抽回注入的资金。

房地产金融市场存在严重的信息不对称，开发商可以在不同银行申请贷款，楼盘销售回笼资金很可能会分流到各家贷款银行，加之有的开发商往往会同时进行若干个楼盘项目的开发，资金往来渠道复杂，银行对其资金很难实施有效的控制和全面监控，房地产开发企业出于追求利润最大化的目的，往往会忽视经营风险，挪用信贷资金，使在建项目资金链趋紧，给房地产开发贷款带来风险。

（4）法人道德风险。

法人道德风险主要来自房地产开发企业、投资机构、施工企业、销售公司或担保机构的法定代表人、股东、主要经营者不能诚信经营，以致给房地产开发贷款带来风险。例如：借款企业恶意与第三方串谋，利用假拖欠、假销售，或编制假法律文件等手段套取银行贷款；借款企业无理拒绝履行借款合同约定还款义务；保证人无理拒绝承担保证合同约定的担保责任；投资机构不按约定时间、金额向项目注入资金，导致项目建设不能按计划进行。

2. 来自担保的风险

（1）保证担保的风险。

采用连带责任保证担保的房地产开发贷款，保证人出现问题将导致贷款出现风险。保证人的风险因素主要有：保证人经营出现问题，净现金流量减少，资信等级降低，导致保证能力下降；保证人处于被兼并重组、破产状态，保证能力或保证资格发生变化；保证人发生重大诉讼，部分或全部财产被法院采取保全或强制执行等措施，保证能力下降或丧失；保证人资本结构发生变化，如重组、兼并、解散等，法定代表人替换，影响债权的实现。

（2）在建工程抵押担保的风险。

采用在建工程抵押担保的房地产开发贷款，因抵押物的管理、处置等原因，可能导致贷款出现风险。主要风险因素有：项目尚未完工时资金链断裂，由于抵押物尚未完工，因而处置困难，导致项目烂尾，贷款难以收回；项目土地抵押或在建工程抵押后，随着工程建设进展，未对新建部分及时办理追加抵押，项目达到预（销）售条件后，销售回款脱离贷款银行监管控制，没有用于项目后续建设，造成工期拖延，而形成纠纷。

3. 来自法律的风险

（1）建设工程价款优先受偿权。

《合同法》第 286 条明确规定了工程承包人对发包人未按照约定支付的工程款享有优先受偿权。2002 年最高人民法院在《关于建设工程价款优先受偿权问题的批复》中，进一步明确了建筑工程承包人的优先受偿权优于抵押权和其他债权。

按照上述规定，在建工程承包人的工程价款优先权作为法定的优先权，优先于当事人约定设立的贷款银行在建工程抵押权。因此，向商业银行贷款融资的房地产开发企业如果在项目建设过程中拖欠承包项目建设的施工企业工程款，或与承包施工企业串谋，虚构工程欠款，将导致贷款银行的抵押权处于有名无实的境地，作为债权人的贷款银行可能无法行使抵押权，给贷款带来重大风险。

（2）合同履行过程。

新法律、法规、司法解释等的出台，以及现行法律、法规的调整，都有可能对借款合同及相关合同的履行产生影响；贷款手续的办理及合同要素的填写不当，将对借款合同履行中能否充分行使合法权利产生消极影响；贷款档案不齐全，重要文件或凭证遗失，对债权实现将产生重大影响；在借款合同或担保合同项下的权利超过诉讼时效，或抵押期内未及时起诉，将会对合同约定的合法权益能否得到保障产生不利影响。

4. 来自商业银行的风险

（1）产品内在风险。

房地产信贷对国家宏观经济政策和贷款银行授信政策高度敏感，使产品本身具有一定风险。特别是土地开发贷款，存在如下内在风险：

借款主体问题。土地开发主体一般为代表地方政府进行土地一级开发的土地储备中心，受其实体性质、运作方式和实际注册资金限制，土地储备中心抵御风险的能力有限，作为借款主体其资格存在缺陷。

资金管理问题。土地储备中心的资金存储与划转一般通过政府财政专用账户，贷款银行无法实现贷款资金的有效监管。

担保问题。根据监管部门要求，土地开发贷款应采取抵押担保方式。但土地开发过程中，土地储备中心并不是国有土地使用权人，而无法以其开发的土地做抵押。若采用专用账户质押的方式，操作上存在法律障碍。限于合法性、合规性和有效性，贷款担保问题难以解决。

（2）贷款操作风险。

商业银行在房地产开发贷款的操作中应关注的风险点有：

项目自有资金比例问题。按照监管部门风险控制的要求，房地产开发贷款的借款企业投入项目建设的自有资金应占项目总投资的35%以上，贷款银行如何计算项目自有资金和控制比例，对房地产开发贷款风险控制将会产生直接影响。

第一还款来源问题。房地产开发贷款一般采用抵押担保方式，但是，合法且足额的抵押物仅是借款企业的第二还款来源。对于贷款银行而言，依赖抵押物的处置收回违约贷款存在诸多不确定性，成本高风险大。因此，企业正常的经营收入，主要是项目销售回款，也是偿还贷款本息的根本保证，是第一还款来源，是贷款银行贷前调查中重要的关注点。

资金监管问题。为保证项目建设资金按进度计划使用，防止资金挪用而导致楼盘烂尾，贷款银行在贷款发放后，应对贷款资金实行监管。因此，在贷款期限之内，贷款银行能否实行全程的有效监管，将直接关系到房地产开发贷款的安全。

5. 来自市场环境的风险

房地产开发企业的项目开发过程处于政府主管部门的全程管理之下，贷款银行在房地产开发贷款的操作中忽略、误解，甚至违反政府主管部门的相关政策制度，或政府主管部门的政府行政行为不规范，或主管部门行政不作为、作为不当，将会给房地产开发贷款带来风险。

土地使用权证。土地使用权证是房地产开发项目的基础法律文件之一，是否合法取得关系到整个项目开发的合法性，对于开发贷款而言至关重要。政府主管部门在审批发放土地使用权证的工作过程中，可能出现以下情况给贷款带来风险，如在开发商未足额缴纳土地出让金的情况下，为其办理土地使用权证；将抵押在贷款银行的土地强制解押；未按城市建设规划审批土地使用权证；为存在权益冲突的宗地办理使用权证；未执行国土资源管理相关规定，擅自改变土地性质；在审批办证过程中，以行政指令替代法律规定办理土地使用权证；政府部门中的不法分子与不法开发商串谋，违规办证甚至制作假证等。因此，贷款银行在审查开发企业土地使用是否合法时，不但要审查其出示的土地使用权证是否真实、合法，还要审查政府主管部门行政执法行为的合法性和规范性。

商品房销售许可证。根据我国现行商品住宅销售规定，开发商在项目进展到一定阶段，即可向政府主管部门申请商品房销售许可，在取得销售许可证后便可销售，即所谓期房销售。期房销售实际上是开发商向购房者出售商品房购买期权，而并不是实际商品。由于现行商品房预售制度并没有考虑到期权交易与实物交易之间重大差异，使房地产项目开发的各种风险在很大程度上通过期房销售转移到购房者身上，又通过购房者转移给了贷款银行，贷款银行风险的积聚将最终影响整个社会经济。另外，销售许可证发放时间与项目建设进度之间的关系也是重要的风险控制环节，有的城市在项目主体建设封顶后发放销售许可证，购房人付款后可以看到一个半成品；有的城市在项目建设初期就发放了销售许可证，购房人付款后可以看到图纸和样板间。因此，商品房销售许可制度需要解决销售许可证的发放时间和发放后资金管理等问题，从而解决商业银行开发贷款在销售环节的风险控制问题，甚至对实现政府对整个房地产市场控制产生积极影响。

土地建设规划和房屋建筑规划。我国的城市规划是在《中华人民共和国城市规划法》的法律框架之下进行的，尽管该法对规范城市规划的制定和进行城市建设、促进城市的经济和社会发展发挥了重要的作用，但由于存在立法上的不足，亟待修订。另外，由于该法存在较浓重的行政色彩，且缺少规划审批后的管理约束，因此，规划的执行监管和规划的修改修订所形成的偏差将会给项目建设带来不利影响，并给房地产开发贷款带来风险。

（二）个人住房贷款风险

个人住房贷款风险，是指在贷款期限内，由于各种原因，使贷款银行不能按照合同约定的还款期限和金额收回借款人应偿还的个人住房贷款的本息，导致银行贷款资金损失的风险。

2007年3月13日星期二，美国股市跳水，道琼斯指数重挫1.97%，标准普尔500大跌2.04%，纳斯达克指数下跌2.15%。股市大动荡的原因是，当天美国抵押贷款银行家协会公布抵押贷款违约率升至4.95%，其中优质抵押贷款违约率为2.57%，次级抵押贷款违约率13.33%。在"蝴蝶"效应的作用下，美国次贷风波对美国的经济，乃至世界经济形成巨大的持续冲击。由此可见，个人住房贷款质量对社会经济的影响力非常之大。

个人住房贷款风险主要分为：

1. 来自银行内部风险

银行内部风险是指商业银行自身在经营个人住房贷款业务过程中，由于决策失误、管理制度存在缺陷等原因导致贷款风险。

（1）流动性风险。流动性风险是指贷款银行由于无法变现贷款的抵押物，或易变现资产不足，而形成的个人住房贷款风险。

（2）期限结构风险。期限结构风险是指贷款银行存款与贷款在期限上严重不相匹配，即所谓"短存长贷"现象，导致银行出现头寸紧张或支付障碍，而形成的个人住房贷款风险。

（3）操作风险。操作风险是指贷款银行因其内部的公司法人治理结构、内控管理制度、组织管理制度或管理组织机构不健全、不完善，产品设计或操作流程存在严重缺陷，员工业务素质较差、或员工违反规定操作等原因，而形成的个人住房贷款风险。

（4）道德风险。道德风险是指贷款银行的决策者、管理者、经营者或操作者，为追求个人或局部利益，明知其作为或不作为不符合贷款银行利益，但因认为这种作为或不作为可能不被发现或即使被发现，所带来的损失也小于所带来的收益，而违规或违法发放贷款所形成的个人住房贷款风险。

道德风险的主要表现有：为完成经营任务指标违规发放贷款；个别内部人员为获取个人利益，与不法开发商或个人串谋，发放"假按揭"贷款；个别内部人员刑事犯罪，贪污、诈骗银行贷款等。

（5）市场风险。市场风险是指贷款银行在市场出现波动或变化情况下，在业务操作或风险管理方面未做相应调整；或者贷款银行在设计产品、编制流程时对市场缺乏足够深入地调查研究，而形成的个人住房贷款风险。

比如在我国尚处于发展初期阶段的二手房市场，房屋的交易行为和市场规则不尽完善和规范，部分商业银行对二手房交易过程的风险认识不足，在交易房屋抵押登记前，由第三方提供阶段性担保，提前发放贷款。当出现无效交易、交易纠纷、虚假交易等情况时，提前发放的个人住房贷款出现风险。

2. 来自借款人的风险

（1）个人信用风险。个人信用风险是指在贷款期限内由于借款人个人信用原因而形成的个人住房贷款风险。个人信用原因主要包括：借款人恶意违约；借款人恶意欺诈；以及借款人法律意识和信用意识淡薄，以其与开发商发生法律纠纷等原因拒绝履行还款义务等。

（2）偿债能力下降风险。偿债能力下降风险是指在贷款期限内由于借款人个人偿债能力下降的原因而形成的个人住房贷款风险。借款人偿债能力下降的原因包括：借款人因意外伤害或伤残、失业等原因收入下降；借款人死亡或丧失行为能力，而其继承人拒绝继续履行还款义务。

（3）投资经营风险。投资经营风险是指以投资经营为目的的个人住房贷款借款人，其商业行为的市场风险导致个人住房贷款风险。由于还款来源主要靠借款人的经营收入，一旦借款人经营不善或投资失败，将导致偿债能力下降。尤其是委托经营，例如酒店式公寓、大型商场摊位的委托经营，其商业行为中还蕴含着法律风险。

另外，国际公认存量房租售比（月租金与房价之比）警戒线是1：200，如果租售比超高，表明投资性购房高位踏空的风险增加，因此，房地产价格快速上涨时，贷款银行应关注房屋租赁市场的价格变化趋势，避免借款人投资风险引发信贷风险。

（4）提前还款风险。提前还款风险是指借款人在贷款到期前，单方面提出变更贷款合同，提前归还全部或部分贷款，给贷款银行带来预期收益下降、打乱存贷资金组合结构的风险。

（5）资金挪用风险。资金挪用风险是指借款人擅自改变贷款用途，将个人住房贷款的贷款资金转移，用于炒股、炒汇等投机活动，而形成的个人住房贷款风险。

按照监管机构要求，商业银行对贷款资金流向是严格控制的，一般情况下，在贷款银行发放个人住房贷款时，贷款资金划付是经借款人个人结算账户划入指定账户（如开发商收款账户、存量房交易资金专用托管账户等）的。但是，对于个人住房贷款的一些衍生产品，商业银行要控制其贷款投向有一定难度，因此存在借款人挪用资金的风险。

（6）虚假交易风险。虚假交易风险是指借款人利用虚假房屋交易，套取银行信贷资金，而形成个人住房贷款风险。主要有：不法借款人或法律意识缺失的借款人配合不法开发商，利用假按揭套取个人住房贷款；不法借款人利用存量房交易环节（如缴纳契税、过户办证、抵押登记）之间的时间差，设计虚假交易套取个人住房贷款等。

3. 来自担保的风险

（1）抵押物毁损风险。抵押物毁损风险是指抵押房屋因地震、火灾等不可抗力因素或其他因素导致严重受损或灭失，贷款银行无法通过处置抵押物受偿贷款余额，而形成的个人住房贷款风险。

（2）抵押物贬值风险。抵押物贬值风险是指因经济周期、房地产市场波动或抵押房屋本身原因导致抵押物大幅贬值，或因使用造成自然损耗，以及因居住理念变化、房型过时等导致功能性折旧，贷款银行无法通过处置抵押物受偿全部贷款余额，而形成的个人住房贷款风险。

（3）抵押物处置风险。抵押物处置风险是指由于抵押房屋存在产权瑕疵、法律纠纷或违规、违章建设等问题，导致贷款银行无法正常行使抵押权受偿贷款余额，或因处置成本过高，导致贷款银行无法通过处置抵押物受偿贷款余额，而形成的个人住房贷款风险。

常见处置风险有：当贷款银行通过法律诉讼处置抵押物收回贷款时，法院在执行中可能会更多地考虑维护社会稳定等情况，使贷款银行即便胜诉也最终难以执行；由于拍卖市场不规范或不法分子恶意串通，造成流拍（流标），拍卖底价被恶意降低；在抵押物依法拍卖前，对抵押物估价的合理性直接影响拍卖价款能否全额补偿贷款损失；因开发商拖欠工程款或施工企业垫付工程款等，引发施工企业与开发商之间的法律纠纷，导致贷款银行难以处置抵押物或难以优先受偿等。

（4）期房抵押风险。期房抵押风险是指由于作为抵押物的期房在竣工和交付上出现问题，延期或无法转为现房，或处置抵押物过程中因期房法律关系的复杂与重叠等，导致抵押物处置困难，而形成的个人住房贷款风险。

建设部《城市房地产抵押管理办法》规定，预购商品房贷款抵押是指购房人在支付首期规定的房价款后，由贷款银行代其支付其余的购房款，将所购商品房抵押给贷款银行作为偿还贷款的一种约束行为。

由于以期房设定抵押时，抵押人对其预购房屋尚未享有所有权，仅享有一种对未来可以取得房屋的期待权，因而期房抵押实质就是期待权的抵押，并不是法律意义上的抵押，本质上是政府主管部门防止一房多售而采取的一种行政行为。当发生影响期房竣工和交付的情况，作为抵押标的物的期房不一定能够最终成为现房，甚至可能灭失，贷款银行的抵押权无法保证。而且在期房阶段处置抵押物也存在操作上的困难。

（5）阶段性担保风险。阶段性担保风险是指在借款人所购房屋抵押生效前，开发商承担阶段性担保阶段，由于开发商丧失担保能力，而导致个人住房贷款出现风险。

一般情况下，承担阶段性担保的开发企业都是项目公司，项目公司在项目销售结束后不会保持较长的存续期，如果在借款人取得房屋所有权证后，贷款银行不能及时办理抵押登记手续，在项目公司停止经营、停止年审或注销公司时，个人住房贷款将因丧失担保而可能面临风险。

此外，由于抵押物价值评估不准确也可能形成个人住房贷款风险，详见本节"来自中介机构的风险"的相关内容。

4. 来自开发商的风险

（1）楼盘项目风险。楼盘项目风险是指由于开发商的资质、实力、诚信等方面出现问题，在项目开发建设过程中违法、违规或违章建设，导致借款人违约而形成的个人住房贷款风险。

由于目前我国大部分城市实行期房销售的模式，在楼盘项目建设尚未完成时，房地产开发商即开始销售，房地产开发商因延期交房、规划超标、或房屋质量等原因，可能与购房人发生矛盾，造成借款人拒绝归还贷款本息，导致个人住房贷款风险。楼盘项目风险通常导致借款人集体违约，对商业银行信贷资产质量危害较大，同时因借款人与开发商存在纠纷问题，使得抵押物处置难度较大。

（2）假按揭风险。假按揭风险是指不法开发商或借款人以虚假身份，或以虚假房屋交易，或以虚假借贷行为套取商业银行个人住房贷款，导致贷款银行个人住房贷款形成的风险。

假按揭对商业银行个人住房贷款危害极大，已经成为影响国内商业银行个人住房贷款质量的主要风险因素。其风险特点为：

1）具有较强的潜伏性和突发性。由于假按揭贷款在一段时间内是由开发商以借款人名义还款，贷款形态为正常，一旦开发商资金周转发生困难，就会出现还款的集中违约，造成不良贷款的集中爆发。

2）形成的风险资产处置非常困难。由于假按揭的债权债务关系混乱，通常不具备真实的购房交易，或借款人使用了虚假身份，导致了银行在追索债权时困难重重。

3）对贷款银行的信贷资产带来极大的危害。由于假按揭贷款一般表现为借款人集体违约，会使贷款银行个人住房贷款质量急剧恶化，在较长时期内都难以改善。

4）对贷款银行的信贷队伍形成巨大伤害。由于假按揭风险往往是因为少数银行信贷人员置规章制度于不顾，违规操作，甚至与开发商串通，制作虚假证明文件以共同套取银行资金而形成的，对贷款银行信贷队伍的建设和稳定带来恶劣影响。

（3）资金挪用风险。资金挪用风险是指由于房地产开发企业进行期房销售后，将销售资金挪用于其他项目的开发；或房地产经纪机构将在存量房交易过程中，交易双方的沉淀资金挪用其他用途，甚至卷款潜逃，而形成的个人住房贷款风险。

开发商取得商品房的预售许可并开盘销售后，如果没有将销售回笼资金（主要是期房购买人的首付款和个人住房贷款资金）完全用于期房的后期建设，而挪至其他项目的前期开发中，进行所谓"滚动开发"，将有可能导致期房建设资金不足，延期竣工，借款人与开发商发生纠纷，进而有可能导致该楼盘项目个人住房贷款借款人的集体违约。

在存量房交易过程中，因办理过户等交易环节形成时间差，导致存量房交易资金（其中可能包含个人住房贷款资金）在一定时间内的沉淀。如果经纪机构将沉淀资金挪作他用，比如挪至关联的房地产开发公司用于项目的开发建设，将有可能因借款人与经纪机构之间的法律纠纷，而导致个人住房贷款借款人的违约；如果不法经纪机构直接卷款潜逃，将直接造成存量房交易当事人和贷款银行的资金损失。

资金挪用是目前国内房地产行业中的一个非常普遍的现象，给期房和存量房消费者的切身利益带来重大伤害，也给贷款银行的信贷资金带来巨大风险。对此，国家相关主管部门高度关注，正在逐步规范，比如对房地产交易资金实行银行专用账户托管等。

（4）违法销售的风险。建设部《商品房销售管理办法》第十一条规定："房地产开发企业不得采取返本销售或者变相返本销售的方式销售商品房。房地产开发企业不得采取售后包租或者变相售后包租的方式销售未竣工商品房。"第十二条规定："商品住宅按套销售，不得分割拆零销售。"国家工商总局《房地产广告发布暂行规定》第十六条规定："房地产广告中不得出现融资或者变相融资的内容，不得含有升值或者投资回报的承诺。"

"售后包租"是指房地产开发企业向购房人承诺，对其所购买的商品房，由开发商承租或者代为出租并支付固定年回报的销售方式；"返本销售"是指开发商定期向购房人返还购房款的销售方式；"分割拆零销售"是指开发商将成套的商品住宅分割为几部分出售给购房人的销售方式。

这些销售行为的实质，是以承诺售后高回报、低风险的方式促销商品房，加快资金回笼速度或为滚动开发提供资金支持。表现形式常以提供固定年回报、原价（或增值）回购、承诺无（低）风险投资等。采用此类涉嫌违法销售方式的项目一般是公寓式酒店、分时度假酒店、酒店式公寓、酒店式办公楼、产权式商场、产权商铺等。

"售后包租"等违法销售形式存在以下风险：开发企业通过此种销售方式实现融资或变相融资后，将资金挪用到别的项目上；所购商品房屋位置或权属不确定，无法办理房屋所有权证；项目建成后经营不善，无法达到预期的收益水平，没有现金流兑付；涉及复杂的权利关系，极易引发债权债务纠纷等。上述风险可能导致个人住房贷款（包括个人商铺贷款）出现项目系统风险，即整个项目的个人贷款批量出现违约现象。

另外，有的大型商场开发企业将没有物理分隔的商场，分割为小面积摊位向投资者销售。虽然没有相关法规就此种销售方式做出明确限制，但由于存在位置确定困难等问题，可能发生无法办理抵押，或可以抵押但处置困难等情况，极易引发法律纠纷，导致个人住房贷款出现风险，甚至出现项目系统风险。所以部分商业银行不向大型商场的分隔摊位发放个人商铺贷款。

5. 来自中介机构的风险

在个人住房贷款业务的实务操作过程中，涉及诸多中介服务机构，主要有：律师事务所、房地产评估机构、房屋交易经纪机构、交易保证机构、贷款服务机构、风险代理机构、担保机构等多种中介服务机构。中介机构的职业操守和执业水平，决定了个人住房贷款的风险。在目前我国的房地产市场中，部分中介机构尚未形成行业统一标准，执业经营行为亟待进一步规范；部分中介机构尚无监督管理部门或缺乏监督管理部门对中介机构的有效监管；对于商业银行与中介服务机构在个人住房贷款业务的合作，银行业监管机构的有效监管尚有待跟进。

中介机构风险主要包括法律见证风险、存量房交易风险、抵押物估值风险等。其中：

（1）法律见证风险。法律见证风险是指由于律师事务所在提供个人住房贷款贷前法律服务中，在法律见证环节因其执业失误、或有意与不法开发商或借款人串谋，导致假按揭，而形成的个人住房贷款风险。

贷前法律服务是指借款人从有贷款申请意向，到贷款申请受理、贷款调查，直至贷款进入审批环节前，由律师向借款人和贷款银行提供的法律服务，主要包括房屋买卖相关法律咨询、申贷流程及贷款资料准备相关的咨询、个人住房贷款相关法律咨询、签订借贷合同的法律见证等。其中法律见证服务是最为重要的环节。法律见证是通过律师的介入，以确认借款人的身份、房屋交易和借贷行为的真实性，因此法律见证环节直接决定了个人住房贷款的真实性。

（2）存量房交易风险。存量房，即二手房的交易买卖过程潜在许多风险，一般说来，商业银行的贷款是在买卖双方完成交易，由买方将所购房屋抵押给银行后，贷款银行才发放贷款，一般情况下二手房交易不应该给个人住房贷款带来风险。这里所说存量房交易风险，是指二手房在交易过程中，贷款银行采用阶段性担保方式，即房屋经纪公司在撮合交易的同时，由经纪公司或担保公司为买方提供阶段性担保，贷款银行在交易标的房屋抵押前，甚至在房屋尚未过户，交易未最终完成前发放贷款，由此而形成贷款风险。在存量房交易过程中提前发放个人住房贷款，贷款银行承接了交易过程潜在的全部风险。

交易风险主要有：

①虚假交易。不法中介机构或不法分子为谋取暴利，利用制作假房产证、假房屋买卖合同等手法，编造假二手房交易，骗取购房人房款，包括银行贷款；或利用虚假购房行为、假身份证等编造虚假二手房交易，直接骗取银行贷款资金。

②产权过户。目前入市交易的二手房产权情况非常复杂，影响产权过户的因素主要有，大产权、小产权、使用权之分；央产、军产、校产、乡产之分；是否已经抵押；是否涉案等。上述因素导致在买方支付全款后，过户手续有可能难以办理或无法办理，交易不能最终完成，提前发放的贷款潜在风险。

③无效交易。最为常见的无效交易是夫妻双方为共有人的房产，其中一方背着另一方将房屋私下交易，待另一方知道后致使交易无效，购房人的贷款形成风险。

④拆迁。购房人贷款所购房屋属待拆迁房屋，而贷款银行在贷款发放前不知晓或未采取相应措施规避风险，则贷款将会因抵押物灭失而出现风险。

（3）抵押物价值评估风险。抵押物价值评估风险，是指房地产评估机构在对抵押物进行价值评估时，因其执业失误或受利益驱动，与其他不法中介机构或不法分子合谋，对抵押物低值高估，而形成个人住房贷款风险。

评估价格是贷款额度确定的重要凭据，因此评估机构的抵押物估价是贷款银行个人住房贷款操作中的重要环节，对于防范贷款风险，甚至对维持房地产市场的健康发展都是至关重要的。

抵押物价值评估风险主要表现在以下方面：

①估价方法。市场比较法是抵押评估的常用估价方法，但当房地产市场出现持续繁荣或过热时，市场比较法易出现低值高估现象。

②时点性。抵押物评估时通常以抵押行为对应的时点为估价时点，即主要是对评估对象在当前的价格状况做出判断。但是个人住房贷款的贷款期限最长可达 30 年，可能会经历数个房地产经济周期。当市场进入衰退或萧条阶段时，如果被抵押房产市场价格低于贷款额时，存在借款人理性违约的可能。

③变现能力。抵押物是贷款银行发放贷款的保证，是借款人的第二还款来源，因此抵押物评估不同于一般意义上的房地产评估。评估机构如果在确定变现价格时，没有考虑除主债权外的利息、违约金、损害赔偿金和实现抵押权的费用等，在抵押物处置时，银行资产将有损失。

6. 来自外部环境的风险

（1）政策风险。政策风险是指由于国家宏观经济政策调整、政府有关房地产行业或房地产金融业的各种政策和制度的变化，对房地产行业产生影响，继而对商业银行个人住房贷款业务产生影响，而形成的个人住房贷款风险。

（2）市场风险。市场风险是指由于房地产市场波动，抵押物贬值额度超过首付款和已经偿付的贷款本金，借款人主动违约，使银行处置抵押物后无法足额偿还贷款本息，而形成的个人住房贷款风险。

（3）利率风险。利率风险是指由于利率调整或市场利率与贷款实际执行利率出现较大差异时，借款人违约或提前还款，而形成的个人住房贷款风险。

近期，国内部分商业银行推出了固定利率个人住房贷款，鉴于个人住房贷款期限较长，在贷款期间当利率进入下行周期时，借款人可利用提前还款规避固定利率引起的利率损失；而当利率进入上行周期时，贷款银行要承担利率损失，因此贷款银行将会设定高于同期同档次基准利率的利率水平，作为固定利率贷款的利率，以期弥补未来可能的利率损失。

（4）经济周期风险。经济周期风险是指由于经济发展具有周期性特点，导致房地产市场大幅波动，使房地产投资遭受损失，而形成的个人住房贷款风险。经济周期风险是一个系统风险。改革开放以来，我国房地产市场一直处于单边上行的态势，住房价格一直处于上升趋势。但是，经济发展的周期性特点导致房地产市场的周期性波动是一个客观规律，因此经济周期风险虽然尚未显露，但应予高度关注。

（5）法律风险。法律风险是指，由于现有法制体系不尽完善或现有法律法规变化，造成个人住房贷款的潜在风险。

目前我国相关法律法规体系尚不健全，与房地产市场以及房地产信贷业务相配套的法律法规尚不完善，对银行债权的保障尚不全面，而且各地区对现行法律法规的理解和执行也存在着一定差异；另外，个人住房贷款涉及开发方、施工方、销售方、购房者、借款方、担保方、贷款银行、销售登记、期房抵押登记、现房抵押登记等不同行政主管部门等多重利益主体和法律主体，构成复杂的法律关系，相关法律法规彼此的衔接尚不紧密，因此贷款银行个人住房贷款面临着一定法律风险。比如对于"假按揭"的法律界定与处罚标准尚无定论。

（6）行政管理风险。行政管理风险是指由于房地产行政主管部门的相关法规或管理规定的不尽完善，或其不作为或不当作为，造成的个人住房贷款的风险。

房地产市场的运行管理涉及诸多行政主管部门管理环节，其中主要包括土地的使用、土地建设规划、房屋建筑规划、施工管理、销售管理、竣工验收、产权登记、抵押登记等。政府主管部门在每个环节的疏漏或不作为或不当作为，可能会对个人住房贷款造成风险。例如，建筑规划管理的疏漏导致项目因超规划建设而不能竣工，形成整个楼盘借款人的集体违约；预（销）售登记备案管理的疏漏，给不法开发商"一房多售"的可乘之机；抵押登记管理的失误可能造成重复抵押等。

（7）信用环境风险。信用环境风险是指由于国家信用体系建设的不尽完善，使得个人综合信用信息的采集、登记、记录、更新和使用尚不尽如人意，导致贷款银行信贷风险管理信息不对称，而形成的个人住房贷款风险。

信用环境风险可以归于系统风险，例如 2003 年前后在我国个别地区出现的个人汽车消费贷款大规模违约现象。随着我国个人信用体系建设的快速推进，我国全社会的个人信用意识在增强，同时也对个人住房贷款借款人的还款意愿形成积极的约束，信用环境所形成的潜在风险将会得到有效控制。

四、房地产信贷的风险计量

（一）信贷资产风险分类的基本概念

信贷资产风险分类，也称贷款风险分类或贷款分类，是指商业银行的信贷分析和管理人员，或监管当局的监管人员，利用能够获得的全部信息，进行综合分析判断，依据贷款的风险程度对贷款质量状况做出分类评价。

贷款分类结果按风险程度加权汇总，可得出风险贷款的价值，而风险贷款价值与贷款银行表内账面信贷资产价值的差额，就是贷款银行所面对的贷款风险的量化结果。这种风险或损失虽然尚未实际发生，但已客观存在。

贷款风险分类是银行信贷管理的重要组成部分。分类的档次和标准是衡量贷款内在风险的一种度量尺度。贷款风险分类标准的核心内容是贷款归还的可能性。判断还款可能性的主要因素是借款人的还款能力。在目前我国信用体系建设尚不尽完善的情况下，借款人的还款意愿也是十分重要的因素。

贷款分类的结果能够揭示信贷资产的价值和风险程度，能够及时全面地反映贷款银行的信贷资产质量，贷款银行将据以计提风险拨备，并采取相应风险控制措施。因此，贷款分类是贷款风险管理的基础。

（二）一般贷款风险分类的方法

中国人民银行《贷款风险分类指导原则》规定，按风险程度，贷款可分为五个档次，习惯称之"五级分类"。依次定义如下：

（1）正常类：借款人能够履行合同，有充分把握能够按时足额偿还贷款本息；

（2）关注类：尽管借款人目前有能力偿还贷款本息，但存在一些可能对偿还产生不利影响的因素；

（3）次级类：借款人的还款能力出现了明显的问题，依靠其正常经营收入已无法保证足额偿还贷款本息；

（4）可疑类：借款人无法足额偿还贷款本息，即使执行抵押和担保，也肯定造成一部分损失；

（5）损失类：在采取所有可能的措施和一切必要的法律程序之后，贷款本息仍然无法收回或只能收回极少部分。

（三）房地产贷款风险分类的一般规定

（1）房地产贷款形态分正常、关注、次级、可疑和损失五类，后三类贷款为不良贷款。

（2）房地产贷款形态分类一般先进行定量分类，即先根据借款人连续违约时间进行分类；再进行定性分类，即根据借款人违约性质和贷款风险程度对定量分类结果进行必要的修正和调整。

例如，个人住房贷款中的假按揭贷款，由于存在第三方按期垫付或代偿，按照违约时间分类并不能真实反映贷款风险状况，应通过定性分类还原其真实的贷款形态。

（3）贷款形态分类应遵循不可拆分原则，即一笔贷款只能处于一种贷款形态，不能同时处于多种贷款形态。

（四）个人住房贷款的形态特征

基于各自风险偏好和管理要求的差异，贷款银行在确定房地产贷款的形态特征方面略有不同。以下仅以个人住房贷款为例，描述一般情况下贷款的形态特征：

（1）正常贷款：借款人还款意愿良好，一直能正常还本付息，不存在任何影响贷款本息及时和全额偿还的不良因素；借款人有未正常还款记录，或应还本息连续逾期在 1～60 天（含）内，但属偶然原因所致；担保足值有效；信贷档案齐全，手续完备有效。

（2）关注贷款：借款人虽有还款意愿，但应还本息连续逾期在 61～90 天（含）内；借款人因自身情况变化，虽能还本付息，但已存在影响贷款本息及时和全额偿还的不良因素；担保能力下降，有可能影响到银行债权安全；信贷档案资料欠完善或贷款手续欠规范，有可能会影响债权效力。

（3）次级贷款：借款人还款意愿较差，应还本息连续逾期在 91～180 天（含）内；借款人正常收入大幅下降，已不能保证及时和全额偿还贷款本息，需要通过出售、变卖资产，对外借款，保证人、保险人履行保证、保险责任或处理抵（质）押物等第二还款来源才能归还全部贷款本息；信贷档案资料有部分缺失或贷款手续存在法律瑕疵，对债权效力构成实质性影响。

（4）可疑贷款：借款人完全丧失还款意愿，应还本息连续逾期在 181 天（含）以上；借款人已经失业或基本无收入来源，偿还贷款出现严重困难；贷款银行失去对抵（质）押物的控制，或担保能力丧失，或失去与借款人（担保人）的联系；信贷档案要件缺失或贷款手续有较大法律瑕疵，严重危害银行债权。

（5）损失贷款：借款人已经死亡，或经依法宣告死亡、失踪，以其财产或遗产清偿后，仍未能清偿贷款的；借款人遭受重大变故或意外事故，在获得保险补偿后，仍不能清偿的贷款；应还贷款本息连续逾期时间较长；在履行了保证责任、保险代偿或处置抵（质）押物后，仍未能清偿的贷款；信贷档案遗失或贷款债权不具备法律效力。

专题讨论：我国房地产信贷风险的防控

据人民银行的统计数据，自 2003 年以来全国房地产贷款的增长远远超过了人民币信贷年均 14.8％以及名义 GDP 年均 15.4％的增长速度。2002 年年末，房地产开发贷款余额为 6616 亿元，到 2007 年末达到了 1.8 万亿元，年均增速 22.2％；2002 年年末，个人住房贷款余额为 8253 亿元，到 2007 年末达到了 3.0 万亿元，年均增速 29.4％。从整体业务规模看，到 2007 年末，全国境内房地产开发贷款与个人住房贷款余额已经达到 4.8 万亿元，占银行业人民币信贷余额的 18.3％，这个比例在所有行业的贷款中是最高的。其中，国有控股银行占据银行业房地产贷款 70％以上的市场份额[1]。房地产信贷已成为银行重要的资产，对银行盈利状况、风险状况产生了深刻影响。我国房地产信贷市场的信用环境、法律环境及担保方式的有效性和可靠性与美国等发达国家的房地产信贷市场相比，均有较大差距。2007 年美国次级贷危机的发生带给我们许多警示，特别是面临国内日益严重的通胀压力、自然灾害频生、周边国家经济危机不断、国际油价持续上升、人民币升值及热钱的流入等经济发展

---

[1] 王家强．房市或在上半年见顶 高度关注房地产信贷风险．第一财经日报，2008 年 4 月 21 日．

的不确定因素，结合本书第三章阅读材料 3-2 中美国次级贷问题和本章房地产信贷风险管理的内容，试讨论在当前复杂的经济环境中应如何防控我国房地产信贷风险？此外，在银根不断紧缩的金融调控背景下，房地产企业面临资本运营的严峻考验。房地产业的任何波动都会对国民经济的稳定产生不容忽视的影响，请分析在加强房地产信贷风险管理的同时，房地产企业如何走出融资困境？

关键词中英文对照

房地产信贷 real estate credit

个人购房贷款 individual housing loan

利率 Interest rates

贷款担保 Loan guarantees

贷款本金偿还 Loan principal repayments

风险计量 Measuring risk

坏账 bad debt

信贷风险 credit risks

提前付款 Payment in advance

按揭贷款 mortgage loan

不良贷款 Non-performing Loans

贷款申请 Lending proposals

贷款本金 Loan principal

贷款审查 Loan review

还本付息 debt service

信用风险的大小 Size of credit risk

信用风险评估 Assessing credit risks

逾期账款 Aged debtors

思 考 题

1. 利率的概念及其分类是什么？

2. 何谓房地产信贷？其分类是什么？

3. 房地产开发贷款的类别及操作流程是什么？

4. 个人住房贷款的类别及担保方式有哪些？

5. 从各种还款方式的月供计算公式，分析借款人每月偿还银行贷款本息的变化，试说明不同还款方式对借款人个人收支的影响。

6. 某借款人申请了 40 万元个人住房贷款，贷款年利率 5%，贷款期限为 20 年，若在整个贷款期内，利率不变，月等额本息还款方式下该借款人第一个月末应偿还本金额、利息金额和贷款余额分别是多少？等额本金还款方式下，第一月末和最后一期期末还款额分别是多少？

第五章 房 地 产 证 券 化

本 章 摘 要

1990 年诺贝尔经济奖得主夏普和米勒通过实证分析和逻辑推导提出：房地产证券化将成为未来金融发展的重点。住宅抵押贷款证券化是房地产证券化的主要内容之一，是发展的方向。

本章主要阐述了房地产证券化的概念及其产生和发展，分析了房地产证券化的重大意义，介绍了房地产股票和房地产债券的含义及发行；然后，讲述了住房抵押贷款证券化的含义、种类、运作过程和条件。

第一节 房 地 产 证 券 化 概 述

一、房地产证券化的概念

（一）证券化的概念

证券从法律意义上是指各类记载并代表一定权利的法律凭证的统称，用以证明持券人有权依其所持证券记载的内容而取得应有的权益。证券从一般意义上是指用以证明或设定权利所做成的书面凭证，它表明持有人或第三者有权取得该证券拥有的特定权益或证明其曾经发生过的行为。证券主要有股票、债券、基金、权证、银行定期存单等。

证券化一般可以理解为将不可交易的金融资产转化为可交易的证券的过程。其含义有广义和狭义之分。广义的证券化包括融资证券化和资产证券化；狭义的证券化仅指资产证券化。

所谓融资证券化是指资金需求者依法在资本市场和货币市场上发行证券（股票、债券等）的方式直接向资金供给者融通资金的融资方法。不同于向金融机构贷款的间接融资方式，融资证券化的实质是直接融资方式，多为信用融资，不同信用等级的资金需求者采用这种方式融资的成本不同，政府和信用卓著的企业可以较低的成本发行证券融资。它属于增量的证券化，又称为"初级证券化"或"一级证券化"。

所谓资产证券化是指原始权益人将不流动的资产或可预见的现金流收入，集中并分割成可在金融市场上流通的若干证券单位的过程，持有该证券就代表着对资产享有收益权。资产证券化是在原有信用基础上发展起来的，基本上属于存量的证券化，又称为"二级证券化"。

最早的资产证券化是美国 20 世纪 70 年代末的住房抵押证券。当时，美国三大按揭贷款公司：政府国民抵押协会、联邦国民抵押协会和联邦住房贷款抵押公司，以及其他从事住房抵押贷款的金融机构，为了转嫁利率风险，解决短存长贷的矛盾，将其所持有的住房抵押贷款按期限、利率等进行组合，以此作为抵押或担保，发行住房抵押证券。住房抵押贷款证券化一经问世，即获得迅猛发展。随后，从 20 世纪 80 年代开始，逐步出现了其他类型的可证券化资产，如汽车贷款、信用卡贷款、企业应收账款、租金、消费品分期付款等领域。在美国，资产证券化市场已成为仅次于联邦政府债券的第二大市场，是美国资本市场上最重要的融资工具之一。除了传统的信用资产或信用契约关系的资产证券化形式之外，20 世纪 90 年代还出现了未来收益证券化、风险证券化和整体企业证券化等证券化形式。

融资证券化和资产证券化最主要的区别在于，融资证券化是企业发行证券直接融资的行为，能使企业资本容量扩大，属于增量的证券化；而资产证券化是在原有的信用关系基础上发行的存量资产的证券化，证券化本身并不增加资本量。

从理论上来讲，一项资产只要其能在存续期间内给资产所有者带来持续稳定的或可预见的收益，就可以进行证券化。从实践操作来看，进行证券化的资产一般是期限较长、流动性较差的资产。流动性好的资产没有必要进行证券化。此外，适合证券化的资产还应质量良好，收益稳定；证券化的资产还应达到一定规模，以达到证券发行和管理的规模经济等。因此，可证券化的资产种类是十分广泛的。

（二）房地产证券化的概念

房地产证券化是资产证券化在房地产领域的具体应用，它是以房地产为对象，以房地产或与房地产有关的债权作担保，发行股票、债券、单位信托或其他受益凭证，直接从市场筹集资金的一种资金融通机制（王洪卫，2005）。房地产证券化一般认为有两种基本形态：一是房地产本身或所有权证券化，称为房地产权益证券化；二是房地产抵押权的证券化，称为房地产抵押贷款证券化。其他则是两种基本形态的复合形式。

1. 房地产权益证券化

房地产权益证券化可以分为三种具体的形式：①房地产项目融资证券化。它是以房地产投资经营机构自身的资产或信誉作担保，或针对某一房地产项目并以其建成后的收益作担保而发行的证券。②房地产产权证券化。它是指通过发行有价证券，将房地产与投资者之间的直接物权关系转化为由于拥有有价证券而形成的债权关系，使房地产的价值由流动性较低、非证券形态的固定的资本形态转化为具有流动性好的资本有价证券。③房地产投资信托。它是一种大众化的投资工具。详细内容见本书第六章《房地产信托》。

由于房地产位置的固定性、房地产投资的巨额性、房地产收益的不确定性以及房地产较长的投资周期，这些房地产的特性使得投资者如果直接投资或贷款于房地产企业或房地产项目时，其投资具有低流动性和高风险性；而房地产权益证券化能把流动性差的物权转化为具有较高流动性的股权和债权等形式，从而大大降低了风险，并扩展了房地产的融资渠道。目前主要的房地产权益证券包括房地产企业股票、房地产企业债券、房地产投资基金、房地产投资信托基金等。

2. 房地产抵押贷款证券化

房地产抵押贷款证券化是指银行等金融机构为了实现信贷资产的可流动性，以一级市场（发行市场）上抵押贷款组合为基础，发行抵押贷款证券的结构性融资行为。此种证券化最为成功的代表品种就是住房抵押贷款证券化。

目前国际上信贷资产证券化主要有三种基本模式：一是美国模式，也称为表外业务模式，即在银行外部设立特殊机构，以现金方式买入银行的优质抵押贷款资产，经过担保或信用增级后，以证券的形式出售给投资人的行为。银行实现了资产的出售，从而真实转移了风险。二是德国模式，也称为表内业务模式，即在银行内部设立一个机构，由这个机构以银行的优质抵押贷款资产为担保发行证券的行为。资产的所有权仍然属于银行，银行的风险并没有完全转移。三是澳大利亚模式，也称为准表外模式，是前两种模式的复合类型。在这种模式下，由银行设立合资或控股子公司，由子公司购买其母公司（银行）或其他公司的抵押贷款资产，将其证券化出售给投资人的行为。这种模式的实质是"银行主导的表外证券化"，在澳大利亚取得了极大的成功。

房地产权益证券化和房地产抵押贷款证券化的主要区别是前者是房地产企业、房地产投资公司等非银行金融机构的融资行为，其证券化基础是房地产企业的信用或特定房地产开发项目的信用；后者一般是银行解决抵押贷款资产流动性问题，分散风险的行为，其证券化基础是已存在的银行信用。

二、房地产证券化的产生与发展

房地产证券化最早出现于 20 世纪 60 年代的美国，随后房地产证券化的类型不断丰富，美国在欧洲各国和日本得到普遍推广，由此在全球范围内形成了房地产证券化发展的新时代。

美国是实行房地产证券化最早，也是房地产证券化最发达的国家。20 世纪 60 年代美国的房地产投资信托代表着美国房地产项目融资证券化的正式发展。随后在 1970 年，美国出现了房地产抵押贷款证券化。当时，美国政府国民抵押贷款协会发行了第一笔联邦住宅管理局和退伍军人管理局抵押贷款为支持的新证券商品——政府国民抵押协会债券；其后又陆续推出了"抵押担保债务证书"、"抵押支付债券"、"抵押担保债务证券"、"不动产投资信托"和"收益参加型的抵押信贷"等新的房地产证券品种，并逐步发展成为独立的市场。美国的房地产证券化主要形式有三种：房地产投资信托、房地产有限合伙和住房抵押贷款证券化。

与美国相比，英国的房地产证券化业务较为落后，其房地产证券化的发展始自对美国房地产投资信托的效仿。从英国房地产证券化的发展来看，主要存在三种形式：房地产抵押贷款证券化、单一房地产证券化和授权房地产单位信托。英国的房地产证券交易主要集中在证券交易所，因此，英国的房地产证券化模式对证交所有较强的依赖性，房地产证券市场与整个证券市场的变化息息相关。

在日本，银行的长短期业务相分离，并且银行业与证券业、信托业相分离，这在一定程度上阻碍了房地产证券化的发展。20 世纪 60 年代中期到 70 年代初，金融机构对房地产企业贷款逐步收缩，而对居民的住宅贷款却大幅度增加，资金来源与运用上短存长贷的矛盾日益加重，银行风险提升。在国际上房地产证券化浪潮的促进下，随着证券市场的不断发展，日本金融机构相继被迫出售资产，并通过证券化手段促进债权的流动，日本的房地产证券化也就得以快速发展起来。借鉴美国房地产证券化的成功经验，日本于 1998 年 9 月通过了 SPC（special purpose corporation）法，准许 SPC 设立，将特定资产（如房地产所有权、房地产担保债权等）以有价证券形式，向一般投资者发售。因此，日本的房地产证券化呈现出倾向于 SPC 法下的房地产证券化的特点。日本房地产证券化的主要品种有：抵押证券、住宅抵押证书和住宅贷款债权信托。

房地产证券化在美国、英国、日本等发达国家都得到较大发展，其中尤以美国的房地产证券化市场最为发达，在过去的 40 多年中，住宅抵押债券市场已经发展成为美国最大的债券市场。从美国、英国和日本这些房地产证券化较为发达国家的发展中，我们可以看到，它们都具有比较完善的金融体系，在推动房地产证券化过程中，政府信用起了很大的作用；政府都制定了相当完备的房地产证券化法律规范和税收会计准则；都建立起多种特殊的金融机构来实现房地产证券化的复杂操作。当然，由于各国国情不同，各个国家在证券化发展过程和程度各异，其在房地产证券化模式选择、工具运用、操作程序等多方面都各不相同，各具特色。

我国改革开放 30 年来，房地产业逐步成为国民经济的支柱产业之一，证券市场得以快速发展，房地产制度和金融体制的不断完善，这些都为房地产证券化创造了条件。同时，房地产企业直接融资需求的不断增长，也推动着我国房地产权益证券化的发展壮大。随着居民住宅消费贷款总量的不断提升，由短存长贷带来的银行金融风险也不断加大，客观上也要求房地产抵押贷款证券化来维护房地产金融稳定和安全。

我国房地产证券化最早来自于 1992 年海南三亚推出"地产投资券"，已经走过了十几年的发展历程。伴随着资本证券市场的不断形成和发育，房地产企业直接进入境内外资本市场，到上交所、深交所、香港联交所等，通过发行股票、债券等来筹集房地产建设资金。房地产信托市场近几年来得到了高速发展，据北京成业行房地产经纪有限公司投资顾问事业部发布的 2004 年全国房地产投资信托市场分析，2004 年全年全国房地产信托发行额为 111.74亿元，与 2003 年的发行额相比，将近翻了一倍。由此，我国的房地产投资权益证券化得到了较大的发展，并成为我国目前房地产证券化发展的主要形式。

在房地产抵押权证券化方面，我国住房抵押贷款一级市场已经形成，但二级市场（证券化市场）还没有真正启动。2000 年，中国建设银行、中国工商银行被中国人民银行正式批准为住房贷款证券化试点单位。2003 年 2 月 21 日，中国人民银行发布《2002 年中国货币政策执行报告》，首次在报告中提出积极推进住房贷款证券化。2004 年 1 月 31 日，《国务院关于推进资本市场改革开放和稳定发展的若干意见》发布，其中提出"积极探索并开发资产证券化品种。"2005 年 3 月 21 日，经国务院批准，国家开发银行和中国建设银行作为试点单位，将分别进行信贷资产证券化和住房抵押贷款证券化的试点。2005 年 4 月 21 日，中国人民银行、银监会共同公布了《信贷资产证券化试点管理办法》，预示我国房地产抵押贷款证券化正式启动。12 月 8 日，中国人民银行批准国家开发银行、中国建设银行两家试点银行在银行间债券市场分别发行首批资产支持证券。2005 年 12 月 18 日，国家开发银行和建设银行分别发行"开元"（41.77 亿元）和"建元"（30.17 亿元）两只资产支持证券。其中，中国建设银行从上海、江苏和福建省三家一级分行筛选出了一万五千余笔，金额总计约为三十亿元的个人住房抵押贷款组成资产池，委托中信信托投资有限责任公司发行 2005 年五年第一期"建元个人住房抵押贷款资产支持证券"，这是国内第一次发行个人住房抵押贷款证券化产品，是中国实施住房抵押贷款证券化的重要起点和标志。

三、房地产证券化的意义

房地产证券化是房地产金融领域的一种创新，其迅猛发展对我国资本市场、房地产市场、房地产企业、商业银行和房地产投资者的发展都大有裨益。

（一）房地产证券化有利于我国资本市场的完善和发展

房地产证券化的过程实际上也是房地产市场与资本市场不断融合的过程，其对资本市场的意义体现在如下方面：

（1）积聚中小投资者和机构的闲散资金，促进个人储蓄向房地产投资的转化，扩大了资本市场的规模。

（2）房地产证券化为一般投资者提供了共享房地产开发与经营收益的机会，增添了一种新的投资工具，有利于资本流动，实现资源的合理配置，有力地推动了我国资本市场的完善和发展。

（3）房地产证券化的发展使得参与各方得到锻炼，有利于促进我国资本市场的现代化和规范化发展。

（二）房地产证券化有利于房地产市场的长远发展

（1）房地产证券化能化解市场金融风险。证券化将流动性差的房地产资产转变为流动性好的证券，从而有效化解金融风险。

（2）房地产证券化有利于促进房地产流通和消费。住房抵押贷款证券化的推行将支持商业银行扩大住房抵押贷款证券化的规模，从而促进住房消费。

（3）房地产证券化有助于房地产价格发现。由于房地产证券价格与房地产价格呈正相关性，其变动必然反映房地产价格的变动趋势；证券的交易相对房地产交易容易、灵活得多，房地产证券价格对房地产市场供需状况的变化所做出的反应将相对迅速、灵敏；房地产证券还包含着房地产收益的预期，因此，对房地产市场来说，房地产证券又有了价格发现的功能。

（三）房地产证券化有利于房地产企业的发展壮大

房地产证券化能够拓展房地产企业融资渠道，改变房地产企业过度依赖银行贷款间接融资的局面。房地产业是资金密集型行业，资金实力和资本运营的实力是现在房地产企业竞争成败的关键因素。2003年6月，中国人民银行发布《关于进一步加强房地产信贷业务管理的通知》，即"121号文件"。该文件的主旨在于提高房地产企业获取银行贷款的条件，控制房地产信贷风险。近年来，房地产价格的过快增长，通货膨胀的压力使得银行持续实行从紧的信贷政策，房地产企业的资金链压力越来越大。房地产证券化提供的多元化融资渠道，是目前房地产企业资金来源的必然选择。

（四）房地产证券化有利于商业银行转移金融风险

商业银行住房抵押贷款存在"短存长贷"的风险，资产的流动性差，虽然相对而言，住房抵押贷款属于银行贷款中的优质资产，但随着住房抵押贷款规模的不断扩大，在房地产价格波动加剧的现实条件下，商业银行金融风险较大。住房抵押贷款证券化有效解决了"短存长贷"的风险，金融机构成为房地产投资者与房地产经营者之间重要的中介机构，整个金融系统就有了一种新流动机制，银行可以较快的收回资金，从而提高了金融系统的安全性。

（五）房地产证券化有利于房地产投资队伍的培育

房地产证券化之前，房地产投资的巨额性使得广大的中小投资者无法投资房地产业；房地产证券化之后，广大的中小投资者可以通过购买房地产股票、债券、住房抵押贷款证券等来投资房地产业，从而扩大了房地产中小投资者队伍的规模。对于机构投资者而言，通过房地产证券化房地产业投资相对于以前的物权投资，流动性大大提高，加强了投资的安全性，从而也就稳定和壮大了机构投资者队伍。

第二节 房地产股票及其发行

一、房地产股票

股票是指股份有限公司发行的、表示其股东按其持有的股份享受权益和承担义务的可转让的书面凭证。因此，房地产股票即指房地产股份有限公司发行的、表示其股东按其持有的股份享受权益和承担义务的可转让的书面凭证。

股东的权益在利润和资产分配上表现为索取公司在对债务还本付息后的剩余收益，即剩余索取权（Residual Claims）。在公司破产时，股东通常将一无所获，但它只负有限责任，即当公司资产不足以偿还全部债务时，股东个人资产不会被追偿。同时，股东有权投票决定公司的重大经营活动，而公司日常的经营则由经理作出决策；也就是说，股东对公司的控制表现为合同所规定的经理职责范围以外的决策权，也称为剩余控制权（Residual Rights of Control）。在公司正常经营情况下，股东拥有的剩余索取权和剩余控制权构成了公司的所有权。

股票作为书面凭证，本身没有价值，但是它作为向公司提供资本的权益证明，代表着一定收益的权力，因此具有价值，可以作为商品进行转让。股票一经购买，持有者就不能要求退股，但可以到二级市场上卖出。

（一）房地产股票的类别

1. 按股东承担的风险大小和享有的权利可以分为普通股和优先股

普通股是在优先股要求权得到满足之后才享有对公司利润和资产分配权利的股票，其股息收益随着公司经营情况的不同而不同，没有上、下限；普通股股东一般有出席股东大会的会议权、表决权和选举权、被选举权，通过股票份额来行使其剩余索取权。普通股是最普通的一种股票形式，也是最重要的一种形式。普通股股东还具有优先认股权，即当公司增发新的普通股时，现有股东有权按其原来的持股比例认购新股，从而维持其对公司所有权的原有比例。当然当股东预期公司经营状况会恶化时，也可以放弃这种权利。

优先股是指在剩余索取权方面较普通股优先的股票。优先股取得固定股息，其优先性体现为在普通股之前收取股息，但优先股股东通常没有投票权，只有在特定的情况下才有临时投票权。优先股由于股息固定，其风险小于普通股，预期收益也低于普通股。

2. 按是否记名可以分为记名股票和无记名股票

记名股票是指在股票上载有股东姓名的股票。公司备有股东名册记录股东姓名及地址等信息。在记名股票转让时，必须将受让人的姓名或法人名称记载在公司股票之上，并将其姓名和地址等信息记录在公司股东名册之上，转让才能生效。无记名股票是指不在股票上记载股东姓名的股票。股票转让时，只需进行股票的交付即使转让生效。无记名股票相对记名股票而言更加普遍。

（二）房地产股票的价格

房地产股票的价格与其他股票一样，主要有票面价格、发行价格和市场价格等形式。

票面价格是指股票票面上标明的金额，即面值。票面价格是其他价格的参考依据，随着股市行情的变化，其与股票所实际代表的资产价值差距可能很大。发行价格是指股票发行时销售价格，它的确定受到股市行情、公司声誉、公司成长性、资本构成、发行费用等多种因素的影响。市场价格是指股票在二级市场上的交易价格。它不仅仅取决于公司的经营状况的好坏，还受到整个市场行情和投机等因素的影响，其价格的波动会比较大。

（三）房地产股票的收益

房地产股票的收益来源主要有股息、红利以及股票交易收益三种。

股息是针对优先股股东支付的优先股投资收益。它是以固定股息率来计算的，与公司经营状况好坏没有直接的关系。红利是针对普通股股东支付的投资收益。它依公司的经营状况好坏而发生变化，经常波动。股票交易收益是指股票持有人在股票市场上卖出股票，相对于其取得股票成本之间的差额收益。这种收益的影响因素很多，投机性较大，波动非常大，很不稳定。

二、房地产股票的发行

（一）房地产股票发行的方式

房地产公司发行股票的基本目的是为了筹集项目建设和发展资金。对筹建设立中的房地产股份有限公司而言，发行股票是为了达到法定注册资本进行筹集资金从而设立公司；对已经成立的房地产股份有限公司而言，发行股票一般是为了增加资本金，满足项目开发和土地购置等的需要。但在一些特殊的情况下，房地产公司也可以出于其他目的而发行股票。比如年终公司分红时，不派发现金，而是发行新股票分配给原股东；在公司并购中，收购方常发行新股票来换购被兼并公司股票，而不单纯采用现金的方式收购。因此，股票的发行方式是多种多样的，按照不同的标准可以作不同分类。

1. 根据发行目的不同分为设立发行和增资发行

（1）设立发行。设立发行是指房地产公司在设立时，向发起人或社会投资者发行的股票。2005 年 10 月 27 日第十届全国人民代表大会常务委员会第十八次会议修订，2006 年 1 月 1 日开始实施的《中华人民共和国公司法》第七十八条规定："股份有限公司的设立，可以采取发起设立或者募集设立的方式。发起设立是指由发起人认购公司应发行的全部股份而设立公司。募集设立是指由发起人认购公司应发行股份的一部分，其余股份向社会公开募集或者向特定对象募集而设立公司。"此外还规定，设立股份有限公司，应当有二人以上二百人以下为发起人，其中须有半数以上的发起人在中国境内有住所。

（2）增资发行。增资发行是指已经设立的房地产股份有限公司因生产经营需要，追加资本金而发行股票。《公司法》第三十五条规定："公司新增资本时，股东有权优先按照实缴的出资比例认缴出资"，因此，老股东有权按一定的比例优先购买公司新发行的股票，剩余部分才向社会投资者出售。

2. 根据发行对象不同分为公募和私募

（1）公募。公募又称为公开发行，是指发行人通过证券经营机构向发行人以外的社会公众就发行人的股票作出的销售行为。股票发行市场（一级市场）上的公开发行有两种情况：首次公开发行（initial public offering，IPO）和上市后公开发行（seasoned public offering，SPO）。公开发行方式有利于广泛筹集社会闲散资金，但发行者一般要求有较高的信誉和知名度，而且必须向证券管理机构申请，接受其严格审查。发行时通常需要投资银行、证券公司等中介机构参与进行，程序较多，操作起来较难。《证券法》第三十二条规定："向不特定对象发行的证券票面总值超过人民币五千万元的，应当由承销团承销。承销团应当由主承销和参与承销的证券公司组成。"

（2）私募。私募又称为非公开发行或内部发行，是指发行人只向特定的投资者就发行人的股票作出的销售行为。特定的投资者一般包括两类：一类是个人投资者，常见的有公司老股东或发行人机构内部的员工；另一类是机构投资者，多半是一些知名金融机构或与发行人有密切往来关系的企业等。私募发行方式不需要经过证券管理机构的严格审核和批准，程序相对公开发行简单，因此可以节约各种发行费用，降低筹资成本。但这种方式发行的股票不能在股票交易所公开交易，流动性不如公开发行股票好，也不利于提高发行人的知名度。相对而言，多数股票发行人愿意选择公募发行方式。

3. 根据发行是否借助中介分为直接发行和间接发行

（1）直接发行。直接发行是指股票发行人不借助证券公司等证券承销中介机构，由自己办理发行事宜并承担发行风险的发行方式。这种发行方式并不常见，只适用于少额股票的发行。直接发行虽然可以节约发行费用，但发行范围狭窄，发行时间相对较长，而且发行公司要有较高的社会信誉，股票销售不完的风险也得由发行人自己承担。

（2）间接发行。间接发行是指发行人委托证券承销机构（如证券公司、信托投资公司、投资银行）发行股票，并与其共同承担风险的发行方式。无论设立发行还是增资发行，只要是公开发行，一般都要委托证券承销机构进行销售。承销的主要方式有代销、包销两种。2005 年 10 月 27 日第十届全国人民代表大会常务委员会第十八次会议修订后的《证券法》规定：发行人向不特定对象发行的证券，法律、行政法规规定应当由证券公司承销的，发行人应当同证券公司签订承销协议。证券承销业务采取代销或者包销方式。证券代销是指证券公司代发行人发售证券，在承销期结束时，将未售出的证券全部退还给发行人的承销方式。证券包销是指证券公司将发行人的证券按照协议全部购入或者在承销期结束时将售后剩余证券全部自行购入的承销方式。

（二）房地产股票发行条件

房地产股票发行分为新设发行、改组发行和增资发行等形式。股份公司发行股票必须符合《证券法》和《股票发行与交易管理暂行条例》等规定的发行条件。

1. 新设发行

股票发行人必须是具有股票发行资格的股份有限公司，包括已经成立的股份有限公司和经批准拟成立的股份有限公司。

设立股份有限公司申请公开发行股票，应当符合下列条件：

（1）其生产经营符合国家产业政策。

（2）其发行的普通股限于一种，同股同权。

（3）发起人认购的股本数额不少于公司拟发行的股本总额的 35%。

（4）在公司拟发行的股本总额中，发起人认购的部分不少于人民币三千万元，但是国家另有规定的除外。

（5）向社会公众发行的部分不少于公司拟发行的股本总额的 25%，其中公司职工认购的股本数额不得超过拟向社会公众发行的股本总额的 10%；公司拟发行的股本总额超过人民币四亿元的，证监会按照规定可以酌情降低向社会公众发行的部分的比例，但是最低不少于公司拟发行的股本总额的 10%。

（6）发起人在近 3 年内没有重大违法行为。

（7）证券委规定的其他条件。

2. 改组发行

原有企业改组设立股份有限公司申请公开发行股票，除应当符合上述新设发行所列七个条件外，还应当符合下列条件：

（1）发行前一年末，净资产在总资产中所占比例不低于 30%，无形资产在净资产中所占比例不高于 20%，但是证券委另有规定的除外。

（2）近三年连续盈利。

国有企业改组设立股份有限公司公开发行股票的，国家拥有的股份在公司拟发行的股本总额中所占的比例由国务院或者国务院授权的部门规定。

3. 增资发行

股份有限公司增资申请公开发行股票，除应当符合改组发行股票所有条件外，还应当符合下列条件：

(1) 前一次公开发行股票所得资金的使用与其招股说明书所述的用途相符，并且资金使用效益良好；

(2) 距前一次公开发行股票的时间不少于十二个月；

(3) 从前一次公开发行股票到本次申请期间没有重大违法行为；

(4) 证券委规定的其他条件。

4. 定向筹集公司公开发行股票

定向募集公司申请公开发行股票，除应当符合改组发行股票所有条件外，还应当符合下列条件：

(1) 定向募集所得资金的使用与其招股说明书所述的用途相符，并且资金使用效益良好；

(2) 距最近一次定向募集股份的时间不少于十二个月；

(3) 从最近一次定向募集到本次公开发行期间没有重大违法行为；

(4) 内部职工股权证按照规定范围发放，并且已交国家指定的证券机构集中托管；

(5) 证券委规定的其他条件。

从上述股票发行条件中可以看到，国家在发行公司的净资产、经济效益、守法经营、筹集资金使用、发行股票分配等都进行了规定，即同时对股票发行数量和发行质量进行了有效控制。

(三) 房地产股票发行程序

房地产股票发行程序必须符合《证券法》和《股票发行与交易管理暂行条例》等规定。

申请公开发行股票时应该按照下列程序办理：

(1) 申请人聘请会计师事务所、资产评估机构、律师事务所等专业性机构，对其资信、资产、财务状况进行审定、评估和就有关事项出具法律意见书后，按照隶属关系，分别向省、自治区、直辖市、计划单列市人民政府（以下简称"地方政府"）或者中央企业主管部门提出公开发行股票的申请。

(2) 在国家下达的发行规模内，地方政府对地方企业的发行申请进行审批，中央企业主管部门在与申请人所在地方政府协商后对中央企业的发行申请进行审批；地方政府、中央企业主管部门应当自收到发行申请之日起 30 个工作日内作出审批决定，并抄报证券委。

(3) 被批准的发行申请，送证监会复审；证监会应当自收到复审申请之日起 20 个工作日内出具复审意见书，并将复审意见书抄报证券委；经证监会复审同意的，申请人应当向证券交易所上市委员会提出申请，经上市委员会同意接受上市，方可发行股票。

申请公开发行股票时，应当向地方政府或者中央企业主管部门报送下列文件：①申请报告；②发起人会议或者股东大会同意公开发行股票的决议；③批准设立股份有限公司的文件；④工商行政管理部门颁发的股份有限公司营业执照或者股份有限公司筹建登记证明；

⑤公司章程或者公司章程草案；⑥招股说明书；⑦资金运用的可行性报告；需要国家提供资金或者其他条件的固定资产投资项目，还应当提供国家有关部门同意固定资产投资立项的批准文件；⑧经会计师事务所审计的公司近3年或者成立以来的财务报告和由两名以上注册会计师及其所在事务所签字、盖章的审计报告；⑨经两名以上律师及其所在事务所就有关事项签字、盖章的法律意见书；⑩经两名以上专业评估人员及其所在机构签字、盖章的资产评估报告，经两名以上注册会计师及其所在事务所签字、盖章的验资报告；涉及国有资产的，还应当提供国有资产管理部门出具的确认文件；⑪股票发行承销方案和承销协议；⑫地方政府或者中央企业主管部门要求报送的其他文件。

被批准的发行申请送证监会复审时，除应当报送上述所列文件外，还应当报送下列文件：①地方政府或者中央企业主管部门批准发行申请的文件；②证监会要求报送的其他文件。

（四）房地产股票发行价格

股票发行价格的确定是股票发行中最基本和最重要的内容，它关系到发行人、承销人的根本利益以及股票上市后的表现。股票可以以面值作为发行价格，称为平价发行或面值发行，但现实中一般是溢价发行，即股票的发行价格高于其票面金额。例如，SOHO中国2007年10月8日在香港联合交易所主板成功挂牌上市，股票发行价格为8.3港元，相对于1港元的面值而言，溢价7.3港元。

《公司法》第一百二十八条规定："股票发行价格可以按票面金额，也可以超过票面金额，但不得低于票面金额。"因为低于票面金额，公司股票总额应付产生虚假，违背资本充实的原则，可能损害公司债权人的利益。

在股票发行过程中，投资银行或证券公司等证券承销机构的一个重要作用就是向发行人提出股票发行价格的建议。《证券法》第三十四条规定："股票发行采取溢价发行的，其发行价格由发行人与承销的证券公司协商确定。"由于发行人对证券市场的了解有限，因此，一般新股如何定价主要由证券公司等来确定。具体的定价方法主要有可比公司定价法和现金流贴现法，前者是指参照同行业类似条件上市公司的市盈率来确定股票发行价格；后者是指首先通过测算确定一个贴现率，用来将公司未来的收益贴现计算出公司现值，将这一价值除以希望筹集的总股数，即确定新股发行价格。

三、我国房地产上市公司股票发行

上市公司是指其股票获准在证券交易场所交易的股份有限公司。我国房地产公司上市融资随着国内房地产周期性的波动，以及不同时期国家宏观经济调控的不同呈现出不同的发展阶段。

（一）1988—1994年，房地产企业股票上市的产生及兴起

1988年8月28日由中华企业股份有限公司、上海纺织住宅开发总公司、上海市房产经营公司、徐汇区城市建设开发总公司、交通银行上海分行、上海久事公司六家单位作为发起人募集组建了全国第一家房地产股份制上市企业——上海兴业房产股份有限公司（ST兴业，600603）。

随后，随着我国股份制企业试点的推进，房地产公司股票上市在1990—1994年期间形成高潮。这一时期恰逢我国证券市场初创，国内房地产处于高潮的阶段，在政府的支持下，一批高速成长的、业绩优良的房地产企业实现了股票上市，代表性的有深万科、深宝安和琼能源等房地产公司。

（二）1994—1999 年，房地产企业 IPO 上市暂停

1994—1999 年，为适应宏观调控的需要，抑制房地产泡沫，国家暂停了房地产企业 IPO 上市融资。

1992—1994 年间，我国出现了房地产泡沫，为了抑制过热的经济，国家决定限制房地产企业上市。1993 年 7 月 31 日，中国证监会发出了《关于 1993 年申请公开发行股票企业产业政策问题的通知》，规定："公开发行股票的企业应按照以下产业政策原则掌握：一、鼓励能源、交通、通信等基础产业企业；二、暂不受理金融企业；三、控制房地产业的企业。"

1996 年 12 月，中国证监会《关于股票发行工作若干规定的通知》中规定："在产业政策方面，要重点支持农业、能源、交通、通信、重要原材料等基础产业和高新技术产业，从严控制一般加工工业及商业流通性企业，金融、房地产等行业暂不考虑。"1997 年 9 月，中国证监会《关于做好股票发行工作的通知》称，在产业政策方面继续"对金融、房地产行业、企业暂不受理。"

这段时间，房地产企业 IPO 虽然停止了，但通过产业转型的方式涉足房地产业，或者是非上市的房地产公司以借"壳"上市的方式，房地产上市公司的数量仍然有了较快的发展。据南方都市报报道（2001 年 2 月 7 日）：1993 年房地产上市公司的数量在 20 家左右，而至 2001 年初，在主营业务中包括房地产的上市公司就接近 100 家，实际以房地产为主业的上市公司有 45 家左右。

（三）1999—2006 年，房地产企业恢复 IPO 的试点

从 1998 年开始，国家把房地产业的增长，尤其是住宅业的增长作为重要的经济增长点，建设部提出进行三家房地产企业上市试点。1999 年 7 月，国务院批准了建设部提出的房地产企业上市试点的要求。2000 年 4 月 30 日，证监会确定北京的天鸿宝业、深圳的金地集团、天津综合开发公司为解禁后首批在证券市场发行股票的房地产企业，这三家企业随后分别在 2001 年 3 月、4 月和 9 月发行上市。

总体来看，2001 年国内资本市场恢复后房地产企业 IPO，也只有天鸿宝业、金地集团、天房发展、栖霞建设等少数企业得以上市，而且清一色是国有股份控股公司。房地产企业 IPO 虽然恢复，但仍然是对房企限制较多。

（四）2006—2008 年，房地产企业 IPO 逐步进入正常、规范发展的轨道

2005 年开始我国进行了股权分置改革和券商治理，股市逐步焕发出勃勃生机。房地产企业的 IPO 也逐步活跃。2006 年保利和北辰两家国企获准 IPO，2007 年也有北辰实业和荣盛房地产等公司通过 IPO 实现融资。

目前股权融资在我国房地产金融中所占比重仍比较小。据上海证券报 2008 年 3 月 21 日报道，在 5 万多家房地产企业中，上市公司大约是 120 家。占上市公司总量的 7.5%，从 2007 年初到 2008 年 2 月末，房地产类公司融资 578 亿元，占市场融资总量的 6.7%，但这来自资本市场的 578 亿元资金，仅相当于去年全国房地产业实际完成投资总额的 2.3%。

该文中提及，中国证监会发行部相关负责人指出，市场传言房地产企业 IPO 和再融资审核停止并不准确。房地产企业，目前已经不存在暂停上市审核的情况，也应当不会再出现限制房地产企业的状况。中国证监会支持优质房地产企业通过 IPO 或借壳上市等方式，通过资本市场实现做大做强。但对募集资金用于囤积土地、房源，或用于购买开发用地等的 IPO，将不予核准。

第三节　房地产债券及其发行

一、房地产债券

债券是发行人依照法定程序发行的、约定在一定期限还本付息的有价证券，它反映的是债权债务关系。持有者不能参与企业的经营管理，但有权按约定的条件向债券发行人（借款人）取得利息和到期收回本金。债券按发行主体不同，可以分为政府债券、公司债券和金融债券。本章只分析公司债券，因此，本章中房地产债券是指房地产公司依照法定程序发行的、约定在一年以上期限内还本付息的有价证券。

公司债券的种类很多，依据不同的分类标准可以分为不同类别。

1. 按抵押担保状况分为信用债券、抵押债券、担保信托债券和设备信托证

信用债券是不提供任何抵押品，仅以公司信誉为担保而发行的债券。发行这种债券的公司必须有较好的社会信誉，一般有较大的企业规模，发行债券的期限较短，利率也较高。抵押债券是指以房地产为抵押品而发行的债券。如果发行公司不能按期还本付息，债权人有权处理抵押物而得到清偿。担保信托债券是以公司特有的各种动产或有价证券为抵押品而发行的债券。债权只有当用途抵押品的证券等交由受托人保管以后才能得到确认，但发行债券公司仍然保留证券的投票表决及接受股息等权利。设备信托证是指公司为了购买大型设备，以购买的大型设备作为抵押而发行的债券。公司购买设备后，即将设备所有权交由受托人，再由发行公司向受托人租用该设备，直至债券本息全部还清后，该设备的所有权才交回发行公司。

2. 按利率可分为按利率可分为固定利率债券、浮动利率债券、指数债券和零息债券

固定利率债券是指确定利率的公司债券，是最常见的一种债券。浮动利率债券是指利率可以变动的债券。这种债券的利率确定与市场利率挂钩，一般高于市场利率的一定百分点。指数债券是通过将利率与通货膨胀率挂钩来保证债权人不会由于物价上涨而遭受损失的债券。零息债券是指以低于面值的贴现方式发行，到期按面值偿还本金，兑现时不再另付利息的债券。

3. 按内涵选择权可分成可赎回债券、偿还基金债券、可转换债券和带认股权证的债券

可赎回债券是指公司债券附加提前赎回和以新偿旧条款，允许发行公司在到期日之前回购全部或部分债券。偿还基金债券是指要求发行公司每年从其盈利中提取一定比例存入信托基金，定期偿还本金的债券。可转换债券是指发行人依照法定程序发行、在一定期限内依据约定的条件可以转换成股份的公司债券。带认股权证的债券是指把认股证作为合同的一部分附带发行的债券。

二、房地产债券的发行

（一）发行条件

2007年8月14日《公司债券发行试点办法》颁布实施，进一步明确了企业发行债券的各项条文，房地产公司债券当然也应该适用该法。申请发行公司债券，应当符合《证券法》、《公司法》和本办法规定的条件，经中国证券监督管理委员会（以下简称"中国证监会"）核准。证监会将按照"先试点、后分步推进"的工作思路，公司债券发行试点将从上市公司入手。初期，试点公司范围仅限于沪深证券交易所上市的公司及发行境外上市外资股的境内股

份有限公司。

具体而言，公开发行公司债券，应当符合下列条件：

（1）公司的生产经营符合法律、行政法规和公司章程的规定，符合国家产业政策；

（2）公司内部控制制度健全，内部控制制度的完整性、合理性、有效性不存在重大缺陷；

（3）经资信评级机构评级，债券信用级别良好；

（4）公司最近一期末经审计的净资产额应符合法律、行政法规和中国证监会的有关规定；

（5）最近三个会计年度实现的年均可分配利润不少于公司债券一年的利息；

（6）本次发行后累计公司债券余额不超过最近一期末净资产额的40%；金融类公司的累计公司债券余额按金融企业的有关规定计算。

存在下列情形之一的，不得发行公司债券：

（1）最近36个月内公司财务会计文件存在虚假记载，或公司存在其他重大违法行为；

（2）本次发行申请文件存在虚假记载、误导性陈述或者重大遗漏；

（3）对已发行的公司债券或者其他债务有违约或者迟延支付本息的事实，仍处于继续状态；

（4）严重损害投资者合法权益和社会公共利益的其他情形。

公司债券每张面值100元，发行价格由发行人与保荐人通过市场询价确定。公司债券的信用评级，应当委托经中国证监会认定、具有从事证券服务业务资格的资信评级机构进行。

上市公司发行可转换为股票的公司债券，除应当符合以上规定的条件外，还应当符合本法关于公开发行股票的条件，并报国务院证券监督管理机构核准。

（二）发行程序

1.房地产公司董事会制定公司债券发行方案，由股东会或股东大会批准

董事会制定发行方案后，由股东会或股东大会对下列事项做出决议：

（1）发行债券的数量；

（2）向公司股东配售的安排；

（3）债券期限；

（4）募集资金的用途；

（5）决议的有效期；

（6）对董事会的授权事项；

（7）其他需要明确的事项。

2.选择保荐人，并向中国证监会申报

房地产公司要选择债券发行保荐人，然后由保荐人按照中国证监会的有关规定编制和报送募集说明书和发行申请文件。

公司全体董事、监事、高级管理人员应当在债券募集说明书上签字，保证不存在虚假记载、误导性陈述或者重大遗漏，并声明承担个别和连带的法律责任。保荐人应当对债券募集说明书的内容进行尽职调查，并由相关责任人签字，确认不存在虚假记载、误导性陈述或者重大遗漏，并声明承担相应的法律责任。为债券发行出具专项文件的注册会计师、资产评估人员、资信评级人员、律师及其所在机构，应当按照依法制定的业务规则、行业公认的业务

标准和道德规范出具文件，并声明对所出具文件的真实性、准确性和完整性承担责任。债券募集说明书所引用的审计报告、资产评估报告、资信评级报告，应当由有资格的证券服务机构出具，并由至少两名有从业资格的人员签署。债券募集说明书所引用的法律意见书，应当由律师事务所出具，并由至少两名经办律师签署。债券募集说明书自最后签署之日起六个月内有效。

3. 中国证监会审核

中国证监会依照下列程序审核发行公司债券的申请：

（1）收到申请文件后，五个工作日内决定是否受理；

（2）中国证监会受理后，对申请文件进行初审；

（3）发行审核委员会按照《中国证券监督管理委员会发行审核委员会办法》规定的特别程序审核申请文件；

（4）中国证监会作出核准或者不予核准的决定。

4. 房地产企业依法发行公司债券

发行公司债券，可以申请一次核准，分期发行。自中国证监会核准发行之日起，公司应在六个月内首期发行，剩余数量应当在二十四个月内发行完毕。超过核准文件限定的时效未发行的，须重新经中国证监会核准后方可发行。首期发行数量应当不少于总发行数量的50%，剩余各期发行的数量由公司自行确定，每期发行完毕后五个工作日内报中国证监会备案。公司应当在发行公司债券前的二至五个工作日内，将经中国证监会核准的债券募集说明书摘要刊登在至少一种中国证监会指定的报刊，同时将其全文刊登在中国证监会指定的互联网网站。

（三）房地产企业债券发行现状

虽然股权融资是房地产企业融资的最佳选择，但发行条件较高、周期长、审批较难；随着《公司债券发行试点办法》的颁布实施，2008 年以来普遍资金链紧张的房地产企业相继选择了发行公司债券这一次优选择的努力。

房地产公司发行公司债融资，早在 2007 年就得到了管理层的支持和推动。2007 年 6月，中国银监会业务创新监管协作部主任李伏安表示，今后地产企业融资应避免走"银行贷款"、"股票上市"两个极端，大型房地产企业在投融资过程中应该考虑更多选择一些中间产品，比如公司债券。

2008 年 3 月 12 日，金地集团获批发行的 12 亿元公司债，成为《公司债券发行试点办法》实施后首家成功发行公司债券的上市公司。2008 年 5 月 21 日，保利地产发布公告，43亿元公司债申请获得证监会通过，从去年 10 月 11 日董事会审议通过发行公司债至今，保利地产已等待了半年之久；5 月 22 日，万科 A 宣布其规模达到 59 亿元的公司债获证监会批准发行。可见，企业债券正在成为金地、万科等蓝筹房地产企业融资的有效途径。

例如，金地集团公司债券发行情况如下 [来源于 2008 年金地（集团）股份有限公司公司债券上市公告书]：

（1）本期公司债券发行总额。2008 年金地（集团）股份有限公司公司债券（以下简称"本期公司债券"）的发行规模为人民币 12 亿元。

（2）本期公司债券发行批准机关及文号。本期公司债券发行已经中国证券监督管理委员会证监发行字 [2007] 457 号文核准。

（3）本期公司债券的发行方式及发行对象。

1）发行方式。本期公司债券发行采取网上面向社会公众投资者公开发行和网下面向机构投资者协议发行相结合的方式。网上认购按"时间优先"的原则实时成交，网下认购采取机构投资者与保荐人（主承销商）签订认购协议的形式进行。

本期公司债券网上、网下预设的发行数量占本期公司债券发行总量的比例分别为 10％和 90％。发行人和保荐人（主承销商）将根据网上发行情况决定是否启动回拨机制，如网上额度全额认购，则不进行回拨；如网上认购不足，则将剩余部分全部回拨至网下；采取单向回拨，不进行网下向网上回拨。

2）发行对象。网上发行：持有登记公司开立的首位为 A、B、D、F 证券账户的社会公众投资者（法律、法规禁止购买者除外）。

网下发行：在登记公司开立合格证券账户的机构投资者（法律、法规禁止购买者除外）。

（4）本期公司债券发行的主承销商及承销团成员。

本期公司债券由保荐人（主承销商）中国国际金融有限公司组织承销团，采取余额包销的方式承销。

本期公司债券的保荐人（主承销商）为中国国际金融有限公司，副主承销商为申银万国证券股份有限公司、国信证券有限责任公司，分销商为中银国际证券有限责任公司、中信建投证券有限责任公司。

（5）本期公司债券的票面金额。本期公司债券每张票面金额为 100 元。

（6）本期公司债券存续期限。本期公司债券的存续期限为 8 年。

（7）本期公司债券年利率、计息方式和还本付息方式。本期公司债券票面利率为 5.50％，在债券存续期内固定不变，采取单利按年计息，不计复利。本期公司债券按年付息、到期一次还本。利息每年支付一次，最后一年利息随本金一起支付。

（8）债券评级机构及债券信用等级。经中诚信证券评估有限公司（以下简称"中诚信评估"）综合评定，发行人的主体信用等级为 AA－，本期公司债券信用等级为 AAA。

在本期公司债券的存续期内，中诚信评估每年将对本期公司债券进行跟踪评级。

（9）担保情况。本期公司债券由中国建设银行股份有限公司授权其深圳市分行提供全额不可撤销的连带责任保证担保。

（10）本期公司债券受托管理人。本期公司债券的受托管理人为中国国际金融有限公司。

（11）本期公司债券上市基本情况。经上海证券交易所（以下简称"上证所"）同意，公司 12 亿元 2008 年金地（集团）股份有限公司公司债券将于 2008 年 3 月 20 日起在上证所挂牌交易，债券简称"08 金地债"，上市代码"122006"。经上海证券交易所上证债字［2007］81 号文批准，本期公司债券上市后可进行新质押式回购交易，具体折算率等事宜按中国证券登记结算有限责任公司相关规定执行。

（四）可转换债券的发行

可转换债券是一种固定利率的债券，它赋予持有者在一定期限内依据约定的条件转换成一定数量普通股票的权利（但它不是义务）。可转换债券大多数情况下是由公司发行，兼有债权和股权的双重性质。在尚未转换之前，与普通的公司债券一样，获得固定利息；其特殊性在于债券持有人可以在一定期限内按照约定的条件将所持债券转换成一定数量的普通股票。当债券持有人选择转换时，可转换债券不复存在，转变为公司股票，其持有者也就相应由公司的债权人变为股东。

可转换公司债券为发行者和投资者都提供了更加灵活的选择，实现了双赢。对于发行者而言，低票面利率和期权价值是可转换公司债券的两大优势。可转换债券因含有未来转股的权利，提供了相对债券更大的获利潜力，因此票面利率通常比传统公司债券低，公司融资成本较少。如果在股价处于低位时发行可转换债券，可以将转股价格定得较高，实际上是参考未来的预期较高股价在现时的融资行为，相对于现在进行低价位股权融资而言，有利于提高募股的效率。转换发生后，发行者股权资本增加而长期债务减少；若转换不发生，由于利率较低，则相当于发行者获得了一笔长期的、低成本的贷款。对于购买可转换债券的投资者而言，一方面，可在规定的转换期间选择有利时机将债券转换为股票，并且没有经纪人成本，从而获得高于债券的股票收益；另一方面，当公司股价下跌时，也可继续持有直至偿还期满时收回约定的本金和固定利息，相对股票而言风险较小。如果发行者被破产清盘，债券比股票有优先受偿权。同时，可转换债券持有者还可以选择在证券交易市场上将其交易来变现，因而流动性较好。可转换债券的特点和优势吸引了大量的投资者特别是机构投资者的购买。

例如：万科企业股份有限公司经中国证券监督管理委员会证监发行字［2004］151 号文核准，于 2004 年 9 月 24 日成功地公开发行了 1990 万张可转换公司债券，每张面值 100 元，发行总额 199000 万元。经深圳证券交易所同意，万科 1990 万张可转换公司债券将于 2004 年 10 月 18 日起在深圳证券交易所挂牌交易，债券简称"万科转 2"，债券代码"126002"。

（1）发行规模：199000 万元，上市规模：199000 万元。

（2）期限：本次可转债期限为 5 年，自 2004 年 9 月 24 日（发行首日）起，至 2009 年 9 月 24 日（到期日）止。

（3）票面金额：每张面值 100 元。

（4）发行方式：向原 A 股股东优先配售，原 A 股股东放弃部分再采用网下对法人投资者发售和深交所交易系统网上定价发行。

（5）承销情况：向公司原 A 股股东配售数量为 1157719700 元，占本次发行总量的 58.176869％；网上向一般社会公众投资者发售数量为 30900000 元，占本次发行总量的 1.552764％；网下向机构投资者发售数量为 801380000 元，占本次发行总量的 40.270352％。

（6）利率：本次发行的可转债利率为第一年 1％，第二年 1.375％，第三年 1.75％，第四年 2.125％，第五年 2.5％。

（7）转股价格及其确定：万科转 2 初始转股价格为 5.48 元/股，以公布募集说明书前三十个交易日"万科 A"股股票平均收盘价格 5.22 元为基准，上浮 5％。

（8）转股的起止时期：万科转 2 的转股期自发行之日起（2004 年 9 月 24 日）六个月后的第一个交易日（2005 年 3 月 24 日）起（含当日），至万科转 2 到期日（2009 年 9 月 24 日）止（含当日）。

三、房地产企业海外发行债券

对于资金密集型的房地产企业，融资能力是企业核心竞争力的重要体现。在国内由于发行门槛高，资本市场监管较严，开放程度不高，审批时间长，真正发行企业债券的房地产企业不多。随着我国房地产价格的持续较快增长和人民币的不断升值，国际上越来越多的资金也希望投资到我国的房地产市场。因此，我国一些房地产企业努力实践着海外发行债券。

2005 年 7 月 14 日上海证券报报道：伦敦发生恐怖袭击事件当天，中国房地产公司中国海外于上周在国际市场上成功发行三亿美元为期七年的债券，该票面息率 5.75，债券发行录得 50% 的超额认购，募集额 3 亿美元。据负责此交易的摩根大通投资银行部董事总经理方介绍，这是中国第一家房地产企业在国际资本市场成功发债。中国海外发债是向市场发出一个信号，标志中国房地产行业在国际资本市场的发展进入一个新的发展阶段。

又如：2006 年 11 月 21 日，中国世茂房地产公司中国世茂房地产公司海外发行 6 亿美元债券，其中 3.5 亿美元的 10 年期债券收益率为 8%，另外 2.5 亿美元的 5 年期浮息债券收益率为伦敦拆借利率加 195 个基点。公司表示，其将利用其中 1.6 亿美元偿还现有债务，其余部分用于为公司新开发项目融资。

总而言之，近年来，我国为了抑制房地产价格的过快增长，政府通过抑制房地产企业贷款为经济降温，房地产开发商的间接融资受到很大限制；2008 年以来，房地产价格的拐点逐步显现，购房者观望气氛浓厚，房地产企业销售回款不畅；受美国次贷危机影响，房地产企业海外上市等融资行为也受到很大影响。综合以上几个原因，目前房地产企业资金压力越来越大，许多企业面临资金链断裂的危险。一方面，市场竞争的结果必然是优胜劣汰，许多房地产企业会消亡；另一方面，房地产企业要想生存下去，必须多渠道融通资金。

第四节　住房抵押贷款证券化

一、住房抵押贷款证券化的含义和意义

（一）住房抵押贷款证券化的含义

住房抵押贷款证券化是指银行等金融机构将其所持有的住房抵押贷款债权向专业机构转让，专业机构在资本市场上将抵押贷款债权进行结构性重组，经政府或机构的担保和信用增级后，向投资者发行证券的过程。

最早起源于美国的住房抵押贷款证券化已经成为房地产证券化的重要内容之一，它属于房地产抵押贷款的二级市场。房地产抵押贷款一级市场是房地产抵押贷款形成的市场，即银行等金融机构以借款人或第三人拥有的房地产作为抵押物发放贷款的市场。市场中涉及两个主体，一个是抵押人，即购房人，包括个人或企事业单位等，亦称为原始债务人；另一个就是抵押权人，即放款的银行或非银行的住房公积金管理中心等，亦称为原始权益人。

房地产抵押贷款二级市场是房地产抵押贷款交易的市场，原始权益人为了减少自身风险，让房地产抵押贷款重组、打包、担保、信用增级后，出售给机构或个人投资者。一级市场是二级市场的基础，二级市场使得银行等金融机构信贷资金回笼，风险分散，反过来促进一级市场的健康发展。

住房抵押贷款适宜于证券化在于三个方面的原因：一是信贷普及率高、规模大。住房抵押贷款是最大、居民最熟悉的消费信贷，庞大的住房抵押贷款规模是形成抵押贷款组合，并以此为基础发行抵押贷款证券不可缺少的先决条件。二是可形成稳定的收入流。抵押贷款支付方式明确，可形成稳定的还款本息收入流，适宜于以此发行证券产品。三是贷款的违约率低、安全性高。由于住房抵押贷款的发放有一套严格的信用风险管理制度，不动产作为抵押，因而一直是银行安全性较高的信贷资产。高安全性意味着高质量的信贷资产，高质量的

信贷资产意味着发行证券的高信用等级。

（二）住房抵押贷款证券化的意义

住房抵押贷款证券作为一种金融创新，对于住房抵押贷款市场的发展起到了重要的作用。在美国，其发行规模已经超过国债，是金融市场的重要组成部分。概括而言，其意义有如下几点：

（1）提高了信贷资产的流动性，减小了金融风险。由于住房抵押贷款的期限一般长达20～30年，借款人通常以分期支付的方式偿还贷款本息。对抵押贷款发放银行来说，信贷资产回收周期时间很长，而我国银行吸收的居民储蓄存款中，五年以下的定期、活期存款占了绝大部分，这就造成了短期资金来源与长期资金使用的矛盾，即"短存长贷"的矛盾，使得银行的资金周转不畅，容易产生流动性风险。住房抵押贷款证券化的设计就是为了解决"短存长贷"的矛盾，将不易流动的信贷资产转换成为资本市场上方便交易的证券产品，将原来由银行一家承担的风险向众多社会投资者进行了分散，从而有效解决了银行的流动性风险，维持了金融安全。

（2）促进了银行业的健康发展。住房抵押贷款证券化减小银行风险的同时，信贷资金的迅速回笼提高了银行的资本利用率，扩大了银行的经营范围。银行可以将不良资产打包出售，从而改善自身资产负债结构。住房抵押贷款证券化使得银行可以加强与其他非银行金融机构的合作，其资本经营多元化增加，提高了银行业的经营效益。

（3）丰富了金融产品，拓展了资金来源，促进了金融市场的发展。住房抵押贷款证券化的兴起产生了多种的住房抵押贷款证券，这些都是金融投资工具的创新，这些金融工具减小了房地产行业的投资门槛，使得更多的社会闲散资金可以通过住房抵押贷款证券进行房地产市场，有利于投资队伍的培育，大大拓展了住房抵押市场的资金来源；同时，它也减少了银行等金融机构信贷资产的流动性风险，因此，住房抵押贷款证券化对于整个金融市场的完善和发展有着重要的意义。

二、住房抵押贷款证券的种类

从固定利率抵押贷款到可调利率抵押贷款，都是为了防范风险而产生和发展起来的，但是抵押贷款的流动性风险依然很大，为了提高这部分信贷资产的流动性，借助金融工具的创新，抵押贷款二级市场上出现了多种抵押贷款证券。

（一）抵押过手证券

抵押过手证券是抵押贷款证券最基本的形式之一，也称为抵押转手证券。其运作方式是银行等金融机构将若干种类的抵押贷款组合成一个集合（pool），以这个集合所产生的现金流量（即该集合中的抵押贷款的本金和利息收入）为基础，委托证券发行商（SPV）经信用增级后发行证券。每一张抵押贷款证券都代表着该抵押贷款组合总体收益的一部分，因此，抵押过手证券是一种所有权凭证。银行和证券发行商在扣除自己的中介费用（一定担保费和服务费）之后，将该组合中抵押贷款的本息收入全部转交给抵押贷款证券的投资者。在这一过程中，发行人只起到中介作用，抵押贷款证券并不出现在其资产负债表中。转手抵押贷款证券中信贷资产产生的现金流并没有重新安排，而是直接转手给证券投资者，因此，证券投资者也要承担原始债务人提前还贷的风险。

在美国，最初的抵押过手证券，是以固定利率、完全均付的抵押贷款组合为基础发行的。后来，随着金融工具的不断创新和证券市场的发展，以可调利率抵押贷款、七年一次性支付抵押贷款、大额抵押贷款和多户住房抵押贷款组合为基础发行的抵押过手证券也逐渐推向市场。

抵押过手证券通过一系列目的性极强的转换,大大减小了银行的流动性风险;由于经过信用增级,其证券信用等级高,吸引了众多投资者;在证券经营机构看来,可以获得稳定的服务费。因此,它一经推出,就受到投资者的追捧和证券经营机构的欢迎,并很快成为市场上的热销产品。

（二）抵押支持债券

抵押支持债券是指银行以其持有的住房抵押贷款作为担保发行的债券。它是一种债务凭证,而不是所有权凭证,其所有权仍由抵押支付证券的发行人所有。与抵押过手证券相比,抵押支持债券发行人重组了信贷资产的现金流;发生人既可以用抵押贷款组合产生的现金流量,也可以用其他来源的资金来偿还债券本息。抵押支付债券不必像抵押过手证券那样按月支付本息,而是与一般债券一样,可以按季或半年支付利息,本金则在债券到期日支付给投资者。而且为了提高抵押支持债券的信用等级,发行机构一般会按债券本金的110%～200%对担保债务进行超额抵押,从而更好地满足了证券投资者的要求。

（三）抵押转付债券

抵押转付债券也是以住房抵押贷款为担保而发行的一种证券,是前两种证券化工具的衍生形式,结合了抵押过手证券和抵押支付债券的优点。它与抵押支付债券相似之处在于它也是一种债务凭证,不是所有权凭证。发行人同样拥有抵押贷款资产的所有权,并不随着证券的发行转移给证券投资者。它与抵押过手证券相似之处在于,都规定注入抵押资产组合的现金流（原始债务人每期所还的抵押本金及利息）都要转手给债券投资者,借款人提前还贷的风险也因此由证券投资者承担,与抵押支付债券到期才还本不同。

（四）担保抵押债券

担保抵押债券是抵押转付债券的衍生品,也以抵押贷款组合为担保而发行的债券,注入资产组合的本金和利息"过手"给债券投资者。这种证券与前三种证券的主要区别是担保抵押债券是以同一抵押贷款组合为基础发行的多种期限、多种利率、多种组合的抵押证券,以满足不同投资者不同的风险偏好。它的最大优势在于期限、利率和种类的多样化,这对众多机构投资者具有很大吸引力。

构成担保抵押债券的基础资产可以是原始抵押贷款资产,也可以是发行人将持有的抵押过手证券集合起来作为担保发行新的证券。典型的担保抵押债券是按级别顺序支付本息,其结构设置使得每种类型的债券依次到期,包括正规级（A级、B级、C级及类推）和剩余级（Z级）。只有A级债券获得本息支付后,B级债券才能获得本息支付,以此类推。Z级债券类似于零息债券,在正规级债券本金清偿前只按复利方法计算利息,并不支付本息,只有当正规级债券本金全部支付完毕后,Z级债券才开始支付本息。A级、B级、C级和Z级债券的利率由低到高,期限由短到长,从而有效满足了不同证券投资者的风险偏好。A级作为短期债券,一般为1～3年,以吸引短期投资者,如个人投资者;B、C级作为中期债券,一般为3～5年和5～10年,适合保险公司及养老基金等机构投资者;Z级是一种相对长期的债券,一般达到10～15年,主要由追求长期投资的机构投资者购买。

（五）剥离式抵押支持证券

剥离式抵押支持证券又称为抵押贷款剥离证券,其基本做法是将抵押贷款组合中的本息收入流分开，分别以贷款的利息收入和本金收入流为基础发行抵押贷款本金证券（Principle Only，PO）、利息证券（Interest Only，IO）。

这种精心的设计和安排，使得本金证券和利息证券各具特色，功能各异。本金证券投资者获得100％的本金收入，利息证券投资者只获得贷款利息收入。由于组合中固定利率抵押贷款有着分期付款和每期金额相同的特点，剥离后的本金证券和利息证券的投资现金流便呈现出两种不同的特征：利息证券投资的现金流在还贷初期比较大，并随贷款余额的下降而递减；本金证券的投资现金流在还贷初期比较小，但随贷款余额和利息支付的下降而呈现增长趋势。正是这种现金流的差异，使得各自投资者面对不同的投资风险和投资回报，使得本金证券和利息证券成为投资者进行套期交易的理想工具和金融工程中的创新产品。

三、住房抵押贷款证券化的运作

由于住房抵押贷款证券化的表外模式是最完全意义上的资产证券化，因此，本部分以表外模式为例来介绍住房抵押贷款证券化的运作。

（一）主要参与者

1. 发起人

住房抵押贷款证券化的发起人是住房抵押贷款一级市场上的原始债权人，即提供贷款资金的商业银行及非银行金融机构。发起人进行住房抵押贷款证券化的目的是减小抵押贷款资产的流动性风险。在证券化过程中，发起人将抵押贷款资产出售给特殊目的机构。

2. 特殊目的机构（Special Purpose Vehicle，SPV）

特殊目的机构是一个专门的住房抵押贷款证券公司，该机构从商业银行购买住房抵押贷款，进行评估、组合，然后发行抵押贷款证券，委托券商销售，是住房抵押贷款证券的发行人。其责任是充当发起人和投资者中间的桥梁。特殊目的机构还负责对抵押贷款资产进行信用增级，并聘请信用评级机构对发行证券进行信用评级；然后，它还要选择证券承销商发行证券，委托服务人从原始债务人处收取本金和利息，委托托管人向住房抵押贷款证券投资人按约定的方式进行本息偿付。

3. 证券承销商

证券承销商负责销售由特殊目的机构发行的住房抵押贷款证券。在整个证券化过程中，证券承销商都要和SPV一起筹划、组织证券化的整个过程，以使其符合法律、会计和税收等要求，实现发起人融资的目的。

4. 信用增级机构

信用增级机构的主要任务是通过对住房抵押贷款的担保及保险来提高拟发行证券的信用等级，它可以是政府成立的担保公司，也可以是保险公司，或是商业银行。通过信用增级，可以提高拟发行证券的认购率，降低融资成本，因此，信用增级机构在住房抵押贷款证券化的操作过程中处于重要的地位。

5. 信用评级机构

住房抵押贷款证券化需要完善的证券发行评级规则和评级机构，这是解决信息不对称，引导投资者合理投资的重要因素。评级机构评出的证券等级将直接影响到证券的认购和发行成本。如果评级高，就可以实现快速和低成本融资；如果评级低，则发行风险较大。

美国有两大最具权威的信用评级机构，即标准普尔（S&P）和穆迪（Moody's）公司。标准普尔公司评出的信用等级包括：AAA、AA、A、BBB、BB、B、CCC、CC、C和D

级。前四个级别投资风险较小，属于投资级证券；从第五级开始，属于投机级证券，风险大，收益也较大。

6. 服务人

服务人负责收取到期抵押贷款的本金和利息，或追讨过期的抵押贷款，一般是证券发起人或其设立的附属公司。服务人还负责向托管人和投资者提供披露与基础资产相关信息的定期报告。

7. 托管人

托管人负责对抵押贷款资产进行现金流管理。在住房抵押贷款证券化后，托管人设立专门账户保存服务人收取的抵押贷款本金和利息，并按期向住房抵押贷款证券投资人支付本金和利息。

8. 投资者

投资者指购买住房抵押贷款证券的机构和个人。一种金融工具能否顺利推销，需求是一个决定性的因素。由于抵押贷款证券的复杂性，在发达的市场经济国家中，机构投资者占据住房抵押贷款证券市场的主体，包括商业银行、投资银行、养老基金、退休基金和保险公司等。

（二）操作程序

住房抵押贷款证券化主要由以下几个步骤构成：

1. 确定证券化资产

发起人要按照自身资金需要状况、抵押贷款资产情况来确定证券化的目标。然后，筛选出符合条件的抵押贷款资产，作为抵押贷款证券化的对象。

2. 设立特殊目的机构（SPV）

根据 SPV 性质不同，可以为三种类型：一是政府设立的 SPV；二是政府支持，社会公众或法人机构持股以企业形式运作的 SPV；三是纯粹由社会法人，甚至是私人持股的 SPV。从世界范围来看，由政府设立或支持的 SPV 容易得到投资者的信任，因而比较普遍；而第三种则由于风险较大而发展有限。

3. 发起人将信贷资产出售给 SPV

在表外证券化模式下，信贷资产的真实出售是证券化的关键步骤。发行人将资产出售给SPV 后，实现了这部分资产的破产隔离，即当发起人以后宣告破产时，其已出售的证券化资产不在清算范围之内，从而保证了证券投资者的利益。

4. 信用增级

通过信用增级，才能顺利实现证券的销售。信用增级方式按来源不同可以分为内部信用增级和外部信用增级。

（1）内部信用增级。内部信用增级是指由住房抵押贷款证券发起人或发行人承担的，通过证券化结构的内部调整，使债券达到所需信用等级。具体方法有如下几种：

1）建立超额抵押。超额抵押是指发行人建立的抵押资产组合从价值上大于所发行的抵押贷款证券总价值，超额部分用作支付证券本息的担保。

2）划分优先/次级结构。这种方式将拟发信证券分为优先级与次级两个档次，优先级证券获得本息的优先偿还，而次级证券只有在优先级证券本息全部清偿后才能得到本息的偿还。次级证券一般不出售，由发行人自己持有，实质上成为支付优先级证券本息的保证金。

3）建立储备金账户。建立储备金账户是为了通过事先设立用以弥补投资者可能损失的现金账户来防范风险。当借款人不能按时偿还本息时，该准备金可用来对证券本息进行支付。

4）利差账户担保。利差账户担保是指发行人将发行住房抵押贷款证券收入存入专门的利差账户，作为出现支付风险时的担保。

5）建立担保投资基金。这种方式一般与次级证券结合使用。信用增级提供者拿出建立担保投资基金，用于购买自己发行的一部分住房抵押贷款证券。这部分证券在优先级证券和次级证券受偿后，才能得到偿付，因此，实质上形成了对前者的担保。

（2）外部信用增级。外部信用增级是由发起人与发行人以外的金融机构提供全部或部分信用担保。由于涉及公众投资安全，因此，对担保人资格有严格的要求，一般是信用良好的银行、担保公司或保险公司。分述如下：

1）由银行提供担保。商业银行在提供担保的主要形式有银行保函、备用作用证和第一损失保护、现金抵押担保账户等。银行保函是指商业银行应发起人的要求，向住房抵押贷款证券投资者开出的保证书，以保证发行人不能偿还投资者本息时，将由担保银行进行偿付。备用信用证是指商业银行应发起人要求，向投资者开出的信用证，当发行人未能履行偿还本息义务时，由开证行付款。第一损失保护，是指只保护抵押贷款资产价值的第一损失部分，而非全部资产。第一损失保护的额度由两个因素确定：一是同一发起人类似资产的历史损失数据；二是发行人希望达到的证券信用等级，等级越高，第一损失保护的额度也就越大。现金抵押担保账户是指商业银行提供一定数量的资金，存入专门账户，用于弥补证券投资者可能的损失。

2）由保险公司提供担保。为了提高拟发行证券信用等级，发起人可以向保险公司购买保险，在约定的条件下当投资者利益受损时，由保险公司提供补偿。

3）由专业担保公司提供担保。专业担保公司是专门为金融产品提供担保服务的金融担保公司。专业担保公司提供的是一种无条件不可撤销的本息偿付担保，对发起人及证券产品的要求很高，但发起人一旦获得专业担保公司担保，对提高证券信用等级大有帮助。

4）由政府或准政府机构提供担保。世界各国及地区的发展可以证明，住房抵押贷款证券化离不开政府的大力推动，其重要的一个作用就是对住房抵押贷款证券提供担保。政府的担保效力往往是最高的。

5）回购条款。根据回购条款，当抵押资产组合的未清偿余额低于一个指定额度（一般是5％～10％）或在一定期限内，由一个具有较高信用级别的第三方参与者必须回购所有未清偿的抵押贷款资产，这部分回购资金则作为弥补证券投资者可能损失的担保。

5. 信用评级

信用增级后，发行人和承销商聘请证券信用评级机构进行拟发行住房抵押贷款证券信用评级，并向社会公告，作为投资者决策依据。由于经过了信用增级，一般会得到较高的信用评级。

6. 证券销售

证券承销商负责向投资者销售住房抵押贷款证券。由于其较高的信用等级，因此，一般住房抵押贷款证券都能以较好的条件售出。

7. SPV 获得证券发行收入，向原始权益人支付购买价格

在表外模式下，SPV 作为抵押贷款资产的所有者，获得证券发行收入，然后，依与原始权益人签订的购买合同，向原始权益人支付购买价格。

8. 实施资产管理

证券售出后，由服务人负责对抵押贷款资产的现金流进行管理，包括收取、催讨并记录贷款本息的偿还情况，并将流入资金存入托管人专门账户。

9. 按期还本付息，并对聘用机构付费

到了约定的期限，托管人对投资人还本付息。等住房抵押贷款证券到期后，托管人还得负责对各种聘用机构支付服务费用。

（三）运行条件

住房抵押贷款证券化运作比较复杂，涉及的利益相关者比较多，具体实施也需要完善的内外部条件，包括一、二级市场建设、制度建设、法律建设、政府主导等多个方面。

1. 成熟的房地产市场

住房抵押贷款是在房地产市场上形成的资金债权债务关系，没有成熟的房地产市场，也就不可能有成熟的住房抵押贷款一级市场。我国目前的房地产市场经过多年的建设，已经具备了证券化的条件。

2. 拥有成熟的住房抵押贷款一级市场

成熟的住房抵押贷款一级市场是实施证券化的前提和基础。一个成熟的一级市场需要有以下几个特性：

（1）抵押贷款产品多样性。住房抵押贷款产品十分丰富，基本上有两大类：固定利率抵押贷款和可调利率抵押贷款。固定利率抵押贷款包括本金等额偿还的抵押贷款、本息均摊的抵押贷款、分级付款的抵押贷款、飘浮式贷款、逆向年金抵押贷款、双周付款的抵押贷款等品种；可调利率抵押贷款包括随物价指数调整的抵押贷款、随利率指数调整的抵押贷款和分享增值抵押贷款等种类。不同类型的抵押贷款由于还款方式不同，适合于不同的贷款人。产品的多样性体现了市场的成熟程度。

（2）抵押贷款机构多元化。抵押贷款的多元化，降低了单个机构对市场的影响力量，促进了市场的发展，便于政府进行规范和引导。

（3）一级市场抵押贷款总量要达到一定规模。一级市场上各种金融机构发展的抵押贷款总量直接体现了市场的发育程度，只有到了一定的规模，才能降低成本，吸引更多的机构进入这一市场，才有进行二级市场发展的基础。

从这几个方面来看，我国的住房抵押贷款一级市场品种不够丰富；由于各大银行都致力于推选住房抵押贷款，机构多元化较好；一级市场总量已经颇具规模。根据上海银监局提供的数据，2003 年末，我国金融机构个人住房贷款余额达到 11779 亿元，首次突破万亿大关，2004 年末达到 15922 亿元，2005 年末达到 18430 亿元，2006 年末达到 22506 亿元，增长十分迅速。

3. 成熟的证券市场

住房抵押贷款证券是二级市场的目的和表现形式，证券的设计、承销、交易都需要成熟的证券市场。我国证券市场发展虽然取得了巨大的进步，但仍然存在制度和管理上的许多问题。对于住房抵押贷款证券化的发展来说，证券市场方面应该说基本具备了条件。

4. 强大的中介机构体系

住房抵押贷款证券化需要各种专业化的中介机构的参与，如证券公司、信用评级公司、担保公司、信用增级机构等，这些中介机构都是证券化操作不可缺少的环节。从这个方面来看，我国实施证券化必须的中介机构的发展培育方面还有较大差距。

5. 完备的法律法规和会计准则

证券化是一项复杂的系统工程，参与主体多，涉及大量的资产的计算和转移，出问题影响和危害也大，因此，需要制定完备的法律法规和会计准则。为了能在我国发展二级住房抵押贷款市场，从现在起就应开始有关法律法规、条例的制定，如"住宅金融法"、"住宅抵押贷款法"、"住宅金融组织法"、"住宅抵押贷款保险法"、"住宅抵押证券化指引条例"等法律法规；同时，应对现有的《民法通则》、《证券法》、《保险法》等法律中不适合证券化发展的条款进行修订。

6. 政府的主导作用

从世界各国住房抵押贷款证券化的发展来看，离不开政府的主导作用。政府 SPV 的设立、担保、保险等诸多方面都起着重要的作用。我国住房抵押贷款证券化市场的培育和发展同样应该发挥政府的主导作用。

四、美国住房抵押贷款证券化

住房抵押贷款证券化，源于 20 世纪 70 年代的美国。当时，美国政府为了转嫁利率风险，解决短存长贷的矛盾，由国民抵押协会、联邦国民抵押协会和联邦住宅贷款抵押公司三大机构大量收购储蓄机构资产负债表中的住房抵押贷款，加以汇集、组合、包装，然后以这部分信贷资产为基础向全社会发行抵押担保证券。随后，美国住房抵押贷款证券化取得了很大的发展。抵押贷款证券的发行额，从 1970 年的 10 多亿美元，增加到 1997 年 3600 亿美元；抵押贷款证券占未清偿抵押贷款的比重从最初不到 5%，发展到未清偿抵押贷款中超过50%，实现了证券化。2000 年住房抵押贷款证券余额超过了 33000 亿美元，高于全美股票的市值，其市场份额仅次于国债，成为第二大证券市场。美国的住房抵押贷款证券化运行模式是其他各国借鉴的对象，其表现出如下主要特点：

（一）政府的主导机制

1970 年，全美推出的第一张住房抵押贷款证券，其发行者就是新成立的政府机构——政府国民抵押协会。这类住房抵押贷款证券经政府在一级市场和二级市场上的双重担保，被评为 3A 级证券，被金融监管机构视为与政府财政债券一样的无风险证券。随后，两个政府发起设立的企业，即联邦住宅抵押公司和联邦国民抵押协会，也进入了抵押贷款证券化市场。为加快常规抵押贷款证券化和实现政府的政策目标，联邦政府向这两大公司提供多种优惠政策，政府的扶持使这两个公司的抵押证券在金融市场上获得 3A 级信用评级。在政府机构和政府设立企业的示范作用和市场准入政策的指引下，大量私营金融机构自 80 年代进入抵押贷款二级市场，从而形成了三足鼎立的格局。美国住房抵押贷款二级市场的发展表明，政府扶持与干预对抵押市场构架、运作机制和服务的确立均产生了决定性的影响，是美国住房抵押贷款证券化市场发展的制度性基础。

（二）完善的抵押贷款保险机制和增强信用保险措施

美国的抵押保险机制是在上个世纪 30 年代经历了经济危机之后才逐渐发展起来的，并形成了政府担保与私营抵押保险相结合的模式。在这种模式运行下，当贷款出现违约或抵押品遭受不可抗拒的灾难损失时，贷款金融机构可以从政府担保机构得到100％的赔偿，或通过拍卖房地产得到70％的补偿，另外30％由保险公司赔偿。这种制度设计，降低了一级市场抵押信贷的风险，有力促进了住宅信贷的资金来源的扩大。在二级市场上，许多证券发行机构通过多种措施来提高证券信用等级，比如第三方担保制度、建立准备金和现金担保制度、超额抵押、按风险等级发行多级（即优、次级）抵押贷款证券等。这些信用增级措施，加上完善的信用评估体系，使得抵押证券得以吸引大量投资者。完善的抵押贷款保险机制和增强信用保险措施，提高了抵押贷款证券的信用等级，较高的安全性使抵押证券成为流动性强、收益高的金融产品和投资工具。这是美国住房抵押贷款证券化在20世纪90年代得到长足发展的关键。

（三）机构投资者的主导地位

住房抵押贷款证券的投资者中机构投资者处于主导地位，繁荣的证券化市场需要众多的机构投资者的参与。随着美国人口结构及其金融资产结构的变化，共同基金、养老基金、保险公司和抵押银行等众多非存款金融机构得到迅速发展。它们作为机构投资主体对抵押贷款二级市场的发展起到了重要的促进作用。

案例专题：建元2005-1个人住房抵押贷款证券基本情况

经中国人民银行银复〔2005〕108号文件核准和中国银行业监督管理委员会银监复〔2005〕312号文件批准，中国建设银行在国内首次委托中信信托投资有限责任公司作为受托机构和发行人，于2005年12月18日在全国银行间债券市场公开发行了总额30.17亿元的建元2005-1个人住房抵押贷款证券化信托优先级资产支持证券。其基本情况如下：

一、主要参与方

发起机构	中国建设银行股份有限公司
受托机构	中信信托投资有限责任公司
发行人	中信信托投资有限责任公司
贷款服务机构	中国建设银行股份有限公司
交易管理人	香港上海汇丰银行有限公司北京分行
资金保管机构	中国工商银行
安排人	中国建设银行股份有限公司
财务顾问	渣打银行（香港）有限公司
联合簿记管理人	中国建设银行股份有限公司及中国国际金融公司
登记结算/支付代理机构	中央国债登记结算有限责任公司
信用评级机构	中诚信国际信用评级有限责任公司

二、资产支持证券特征

资产池本金余额	3016683138 元人民币
贷款笔数	15162 笔
单笔贷款最高本金余额	1868239 元人民币
单笔贷款平均本金余额	198963 元人民币
单笔贷款平均合同金额	245430 元人民币
借款人平均年龄	36
加权平均初始 LTV	67.19%
贷款加权平均利率	5.31%
贷款加权平均合同期限	205 个月
贷款加权平均已偿还年限	32 个月
贷款加权平均剩余年限	172 个月
贷款地区分布	按试点分行入池贷款本金余额占全部入池贷款本金余额计 上海：56.17%；无锡：4.84%；福州：24.24%；泉州：14.75%

三、基本交易结构（图 5 - 1）

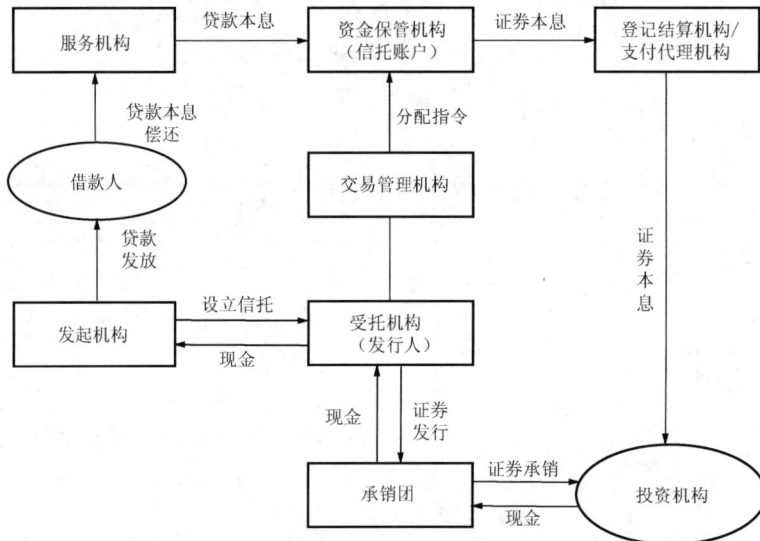

图 5 - 1　建元 2005-1 个人住房抵押贷款证券交易结构

四、其他情况

（1）待偿还本金余额：本期优先级资产支持证券待偿还本金余额为人民币 2926182500.00 元，其中，A 级资产支持证券人民币 2669764500.00 元；B 级资产支持证券人民币 203626100.00 元；C 级资产支持证券人民币 52791900.00 元。

（2）法定最终到期日：A 级资产支持证券、B 级资产支持证券和 C 级资产支持证券的法定最终到期日同为 2037 年 11 月 26 日。

（3）面值：优先级资产支持证券的面值为人民币 100 元，即每一记账单位对应的优先级资产支持证券本金为人民币 100 元。

（4）发行价格：按面值平价发行。

（5）证券利率：优先级资产支持证券均为浮动利率证券，票面利率为基准利率加上基本利差，基准利率为中国外汇交易中心（"同业拆借中心"）每天公布的 7 天回购加权利率 20 个交易日的算术平均值（B_1M），基本利差通过簿记建档集中配售的方式予以确定。每一计息期间如按前述方法计算所得的优先级资产支持证券的利率高于资产池加权平均贷款利率减去点差（A 级资产支持证券的点差为 1.19 个百分点；B 级资产支持证券的点差为 0.6 个百分点；C 级资产支持证券的点差为 0.3 个百分点）时，证券利率按资产池加权平均贷款利率减去各级优先级资产支持证券相应点差执行。首个计息期间的资产池加权平均贷款利率为 5.31%，发行人将在每期的受托机构报告中公布下一期适用的优先级资产支持证券的基准利率和资产池加权平均贷款利率。

（6）交割日：即缴款日，2005 年 12 月 19 日。

（7）信用级别：A 级资产支持证券、B 级资产支持证券和 C 级资产支持证券分别获得"中诚信国际"的"AAA"、"A"和"BBB"评级。

（8）发行范围及对象：全国银行间债券市场成员。

（9）证券形式：采用记账方式，由中央国债登记公司统一托管。

关键词中英文对照

资产证券化 asset-backed securitization，ABS

住房抵押贷款证券化 mortgage-backed securitization，MBS

股票、股权 share，equity，stock

债券 bond，debenture，debts

公募 public placement

私募 private placement

首次公开发行 initial public offering，IPO

上市后公开发行 seasoned public offering，SPO

上市公司（publicly）listed corporations

可转换债券 convertible bond

企业债券 corporate bond

抵押过手证券 Mortgage Pass-through Security

抵押支持债券 Mortgage-backed Bonds

抵押转付债券 Mortgage Pay-through Bonds

担保抵押债券 Collateralized Mortgage Obligation

剥离式抵押支持证券 Stripped Mortgage-backed Security

特殊目的机构 Special Purpose Vehicle，SPV

思　考　题

1. 什么是房地产证券化？房地产证券化包括哪两种形式？

2. 房地产证券化的意义有哪些？

3. 按股东承担的风险大小和享有的权利，房地产股票可以分为哪两种？它们之间有什么区别？

4. 房地产股票发行方式有哪些？房地产股票的新设发行需要什么条件？

5. 我国房地产公司股票上市经历了怎样的发展历程？

6. 房地产公司债券的类别有哪些？

7. 房地产公司债券的发行条件是什么？

8. 住房抵押贷款证券有哪些主要类别？

9. 结合本章案例专题，谈谈住房抵押贷款证券化如何运作？

10. 证券化的信用增级措施有哪些？

11. 开展住房抵押贷款证券化应具备哪些条件？你认为我国开展住房抵押贷款证券化的条件成熟了吗？为什么？

第六章　房 地 产 信 托

本 章 摘 要

信托、银行信贷和保险构成现代金融业的三大支柱。在西方，信托具有悠久的发展历史，在经济生活的各个领域都发挥着重要的作用。房地产信托是房地产业与信托业相结合的产物，在其长期发展的过程中，房地产信托不仅扩大了房地产业的融资渠道，对房地产业的开发经营发挥了十分重要的推动作用，同时也依托房地产业使自身获得了长足的发展。

本章主要从信托的运作原理、信托的要素、信托的起源与发展入手，概括了房地产信托资金的筹集和运用方式，介绍了房地产信托的主要业务，以及房地产投资信托基金的内涵、特点和分类。

第一节　房地产信托概述

信托是私有制与商品经济发展到一定阶段的必然产物。"信"即信用，"托"即委托。《中华人民共和国信托法》中将信托定义为："委托人基于对受托人的信任，将其财产权委托给受托人，由受托人按委托人的意愿以自己的名义，为受益人的利益或者特定目的，进行管理或者处分的行为。"房地产信托是房地产业与信托业融合的产物，当信托资金运用于房地产行业，或以房地产为信托标的物进行财产信托时，就产生了房地产信托。因而，房地产信托是指各类专营或兼营的房地产信托机构受委托人的委托，为了受益人的利益，代为管理、营运或处理委托人托管的房地产及相关财产或将其委托资财运用于房地产行业的信托行为。

一、信托的起源与发展

（一）信托的起源

信托的起源最早可以追溯到大约四千年以前古埃及的遗嘱托孤。古罗马法典中的信托遗赠是首次以法律形式比较完整地记载下来的信托概念。真正具有财产管理制度性质的信托则起源于英国的尤斯制（USE）。中世纪早期的英国，宗教信仰浓厚，虔诚的教徒们死后，往往把土地等财产捐赠给教会，教会因此积累了大量财产，教会拥有的土地越来越多，却享有占有土地不缴税的权利，这严重影响了当时的封建君主的收入。为了改变这一局面，英王亨利三世（1216—1272）制定并颁布了《土地没收法》。该法规定凡是将土地捐赠给教会的，必须先征得君主的许可，否则国家将给予没收。为了逃避该法律，教徒们往往采取将土地委托给第三方使用，再由第三方将从土地上获得的收益转交给教会。通过这种做法，教会仍为受益方，其实质与教会直接接受捐赠的利益相同，也达到了教徒向教会作贡献的目的。另外，有些想把土地遗赠给家属的人也采用同样的做法，于是就出现了委托人、受托人和受益人三者之间的经济关系，这就是信托的雏形。以后，随着商品经济的发展，信托的内容也由最开始的土地扩展到经济生活的各个领域，方式也逐渐多样化，并且出现了以营利为目的的专业信托机构。可见，信托产生的社会条件并非商品生产和商品交换，而是私有财产制度和财产继承管理制度的形成。

（二）现代信托业的发展

在英国 USE 制的基础上，美国的信托关系突破了个人之间的信任关系，发展成为由公司进行组织的契约形式，即专业信托。美国最早成立的信托机构是 1822 年的"纽约农民火灾保险的贷款公司"，最初经营不动产抵押贷款和承保房屋家具火灾保险。后经纽约州特许，增设经营以遗嘱或契约为依据的动产和不动产信托，此后信托业务日益发展，便放弃保险而专营信托，并改名为"农民放款信托公司"，这标志着营业信托自此在美国获得合法地位。信托公司完全具备了金融机构的性质，并逐渐得到社会的认可。随后专业信托公司如雨后春笋般纷纷成立。南北战争结束后，美国开始了大规模的国内经济建设。政府和股份公司大量发行有价证券，以筹措资本，这给人们带来了大量的投资机会。不少投资者，既想进行有价证券投资，又不愿在该项投资上花费过多的精力和时间，并且不愿意暴露自己的财富。于是，这些投资者便将自己的财产委托给信托机构代为投资，这就使信托业务的发展有了坚实的经济基础，现代信托业在美国得以繁荣发展。

19 世纪中叶，欧洲一些资本主义国家也纷纷开办信托业务，随着国际经济活动联系日益广泛，社会文化交流日益频繁，信托在英美等国流传以来，对现代各国经济发展和满足人们日常生活所需发挥了重要作用。

（三）我国信托业及房地产信托的发展

我国信托业是 20 世纪初伴随着西方政治、经济势力入侵而输入中国的。1913 年日本在大连首次设立信托株式会社。此后几年，外国人在中国各地先后设立了 20 多家信托公司。1917 年民营的上海商业储蓄银行在上海的总行首家设立了"保管部"，正式标志近代中国民营信托业的兴起。但不久，以上海为中心迅速刮起了一股"信交风潮"，刚刚兴起的中国信托业经历了由急剧繁荣到急剧衰落的畸形发展过程。从 1928 年开始到抗日战争爆发前夕，以上海为中心的信托业结束了低潮阶段，又重新得到了恢复和发展。1937 年国内抗日战争全面爆发，战前信托业几乎是一片空白的广大西南和西北地区有了信托机构，上海出现了与伪政权紧密相连的伪金融信托机构，由此民营信托业再现畸形"繁荣"。1947 年 5 月 27 日，上海解放，旧中国的信托业被人民政府接管，经过清理整顿、合营改造，最终成为社会主义银行业的一部分。

1979 年中国国际信托投资公司的成立标志着新中国信托事业的开始。1980 年国务院颁布了《关于推动经济联合的暂行规定》，明确规定"银行要试办各种信托业务"。1980 年 9 月，中国人民银行根据国务院精神下发了《关于积极开办信托业务的通知》，各地陆续开办了信托业务。从此，中国信托业迅速发展起来。但是短期内的迅速发展产生了资金分散、功能定位不清晰、创新乏力、违规机构多等诸多弊端。国家先后出台了《金融信托投资机构管理暂行规定》、《信托投资公司清产核资资产评估和损失冲销的规定》、《中华人民共和国信托法》、《信托投资公司管理办法》、《信托投资公司资金信托管理暂行办法》等一系列法律法规，并于 1982 年、1985 年、1988 年、1995 年、1998 年对信托业进行了五次清理整理，促使信托业在规范中逐步发展。2003 年，第十届人大通过了国务院机构改革方案，规定信托机构由新设立的银行业监督管理委员会直接监管，使得信托业的管理逐渐趋于合理化。2007 年银监会主持修订了《信托公司管理办法》与《信托公司集合资金信托计划管理办法》（即"信托新两规"）对全国现有的 55 家信托公司开始了新一轮的调整整顿，促使信托公司在 2010 年 1 月 1 日过渡期结束前，逐步实现运作模式由原有的融资模式向资产管理模式的转变，服务对象由原来的普通投资者向风险识别和风险承受能力强的合格投资者的转变。这一轮调整旨在促使信托公司结束以前的经营方式（即70％以上的信托公司依靠固有财产自营，且信托业务中70％以上依靠贷款方式运用），推动信托投资公司从"融资平台"真正转变为"受人之托、代人理财"的专业化机构，走上战略转型和业务重组与创新的发展道路，力争在3～5年内，使信托公司发展成为风险可控、守法合规、创新不断、具有核心竞争力的专业化金融机构。

我国信托业参与房地产开发经营的历史较为悠久。1840年鸦片战争后，各外国资本投资的房地产信托在上海、天津、汉口等沿海城市率先产生。第一次世界大战后，随着我国民族资本工商业的发展，大银行纷纷设置信托部办理房地产投资和房地产有价证券买卖。1930—1931年，国内外各家银行集巨资投资和经营房地产业，这段时期成为旧中国房地产信托业最为活跃的两年。1937抗日战争爆发后，民族工商业日渐萧条，房地产信托也因此步入低谷。新中国成立后，计划经济体制严重束缚了我国房地产信托业的发展。改革开放以来，随着土地使用制度改革、住房制度等房地产制度改革和金融体制改革的逐步深化，房地产信托业得以恢复和迅速发展。近年来，在土地和金融宏观调控背景下，信托业成为房地产金融创新的主要领域。特别是2003年6月央行出台121号文后，通过集合资金信托计划等信托产品筹集资金成为房地产企业融资的主要渠道之一。房地产信托在2003年第4季度出现"井喷"，面向房地产行业的各类信托计划一度成为信托公司的主流信托产品。2005年9月，银监会发布《加强信托投资公司部分业务风险提示的通知》（即212号文），房地产信托产品的发行受到一定阻碍。信托公司纷纷采用股权投资附加回购承诺等形式绕开政策限制。2006年8月，银监会再次下发《关于进一步加强房地产信贷管理的通知》（即54号文）对上述行为进行规范。2006年度，国内集合资金信托市场共发行房地产信托90个，募集资金规模146.47亿元，房地产信托发行规模较2005年度相比下降了25.6％。2007年3月，"信托新两规"的颁布及股市走低等原因造成信托市场的低迷。2007年下半年房地产企业资金短缺矛盾日益尖锐，关于房地产信托投资基金（即REITs）的运作在业内又被广泛提及。房地产信托以其灵活多样、充满想象力的运作方式再度进入投资者和融资者的视野。

二、信托的基本要素

（一）信托的主体

信托体现的是一种包括委托人、受托人和受益人在内的多边经济关系。

1. 委托人

委托人在信托业务中又称信托人，是指资金或房地产等财产所有者把自己的资财以信托的方式，委托受托人代为管理或经营的人。委托人应当是具有完全民事行为能力的自然人、法人或者依法成立的其他组织。委托人既是信托财产的所有人或是有权支配信托财产的人，也是最初提出信托要求的人，在信托关系中处于主动地位。

2. 受托人

信托受托人又称"财产受托管理人"、"信托管理人"，是指接受委托人的委托，并按约定的信托条件对信托财产进行管理和处理的信托机构（或个人）。在信托关系中受托人对委托人和受益人同时承担管理和经营信托财产的义务，它对委托人意愿的实现、受益人利益的保障具有特别重要的意义。受托人应当是具有完全民事行为能力的自然人、法人。应当注意到，受托人除按规定取得委托代理报酬外，不得利用信托财产为自己谋取利益。此外，由于受托人自身管理或处理不当，或逾越信托权限致使信托财产遭受损失时，责任应由受托人承担。

3. 受益人

受益人指享受信托财产利益的人，受益人可以是自然人、法人或者依法成立的其他组织。在信托业务中，如果没有受益人，信托行为就无效。委托人可以是受益人，也可以是同一信托的唯一受益人，受托人可以是受益人，但在任何情况下，不得是同一信托的唯一受益人。受益人可以是委托人自己，也可以是第三人。当受益人是委托人自己时称为"自益信托"；若受益人是委托人和受托人之外的第三人，则称为"他益信托"。受益人所获得的收益即可以是信托财产本身，也可以是受托人经营财产所获得的盈利。我国目前房地产信托业务中，多数属于"自益信托"。

（二）信托的客体

信托客体即信托财产，是指信托关系的标的物。在信托关系中，财产权是信托成立的前提。信托财产的形式有多种，不动产、现金等有形财产和专利权、土地使用权等无形财产均可能成为信托财产。信托财产不仅包括受托人因承诺信托取得的财产，还包括信托生效后形成的信托收益。信托设立后，信托财产不得归入受托人的固有财产。受托人死亡或者依法解散、被依法撤销、被宣告破产而终止时，信托财产不属于其遗产或者清算财产。信托财产的独立性是信托制度最大的特色，也是信托制度得以广泛应用的关键所在。

（三）信托行为

信托行为是指信托当事人为使信托具有法律效力而履行的一种手续。通过信托行为，确立了信托当事人之间的法律关系。这种法律行为一般通过书面的信托合同、个人遗嘱、法院的裁决命令书等形式体现。

1. 信托行为的设立

在我国，信托的设立应当采取书面形式。书面文件中应当载明：信托目的；委托人、受托人的姓名或者名称、住所；受益人或者受益人范围；信托财产的范围、种类及状况；受益人取得信托利益的形式、方法。此外，一般还应载明信托期限、信托财产的管理方法、受托人的报酬、新受托人的选任方式、信托终止事由等事项。

按照《中华人民共和国信托法》的规定，有下列情形之一的，信托无效：信托目的违反法律、行政法规或者损害社会公共利益；信托财产不能确定；委托人以非法财产或者《中华人民共和国信托法》中规定不得设立信托的财产设立信托；专以诉讼或者讨债为目的设立信托；受益人或者受益人范围不能确定；法律、行政法规规定的其他情形。

2. 信托行为的终止

信托不因委托人或受托人的死亡、丧失民事行为能力、依法解散、被依法撤销或者宣告破产而终止，也不因受托人辞任而终止。但是如果信托文件规定的终止事由发生、信托的存续违反信托目的、信托目的已经实现或不能实现、信托当事人协商同意、信托被撤销或被解除等除外。

（四）信托目的

信托目的是由委托人提出，并在信托契约中写明的，委托人通过信托行为所要达到的目的。受托人应当按照信托目的去管理和运用信托财产。委托所提出的信托目的可能多种多样，比如，使信托财产最大增值、保全财产、实现某种公共利益等。信托目的应当是合法的，并且为受益人接受的，在受托人力所能及的范围之内，否则，信托无法成立。

（五）信托报酬

信托报酬是指受托人承办商事信托业务所取得的报酬，通常是按照信托财产或信托收益的一定比率或者一定基础上的比率计算。信托报酬可以向受益人收取，也可以从信托财产中提取，均需在信托合同中约定。目前我国的资金信托报酬主要从信托收益中提取。

三、信托的运作原理

信托的运作过程中，通常由委托人要求受托人代为管理或处理其财产，并将由此产生的利益转移给受益人；受托人接受委托人的委托，代为管理、处理信托财产，以自己的名义将信托财产产生的利益转移给受益人，既不占有信托财产及其产生的收益，也不承担信托过程中信托财产发生的亏损，只收取委托服务费；信托收益在扣除了有关费用之后全部归受益人独享，同时因不可抗拒的原因造成的损失也由受益人承担。如图6-1所示。

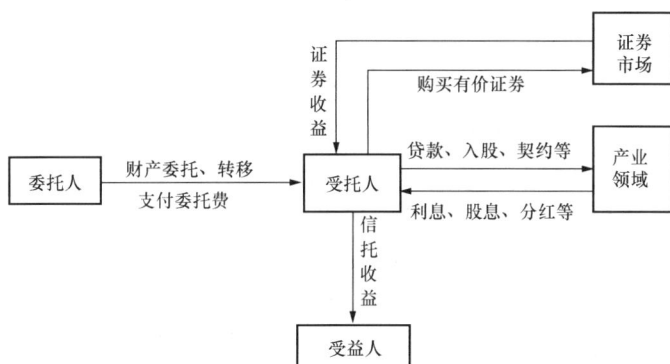

图6-1 信托关系运作过程示意图

由上可知，信托制度的本质即"受人所托，代人理财"，它是以财产为核心，以信任为基础的一种灵活便利的财产管理制度，是唯一可以横跨资本市场、货币市场和实业投资领域的一种投资机制。实践证明，信托制度在财产管理、资金融通、协调经济关系、投资理财和社会公益等方面具有独特的功能，可以广泛应用在市场经济的各个领域。

应当注意到，信托制度与相似的委托、代理制度不同，其区别主要表现在：

第一，成立条件不同。设立信托，必须要有确定的信托财产，而委托、代理关系则不一定要以财产的存在为前提。

第二，名义不同。信托关系中，受托人以自己的名义行事，而一般委托和代理关系中，受托人（或代理人）以委托人（或被代理人）的名义行事。

第三，财产性质不同。信托关系中，信托财产独立于受托人的自有财产和委托人的其他财产。但委托、代理关系中，委托人（或被代理人）的债权人可以对委托财产主张权利。

四、信托的分类

（一）按照信托资产的不同，分为资金信托和财产信托

资金信托，又称为"金钱信托"，是委托人将自己合法拥有的资金委托给委托人的一种信托业务。根据委托人和委托资金用途的不同，资金信托又可以分为单位资金信托、公益资金信托、社保基金信托、个人特约信托等形式。根据委托人数量的不同，资金信托又可分为单一资金信托（即单个委托人委托）和集合资金信托（即两个或两个以上委托人委托）。

财产信托是委托人将自己拥有的非货币形式的财产或财产权，委托给委托人按照约定的条件和目的进行管理或者经营的一种信托业务。具体包括动产信托、不动产（房产、地产）信托以及版权、知识产权等其他财产信托。

（二）按委托人的主体地位的不同，分为个人信托、法人信托、个人与法人通用信托以及共同信托

个人信托是以个人为服务对象的信托业务，其委托者是个人，受益者也是个人。

法人信托又称为"公司信托"、"团体信托"，凡以具有法人资格的企业、事业和团体等法人组织为委托人的信托业务，都是法人信托。具体包括营利法人团体（如公司组织、合作社组织及其他营业机构）和公益法人团体（如学术、宗教和慈善团体等）。

若某项信托财产为几个人所共有，设立信托须由财产共有人共同提出、共同委托，这种信托行为即共同信托。

此外，有些既可以由个人作委托人，也可以由法人作委托人的信托业务，称为个人与法人通用信托。

（三）按照委托人与受托人的关系，分为自益信托、他益信托

委托人以自己为唯一受益人而设立的信托是自益信托。自益信托只能是私益信托。

他益信托是指受益人是委托人指定的第三者的信托。被指定的第三者可以表示同意也可以拒绝接受，有时亦可采取默认方式。

（四）按照受益对象和信托目的，分为私益信托和公益信托

私益信托是指委托人为自己、亲属、朋友或者其他特定个人的利益而设立的信托。私益信托可以是自益信托，也可以是他益信托。大部分信托业务都是私益信托。

公益信托是指委托人为了公共利益的目的，使整个社会或社会公众的一部分受益而设立的信托。公益信托只能是他益信托。设立公益信托只能以社会公众或者一定范围内的社会公众作为受益人，并且必须得到税务机关或者公益事业管理机构的批准或者许可。公益信托应当设置信托监察人。

（五）按照信托关系建立的法律依据，分为任意信托、推定信托和法定信托

任意信托，又称"自由信托"，是指信托的成立完全以各方当事人的自由意思表示为依据，不受外力干预，故又称为"明示信托"。

推定信托是指信托关系的成立由法院根据信托关系人的来往书信或其他有关文件记载，研究推定的信托。

法定信托是指由司法机关依法律的规定来推测当事人的意思而成立的一种信托。

第二节　房地产信托业务类型及信托资金的筹集和运用

一、房地产信托业务类型

1998 年以前，我国的信托公司实际上是一种以银行业务为核心，兼营证券业务和实业投资业务的混业经营型金融机构。1998 年以来，国家对信托业进行了大调整和重新定位。"一法两则"出台后，信托业的定位得到重新明确。据《信托公司管理办法》（银监会 2007 年第 2 号），信托公司可以开展资金信托、动产信托、不动产信托、有价证券信托、其他财产或财产权信托；作为投资基金或者基金管理公司的发起人从事投资基金业务；经营企业资

产的重组、购并及项目融资、公司理财、财务顾问等业务；受托经营国务院有关部门批准的证券承销业务；办理居间、咨询、资信调查等业务；代保管及保管箱业务；公益信托；法律法规规定或中国银行业监督管理委员会批准的其他业务。可见，资产管理业务、部分投资银行业务和自营业务成为重新登记后的信托公司的三大核心业务。

第一大核心业务是资产管理业务。就房地产信托而言，目前主要包括房地产资金信托（以集合资金信托为主，发放各类信托贷款、股权投资或直接投资进行房地产开发）；围绕着土地一级开发展开的土地信托（即城市土地储备机构以自己的名义，将储备的土地委托给信托机构，由信托机构负责信托土地开发的融资活动，并独立、委托或联合土地开发企业进行土地开发，最后通过土地公开交易市场拍卖土地的一种具有中国特色的财产信托）；股权受托管理（即委托人把自己合法拥有的公司股权转移给受托人管理和处分，委托人通过信托合同，在表决权和处分权方面对受托人进行不同程度的控制，受托人从事的是一种事务性管理，其收益一般是收取一定比例的管理费作为信托报酬的一种财产信托）等。

第二大核心业务是部分投资银行业务。广义的投资银行业务包括证券承销和自营、公司理财、企业并购、投资咨询、基金管理和风险资本管理等。根据规定，信托公司除了可以承销国债、政策性银行债券和企业债券外，不能从事其他传统券商业务。信托公司也不能直接介入公募基金，只能通过发起设立基金或基金管理公司间接介入公募基金业务，但可以直接经营私募基金业务。另外，信托公司可以经营企业资产的重组、购并及项目融资、公司理财、财务顾问等智力密集性投行业务。就房地产信托而言，主要包括房地产企业重组、购并、项目融资、理财、代理发售及承销房地产企业股票或债券等投行业务及发起或设立房地产投资基金及准REITs（以私募基金为主）。

第三大核心业务是自营业务。信托投资公司所有者权益项下依照规定可以运用的资金，可以存放于银行或者用于同业拆放、贷款、融资租赁和投资等业务。信托投资公司可以以固有财产为他人提供担保；经过中国人民银行批准，可以办理同业拆借。

除了上面的三大核心业务之外，信托公司还可以经营包括信用见证、资信调查及经济咨询业务在内的中间业务。

二、房地产信托资金的筹集

信托资金是房地产信托投资机构从事信托的基本条件。作为非银行金融机构，房地产信托机构筹集资金的渠道和方式不同于以吸收存款为主的银行。目前，国内房地产信托资金的筹集方式主要有：

（一）房地产资金信托

资金信托是世界各国的主要信托形式。在我国，资金信托是整个信托业务比重最大的部分。以资金信托业务的形式筹集信托资金也是信托机构资金的主要来源渠道。

资金信托筹集来的资金与传统的银行存贷款有很大的区别。储户在银行存款，银行给储户固定的存款利息，即只要不破产，银行就应当对存款保本保息，按期支付，而银行发放贷款所取得的收入归银行所有，造成的损失也由银行承担。资金信托则不然。信托机构不能保证信托本金不受损失，也不能保证最低收益。如果项目成功，收益归委托人指定的受益人所有；项目失败，其损失（包括本金也受到的损失）也由委托人指定的受益人承担，信托机构收取的是手续费和佣金。如没有按照信托合同的约定管理、运用、处分信托资金导致信托资金受到损失的，其损失部分由信托机构负责赔偿。此外，银行吸收的存款属于银行的负债，银行贷款属于银行的资产。银行破产时，银行贷款作为破产清算财产统一参与清算。而信托机构办理资金信托业务取得的资金不属于信托机构的负债，因管理、运用和处分信托资金而形成的资产不属于信托机构的资产。信托机构终止时，信托资产不属于清算财产。

资金信托的资金来源必须是各单位或个人可自主支配或所有的资金。按照委托人的不同，资金信托的资金来源可能包括单位资金、公益基金、社保基金、个人资金。其中单位资金来自企事业单位长期不用的各种基金、利润留成、税后积累等，这部分资金可由企业是单位委托信托机构代为经营管理获取收益，即单位资金信托。这是一种自益信托，委托人自己为受益人。单位资金信托的期限通常大于一年。公益基金是指政府、社会团体、单位或个人资助、赞助和捐赠的社会公益事业基金，如残疾人基金、环保基金等。由于公益基金属于非盈利性的资金营运，从而可享受政府豁免全部或部分税收优惠。这种资金信托是一种他益信托。劳保基金信托的资金来源除了劳动部门和实行劳保基金统筹的行业和部门的劳保基金外，还包括所有独立提留并管理劳保基金的国有、集体企事业单位，以及其他合法经济组织。这类资金具有长期稳定性、独立性及内在保值增值要求强烈等特点。

按照委托人数量的不同，资金信托的资金可能来源于单个委托人的资金，也可能来源于两个及两个以上委托人资金，如集合资金信托计划。我国目前的房地产信托市场中，"集合资金信托计划"是资金信托的主要筹资渠道。"集合资金信托计划"是由多个投资人（委托人）基于对信托投资公司的信任，将自己合法拥有的资金委托给信托投资公司，由信托投资公司集合管理、运用于某一信托计划项目，为投资人获取投资收益的一种信托投资工具。按现行规定，集合资金信托计划尚不能采取公开募集方式。信托投资公司不能通过广告等公共媒体对集合资金信托计划进行营销宣传。一般情况下，一个信托计划的委托合同不能超过200份，每份合同的金额不能低于5万元。

（二）房地产投资基金

投资基金，是一种利益共享、风险共担的集合投资方式，即通过发行股份（公司型基金形式下）或信托基金单位（契约型基金形式下），集中投资者的资金，由基金托管人托管，由基金管理人管理和运用资金，从事股票、债券、外汇、货币等金融工具或产业部门投资，以获得投资收益和资本增值。当投资基金投资于房地产领域时即为房地产投资基金。

投资基金的资金来源于公众、企业、团体和政府机构。居民个人投资，可以在基金募集发行时申请购买，也可以在二级市场上购买已挂牌上市的基金。投资基金将众多不特定的投资者的资金汇集起来，由具有专业知识的基金管理人员经营，投资收益在扣除基金管理费后归原投资者所有。英美等发达国家的金融实践证明投资基金是一种相当先进的投资制度。由于采用了分散投资、专家操作的原则，投资风险小且收益稳定；购买手续简便且流动性高。

根据不同标准可将投资基金划分为不同的种类：

（1）根据基金单位是否可增加或赎回，投资基金可分为开放式基金和封闭式基金。开放式基金是指基金设立后，投资者可以随时申购或赎回基金单位，基金规模不固定的投资基金；封闭式基金是指基金一旦设立，基金规模在发行完毕后的规定期限内固定不变的投资基金。目前我国上海、深圳证券交易所挂牌交易或联网上市的基金以封闭式基金居多。

（2）根据组织形态的不同，投资基金可分为公司型投资基金和契约型投资基金。公司型投资基金，又称"共同基金"，它通过依照公司法设立的以盈利为目的的股份制投资公司进行运营，以发行股票或受益凭证的方式筹集资金，并将资金投资于特定对象；契约型投资基金也称信托型投资基金，是指基金发起人与基金管理人、基金托管人订立基金契约，通过发行基金单位等受益凭证组建投资基金，投资者即受益凭证的持有人根据其购买份额分享投资收益。

（3）根据投资领域的不同，投资基金可以分为证券投资基金和产业投资基金。前者以股票、债券、货币市场、期货、期权、证券市场的价格指数、认股权证等有价证券及相关金融衍生物为投资对象。后者则直接投资于实业领域。投资于房地产行业的投资基金为房地产产业投资基金。《信托法》的出台，理顺了我国契约型证券投资基金的法律关系，但是由于我国产业投资基金类的法律制度不完善，目前我国尚没有真正意义上的房地产产业投资基金。境内房地产市场中的产业投资基金均为来自境外的国际基金或海外基金。

（4）根据投资风险与收益的不同，投资基金可分为成长型、收入型和平衡型投资基金。成长型投资基金是指把追求资本的长期成长作为其投资目的的投资基金，主要投资于成长股票；收入型基金追求当期收入，相比成长型基金获利较高，但潜力较小，波动可能比较大；平衡型投资基金是以支付当期收入和追求资本的长期成长为目的的投资基金。

（5）根据投资对象的不同，投资基金可分为股票基金、债券基金和其他基金。股票基金以股票为投资对象，是最重要的基金品种；债券基金以债券为投资对象，主要投资于大机构、政府或有关部门发行的债券；其他基金包括货币市场基金、期货基金、期权基金，指数基金和基金等。货币市场基金以国库券、大额银行可转让存单、商业票据、公司债券等货币市场短期有价证券为投资对象。期货基金以各类期货品种为主要投资对象。期权基金以能分配股利的股票期权为投资对象。指数基金以某种证券市场的价格指数为投资对象。认股权证基金以认股权证为投资对象。

此外，根据资本来源和运用地域的不同，投资基金可分为国际基金、海外基金、国内基金、国家基金和区域基金等，国际基金是指资本来源于国内，并投资于国外市场的投资基金；海外基金也称离岸基金，是指资本来源于国外，并投资于国外市场的投资基金；国内基金是指资本来源于国内，并投资于国内市场的投资基金；国家基金是指资本来源于国外，并投资于某一特定国家的投资基金；区域基金是指投资于某个特定地区的投资基金。

从基本运作规律来说，房地产投资基金与一般的投资基金并没有本质的区别，所不同的是，房地产投资基金管理、运作的过程中需要基金的管理人根据自身对于房地产市场的独到认识，确定对房地产市场的投资战略、投资指标和规则，进而在房地产投资、开发、经营、销售的不同环节，以及不同的房地产公司和项目中进行投资。

19世纪中后期开始，英、美、日、德等国家和地区相继出现了投资基金，其中以美国最为发达。20世纪60年代，为解决房地产投资专业性要求高、资金需求大、地域性强、流动性差等问题，美国出现了由房地产专业机构管理的房地产投资基金。随着房地产基金运作模式的不断成熟和运作规模的不断扩大，当前房地产投资基金几乎已经渗入美国每一个大中城市的房产经营活动中。房地产投资基金成为连接金融和房地产两大行业的纽带。美国房地产投资基金一般采用的组织形式是公司型和合伙型。公司型的房地产基金基本属于开放式基金，而有限合伙制的房地产基金多为封闭式基金。美国的房地产投资基金以有限合伙制的封闭式基金最为普遍，开放式基金较少，仅占30%左右。在资金的募集方面，一般采用的是私募的方式，对象是少数特定的投资者。一般情况下，房地产投资基金的投资方向受到限制。房地产投资基金直接投资的房地产资产一般是能产生较稳定现金流的高级公寓、写字楼、仓库、厂房及商业用房等物业。

20世纪90年代初，我国曾掀起一阵房地产开发的热潮，这时期成立的基金，如深圳股票交易所上市的富民、富岛、天冀等基金，将很大的资金比例投入到了房地产开发领域。这些早期的类房地产投资基金为我国房地产业的发展起到了积极的促进作用。但是，随着房地产泡沫的破灭和基金管理人决策机制不健全等因素的影响，这些房地产投资基金均不同程度地陷入了运作的困境。1997年我国对基金业进行了大整顿，规定投资基金只能投资于"上市公司流通股、国债和现金等高流动性资产"。因而，相比证券投资基金，产业投资基金的发展在我国受到极大束缚。目前活跃在我国房地产金融市场中的房地产投资基金主要有两大类：一类是参照国外房地产投资基金中的权益型融资模式，采用投资公司形式设立并对其资产进行房地产股权组合投资的投资基金，如摩根士丹利房地产基金、精瑞基金等。这类基金多有外资背景。由于缺少产业基金法律规范和保障，多采用承受风险能力较强的私募形式，最终以股权溢价回购方式实现投资者资金的增值。另一类是从事房地产投资的信托基金，如北国投、重庆国投、中煤信托等，以集合资金信托计划募集资金，主要投向房地产开发中的"过桥"贷款或指定房地产项目的开发建设。其资金起点要求较高，期限多在1～3年。

作为一种行之有效的金融工具，房地产投资基金对于完善房地产金融市场，拓展房地产企业和大众投资者的投融资渠道，以及促进房地产行业的整合、提升，实现资源的优化配置等都具有重要意义。因此，应尽快健全与完善相关法规体系，改革基金管理制度，拓展资金募集渠道和投资空间，推动国内房地产投资基金的发展。

（三）房地产集资信托和代理集资信托

集资信托和代理集资信托是指信托机构接受房地产企业、企业主管部门以及相关机关、团体、事业单位等的委托，直接或代理发行债券、股票以筹集资金的一种信托业务。房地产集资信托是信托机构接受某房地产企事业单位的委托以自己的名义，直接向社会发行债券以筹集资金，定向投资于该单位，并由信托机构定期向债券持有人支付利息，其利息通常高于同类银行存款的固定利率。如经营合法，盈利丰厚，信托机构可将从净盈利中提取一部分作为红利分配给持券人。代理集资是指信托机构接受房地产企事业单位的委托，代其向社会公众发行股票、债券筹集资金。信托机构还可以受托代为发放股息、红利和债息等。信托机构按照发行股票、债券总额的一定比例收取手续费。

（四）信托存款

信托公司在特定的资金来源范围内接受企业及相关机关、团体的委托，代为管理和运用的存款，也是信托资金的筹集渠道。信托存款不同于银行的对公存款。银行的对公存款是面向企业、事业单位、部队、机关和社会团体等的存款，包括活期存款、定期存款、通知存款等。信托存款不是在结算过程中自然形成的，不具有强制性，且各家信托机构各有所长，业务灵活多样，在资金可以自由支配的情况下，存户有充分选择其运用的余地。

根据是否指定运用范围、对象等，信托存款分为特约信托存款和普通信托存款。前者指存款人指定投资或贷款的范围、对象、期限和收益的方法等，运作过程中所得的收益，除约定的手续费外，全部归委托人所有。普通信托存款的存款人不指定存款的运用范围、对象和方式，由信托机构负责管理和运用并承担运用的全部责任。这种存款一般是单位在较长时间内闲置的预算外资金。

据《信托公司管理办法》（银监会 2007 年第 2 号），除银监会另有规定外，信托公司不得开展除同业拆入业务以外的其他负债业务，且同业拆入余额不得超过其净资产的 20％。这一新办法出台后，信托机构通过存款方式筹集资金的难度加大，更多的机构倾向于以集合资金计划、发行基金单位、代为发行股票或债券等方式筹集资金。

此外，信托机构的自有资金，以及在为基础设施及其他公用公益项目代为融资的过程中由政府部门下拨的财政款项都可能成为信托机构开展信托业务的资金来源。

三、房地产信托资金的运用

据《信托公司管理办法》（银监会 2007 年第 2 号），信托公司管理运用或处分信托财产时，可以依照信托文件的约定，采取投资、出售、存放同业、买入返售、租赁、贷款等方式进行。由于目前房地产信托以资金信托业务为主，下文主要对资金信托中，房地产信托资金的运用方式加以介绍。

（一）信托贷款

房地产信托贷款是信托机构在国家规定的范围内，运用信托基金或所吸收的信托资金，以贷款形式对自行审定的房地产企业和项目发放的贷款。目前，我国信托机构经营房地产贷款的基本对象是：凡经工商行政管理部门登记在册，并在银行开户、有法人资格的国有、集体工商企业、事业单位和中外合资经营企业、中外合作企业、外资企业以及个人，在办理房地产开发、经营和购买过程中资金不足，均可申请贷款。

房地产信托贷款与一般银行发放的房地产贷款都是以偿还付息为条件的资金使用权的暂时让渡，但在具体形式上有所不同。首先，房地产信托贷款具有特定的对象和用途，它是为解决房地产开发经营和购买过程中资金不足而发放的，要坚持专款专用，不能挪作他用；其次，房地产信托贷款的利率灵活，比银行利率稍高，可在一定的范围内合理浮动，因此，信托机构可以在国家政策允许的条件下，对一些企业特殊而合理的资金需要给予支持。这也有助于金融机构监督房地产开发企业合理使用资金，提高资金的使用效益。

根据贷款用途和使用方向，我国信托公司开办的房地产贷款主要包括房产抵押贷款（即信托公司要求借款人以房产作为抵押担保而发放的贷款）、土地使用权抵押贷款（即信托公司要求借款人以通过出让或转让方式获得的土地使用权作为抵押物而发放的贷款）、商品房开发经营企业流动资金贷款（即用于解决商品房开发经营企业在办理土地征用、组织设计、施工、购买设备、支付工程预付款、工程竣工结算和商品房销售过程中的企业流动资金周转困难问题的贷款）等。

目前，国内信托市场中，信托贷款多通过融资性信托计划进行运作，即借助银行理财产品筹集资金，由银行与信托机构签订委托代理协议，再由信托机构将所筹集资金贷放给企业。2008 年 1 月以来，由于收益率可观，且信贷紧缩带来的银行表内业务向表外转移，信托贷款类产品成为理财市场的"主角"。据不完全统计，今年以来，贷款类产品的发行数量已超过了 400 款，以产品规模平均 2 亿元保守估计，该类产品总量已高达 800 亿元。且贷款主要投向了房地产、基础设施等宏观调控的重点行业。这已经在一定程度上影响了央行货币政策的执行，监管部门已通过窗口指导等方式，对其进行规范限制。

（二）房地产委托贷款

委托贷款也叫特定资金信托，是信托公司受委托人委托，在委托人存入的委托存款额度内，按信托计划指定的对象、用途、期限、利率和金额等发放的贷款，并负责到期收回本息的一项信托业务。当指定用于房地产开发时，即为房地产委托贷款。委托贷款的委托人可以是各级财政部门、中央各部委、劳动保险机构、科研机构、企业主管部门等单位，也可以是个人。

委托贷款与信托贷款有一定区别，主要体现在：委托贷款的对象和用途由委托人指定，而信托贷款的对象和用途由信托机构自行选定；国家对委托贷款的管理较松，而对信托贷款的管理则与银行贷款一样偏严。

房地产委托贷款中，由于委托贷款的对象和用途均由委托人事先指明，信托机构不承担经营风险。委托贷款先存后贷，受托机构不予垫款，为此，委托人须预先一次或分次将办理贷款的资金以委托存款的形式存入信托机构的指定账户；信托机构在委托存款的限额范围内发放贷款，委托人中途不能提走存款，如委托人急需使用资金，可在尚未动用的委托贷款余额内支取。委托贷款关系至少由委托方、受托方、借款单位以及受益方等四方构成。在该类贷款中，信托机构以提供服务和收取手续费为目的，委托贷款的利息收入全部归受益人。

房地产委托贷款将企业之间的债权债务关系变成信托机构与借款人之间的信用关系，防止资金占压和拖欠，大大提高了资金运用的合理性，并减少投资风险。信托公司对于委托贷款虽然不承担任何风险，但是仍须认真负责地进行贷款管理和监督，协助房地产委托贷款使用单位加强经济核算，合理使用资金，及时回收委托贷款。

（三）股权投资和契约投资

股权投资是信托公司购买某房地产企业股份，委派代表参与该房地产企业的领导和经营管理，并按投资份额取得利润或承担亏损责任。它是信托公司未来发展的重点业务之一。目前股权投资信托不仅投资规模越来越大，而且介入范围越来越广。由于股权投资具有高风险高收益的特征，则要求信托公司本身具有较高的投资管理水平，能够有效控制风险。这种风险的控制与防范，一方面来自于对房地产行业和房地产企业的了解和把握；另一方面体现在股权退出机制的设计上。总体来说我国股权退出机制尚不健全。股权投资的回报方式主要有公开发行上市后出售股票、出售或回购、公司资本结构重组等。就上市而言，大多数股权投资对象虽具有良好的市场前景，但离在主板市场上市还有较大的距离，即使在中小板上市，这类企业通常也难以达到相应的财务要求。而以出售或回购方式退出，一是我国目前的金融市场缺乏公开的股权交易平台，股权转让多以私下交易为主；二是这种股权转让退出方式下投资者回报相对较低。所以，退出机制的完善，成为股权投资方式必须逾越的障碍。

契约投资是指信托公司对某房地产企业投资，并在一定年限内按照事先商定的固定比例分取投资收益，到期出让股权并回收所投资金，不参与经营管理，也不承担盈亏责任。

股权投资和契约投资也被称为信托公司与其他房地产开发投资公司的联合投资行为。

（四）独立、直接地进行产业投资

是指有房地产开发经营权的信托公司运用自有资金和稳定的长期信托资金，以投资者的身份直接参与房地产行业的投资，开展城市土地开发、房地产开发经营等活动，待房地产开发完成后，将房产出售，从中获取收益。据《信托公司管理办法》（银监会 2007 年第 2 号），信托公司的投资业务限定为金融类公司股权投资、金融产品投资和自用固定资产投资。且除银监会另有规定以外，信托公司不得以固有财产进行实业投资。因此，这种资金运用方式在我国目前的信托市场中尚不能全面展开。

此外，信托机构还可用筹集来的资金在证券市场上购买房地产企业股票、债券、期权等有价证券及相关金融衍生物。

第三节 房地产投资信托

一、房地产投资信托的内涵

房地产投资信托（Real Estate Investment Trusts，以下简称 REITs）是指通过发行股票或受益凭证，向投资者公开或非公开募集资金，然后将所募集资金交由专门机构进行多元化投资经营，并将投资综合收益按比例分配给凭证持有人的一种集合投资制度。

从表面上看，REITs 与房地产投资基金、房地产信托等概念较为相似，但实际上存在一定差异。

REITs、房地产投资基金、房地产信托等都是以信托制度原理为基础发展起来的进行房地产资金融通的投融资方式，都是以代理他人财产的方式为房地产业的发展聚集社会闲散资金，实现短期资金长期化，然后通过专业化运作为投资者赚取最大收益的财产管理过程。在这一过程中都存在委托人、受托人、受益人等多边经济关系。但是在信托财产募集、资金运用、投资者人数、组织形式、投资对象等方面存在区别。

1. REITs 与一般房地产信托的区别

就信托财产及其募集方式而言，一般房地产信托的信托财产可以是土地、房屋等不动产，也可以是资金，就我国目前来讲，受到信托合同不超过 200 份的规模限制，信托产品基本属于私募性质；而 REITs 的信托财产主要是通过发行受益凭证向公众募集的资金。其募集方式可以是公开募集，也可以是私募。但是国际上的 REITs 大多是公开募集的。

就融资期限而言，一般的房地产信托产品以 2～3 年的短期融资为主，REITs 的期限一般都超过 20 年。

就资金运用方式而言，一般的房地产信托产品可以信托贷款、股权投资、产业投资、证券投资等多种方式运用所筹集资金，就我国目前来讲，以信托贷款为主；REITs 则通过专业的房地产基金管理公司，直接收购并持有商业房地产项目，以持有期间的经营收益获利。

就投资方向而言，我国目前的大部分信托计划投向单一房地产项目，投资风险相对较为集中；REITs 通常可通过持有多个项目，形成投资组合，进行风险分散。

就受益凭证的流动性而言，就我国目前的情况来看，一般房地产信托产品的流动性较弱，尚无法在公开市场交易，而 REITs 的流动性较强，大多可在证券市场公开交易。

可见，虽然与国内常见的房地产资金集合信托计划等房地产信托产品有相似之处，但是真正意义上的 REITs 是一种与之不同的特殊房地产信托方式。在我国，由于证券法和证券投资基金法都不适用于 REITs，国内房地产金融市场上出现的类 REITs 或准 REITs，实质上均是以信托契约模式设计的集合投资计划。

2. REITs 与房地产投资基金的区别

从本质上看，REITs 是房地产投资基金的一种特殊形式，在资金运用、投资对象、融资规模、投资者人数等方面与一般的房地产投资基金存在区别。

就资金运用而言，REITs 是一种资产运营型基金，一般不进行拿地——建楼——销售等投资开发活动，而直接收购并运营房地产项目以获得收入；房地产投资基金则是投资型基金，可以通过证券投资、产业投资等方式投资于房地产企业，但是不进行具体的房地产项目的运营。值得注意的是，房地产投资基金可以股票投资等方式投资于 REITs，但是国外多数 REITs 以直接投资为主，不通过有价证券进行间接投资，因而其少投资于投资基金。

就投资对象而言，由于写字楼、商场等商业地产的现金流较传统住宅地产的现金流更为稳定，因此，REITs 多投资于商业房地产；而房地产投资基金的投资对象则相对宽泛，包括住宅、商业项目等各类房地产项目，也可投向各类与房地产有关的有价证券。

就投资者人数而言，REITs 的投资者数量众多，以美国 REITs 的资格条件为例，要求 REITs 至少有 100 名股东。而房地产投资基金的投资者人数相对较少，通常仅有几十人。

就资金募集方式和融资规模而言，广义上的 REITs 包括公开上市 REITs、公共持有非流通 REITs 和私募 REITs，但是传统的和绝大部分 REITs 采用证券市场公开上市的方式，其规模通常远大于以私募居多的房地产投资基金。

此外，在需要满足一定的设立条件后，REITs 通常可以获得一般房地产投资基金没有的税收优惠。

当然，由于传统的权益型 REITs 在发展过程中逐步出现了抵押型、混合型等多种类型，投资对象也出现向住宅项目及有价证券延伸的趋势，因此在实务操作中，REITs 与房地产投资基金越来越难以区分。

二、REITs 的产生与发展

房地产投资信托是基于房地产市场的细分以及资本运作—设计策划—拆迁征地—建设施工—销售租赁—物业管理服务等诸环节分工合作的进一步深化，伴随着房地产行业的日渐规范和政府支持力度的加大而产生、发展起来的。

第一次世界大战后，美国经济空前繁荣，第一个具有现代投资基金面貌的马塞诸塞投资信托基金于 1924 年在波士顿诞生。其成立的初衷是以信托的形式规避州法中禁止公司以投资为目的持有不动产的规定。由于其明显的优越性，很快从专为富有阶层设计的投资工具发展成为大众型投资方式，并很快从波士顿发展至芝加哥、奥马哈等美国各大工业城市。直到 1935 年，联邦法院判定其视同联邦公司组织加以课税，税收优越性的丧失使这一投资方式在此后 25 年的发展一度停滞。

二战后，美国房地产业得到迅猛发展，为满足中小投资者投资房地产的需求及房地产信托公司生存和业务发展的需要，1960 年艾森豪威尔总统签署《房地产投资信托法案》（Real Estate Investment Trust Act of1960）标志着 REITs 的正式创立。同年出台的《国内税收法案》的修正规定了 REITs 所能享受的税收优惠政策及 REITs 的结构和经营标准。此后，REITs 得到迅速发展。至 1970 年，REITs 的总资产额上升至 47 亿美元。

经历了 20 世纪 60 年代的繁荣后，随着房地产市场的滑坡，REITs 经营模式上的缺陷逐渐显露，使 REITs 在 70 年代度过了一段艰难时期。特别是为共管式住宅和公寓提供 C&D

贷款和长期贷款的抵押型 REITs。1976 年、1986 年《国内税收法案》两度修正后，REITs 不仅可以拥有房地产，还可以直接经营和管理房地产。REITs 的纳税条款和会计处理也做了相应修改。加上 REITs 管理者经营思路的转变，使被冷落一时的 REITs 在 80 年代重新焕发活力。

20 世纪 90 年代，通过伞形合伙 REITs 的组织结构创新和专业化经营，REITs 进一步提高了市场竞争力和抗风险能力。1993 年《综合预算调整法》的颁布，改变了养老基金投资对 REITs 股东所有权方面的要求，吸引了养老保险等大量机构投资者和证券分析师的参与及关注。1994 年以前，REITs 只在社区连锁商业、公寓楼、医疗卫生设施以及少数写字楼等有限的领域内拥有房地产，投资于大型购物商业区则非常困难。到 1994 年年底，随着初始发行和二级市场公开发行美元证券数量的巨增，REITs 获得了快速发展的动力，其市场规模迅速扩大。

由于 REITs 在经营范围和租金税收政策上仍然存在一定程度的限制，在与房地产经营管理公司进行市场竞争时，不具备竞争优势，REITs 从业者不断游说国会，最终促使 1997 年《纳税者减免法》和 1999 年《REITs 现代化法》的出台，取消了某些由于 REITs 为租户提供不符合条件的服务，而其租金收入不享受纳税优惠的条款，废除了 REITs 资产销售收入不能超过其总收入 30％的规定，允许 REITs 获得税收补贴，可以为租户提供某些服务，将其应税收益的分配比率从 95％降至 90％等。这些调整为 REITs 的发展创新开拓了新途径。据不完全统计，至 2006 年 12 月美国有 300 只左右 REITs，管理的总资产超过 3000 亿美元，其中 2/3 左右在纽约交易所、美国交易所或者纳斯达克上市，市值超过 2000 亿美元。可以说，《REIT 现代化法案》是 REITs 发展的又一重要里程碑。此后，REITs 不仅在美国本土繁荣发展，其理念和成功经验还迅速向世界各国传播，并日益受到各国的广泛关注。英国、德国、法国、荷兰、比利时、加拿大等国纷纷以各种形式发展本国的 REITs 产品。

澳大利亚也是较早发展 REITs 的国家之一。1971 年澳大利亚发行了 LPT（Listed Property TRUST），迄今为止，有 50 只左右 REITs 在澳大利亚上市交易，市值超过 300 亿美元。1984 年日本发行了由住友信托开办的第一支土地信托产品，2000 年日本发行了第一支 J-REITs。目前，日本有 22 支 REITs，总市值达 209 亿美元。日本的 REITs 多数以办公大楼与公寓资产为主，与美国 REITs 的多样化经营相比，还存在一定差距。新加坡紧随日本，修改了相关法律，允许其他国家的 REITs 在新加坡挂牌。2002 年第一支 S-REITs 在新加坡上市，至 2006 年 12 月已有 15 只 REITs 在新加坡交易所挂牌，总市值超过 120 亿美元。2003 年中国香港紧随新加坡推出了房地产投资信托的监管框架，2005 年 7 月颁布《房地产投资信托基金守则》。2005 年 11 月中国香港第一只房地产投资信托基金（RE-ITs）——领汇基金（0823HK）挂牌上市，至目前先后有领汇、泓富、越秀、冠君、阳光等七只 REITs 挂牌。韩国 2001 年 7 月颁布了《房地产投资公司法》，现已有 4 只 REITs 上市。我国台湾地区仅有一只 REITs，即"富邦一号"。另据瑞士银行（UPS）发布的报告预期，到 2010 年，亚洲 REITs 市场规模将扩展至 1000 亿美元。

我国大陆境内最近几年陆续推出了许多类 REITs 或准 REITs 的房地产资金集合信托计划，但尚未推出真正意义上的 REITs。2005 年 12 月，广州越秀房地产投资信托基金（0405.HK）在香港证交所挂牌交易，成为第一只以国内资产在海外上市的房地产投资信托基金，共发售 10 亿份基金单位，其中越秀投资持有 31.3％，越秀集团持有 0.8％，其余 67.9％为社会公众份额。以发行价每份 3.075 港元计，REITs 在市场中共募集资金约 20 亿港元。

我国发展 REITs 最大的障碍在于产业投资基金类的法律制度不完善。因此，在出台相关法律前，REITs 在我国只能停留在理论探讨上。越来越多的房地产开发和投资企业为了解决资本短缺问题，积极尝试境外 REITs。

三、REITs 的特点

（一）面向中小投资者，满足公众的房地产投资需求的同时具有强大的融资能力

REITs 出现前，受财产价值不可分割性和房地产价值高昂性制约，中小投资者往往难以涉足房地产投资领域。REITs 基于资金集合信托的证券化设计为中小投资者创造了机会。REITs 每股通常只需要 10～25 美元，不仅没有持股数量的限制，而且法规特别对其所有权结构进行限制，规定 REITs 应至少有 100 个股东，在税收年度的下半年前 5 大股东持股比例不能超过 50％（即 5/50 规则），以确保股权结构分散化。并且多数 REITs 可上市交易，流动性极强，便于投资者进行变现。因此，作为一种公众投资品，REITs 吸引了众多投资者的参与，也成为房地产业重要的融资渠道之一。

（二）享受税收优惠政策，投资回报率高

为了使 REITs 投资者充分享受投资利益，税法免除了 REITs 公司的所得税和资本利得税，只对股东或受益人的分红征收所得税，避免了重复纳税。并且规定 REITs 每年至少应将其应纳税收入的 90％左右分配给股东。这种高分红制度加上长期的专业化投资策略，为投资者提供了一个波动性小，现金回报丰厚的投资工具。从实践角度看，REITs 也的确取得了优于股票、债券的市场表现。1987—1996 年这十年间，REITs 的波动性只有 S&P500（即标准普尔指数）的 0.59。另据 S&P 统计，2000—2004 年美国 REITs 平均年报酬率为 12.5％，优于美国国内股票型基金的 0.04％，相较 S&P500 股价指数 2.4％的平均年报酬率也更为出色。尽管 2007 年以来，受次级债和美国房地产市场低迷影响，美国 REITs 出现了亏损。但是相比股票、债券等有价证券的跌幅仍然较低。此外，高分红也可避免管理者滥用经营收益，实现对管理者的间接监督。

（三）专业化管理与多样化的投资组合，有效化解风险

REITs 与其他资产类别相关系数低，本身就具有风险分散的效果。按规定，传统 REITs 的运行必须聘请具有丰富行业经验和信息渠道的专业顾问进行资产的外部顾问管理。并且投资和经营相分离。尽管出于减少代理风险目的，现代 REITs 逐步向内部管理过渡，但是其各项资产的投资与管理仍然依托专业人士进行，只不过这些专业人士的产生从外部独立机构转向信托公司内部组织。在市场分工合作深化的背景下，专业化的管理是化解单一项目非系统性风险的主要措施，对于提高 REITs 绩效的作用是毋庸置疑的。另外，通过采用不同地区、不同类型房地产项目的多样化组合投资，进一步保证了投资者的资产组合效益。

（四）以不动产为主的长期投资战略

以房地产作为基础资产的 REITs，较其他投资工具来讲，抵御通货膨胀的能力更强。其长期投资战略使得 REITs 的市场价值较为稳定，也有助于房地产市场的平稳。通常情况下，REITs 总资产的 75％以上应为房地产、房产抵押贷款、其他 REITs 证券、现金和政府债券。从而，其至少 75％的收入来自房地产租金、抵押贷款利息收入、出售房地产和其他 REITs 股份等房地产资源所得；95％以上的收入必须来自房地产相关所得和其他被动投资所得。可见，REITs 的获利主要源于长期投资，而非炒买炒卖房产。

20 世纪 90 年代以后，以美国为代表的部分国家和地区的 REITs 在法规政策和运作方式等方面进行了一系列改革和创新，呈现出一些与传统 REITs 的不同特点。主要表现在：允许 REITs 以不超过 20％的资产控股应纳税 REITs 子公司，然后通过该子公司从事非房地产业辅助业务，实现业务渠道多元化；允许养老基金按其所有者数目计算投资人数，以避免其作为单一投资者违背前述 5/50 规则，促使股东成分机构化；以伞形合伙 REITs 融合了合伙制投资特色和 REITs 所有权结构特点，推动组织结构新型化；在全球经济一体化背景下，将投资视线转向广大发展中国家，力争投资范围全球化。

四、REITs 的分类

按照不同标准，REITs 可区分为不同类别。本节主要从投资方向、组织形式和管理运作模式的角度介绍 REITs 类别的划分。

（一）按照投资方向的不同，REITs 可分为权益型、抵押型和混合型

权益型 REITs，将资金直接投资于公寓、写字楼、购物中心等收益性房地产项目，以获取租金收入及房产增值收益。又称"股本型 REITs"。

抵押型 REITs 则将资金用于发放面向房地产项目持有人及经营者的房地产抵押贷款或投资于房地产抵押支持证券，以获取贷款及证券利息收入。又称"按揭型 REITs"。

混合型 REITs 是上述两种 REITs 的混合体，既可以投资于房地产资产，也可以投资于抵押贷款等债权类资产，因而，既有机会获取较高的房地产经营收入，又可获得稳定的利息收入。

从收益角度看，在市场繁荣时期抵押型 REITs 的收益高于权益型 REITs，但从长期来看，抵押型和混合型 REITs 的年均回报一般低于权益型 REITs。

美国早期 REITs 以权益型居多。20 世纪 60 年代末，抵押型 REITs 风靡一时。20 世纪 70 年代房地产泡沫破灭导致大量开发商破产和贷款违约，抵押型 REITs 受到了沉重打击，而权益型 REITs 以其良好的抗风险能力获得了更多投资者的青睐。目前美国市场上权益型 REITs 的数量占近 80％，市值占 90％左右。

（二）按照基本组织形式，REITs 可以分为公司型和契约型

公司型 REITs 设立一个具有独立法人资格的投资公司进行管理。其基本结构由投资人（即股东）、REITs 投资公司（即委托人、受益人）和基金保管公司（即受托人）三方构成。如图 6-2 所示。

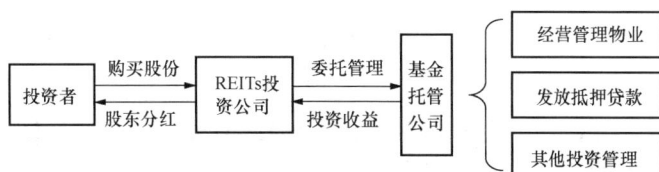

图 6-2　公司型 REITs 组织结构图

（参考：张红，殷红. 房地产金融学. 北京：清华大学出版社，2007.）

从信托关系看，公司型 REITs 中 REITs 投资公司作为委托人将公司资产转让给托管公司，托管公司从事各类房地产投资，再由 REITs 投资公司作为受益人将资产收益以分红形式分配给投资人即股东或其指定的受益人。

契约型 REITs 以信托契约为基础形成代理投资行为，本身不具有法人资格。其基本结构由投资人（即资金委托人和受益人）、受托人（即 REITs 基金本身）、基金托管公司三方构成。如图 6 - 3 所示。

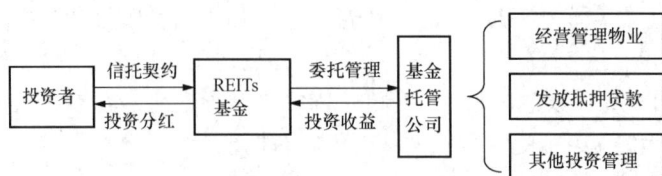

图 6 - 3　契约型 REITs 组织结构图

（参考：张红，殷红. 房地产金融学. 北京：清华大学出版社，2007.）

从信托关系看，投资人通过与 REITs 基金签订信托契约，将资金委托给基金，REITs 基金又将所筹集的资金委托给专门的基金托管公司进行经营管理。基金实现增值收益后，由 REITs 基金对托管公司返回的经营收益按信托契约比例分配给投资人或其指定的受益人。

美国、日本、韩国等国家和我国台湾地区的 REITs 多采用公司型，新加坡及我国香港地区的 REITs 多采用契约型。

在传统的公司型 REITs 基础上，1992 年出现了两种新型 REITs 组织结构——UpREITs 和 DownREITs。UpREITs 和 DownREITs 都是 REITs 的变种，它们能够在不引起现有资本收益纳税的情况下，帮助财产所有人将其现有财产进行 REITs 化。

UpREITs（即伞形合伙 REITs）的概念最初是由投资银行家提出使用的，其初衷是使房地产经营公司将其已经拥有的房地产集中到一个伞型合伙 REITs 组织结构下，而不用将这些房地产卖给 REITs 以规避巨额的资产收益税。其基本运作程序通常是：数个合伙人共同设立某经营性合伙企业，然后合伙人将所拥有的房地产转让给该合伙企业以获得有限合伙权益凭证，即经营型合伙单位（简称 OP 单位），成为有限合伙人。同时，公开募集成立 REITs，由 REITs 筹集资金并将资金投向合伙企业，成为该企业的普通合伙人。有限合伙人持有 OP 单位一段时间后，可以将其转换成 REITs 股份，通过上市交易获取现金或持有股票获取股息。合伙企业利用 REITs 筹集的资金进行房地产投资。一般而言，这种 REITs 本身不直接拥有任何房地产，它所拥有的是在有限合伙关系中的控制利益，并通过这种关系间接拥有房地产。

DownREITs 具有与 UpREITs 类似的所有权结构，但通常是在 REITs 变成了股份公司之后才形成的，另外，在被控制合伙关系的有限合伙人中不包括管理团队的成员。与 UpREITs 不同的是，DownREITs 可以同时拥有多重合伙关系，并且能以 REITs 和合伙公司的形式拥有资产，具有较大灵活性。

（三）按照管理运作模式的不同，REITs 可以分为外部管理模式和内部管理模式

所谓 REITs 的外部管理模式，是指 REITs 公司或发起人将 REITs 资产的管理和运作等一系列活动都外包给独立的第三方托管公司（通常是专业房地产管理公司）进行。反之，由

REITs 公司对所筹集资金自行管理运作的模式即称为内部管理。外部管理模式是传统 REITs 的运作模式。美国早期的 REITs 和亚洲国家及地区的 REITs 大多采用该模式。

采用外部管理模式的 REITs，不仅涉及普通意义上股东对董事会、董事会对管理层的委托代理关系，还包括管理层对专业的托管公司的委托代理关系。与一般意义上的公司治理相比，其代理环节和代理链更长。由于外部顾问较少考虑到 REITs 股东利益的最大化，股东无法及时观察到顾问们的投资行为，容易产生关联交易、费用转移、自我交易等行为，从而导致严重的信息不对称、"道德风险"和"逆向选择"问题。这一问题也是导致美国上世纪 70 年代 REITs 发展陷入停滞的主要原因之一。此外，外部管理模式还会产生一笔不菲的代理成本，对 REITs 的现金流产生影响。而内部管理模式则有助于将上述问题最小化。美国学者 Capozza 和 Seguin 分析了 75 家公司的样本，发现在 1985 年—1992 年间，采用内部管理的 REITs 股票业绩超过使用外部管理的 REITs 的 7%。可以说，20 世纪 90 年代期间 REITs 的显著增长，与内部管理方式的创立有密切关系。1986 年美国国内税务署制定的条例允许 REITs 承担选择物业和管理资产的自认，这实际上是允许 REITs 进行自我建议或自我管理。此后，越来越多的 REITs 采用内部管理模式。

五、REITs 的基本运作模式

公开上市交易 REITs 的基本运作模式如图 6-4 所示。首先由 REITs 在股票市场以 IPO 或增发形式发行股票募集资金，然后委托专门的资产管理公司持有和管理房地产资产。投资者购买 REITs 股票间接投资于房地产，并可以在股票市场进行交易，获得资本利得和流动性。资产管理公司利用托管资产进行组合投资，收入来源主要包括出租房地产的租金、投资于其他 REITs 股票所得的股利、投资于房地产抵押贷款和短期债务工具的利息收益。资产管理公司将收入返还 REITs，由 REITs 按比例进行股息分红。

在基本运作模式的基础上，不同国家和地区的 REITs 在不同时期的不同经济和法律环境下，可能有所调整。如美国后来出现的 UPREIT、downREITs，澳大利亚的 LPT 等。但是通常情况下，REITs 应当具备以下条件，在设计其运行模式时，应当予以充分考虑：

（1）所有权结构的限制，特别是持股人数的最低限要求；

（2）REITs 可创造的收入类型以及可以持有的资产种类的限制，即使在多元化经营的趋势下，也应当对短期持有的物业比例进行适当限制，保证其以长期投资为主；

（3）对其管理结构的限制，特别是以外部方式还是内部方式设置专业顾问；

（4）对财务政策的限制，特别是其应税收入的 90% 左右应进行分红的相关规定；

（5）享有一定的税收优惠政策，特别是避免双重纳税问题。

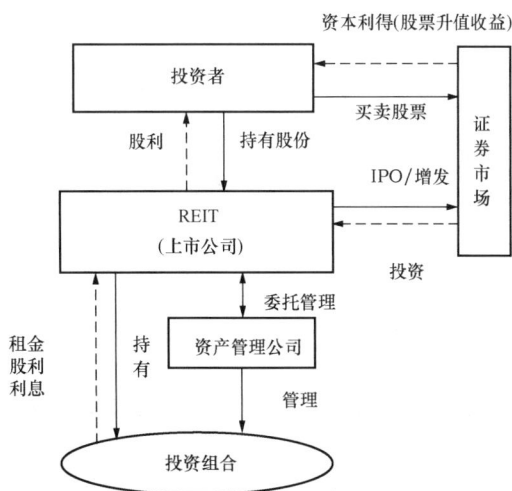

图 6-4 REITs 的基本运作模式

（资料来源：陈怡，彭岩. 房地产融资理论与实务.）

案例分析：我国发展房地产投资信托基金的可行性及模式分析

在一系列的土地与信贷紧缩政策下，探索多元化的房地产融资方式成为解决房地产业资本短缺问题的当务之急。其中 REITs 作为能横跨房地产市场、资本市场和货币市场，衔接房地产金融一级市场和二级市场的投资工具，在欧美及亚洲其他邻国和地区的房地产金融领域取得较大成功，也引起我国理论界和企业界的积极关注。自宏观调控以来，关于 REITs 的探讨和争论不绝。2005 年 12 月，广州越秀 REITs 香港上市成功以及 2007 年"新两规"的出台，加快了境内 REITs 的发展步伐。应该看到，REITs 是在特定的法律制度、经济环境、房地产市场发展阶段、金融体系等条件下产生的一种金融创新产品，因此，分析探讨 REITs 在我国的发展模式时，必须结合我国国情，研究和借鉴国外的发展经验与教训。请结合本章内容，分析探讨如下问题：

（1）我国发展 REITs 的可行性和必要性；

（2）深交所综合研究所研究员毛志荣指出，信托计划、封闭式产业基金和上市房地产公司是发展我国 REITs 的三种路径选择。请对这三种发展路径进行评析，并谈谈你对我国 REITs 发展模式的设想。

关键词中英文对照

房地产信托 real estate trust　　　　　　信托咨询公司 Trust and Consultation Co

委托人 settler　　　　　　　　　　　　受托人 trustee

信托财产 trust property　　　　　　　　受益人 beneficiary

公益信托 charitable trusts　　　　　　　宣言信托 declaration of trust

信托基金 trust fund　　　　　　　　　　权益型房地产投资信托基金 Equity REITs

抵押型房地产投资信托基金 Mortgage REITs　混合型房地产投资信托基金 Hybrid REITs

《REIT 现代化法案》（REIT Modernization Act，RMA）

组织结构 Organizational structure

思 考 题

1. 何谓房地产信托，并请简述信托的运作原理。

2. 信托的基本要素包括哪些？

3. 我国房地产信托业务主要有哪些？

4. 房地产信托资金通常如何筹集？如何运用？

5. 何谓 REITs？REITs 有哪些特点？

6. 按照投资方向、组织结构和管理运作模式，REITs 可以分为哪些类别？

第七章　房 地 产 保 险

本 章 摘 要

"天有不测风云，人有旦夕祸福。"风险是客观的、普遍存在的，而保险（insurance）源于风险的存在。由于房地产生产经营的全过程中面临各种风险，而房地产保险的发展，为房地产业提供了重要保障和支持，并逐渐成为房地产金融的重要内容。本章首先阐述了保险的概念、与相似制度的比较、职能、分类、基本原则；接着介绍了保险运作的基本环节、保险合同的基本知识，分析了房地产的相关风险；最后较为系统地介绍了房地产保险的主要险种。

第一节　保 险 概 述

一、保险的概念

在日常生活中，保险是指稳妥、可靠、有把握的意思，但是在保险学中有其特定含义。《中华人民共和国保险法》中关于保险的定义是："投保人根据合同约定，向保险人支付保险费，保险人对于合同约定的可能发生的事故因其发生所造成的财产损失承担赔偿保险金责任，或者当被保险人死亡、伤残、疾病或者达到合同约定的年龄、期限时承担给付保险金责任的商业保险行为。"其中，投保人是指与保险人订立保险合同，并按照保险合同负有支付保险费义务的人。保险人是指与投保人订立保险合同，并承担赔偿或者给付保险金责任的保险公司。被保险人是指根据保险合同，其财产利益或人身受保险合同保障，在保险事故发生后，享有保险金请求权的人。

作为分散风险、消化损失的一种经济补偿制度，可以从不同角度理解保险的内涵。

（1）从经济角度来看，保险是一种分摊损失、提供经济保障的财务安排。即通过向所有投保单位和个人收取保费建立保险基金，用于补偿少数被保险人遭受的损失，使少数成员的损失由全体被保险人分担。此外，保险可以提高投保人的资金效益，人寿保险等险种还兼具储蓄和投资作用，因而保险是一种有效的财务安排。

（2）从法律意义上说，保险是一种合同行为。即通过签订保险合同，明确双方当事人的权利与义务，一方以缴纳保费获取保险合同规定范围内的赔偿，另一方则有收受保费的权利和提供赔偿的义务。

（3）从风险管理角度看，保险是一种风险转移的机制。即面临风险的人们通过保险人组织保险基金，当被保险人发生损失，可以从保险基金中获得补偿，使个人风险得到转移、分散，提高被保险人对风险损失的承受能力。换句话说，一人损失，大家分摊，即"人人为我，我为人人"。

二、保险与相似制度的比较

（一）保险与储蓄

保险和储蓄都是人们以现在结余资金应付未来不确定性风险的一种管理手段，目的都在于"未雨绸缪"。所不同的是，储蓄依靠个人积累来对付未来风险，是一种自助行为。它一般不受特殊条件限制，不需付出代价，到期可提取本金加利息。而保险靠集体的财力对付风险带来的损失，是一种互助行为。它需付出一定代价，即保费。一旦保险事故发生后，只要符合保险赔偿和给付条件，被保险人和受益人都可以领取赔款和保险金。

（二）保险与救济

保险和救济都是补偿灾害事故损失的经济制度。救济是指对由于种种原因陷入经济困境者给予无偿的帮助，以维持其生活。这是一种单方面的人道主义行为，通常由民间组织和政府提供救济资金来源，救济方和被救济方之间不存在任何权利与义务关系。保险是一种合同行为，受合同约束，其资金主要来源于以保险费设立的保险基金。此外，救济对被救济人经济困难的大小是有一定条件规定的，只有在经济困难达到一定的限度时，救济才会开始。保险人对被保险人的风险保障根据保险合同履行职责，不存在风险大小的规定。因此保险和救济是完全不同性质的两种保障手段。

（三）保险与社会保险

社会保险是国家以立法形式强制建立的，通过筹集各方资金或财政预算安排，对劳动者在遭遇生、老、病、死、伤残等劳动风险，暂时或永久丧失劳动能力、或暂时失去工作从而失去工资收入或经营收入时，给予一定的物质帮助，以保障其基本生活，从而保持社会稳定的一种社会保障制度。目前我国的社会保险主要包括养老保险、医疗保险、失业保险、工伤保险、生育和疾病保险等五种保险以及正在推广试行的新型农村合作医疗制度。近年来，社会保险的参保人数和基金规模持续增长。截至 2007 年末我国基本养老保险和基本医疗保险参保人数分别达到 2 亿以上，全国参加工伤保险人数为 12173 万，参加生育保险人数为 7775 万。

保险与社会保险的区别主要体现在：保险通常是指商业保险行为，其经营主体必须是以营利为目的的商业保险公司。而社会保险由政府或其设立的机构办理，不以营利为目的；保险是依合同实施的平等自愿订立的民事行为，而社会保险是依法强制实施的政府行为；保险的费用由投保人全部承担，而社会保险的保险费通常是个人、企业、政府共同负担。

三、保险的职能

（一）保险的基本职能

保险的基本职能是保险固有的职能，是保险区别于其他行业的最根本的特征。包括分散风险和组织经济补偿的职能。

分散风险是指保险人在危险发生之前，向有共同危险损失顾虑的经济单位和个人收取保险费，将其可能遭遇的危险损失转化为必然，由保险人集中承担"必然"损失，一旦部分被保险人遭遇危险损失，由保险人按照保险合同的约定给予赔偿，从而将部分被保险人遭受的损失分散给全体被保险人共同承担。

组织经济补偿是指保险人在发生保险事故后对遭受危险损失的经济单位或个人实行经济补偿以对抗风险。具体表现为财产保险的补偿和人身保险的给付。

（二）保险的派生职能

保险的派生职能是随着社会生产力的发展，在基本职能的基础上产生的职能，主要包括资金融通职能、社会管理职能、收入分配和均衡消费职能。

资金融通职能是指保险人一方面以集聚起来的保险费设立保险基金，另一方面以机构投资者的身份通过购买有价证券、银行存款等方式将闲置保险资金重新投入社会再生产过程，在实现保险资金保值增值的同时，参与社会资金的融通。目前，许多发达国家的保险公司和社会保险机构已成为最主要的非银行金融机构，在金融市场上占有举足轻重的地位。截至2007年我国保费收入达到2.9万亿元，世界排名第9位，保险资金运用余额为26721.94亿元。其中银行存款6516.26亿元，债券11752.79亿元，证券投资基金2530.46亿元，股票（股权）4715.63亿元。全年共实现资金运用收益2791.73亿元，资金运用的平均收益率为12.17%。据专家预测，到2010年，全国保险年收入将突破1万亿元，保险总资产达到5万亿元以上。作为主要的机构投资者，我国保险公司在资本市场中发挥的作用日益突出。

社会管理职能是指保险业在逐步发展的同时，通过保险的内在特性，促进经济社会的协调以及社会各领域的有序发展。主要体现在：保险可以为社会提供多层次保障服务，减轻政府在社会保障方面的压力；为社会提供就业岗位，缓解就业压力、维护社会稳定；保险公司直接参与社会防灾防损活动，在灾害和风险识别、衡量、分析方面积累的大量专业知识和风险损失资料，为社会风险管理提供有力支持；保险人通过对灾害损失的补偿，参与社会关系管理，有助于提高事故处理效率，减少当事人可能出现的纠纷及社会摩擦，起到了"社会润滑剂"的作用，甚至改变了社会主体的行为模式等。

收入分配职能是指保险通过向投保人收取保费建立保险基金，在事故发生后对少数被保险人进行经济赔偿，以赔付形式参与对这部分资金的再分配，进而参与了国民收入的再分配。

均衡消费的职能是指人们通过投保获得财产及人身保障的同时，将可用于消费的资金在一生中进行均衡，特别是各种人身保险，从某种程度上相当于为投保人提供了一份长期资金运用规划，对平衡人们在人生各阶段的消费产生重要作用。

四、保险的分类

根据不同的标准，可以将保险做以下各种不同的分类。

（1）根据保险标的的不同，保险可分为财产保险、人身保险。

财产保险是以财产及其相关利益为保险标的的保险。根据我国《保险法》第九十二条规定，财产保险业务包括财产损失保险、责任保险、信用保险等保险业务。即人身保险以外的各种保险，均可视为财产保险范畴。人身保险是以人的寿命和身体为保险标的的保险，包括人寿保险、健康保险、意外伤害保险等保险业务。

（2）根据实施形式的不同，保险可分为强制保险和自愿保险。

强制保险是由国家通过法律或行政手段强制实施的一种保险，凡在规定范围内的单位或个人，不管愿意与否都必须参加的保险。具有全面性和统一性的特点。如机动车辆第三者责任保险。自愿保险是在平等互利、等价有偿的原则下，以自愿方式订立保险合同建立的一种保险关系。投保人可以根据自身需要自主选择投保险种和承保人，保险人也可根据自己的业务范围和能力选择保险客户。双方可就保险内容和条款进行协商。自愿保险是商业保险的基本形式。

（3）根据承保方式的不同，保险可分为原保险和再保险。

原保险是保险人和被保险人直接签订保险合同，由保险人对被保险人因保险事故所致的损失承担直接的、原始的赔偿责任的保险。再保险也称分保，是原保险人以其所承保的风险，再向其他保险人进行投保，与之共担风险的保险，是保险人对原始风险的纵向转嫁。如承保卫星发射保险的保险人接受这一特约承保后，将面临极大的风险，一旦卫星发射失败，资本较小的公司极可能因此而破产。因此，明智的做法是以再保险的形式将该风险的一部分转移给其他保险人，由几个保险人共同承担。

（4）根据保险标的的价值确定与否，保险可分为定值保险和不定值保险。

定值保险又称"约定价值保险"，是由保险合同双方当事人事先确定保险标的的价值，并在合同中载明以确定保险金最高限额的一种保险，它主要针对古董、字画、某名人的特殊身体部位等难以在市场上找到同种商品的特殊品。定值保险合同成立后，如发生保险事故，造成财产全部损失时，无论保险标的的实际价值是多少，保险人都应当以合同中约定的保险价值作为计算赔偿金额的依据，而不必对保险标的重新估价。人寿保险皆为定值保险。不定值保险是指保险合同双方当事人在订立合同时只列明保险金额，不预先确定保险标的的价值，须至危险事故发生后，再估价并确定损失与赔偿额的保险。大多数财产保险均采用不定值保险的形式。

五、保险的基本原则

保险的基本原则是在保险形成和发展过程中逐渐形成的保险行为的公认准则。主要包括最大诚信原则、保险利益原则、近因原则和损失补偿原则。

（一）最大诚信原则

最大诚信原则是指保险双方在签订和履行保险合同时，必须以最大的诚意，履行自己应尽的义务，互不欺骗和隐瞒，恪守合同的认定与承诺，否则保险合同无效。最大诚信原则的主要内容包括告知、保证、弃权和禁止反言。

（1）告知。告知是保险合同一方当事人在签订和履行合同时以及合同有效期内，负有向另一方当事人就重要事实进行口头或书面陈述的义务。具体来讲，在订立合同时，投保人应将足以影响保险人决定是否承保和确定费率的重要事实如实告知保险人。如人身保险中既往病史、财产险中保险标的的品质等；保险人应主动说明保险合同条款及免责条款内容，对不属于赔偿义务的索赔请求应发出拒绝通知书履行告知义务。告知通常有无限告知和询问告知两种立法形式。前者要求投保方主动将相关重要事实如实告知保险人，后者指投保人只对保险人询问的问题如实告知，对询问以外的问题无需告知。我国实行的是询问告知。

（2）保证。保证是投保人或被保险人在保险期间对某种事项的作为或不作为的允诺。保证是保险合同成立的基本条件，其目的在于控制风险。根据存在的形式，可以将保证分为明示保证和默示保证。明示保证以条款形式附加在保险单上；默示保证是指虽然未载于保险合同，但按照法律和惯例投保人应保证的事项。默示保证和明示保证具有同等的效力。根据保证事项是否已经存在，可以将保证分为确认保证和承诺保证。确认保证是指投保人或被保险人对过去或现在某一特定事实的存在或不存在的保证，而不是对该事实以后的发展情况作出保证。如，人身保险中投保人保证被保险人过去和投保当时的健康状况良好，但是不保证今后也如此。承诺保证是指投保人对将来某一事项的作为或不作为的保证。如，家庭财产保险中投保人或被保险人保证不在家中放置危险品。

（3）弃权和禁止反言。弃权是合同当事人一方以明示或默示的意思表示放弃其在保险合同中可以主张的权利；禁止反言是合同当事人一方既然已放弃在保险合同中可以主张的某种权利，日后不得再向对方主张该种权利。从理论上说，保险合同双方都存在弃权与禁止反言的问题，但在保险实践中，弃权与禁止反言主要是约束保险人的。如，某企业为职工投保团体人身保险，在提交的被保险人名单上，已注明某被保险人因胃癌病休，但因代理人未严格审查，办理了承保手续，签发了保单。日后该被保险人因胃癌死亡，保险人不得因该被保险人不符合投保条件而拒付保险金。

（二）保险利益原则

保险利益是指投保人对保险标的具有法律上承认的利益。保险利益原则是指在签订保险合同时或履行保险合同过程中，投保人和被保险人对保险标的必须具有保险利益。我国《保险法》第十二条规定："投保人对保险标的应当具有保险利益。投保人对保险标的不具有保险利益的，保险合同无效。"构成保险利益必须具备四个条件：保险利益必须是合法的利益；保险利益必须是确定的利益，而不是凭主观臆测、推断可能获得的利益；保险利益必须是经济上有价值的利益，即可通过货币计量的利益；保险利益应为具有利害关系的利益，即投保人对保险标的必须具有利害关系。遵循保险利益原则的主要目的在于限制损害补偿的程度，避免将保险变为赌博行为，防止诱发道德风险。

（三）近因原则

近因是引起保险标的损失的最直接、最有效、起决定作用的因素。近因原则是指保险理赔中对风险与保险标的损失关系进行分析时，如果近因属于被保风险，保险人应负赔偿责任；近因属于除外风险或未保风险时，保险人不负赔偿责任。

确定近因的关键是确定风险因素与损失之间的因果关系。确定这种因果关系的基本方法有从原因推断结果和从结果推断原因两种方法。前者从最初事件出发，按逻辑推理直到最终损失发生，最初事件就是最后一个事件的近因。如雷击大树，大树压坏房屋，房屋导致家电损毁。家电损毁的近因就是雷击。后者从损失开始，沿系列自后往前推，直到最初事件，若未中断，则最初事件就是近因。如，第三者被两车相撞致死，导致两车相撞的原因是其中一位驾驶员酒后开车，酒后开车就是致死第三者的近因。在实践中，由于致损原因的发生与损失结果之间的因果关系错综复杂，运用近因原则不是轻而易举的事，需根据实际案情，仔细观察，实事求是地分析。

（四）损失补偿原则

损失补偿原则是指当保险事故发生时，被保险人通过保险赔偿可以恢复到受灾前的经济状况，但是不能因损失赔偿而获得额外收益。即补偿以保险责任范围内损失的发生为前提，以被保险人的实际损失及有关费用为限。这是财产保险理赔的基本原则。保险人在运用该原则实施经济补偿时应以实际损失、保险金额、保险利益为限。

损失补偿原则在实务中产生了重复保险的分摊原则、代位追偿原则等派生原则。

重复保险的分摊原则是指在重复保险的条件下，为了避免被保险人因保险事故获得超额赔偿，因此采用顺序、限责和比例分摊等原则分配赔偿责任，使被保险人既能得到充分补偿，又不会获得额外利益。其中顺序分摊是指按各保险公司出单时间顺序赔偿，先出单的公司先在保额限度内赔偿，后出单的公司在损失额超出前一家公司的保额时，在自身额度内赔偿该超出部分。限责分摊是指在假设无他保情况下，用损失金额乘以每家公司单独应负担的赔偿责任限额占各家公司赔偿责任限额之和的比例来计算各保险人应承担的赔款。比例分摊是指用损失金额乘以每家保险公司承保的保险金额占保险金额总和的比例来计算各保险人应负担的赔款。在实务中，各国较多采用比例和限责分摊方式，我国采用比例分摊方式。

代位追偿是指因第三者对保险标的的损害造成保险事故时，保险人按合同约定向被保险人赔偿保险金以后，依法取得在赔偿金额范围内取代被保险人行使对第三者请求赔偿的权利。该原则适用于财产保险。主要内容包括权利代位和物上代位。权利代位是指在财产保险中，保险标的由于第三者责任导致保险损失，保险人向被保险人支付保险赔款后，依法取得对第三者的索赔权。物上代位是指保险标的遭受保险责任范围内的损失，保险人按保险金额全数赔付后，依法取得该项标的的所有权。

六、保险的运作

保险的运作必须在法律的规范下进行。通常情况下，保险的运作涉及投保、承保、防灾防损、索赔与理赔等环节。

（一）投保

投保是指投保人做出投资决策，向保险人提出订立保险合同的意思表示的过程。这一过程包括选择保险公司及保险代理人、分析保险需求确定投保方案、填写投保书等。

通常情况下，投保人愿意选择资金雄厚、管理良好、保单条款和服务能满足其要求的保险公司及其代理人投保。投保人需向保险代理人或保险公司的展业人员详细阐明自身需求，并如实告知与保险相关的事项。

保险人应选择合适时机和恰当的宣传渠道如广告、文艺演出、设立咨询点、报刊登载保险知识等进行全方位的产品推介宣传，使潜在投保人充分了解保险产品。同时保险人应慎选展业人员或保险代理人，对展业人员及时进行业务培训，提高业务水平。

保险代理人或展业人员在与投保人初步沟通后，应做好以下工作：

（1）及时把握投保人的投保意向，帮助投保人分析其所面临的风险，并确定其保险需求；

（2）帮助投保人估算可用来投保的资金，结合公司的产品，为投保人选择、设计合理满意的保险方案；

（3）详细讲解相关条款内容。

确定投保方案后，投保人需填写保险公司事先拟订的投保书。投保书是投保人要约的凭证，构成保险合同的基础，投保人必须保证其填写的真实性。除了投保书外，保险人还会要求投保人提供一些其他文件或填写一些其他资料，比如人身保险中还需要提供健康证明、财产保险中有时需要提供财务报告书、填写咨询表进行如实告知。填写投保单是投保过程的重要环节，在这一过程中，保险公司的展业人员或代理人员应遵循自愿投保的原则，不得变相强制，并按保险法要求如实履行告知义务。

（二）承保

承保是指投保人与保险人通过协商，对保险合同内容取得一致意见并签订保险合同的过程。它是保险经营的重要环节，关系到保险企业经营的稳定性和经济效益的好坏。承保的程序包括接受投保书、审核验险、接受业务、缮制单证等。

（1）接受保险书。投保人将填写好的投保书交给保险人或通过代理人转交，由其进行审核以决定接受或驳回投保书。

（2）审核验险。这一环节是保险业务选择的关键。通过审核验险可防止非可保风险的代入，去除不合格的保险标的，准确估计风险程度，提高承保质量。主要包括：

1）审核投保申请。主要包括审核投保人资格、审核投保标的、审核保险费率和保险起讫期限等内容。如发现内容填写不符合规定或不清楚时，应及时与投保人联系，予以补充或更正。

2）控制保险责任。即在承保时依据自身承保能力进行承保控制。主要包括控制有较大风险的投保人试图以平均保险费率购买保险的逆选择，对不符合条件的投保人不予承保，或有条件承保；控制承保能力等。

3）分析风险因素。对可能面临的实质风险、道德风险、心理风险和法律风险进行具体分析。特别是对财产保险，应查验投保财产的名称及项目、特约承保财产是否列清、投保财产所处环境及风险程度和安全管理措施等；对人身保险应查验被保险人的健康状况、家族病史、年龄、职业、嗜好、居住环境等。

保险公司投保和承保的一般流程如图 7-1 所示。

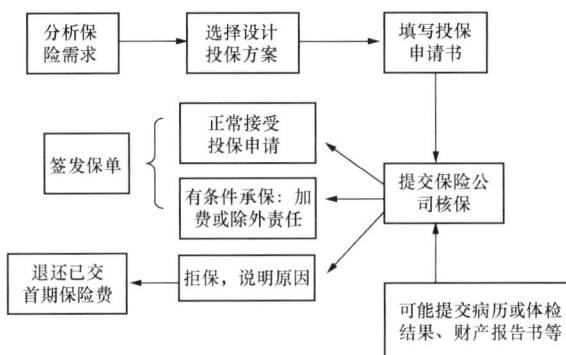

图 7-1 投保和承保一般流程

（3）接受业务。保险人核保后要做出承保、拒保或有条件承保的决定。保险人同意投保人提出的保险要约，对投保要求不作实质性的改变，保险合同在保险人承保后宣告成立。拒保的应说明原因。

（4）缮制单证。保险合同成立后保险人应当及时向投保人签发保险单或其他保险凭证，并办理批单手续。填写保险单时应做到单证相符、保险合同要素明确、数字准确、复核签章、手续齐备。

保险人在承保时不能对保险要约进行实质性的改变或变更，否则不是承诺而是新的要约。对于小额的保险合同而言，保险合同是格式合同，所有投保单的内容是保险人事前拟订的，很少存在保险人发出新的要约情况。而对于大额的保险，比如工程保险、为卫星投保的保险，保险人可能就一些特殊的要求和投保人进行磋商，存在保险人提出新要约的可能性。

（三）防灾防损

防灾防损是保险经营的重要环节，是保险双方共同努力，采取措施，减少或消除风险发生的因素，从而降低保险经营成本，提高经济效益的经营活动。保险防灾防损是社会防灾防损的重要组成部分。但是由于其防灾主体是保险企业，对于不接受其防灾防损建议的被保险人只能解除合同或不予续保，监督手段力度有限。

目前常采用的防灾防损办法包括：加强保险防灾宣传、咨询工作；加强同社会防灾防损组织的联系与合作；对重点保户进行安全检查，及时处理不安全因素和事故隐患；提取防灾费用；积累灾情资料、开展防灾技术研究和服务；条款制约与费率优惠，如在投保或续保中规定无赔款或防护好的优待或有赔款加费、规定免赔率或免赔额、对经常发生保险赔款的保户拒保等。

从理论上讲，防灾防损是保险公司风险管理的重要组成部分。保险公司应在灾害发生前预防损失，在灾害发生后抑制损失，这对于社会、保险企业和投保人都具有重要意义。但是在现实的经营活动中，许多保险公司更多地只是承担了事后进行经济补偿的功能，弱化了自身防灾防损这一重要的社会管理职能。按财政部的有关规定标准，财产险公司和人身险公司可以分别按上年各项保费收入的1.5%和1%提取防灾费，但由于许多保险公司对防灾防损没有具体的部署和明确要求，没有将其列入考核指标体系。因此，每年已提取的防灾费是否真正用到了防灾防损上，很难得到具体的确认。更有不少保险公司为了抢占市场盲目承保，承保后不加强风险管理、不注重灾前防范、不对投保企业进行日常安全检查等，导致出险率居高不下，经营成本不断攀升。因此，目前各保险公司应加快完善防灾防损机制，选择和运用科学可行的管理措施和管理手段，尽可能地降低风险发生的频率，最大限度地减轻社会财富可能造成的损失。

（四）索赔

索赔是指被保险人和受益人在保险标的遭受损失后，按照保险合同规定，向保险人请求赔偿的行为，是受益人实现其保险权益的具体体现。

被保险人索赔的具体程序通常是：

（1）发出出险通知。保险事故发生后，被保险人或受益人应以最快方式通知保险人。这是被保险人的义务。

（2）采取措施尽量救助，避免损失扩大。保险事故发生后，被保险人应积极施救，使损失降到最低，并保护好现场，以助于损失金额的计算和保险责任的确认。

（3）提供必要的索赔文件。一般包括保险单、原始单据（如房屋产权证等）、保险事故情况报告、出险证明书及损失证明等材料。

（4）领取赔偿金。保险赔偿金额经双方确认后，被保险人即可领取。但当涉及第三者责任时，被保险人还应出具权益转让书，将向第三者追偿的权利转给保险人，并协助保险人追偿。

需要注意的是，保险合同对保险的索赔时效通常都有一定的规定。

（五）理赔

理赔是指保险事故发生后，保险人对被保险人提出的索赔请求进行处理的行为。保险理赔的程序包括接受损失通知书、审核保险责任、进行损失调查、给付保险金、代位追偿等。

（1）损失通知书。接受损失通知书意味着保险人受理案件，应立即将保险单与索赔内容详细核对，安排现场查勘等事项，然后将受理案件登记编号，正式立案。

（2）审核保险责任。主要围绕以下内容审核该案件是否属于保险人的责任：保险单是否有效；损失是否由所承保的风险引起；损失的财产是否为保险财产；损失是否发生在保单所载明的地点；损失是否发生在保单的有效期内；请求赔偿的人是否有权提出索赔；索赔是否欺诈等。

（3）损失调查。保险人应派人到出险现场进行实际勘察，了解事故情况，以确定损失程度。主要包括：分析损失原因；确定损失程度；认定被保险人的求偿权利。

（4）估算并给付保险金。损失的估算是理赔中最困难的一个环节。最常见的估价方法是实际价值、重置价值和约定价值三种。一般应根据保险条款规定的估价办法确定保险财产价值。

（5）给付赔偿金。对于财产保险，保险人应理算赔偿金额后，方可赔付。而人寿保险只要保险人认定保单有效，受益人身份合法，保险事故真实发生，即可给付保险金。赔偿方式以货币为多，财产保险中也可约定恢复原状、修理、重置等方式。

（6）代位追偿。如果第三者对被保险人的损失须负赔偿责任，保险人可按保险合同的约定或法律的规定，先行赔付被保险人。然后被保险人应当将追偿权转让给保险人，并协助保险人向第三方追偿。

第二节　保 险 合 同

我国《保险法》第十条规定："保险合同是投保人与保险人约定保险权利义务关系的协议。"保险合同是民商事合同中的一种，不仅适用《保险法》，而且适用《合同法》和《民法通则》的有关规定。

一、保险合同的特点

除具有一般合同的法律特征外，保险合同的特殊性主要体现在：

（1）保险合同是双务合同。保险合同作为一种法律行为，对双方当事人均具有法律约束力。各方当事人均负有自己的义务，享有自己的权利。如保险事故发生后，被保险人享有请求保险人支付保险金的权利，投保人则有支付保费的义务。

（2）保险合同是有偿合同。即保险合同以投保人支付保险费作为对价换取保险人对风险的保障。

（3）保险合同是最大诚信合同。由于保险双方信息的不对称，保险合同对于诚实信用程度的要求远大于其他民事合同。可以说，保险合同的权利义务完全建立在诚实信用基础上，因此，保险合同被称为"最大诚信合同"。

（4）保险合同是附合合同。合同条款不由当事人共同协商拟订，而由保险人事先拟就，投保人一般只做出是否同意的意思表示。

（5）保险合同是射幸合同。合同的效果在订约时不能确定，即保险人的义务是否履行在保险合同订立时尚不确定，取决于保险事故是否发生。

二、保险合同的主体与客体

（一）保险合同的主体

1. 保险合同的当事人

保险合同的当事人是指订立并履行合同，在合同关系中享有权利并承担相应义务的自然人、法人或其他组织。

（1）保险人。亦称承保人。是指与投保人订立保险合同，并根据保险合同收取保险费，在保险事故发生时承担赔偿或者给付保险金责任的保险公司。

（2）投保人。亦称要保人，是与保险人订立保险合同并按照保险合同负有支付保险费义务的自然人、法人或其他组织。投保人须具有民事权利能力和民事行为能力。

2. 保险合同的关系人

（1）被保险人。是指其财产或者人身受保险合同保障，享有保险金请求权的人。当投保人为自身利益投保时，保险人与被保险人为同一人。当投保人为他人利益投保时，被保险人是投保人在保险合同中指定的人。当保险利益转移后，受让人及继承人可以是被保险人，如保险事故造成被保险人死亡的情况下。此外，责任保险合同的受害人，可以直接向保险人请求赔偿，享有保险金请求权，即实质上的被保险人。

（2）受益人。是指人身保险合同中由被保险人或者投保人指定的享有保险金请求权的人，投保人、被保险人可以为受益人。受益人可以是自然人，也可以是法人，须由被保险人或投保人指定，但投保人指定受益人必须征得被保险人同意。当被保险人为无民事行为能力的人时，由其监护人指定受益人。当受益人为数人时，可以指定受益顺序或受益份额，否则受益人按相等份额享有受益权。被保险人或者投保人可以变更受益人，但是应当书面通知保险人。投保人变更受益人必须经被保险人同意。

3. 保险合同的辅助人

保险合同的辅助人是辅助保险合同当事人办理保险合同有关事项的人。一般包括保险代理人、保险经纪人和保险公估人。

（1）保险代理人。是根据保险人的委托，向保险人收取代理手续费，并在保险人授权的范围内代为办理保险业务的单位或者个人。保险代理人要有保险人的委托授权，以保险人的名义办理保险业务，向保险人收取代理手续费，其代理行为所产生的权利和义务的后果直接由保险人承担。个人保险代理人在代为办理人寿保险业务时，不得同时接受两个以上保险人的委托。

（2）保险经纪人。是基于投保人的利益，为投保人与保险人订立保险合同提供中介服务，并依法收取佣金的单位。保险经纪人本质上是投保人的代理人。但是如果保险经纪人也为保险人代收保险费时，即同时为保险人的代理人。因保险经纪人在办理保险业务中的过错，给投保人、被保险人造成损失的，由保险经纪人承担赔偿责任。

按照我国《保险法》的规定，保险代理人、保险经纪人均应当具备保险监督管理机构规定的资格条件，并取得保险监督管理机构颁发的经营保险代理业务许可证或者经纪业务许可证。

（3）保险公估人。是指专门从事保险标的的查验、评估及保险事故的认定、估损、理算等业务，并据此向当事人委托方收取合理费用的机构或个人。尽管应保持独立、公正的行业经营原则，但是除少数专门受被保险人委托的公估人外，保险公估人一般受保险公司委托开展工作，只对保险公司负责。其出具的公估报告书，一般是作为保险人理赔的参考依据，不具有法律权威性。

（二）保险合同的客体

保险合同的客体是指保险法律关系的客体，即保险合同当事人权利义务所指向的对象。由于保险合同保障的对象不是保险标的本身，而是被保险人对其财产或者生命、健康所享有的保险利益，所以，保险利益就是保险合同的客体。保险利益是保险合同成立的必要条件之一，投保人对保险标的应当具有保险利益，否则保险合同无效。其中保险标的，是指作为保险对象的财产及其有关利益或者人的寿命和身体。保险标的是保险利益的载体，是确定保险合同关系和保险责任的依据。

三、保险合同的内容和形式

（一）保险合同的内容

是指以保险合同当事人的权利义务为核心的保险合同的全部记载事项，由基本条款和特约条款组成。

1. 基本条款

基本条款是标准保险单的背面印就的保险合同文本的基本内容，即保险合同的法定记载事项，也称保险合同的要素，主要明示保险人和被保险人的基本权利和义务，以及依据有关法规规定的保险行为成立所必需的各种事项和要求。主要包括：保险当事人和关系人的名称和住所、保险标的、保险责任和责任免除、保险期间和保险责任开始的时间、保险价值、保险金额、保险费及其支付方式、保险金赔偿及支付办法、违约责任和争议处理、合同订立日期等。

其中保险责任是指保险合同约定的保险事故或事件发生后，保险人所应承担的保险金赔偿或给付责任。责任免除是指保险人依照法律规定或合同约定不承担保险责任的范围，是对保险责任的限制。保险期间是指保险合同的有效期。保险金额是指保险人承担赔偿或者给付保险金的最高限额。保险价值是指保险标的的实际价值，即投保人对保险标的所享有的保险利益的货币估价额。保险费是投保人为取得保险保障，按合同约定向保险人支付的费用。

2. 特约条款

除基本条款以外，当事人根据特殊需要约定的其他条款。包括附加条款、保证条款等。

（1）附加条款。是对基本责任范围内不予承保而经过约定予以扩展的补充性条款。附加险是不能单独投保和承保的险别，投保人只能在投保基本险的基础上投保附加险。如果附加险的条款和基本险条款发生抵触，抵触之处的解释以附加险条款为准；如果附加险条款未作规定，则以基本险条款为准。

（2）保证条款。是保险人要求被保险人必须履行某项规定所制订的内容。即保证某种行为或事实的真实性的条款，如人身保险中投保人对被保险人年龄真实性的保证。

（二）保险合同形式

我国《保险法》未对保险合同的形式做出直接规定。在保险实务中，保险合同一般采取保险单、保险凭证和暂保单等书面形式。

四、保险合同的订立、履行、变更与终止

（一）保险合同的订立

我国《保险法》第十三条规定："投保人提出保险要求，经保险人同意承保，并就合同的条款达成协议，保险合同成立。"依照这一规定，保险合同的成立要件一般有：第一，投保人提出保险要求；第二，保险人同意承保；第三，保险人与投保人就合同的条款达成协议。因此，保险合同原则上应当在当事人通过要约和承诺的方式达成意思表示一致时即告成立。一般来说，合同成立即生效。保险合同通常以交纳保险费为合同生效的条件。保险合同成立后，尚未生效前，发生保险事故的，保险人不承担保险责任。

（二）保险合同的履行

1. 投保人对保险合同的履行

投保人应当按照合同的约定履行其承担的义务，主要包括如实告知的义务、交付保险费的义务、维护保险标的安全的义务、危险增加和保险事故发生时的通知义务、保险事故发生时的施救义务、提供索赔单证的义务、不当得利返还义务和协助追偿义务等。

2. 保险人对保险合同的履行

保险合同订立后，保险人应按照约定全面履行自己的义务，主要包括按规定期限签发保险单的义务、赔偿或给付保险金的义务、支付施救费和事故查验费及相关仲裁或诉讼费的义务、通知义务、保密义务等。

（三）保险合同的变更

在保险合同有效期内，投保人和保险人经协商同意，可以变更保险合同的有关内容。变更保险合同的，应当由保险人在原保险单或者其他保险凭证上批注或者附贴批单，或者由投保人和保险人订立变更的书面协议。投保人和保险人协商同意变更保险合同，一般不必征得被保险人和受益人的同意。但以死亡为给付保险金条件的人身保险合同的变更，应征得被保险人的同意。

保险合同的变更包括主体的变更、内容的变更和客体的变更。主体的变更包括当事人的变更和关系人的变更。客体的变更主要由于保险标的价值增减变化引起。客体的变更通常由投保人和被保险人提出，保险人同意后加批生效。内容的变更主要是指在当事人及关系人不便的情形下对合同条款的变更，如财产险中保险标的的数量、存放地点；人身保险中被保险人职业等。内容变更一般由投保人提出。

保险合同变更生效后，当事人应按照变更后的保险合同内容履行各自的义务。但保险合同的变更没有溯及力，只对将来发挥效力。另外，保险合同的变更也不影响当事人要求赔偿损失的权利。

（四）保险合同的终止

保险合同的权利义务终止是指合同约定的当事人的权利、义务消灭。保险合同终止的原因主要有合同解除、期限届满、全部履行完毕、主体消灭等。

1. 保险合同解除

保险合同订立后，具有法律约束力，当事人不得随意解除。但在具备法定或者约定的事由时，则可以解除。从各国保险立法看，保险合同的解除分为法定解除和约定解除。前者来源于《保险法》规定，后者源于保险合同当事人之间约定。

我国《保险法》第十五条和十六条对保险合同解除权作了明确规定：除本法另有规定或者保险合同另有约定外，保险合同成立，投保人可以解除合同，而保险人不得解除合同。即投保人享有解除合同即退保的权利和自由。当然，这种权利和自由受到法律规定和合同约定的限制。如果《保险法》另有规定或者保险合同另有约定，不得解除保险合同的，投保人提出解除合同，保险人有权拒绝。另外，依照保险法的有关规定，当发生投保人故意或过失未履行告知义务影响保险人承保决定、被保险人或者受益人出现恶意骗保等违法行为、被保险人未履行危险增加通知义务等情况时，保险人也有权解除保险合同。

保险合同解除的法律后果就是使保险合同的效力提前消灭，但保险合同的效力从何时开始消灭，则取决于保险合同的解除有无溯及力。若保险合同解除对原保险合同权利义务有溯及力，则合同视为自始未成立，尚未履行的，终止履行；已经履行的，恢复原状。若合同解除无溯及力，则合同解除仅指向将来消灭，解除前的合同关系仍然有效，但尚未履行的，也终止履行。

2. 其他原因造成的保险合同终止

除合同被解除外，以下原因可以终止保险合同：保险合同期限届满；在保险合同有效期内，发生保险事故后，合同因履行而终止；财产保险合同因保险标的的灭失而终止；人身保险合同因被保险人死亡而终止等。

第三节 房地产风险及其主要险种

一、房地产的相关风险

在房地产经营管理过程中，房屋的设计策划——生产建造——销售分配——消费使用等各个环节都可能面临风险、发生损失。按照风险损失涉及的客体，可将与房地产有关的风险分为财产风险、责任风险、信用风险和人身风险四大类。

（一）房地产财产风险

房地产财产风险是指由于房地产毁损、贬值使得房地产所有者遭受损失的风险，可以进一步分为直接损失风险和间接损失风险。直接损失是指房地产本身直接损坏或灭失，导致房地产财产价值的减少。如房屋被大火烧毁造成的直接损失。间接损失是指由于其他财产的直接损失引起的未毁损房地产价值的降低、未来收入的下降及支出的增加。如某房屋严重受损后，在其重建过程中必须拆除该房屋未损坏的附属部分造成间接损失；承租人在房屋受损修复期间，少交甚至不交租金可能造成的出租人租金损失；为保证不间断经营，房地产现使用者迁至临时场所及从临时场所迁回增加的成本等。

可能造成房地产财产损失的原因有很多，主要包括：

自然原因，是指由于洪水、地震、风暴、火灾、泥石流等自然现象或物理现象可能导致房屋财产损失风险。

社会原因，是由于个人行为反常（如盗窃、破坏、玩忽职守等）或不可预测的团体过失、疏忽、侥幸、恶意等不当行为（如罢工、暴动等）可能导致房屋财产损失风险。

经济原因，是指在房屋开发经营过程中，由于市场预期失误、经营管理不善、消费需求变化、经济不景气等相关因素变动或估计错误而导致房地产价值减少。

技术原因，是指科学技术发展、生产方式改变的同时可能由于科技进步的负效应造成房屋财产损失风险。如某些新型材料的应用缺陷性以及核辐射、空气污染、噪声等引致的房屋财产损失。

政治原因，是指由于政局的变化、政权的更替、政府法令和决定的颁布实施，以及种族和宗教冲突、叛乱、战争等引起社会动荡、投资环境恶化造成房地产价值减少。

法律原因，是指由于颁布新的法律和对原有法律进行修改等原因造成房地产投资或建设条件发生变化从而造成房地产财产损失风险。

（二）房地产责任风险

房地产责任风险是指由于社会团体或个人的侵权或违约行为造成他人房屋财产损失或人身伤亡而应负担经济赔偿责任的风险。主要包括：在房屋勘察设计、开发建造、销售经营、消费使用、物业管理等诸环节中，可能由于勘察设计不当、工程质量低劣、管理不善、使用不当等造成第三方财产损失或人身伤害，相关人员或单位需承担赔偿责任。如，建筑设计师和工程师在设计或施工过程中由于职业过失造成房屋安全隐患、发生安全事故的，必须承担责任；房屋所有人或使用人擅自移动、改变房屋承重结构造成邻居人身伤害或财产损失的，也应承担赔偿责任等。

（三）房地产信用风险

房地产信用风险是指在房屋开发经营过程中，权利人与义务人之间，由于一方违约或犯罪而造成对方经济损失的风险。如，由于家庭成员伤亡、失业等原因可能造成购房者经济困难不能履行还款义务，给银行或开发商造成损失；由于资金链断裂或其他原因可能造成房屋建设工程不能按时交付使用，给购房者造成损失等。

（四）房地产人身风险

房地产人身风险是指由于人的生老病死或者残疾所导致的风险。这种风险常常会造成预期收入的减少或者是额外费用的增加。如购房款的还款人在还款期限内死亡或伤残，减少或丧失劳动能力的风险，可能导致银行债权无法履行；房地产、建筑行业的从业人员因意外事故造成人身伤亡的风险，这种风险通常使得企业医疗赔付等费用增加。

综上述，房地产风险涉及财产、责任、信用、人身等多方面。值得注意的是，由于土地一般不存在灭失的风险，因而房地产风险一般是指房产风险。

二、房地产保险的主要险种

目前我国专门针对房地产推出的保险险种尚在少数，多数房地产风险借助一般保险险种进行分散。值得注意的是，房地产开发、管理和销售的全过程中涉及的财务损失风险和民事赔偿责任众多，但是关于房地产的保险并不能将房地产风险悉数囊括。从一般保险理论的角度，商业保险只承担由于自然灾害和部分"人祸"造成的被保险标的的物质损失。

房地产保险实务中主要涉及以下险种：

（一）房地产财产保险

房地产财产风险主要可通过企业财产保险、家庭财产保险及建筑工程险、安装工程险等险种分散。其中建筑工程险、安装工程险在下文"工程保险"中详述，这里仅介绍企业财产保险和家庭财产保险。

1. 企业财产保险（简称企财险）

企业财产保险是适用于各种企业、社团、机关和事业单位的一种财产保险。主要承保因遭受暴风、暴雨、洪水、雷击等自然灾害和火灾、爆炸等意外事故造成的财产损失。传统的企业财产保险通常可分为普通企财险和财产一切险两大类型。多年来，虽然诸多财产类保险公司出台名称各异的财产保险条款，如财产基本险、综合险等，但主要的承保对象和内容大同小异。

厂房、写字楼、商业楼宇等财产是企业重要的固定资产，我国境内注册的各类工商企业、团体及机关事业单位均可通过该险种分散这类财产可能遭遇的自然灾害和意外事故风险。

（1）保险范围。属于被保险人所有或与他人共有而由被保险人负责的房屋等财产；由被保险人经营管理或替他人保管的房屋等财产；法律上承认的与被保险人有经济利益关系的房屋等财产均在保险范围之内。但土地、矿藏、违章建筑、危险建筑、非法占用的财产不在可保财产之列。

（2）保险责任。其保险责任因保险险种不同而有所不同。一切险责任范围较宽，综合险和财产险次之，基本险的责任范围较窄。以下仅介绍传统企财险的保险责任。

1）普通企财险的保险责任。一般采取列明风险方式确定保险责任。主要包括：由于火灾、雷击、爆炸、飞行物体及其他空中运行物体坠落等原因造成保险标的的损失；在发生保险事故时，为抢救保险标的或防止灾害蔓延，采取合理的必要措施而造成保险标的的损失。为适应投保人的特殊需求，可在投保基本险后，特约附加各种附加风险。如盗窃险，暴风、暴雨、洪水、盗抢、雪灾、冰凌、泥石流、崖崩、突发性滑坡、雹灾、水暖管爆裂、破坏性地震等风险的保险。亦可以根据保险人的要求和保险人对风险的鉴别,加保各种财产,如矿下财产、露堆财产等。

2)财产一切险的保险责任。保险条款中对其保险责任的描述通常为"列明的保险财产因自然灾害或意外事故造成的直接损坏或灭失"。其中自然灾害指雷击、暴风、暴雨、洪水、雪灾、冰凌、泥石流、崖崩、突发性滑坡、雹灾等,意外事故指无法预料且超过被保险人能力控制范围的突发性事件,包括盗抢、火灾和爆炸等。

(3)除外责任。普通财产险的除外责任主要包括:由于战争、敌对行为、军事行动、武装冲突、罢工、暴动、被保险人及其代表的故意或纵容行为、核反应、核子辐射和放射性污染、地震、台风、锈蚀性水暖管爆裂、抢劫、盗窃等原因造成保险标的的损失及保险标的遭受保险事故引起的各种间接损失,保险目标的本身缺陷、保管不善导致的损毁,行政行为或执法行为所致的损失等。

财产一切险的除外责任主要包括:设计错误、原材料缺陷或工艺不善引起的损失和费用;自然磨损、内在或潜在缺陷、物质本身变化、自燃、自热、氧化、锈蚀、渗漏、鼠咬、虫蛀、大气变化、正常水位变化或其他渐变原因造成的损失和费用;非外力引起机械或电气装置本身的损坏;锅炉及压力容器爆炸引起其本身的损失;被保险人及其雇员的操作过失造成机械或电气设备损失;盘点时发现的短缺;贬值、丧失市场或使用价值等其他后果损失。

特别强调的是,无论是普通财产险还是财产一切险,均将地震、海啸作为除外责任。对于这两种风险,保险人将根据承保标的的位置、大小、政策等因素,综合考虑,是否接受加保。

(4)保险金额及保险价值。房屋建筑等固定资产的保险金额一般可通过购置或建造时的账面原值、账面原值加成数、重置价值等方式确定保险金额。保险价值一般按出险房屋建筑的重置价值确定。

(5)保险费率。企业房屋财产险保险费率受投保险种的责任范围、房屋的建筑结构、占用性质、周围环境、防灾设施等因素影响。

(6)赔偿处理。可采用现金或重置赔偿方式、恢复原状或置换受损财产的赔偿方式。建筑物部分遭受损失的,保险人对建筑物的赔偿金额应是修复或重建建筑物的费用,赔偿金额中应扣除改进和改善部分的费用,同时还要扣除原建筑物的折旧。建筑物全部损失,则要根据保险价值与保险金额的对比,确定赔偿金额,足额保险的,在保险金额内全部赔付;不足额保险的,则以保险金额为限。

(7)保险期限。企业财产保险的保险期限一般为一年。期满后,经协商后可续保。

除上述企业财产险外,近年来,各保险公司陆续开办专门的房地产财产保险。如中国人民保险公司开办的商业楼宇财产基本险、商业楼宇财产综合险、商业楼宇财产一切险。其保险责任、除外责任与上述普通财产险、一切险基本相同。只是保险范围限于商业楼宇。

此外,企业还可以通过投保利润损失险分散因上述保险事故造成的企业停产、减产、营业中断等间接损失风险。利润损失保险作为传统财产保险的一种附加和补充,必须依附于财产保险,所承保的风险与财产保险一致。它承保的项目主要有营业额减少所致毛利润损失、营业费用增加所致毛利润损失、工资、审计师费用。其除外责任包括被保险人及其代表的故意行为、战争及核风险;保险人签发的与利润损失保险相关联的财产保险单中的除外责任。

2. 家庭财产保险（家财险）

城乡居民、单位职工、夫妻店、家庭手工业者等个人及家庭成员可以就自有房屋、代他人保管或者与他人共有房屋投保家庭财产综合保险、家庭财产两全险及专门的房屋保险。

（1）家庭财产综合保险。

1）保险范围。由房屋及附属设备、室内装潢和室内财产三大部分组成，投保人可以自由选项投保。用于金银等珍贵财务、货币等无法鉴定价值的财产，从事商品生产、经营活动的财产和出租用作工商业的房屋及违章建筑和处于紧急状态的财产不可承保。

2）保险责任。火灾、爆炸、暴雨、暴风、雷击、龙卷风、洪水、雹灾、雪灾、地面突然塌陷、崖崩、冰凌、泥石流；空中运行物体的坠落，以及外来的建筑物或其他固定物体的倒塌；在发生以上灾害蔓延或施救所采取的必要措施造成保险财产的损失和由此支付的合理费用。

3）除外责任。战争、军事行动或暴力行为；核子辐射或各种污染；被保险人或其家庭成员的故意行为；电机、电器（包括属于电器性质的文化娱乐用品）、电气设备因被保险人的自身行为或使用过度或超电压、短路、弧花、漏电、自身发热等原因造成本身或部件的损失；用芦席、稻草、油毛毡、麦秆、芦苇、帆布等简易材料搭建的简陋屋、棚以及堆放在露天、阳台、天井及简陋屋棚内的保险财产，由于暴风、暴雨所造成的损毁；虫蛀、鼠咬、霉烂、变质的损失；其他不属于保险责任范围内的损失和费用。

4）保险金额。由被保险人根据保险财产的实际价值按投保险别分别自行估价而定，并且按照保险单上规定的保险财产项目分别列明。

5）赔偿处理。对室内财产的赔偿一般采用第一危险赔偿方式，即只要发生在保险责任范围内，不论是否足额保险，保险人按实际损失赔偿，而不是按责任比例分摊。但是，如有约定，保险人对房屋的损失仍采取按比例分摊方式。

（2）家庭财产两全险。

家庭财产两全险是兼有经济补偿和到期还本性质的险种。家庭财产两全险采用按份数确定保险金额的方式，具体份数多少根据投保财产的实际价值而定。投保人根据保险金额一次性交纳保险储金，保险人将保险储金的利息作为保费。保险期满后，无论保险期内是否发生赔付，保险人都将如数退还全部保险储金。一般被保险人在投保后不得中途退保，只有当全家迁移外省以及集体投保的单位撤销、关闭、合并等情况下，保险公司才予办理中途退保手续。

家庭财产两全险的保险财产、保险责任、保险金额确定方式及适用范围与家庭财产综合保险相同，所不同的是保险人通过收取一定的保险储金，以保险储金产生的利息作为承担保险责任的对价。该保险最长期限一般不超过10年。

由于保险公司在该险种上的盈利有限，目前许多保险公司纷纷停办该险种。

（3）家庭财产附加险。

盗抢险是家庭财产附加险中最为普遍的一种。

保险责任主要包括：房屋及其附属设备和室内装修材料以及存放于保险地址室内的保险财产，因遭受外来人员撬、砸门窗、翻墙掘墙、持械抢劫、并有明显现场痕迹的盗窃所致损失在三个月以上。

除外责任包括：被保险人及其家庭成员、服务人员、寄居人员的盗窃或纵容他人盗窃所致保险财产的损失；因房门未锁、窗户未关，被外来人员顺手偷摸或窗外钩物所致损失；其他不属于保险责任范围内的损失。

家庭财产保险相对于企业财产保险，保险金额一般较小，保险人的承保手段更为灵活。有些保险人，在主承保条件的基础上，扩展条款名目繁多，承保标准条款中的除外责任或者除外财产。如太平保险公司，根据被保险人的要求，扩展的内容有现金、字画、古董，同时还承保家庭主要成员由于意外过失造成的对第三方的民事赔偿责任，如高空物体坠落、宠物咬伤他人、自行车伤人等。当然，扩展责任的同时还有一些附加条件，此处不再一一列举。

（4）房屋保险与抵押贷款房屋保险。

房屋保险的保险标的是一次性付款或抵押贷款购买的产权房屋和购房合同中载明的配置设备。一般情况下，购房后装修、购置的附属于房屋的财产和室内财产、正处于紧急危险状态下的房屋、政府征用拆迁或违章建筑的房屋、年久失修或长期无人居住和看管的房屋、在建房屋及建筑材料、坐落在分洪区或洪水警戒线以下的房屋、简陋屋棚等为该险种的不可保财产。

1）保险责任。火灾、爆炸、暴风、暴雨、雷击、冰雹、洪水、泥石流、地面突然塌陷、山体突然滑坡；空中运行物体坠落，以及外来的建筑物和其他固定物体的倒塌；在发生上述灾害或事故时，为防止事故蔓延或减少损失所采取的必要施救措施造成保险房屋的损失以及由此支付的合理费用。

2）除外责任。战争、军事行动或暴乱；核子辐射或污染；被保险人、房屋所有人、使用人、承租人、代看管人或其家庭成员的故意行为；保险标的因设计错误、原材料缺陷、工艺不善等内在缺陷以及自然磨损造成的损失和产生的费用；保险标的在正常保养、维修项目下发生的损失和费用；由于政府行为所致的损失及其他不属于保险责任范围的损失和费用。

3）保险期限。一次性付款购买的产权房屋，其保险期限自保险合同约定之日零时起至保险期满二十四时止，最长以 5 年为限；以抵押贷款方式购买的产权房屋，其保险期限与贷款合同期限相同，最长以 30 年为限。

4）保险金额。为房屋每平方米售价乘以购房总面积或按合理的评估价格或双方约定价格确定。

5）保险费。投保人在办理投保手续时，应一次缴清保险费。

$$总保险费 = 保险金额 \times 保险费率 \times 缴费系数(f_n)$$

为促进抵押贷款购房业务的开展，根据市场需求，部分保险公司专门开办了个人抵押贷款房屋保险，为抵押房屋因自然灾害或意外事故遭受损毁的风险提供保障。其保险责任与除外责任与房屋保险基本一致，只是保险范围仅为抵押贷款方式购买的产权房屋。其保险期限从投保人或其代理人、代表人购置保险标的的贷款合同载明的起止期或购房合同载明的房屋交付之日起，至贷款合同期届满一定期限止。保险金额按投保人或被保险人与房地产开发商签订的购房合同中载明的房屋总价款确定。

（二）房地产责任保险

责任保险是一种以被保险人对第三者依法应承担的民事赔偿责任为保险标的的保险。房地产企业及相关企业、团体和从业个人在房地产生产经营活动中，由于疏忽、过失等行为对他人造成人身伤亡或财产损害，依法应承担的民事赔偿责任，可以通过投保有关责任保险转移给保险人。

1. 产品责任保险

产品责任保险是指以产品生产者或销售者的产品责任为承保风险的责任保险。房地产开发商销售房屋这一特殊产品，房屋在使用过程中可能因本身缺陷造成用户或公众人身伤亡或财产损失。开发商可以通过购买产品责任保险将该风险转移给保险人。

（1）保险责任。在保险有效期内，由于被保险人所生产、出售的产品或商品在承保区域内发生事故，造成使用、消费或操作该产品或商品的人或其他任何人的人身伤害或财产损失及被保险人为产品责任支付的诉讼、抗辩费用及其他经保险人事先同意支付的费用。

（2）除外责任。根据合同或协议应由被保险人承担的责任；被保险人根据《劳动法》或雇佣合同对其雇员及有关人员承担的责任；被保险人所有、保管或控制的财产的损失；被保险人故意违法生产、出售的产品或商品造成任何人的人身伤害或财产损失；被保险产品本身的损失及退换、回收有缺陷产品造成的费用及损失；被保险产品造成的大气、土地、水污染及其他各种污染所引起的责任；被保险人产品造成对飞机或轮船的损害责任；战争、罢工、核风险引起的产品责任事故造成的损害不予赔偿；因缺陷产品造成责任事故而导致的罚款以及保单规定的免赔额。

（3）保险期限。通常为一年，期满可以续保。

（4）保险费率。影响保险费率的因素包括：产品的特点及其可能对人体或财产造成损害的风险大小；赔偿限额的高低；承保地区范围的大小；产品数量多少和产品价格高低；以往此项业务的损失或赔付统计资料；产品生产者的技术水平和质量管理情况等。

（5）赔偿处理。一般情况下，产品责任保险的责任期限有"期内发生式"承保基础下的责任期限和"期内索赔式"承保基础下责任期限。房地产的产品责任保险通常采用"期内索赔式"。该险种的保险单均不规定保险金额，仅规定赔偿限额。该限额通常由法院判断确定或有关各方协商确定。

2. 雇主责任保险

雇主责任保险是指以被保险人即雇主的雇主责任为承保风险的责任保险。它保障雇主对雇员在受雇过程中伤亡、疾病的赔偿责任。国有、三资、私人、国内股份制、集体以及集体或个人承包的各类房地产企业和事业单位均可为其聘用的员工投保雇主责任险。

（1）保险责任。凡被保险人所雇佣的员工在保险有效期内，在受雇过程中，从事与被保险人经营业务有关的工作而遭受意外或患与业务有关的国家规定的职业性疾病，所致伤、残或死亡，被保险人根据《中华人民共和国劳动法》及劳动合同应承担的医药费用及经济赔偿责任，由保险人在规定的赔偿限额内负责赔偿。其中被保险人所雇用的员工包括短期工、临时工、季节工和徒工。

（2）除外责任。战争、类似战争行为、叛乱、罢工、暴动或由于核子辐射所致的被雇人员伤残、死亡或疾病；被雇人员由于疾病、传染病、分娩、流产以及因这些疾病而施行内外科治疗手术所致的伤残或死亡；由于被雇人员自加伤害、自杀、犯罪行为、酗酒及无照驾驶各种机动车辆所致的伤残或死亡；被保险人的故意行为或重大过失；被保险人对其承包商雇用的员工的责任。

（3）保险费。根据被保险人付给其雇用人员工资（薪金）、加班费、奖金及其他津贴的总数，计算预付保险费。在本保险单到期后的一个月内，被保险人应提供本保险单有效期间实际付出的工资（薪金）、加班费、奖金及其他津贴的确数，凭以调整支付保险费。预付保险费多退少补。

（4）赔偿限额。国外对雇主责任保险多提供无限额赔偿。目前，我国的雇主责任保险没有法律规定的赔偿标准，由被保险人根据雇佣合同的要求，以雇员若干个月的工资额制订赔偿限额。

（5）附加责任。经保险双方当事人约定，可以扩展承保附加医疗费、附加第三者责任保险。

（6）保险期限。一般是一年期，以保险双方当事人约定的时间为始终点，也有的合同以承包工程期为保险期间。

3. 公众责任保险

公众责任保险是指以损害公众利益的民事赔偿责任为保险标的的责任保险。企事业单位、社会团体、个体工商户、其他经济组织及自然人均可为其经营的工厂、办公楼、旅馆、住宅、商店、医院、学校、影剧院、展览馆等各种公众活动的场所投保该险种。

（1）保险责任。被保险人在保单有效期内从事所投保的生产、经营或其他活动时，因发生意外事故而造成他人（第三者）人身伤亡和财产损失，依法应由被保险人承担的经济赔偿责任。

（2）除外责任。目前我国公众责任保险主要用于场所责任，保单的除外责任规定较多。主要包括：

1）被保险人的合同责任，除非该合同责任同时构成法律责任。

2）被保险人雇员遭受的人身伤害。

3）被保险人或其代表或其雇佣人员所有的财产或由其保管或由其控制的财产。

4）被保险人或其代表或其雇佣人员因经营业务一直使用和占用的任何物品、土地、房屋或建筑。

5）由于下列各项引起的损失或伤害责任：对于未载入本保险单明细表而属于被保险人的或其所占有的或以其名义使用的任何牲畜、脚踏车、车辆、火车头、各类船只、飞机、电梯、升降机、自动梯、起重机、吊车中其他升降装置；火灾、地震、爆炸、洪水、烟熏；大气、土地、水污染及其他污染；有缺陷的卫生装置或任何类型的中毒或任何不洁或有害的食物或饮料；由被保险人作出的或认可的医疗措施或医疗建议。

6）由于震动、移动或减弱支撑引起任何土地、财产、建筑物的损坏责任。

7）由于战争、内战、罢工等行为直接或间接引起的后果所致的责任。

8）核风险所引起的责任。

9）罚款、罚金或惩罚性赔款及应由被保险人自行负担的免赔额。

10）被保险人及其代表的故意行为或重大过失。

（3）赔偿限额。该保险的赔偿限额高低由双方当事人根据可能发生的赔偿责任风险大小协商确定。每次责任事故的赔偿限额不超过合同赔偿限额。有的公众责任保险保单还规定保单的累计赔偿限额，即保单在一个有效期内能够负责的最高赔偿限额。

（4）保险费。一般不采用固定的费率表。与房地产行业相关的建筑、服务行业多按照全年业务总收入计算保费；商店、旅馆等公共场所一般按营业场所面积大小计算保费。

4. 职业责任保险

职业责任保险是指以各种专业技术人员的职业责任为承保风险的责任保险。该保险是我国保险领域有待拓展、创新的险种。与房地产行业密切相关的职业责任保险主要包括建设工程勘查责任保险、工程监理责任保险、建设工程设计责任险、建设工程工程项目咨询责任保险等。这类保险面向经建设及其他行政主管部门批准，取得相应资质并经工商行政管理部门登记注册，依法设立的建设工程勘察、工程监理、建设工程设计、建设工程项目咨询等相关单位开办。如果是个体专业技术人员，则由其本人投保个人职业责任保险。

（1）保险责任。对由于被保险人或其从事该业务的前任或其任何雇员或从事该业务的雇员的前任，在任何时候、任何地方从事该业务时，由于疏忽行为、错误或失职而违反或被指控违反其职业责任所致的损失。通常采取"期内索赔式"为承保基础。

（2）除外责任。一般包括：战争和罢工造成的损失；核风险所引起的责任；被保险人的故意行为造成的损失；被保险人的家属、雇员的人身伤害或财务损失；被保险人的契约责任；被保险人所有或由其照管、控制的财产损失；因被保险人或者从事该业务的前任或其任何雇员或从事该业务的雇员的前任的不诚实、欺骗、犯罪或恶意行为所致的任何索赔；因文件灭失或损失引起的索赔；因被保险人隐瞒或欺诈行为以及被保险人在投保或保险期间不如实告知保险人应报告的情况引起的任何责任；被保险人被指控有对他人诽谤或恶意中伤行为引起的索赔等。

（3）责任期限。通常为一年。

（4）赔偿限额。职业责任保险保单的赔偿限额一般为累计赔偿限额，不规定每次事故的赔偿限额。

（5）保险费。总保险费由纯保险费和附加保险费组成。纯保险费等于损失金额除以保险单位。由于业务性质差异较大，保险单位的划分，也有较大不同。

（三）房地产信用和保证保险

信用保险和保证保险承保的都是信用风险。信用保险是指权利人向保险人投保债务人的信用风险的一种保险。保证保险是被保证人根据权利人的要求，请求保险人担保自己信用的保险。房地产领域的信用保险和保证保险主要涉及买方信用保险、贷款信用保险、个人住房贷款信用保险、合同保证保险、产品质量保证保险、住房抵押贷款保证保险等。

国内保险市场中，目前出台的涉及房地产领域信用保险险种极为有限，且处于小规模的试行阶段。其中买方信用保险、贷款信用保险、个人住房贷款信用保险、工程合同保证保险等险种尚无保险公司推出该类产品。下文仅就其基本内涵进行简单介绍。

1. 买方信用保险

由于房地产交易金额较大，经常采用分期付款的方式。一旦买方无力偿付分期支付的购房款，就造成开发商的经济损失。因此，买方信用保险主要针对买方可能由于各种原因拖延或逃避所需承担的付款义务，为保证卖方即房地产开发商的利益而设置的。其承保业务手续复杂，保险人必须在仔细考察买方资信情况的条件下才能决定是否承保。

2. 贷款信用保险

该保险是保险人对银行或其他金融机构与企业之间的借贷合同进行担保并承保其信用风险的保险。它是银行转嫁贷款中的信用风险的必要手段。我国一些保险公司已尝试开办了贷款信用保险业务。针对抵押房产可能面临各种非人为风险及义务人的行为风险，为保证贷款方的利益也可投保该险种。在贷款信用保险中，贷款方既是投保人又是被保险人。

3. 个人住房贷款信用保险

金融机构对自然人发放个人住房贷款时，可能发生债务人不履行贷款合同致使金融机构遭受经济损失。个人住房贷款信用保险就是承保这种情况下的债务人信用风险。这一保险业务在我国起步较晚，规模很小。由于个人情况千差万别，且居住分散、风险不一，保险人必须对借款人的贷款用途、经营情况、日常信誉和私有财产等全面了解，因此承保该保险时保险人通常非常慎重。

4. 合同保证保险

合同保证保险，是指因被保证人不履行合同义务而造成权利人经济损失时，由保险人代被保证人进行赔偿的一种保证保险。合同保证保险主要用于建筑工程的承包合同。

根据建筑工程的不同阶段划分，合同保证保险可以分为：

（1）供应保证保险。承保供货方未能按照合同的规定向需求方供货而造成需求方的经济损失。

（2）投标保证保险。承保工程因中标人不签订承包合同而遭受的经济损失。

（3）履约保证保险。承保工程所有人因承包人不能按质按量交付工程而蒙受的经济损失。

（4）预付款保证保险。承保工程所有人因承包人不能履约而遭受的预付款损失。

（5）维修保证保险。承保工程所有人因承包人不履行规定的维修义务而蒙受的经济损失。

投保人可以按阶段投保上述险种，也可一次性投保综合性的合同保证保险。

合同保证保险承保被保证人因违约行为造成的经济损失。通常根据工程承包合同内容来确定保险责任。因人力不可抗拒的自然灾害造成的权利人的损失；工程所有人提供的设备、材料不能如期运抵工地，延误工期而造成的损失等不在赔偿责任范围内。

该保险中，保险人的赔偿责任仅以工程合同约定的承包人对工程所有人承担的经济责任为限。如果承包合同中约定了承包人若不能按期保质完工就要向工程所有人支付罚款，那么，保险人的赔偿金额就以该罚款数额为限。

5. 产品质量保证保险

产品质量保证保险是保险人基于对投保人（生产或销售企业）产品质量的信任，为其向受益人（产品购买者或消费者）保证产品质量有效性的保险业务，当投保人所投保的产品因保单列明的原因导致权利人向被保险人索赔，保险人对依法应由被保险人承担的产品本身的质量赔偿责任进行赔偿。

（1）保险责任。由被保险人生产或销售的产品，由于不具备产品应当具备的使用性能而事先未作说明，不符合在产品或者其包装上注明采用的产品标准，不符合以产品说明、实物样品等方式表明的质量状况等原因之一，导致权利人在保险期限内首次向被保险人提出索赔，依法应由被保险人承担修理、更换或退货责任的，保险人在保险单明细表中约定的赔偿限额内对于其产品本身的质量赔偿责任予以赔偿；由于保险事故引起的保险产品的修理、更换或退货中被保险人承担的鉴定费用、运输费用和交通费用也由保险人负责赔偿。

（2）除外责任。产品购买者故意行为或过失引起的损失；不按产品说明书安装、调试和使用引起的损失；产品运输途中因外来原因造成的损失或费用等不在保险人赔偿责任内。

（3）保险金额。其保险金额一般按投保产品的购货发票金额或修理费用收据金额确定。

（4）赔偿处理。对因产品质量缺陷而在使用过程中发生产品本身损坏的，保险人在保险单规定的保险金额内按实际损失赔偿；对可修复的产品，按修复费用予以赔偿；此外，可在保险合同中订立共保条款，要求被保险人共同承担损失，分担赔偿责任。

由于近年来住房质量纠纷和投诉不断，部分保险公司针对商品住宅专门开办了住宅质量保证保险。以中国人民财产保险公司的住宅质量保证保险为例，当投保的房地产开发商开发的，经当地或全国商品住宅性能认定委员会认定通过的住宅，在正常使用条件下因潜在缺陷在保险期间内发生列明质量事故造成损坏时，保险人负责赔偿修理、加固或重新购置的费用。事故范围包括住宅整体或局部倾斜、倒塌、地基产生超出设计规范允许的不均匀沉降、电气管线破损等住宅结构、装修、设备、设施在内的任何一个部位的损坏。

6. 住房抵押贷款保证保险

住房抵押贷款保证保险是购买住房的借款人应债权人要求，为分期付款向保险人寻求信用保证的一种保险。一旦借款人不能履行还款义务，受益人（债权人）遭受经济损失时，保险人代为补偿。借款人对保险人代为支付的款项应予返还。在该保险中保险人承保的是借款人还款的信用。

1998 年我国华泰财产保险公司和太平洋保险公司陆续推出贷款购房保证保险。由于该保险的保险责任范围过宽，保险公司风险过大，1998 年 10 月中国人民银行要求暂停办理该保险。不久，中国人民银行批准了中国人民保险公司的个人购房抵押贷款保证保险条款。

该保险的投保人一般是经保险人认可的为购买住房而向贷款机构申请住房抵押贷款的借款人。

其保险责任主要包括：因经济收入减少等原因借款人无力履行抵押贷款合同；借款人死亡而无继承人或受赠人、继承人或受赠人拒绝履行该贷款合同；借款人解散、破产、被兼并或依法撤销，且无受让人等原因导致连续三个月未履行或未完全履行贷款合同约定的还贷责任时，由保险人按保单规定的偿付比例承担被保险人提出索赔时贷款合同项下贷款余额本金的全部或部分还贷责任。

但是由于被保险人没有按标准审贷或投保人及其家庭成员的故意行为等原因造成上述后果的不在承保责任内。

其赔偿限额以被保险人提出索赔时《个人住房借款合同》项下的贷款本金余额为限。

（四）房地产人身保险

与房地产相关的人身保险主要包括建筑工程团体人身意外伤害保险和住房抵押贷款个人定期寿险。

1. 建筑工程团体人身意外伤害保险

意外伤害保险是指以意外伤害而致身故或残疾为给付保险金条件的人身保险。团体意外伤害保险是以团体方式投保的人身意外伤害保险。建筑工程团体人身意外伤害保险承保与施工企业建立劳动关系、在建筑施工现场从事管理及作业的人员，从事建筑施工及相关工作或在施工现场或指定生活区域内因遭受意外伤害导致死亡或身残的风险。当保险事故发生后，保险人依合同约定给付保险金。被保险人所在施工企业或对被保险人具有保险利益的团体均可以投保该险种。

（1）保险责任。在保险责任有效期间内，被保险人从事保险单约定的工程项目建筑施工及与建筑施工相关的工作，或在该工程项目施工现场内遭受意外伤害事故，保险人依约承担保险责任。

（2）除外责任。因下列情形之一，直接或间接造成被保险人身故或伤残的，保险人不承担给付保险金责任：投保人、受益人故意杀害或伤害被保险人；被保险人犯罪或拒捕、自杀或故意自伤；因受酒精、毒品、管制药品的影响；被保险人因精神错乱或失常而导致的意外；被保险人未遵医嘱，私自服用、涂用、注射药物；被保险人受细菌、病毒或寄生虫感染（但因受伤以致伤口脓肿者除外），或被保险人中暑；被保险人因检查、麻醉、手术治疗（含整容手术）、药物治疗等导致的事故；被保险人因意外事故、自然灾害以外的原因失踪而被法院宣布死亡的；原子核或核能爆炸、辐射或污染。上述原因导致被保险人身故的，保险人对该被保险人保险责任终止，并退还该被保险人的未满期保险费。

在下列情形下或期间内，被保险人遭受意外伤害事故，直接或间接导致被保险人身故或伤残的，保险人不承担给付保险金责任：投保人不具备本保险合同项下工程的施工资质；被保险人殴斗、醉酒、服用、吸食或注射毒品；被保险人酒后驾驶、无有效驾驶证照驾驶、驾驶无有效行驶证的机动交通工具或无有效操作证操作施工设备期间；非法搭乘交通工具或搭乘未经当地相关政府部门登记许可的交通工具；被保险人妊娠、流产、分娩期间；被保险人患艾滋病（AIDS）或感染艾滋病病毒（HIV 呈阳性）期间；战争（无论宣战与否）、内战、军事行动、恐怖活动、暴乱或其他类似的武装叛乱期间。上述情形下或期间内，被保险人身故的，保险人对该被保险人保险责任终止，并退还该被保险人的未满期保险费。

（3）保险金额。由合同双方约定，但同一保险合同所承保的团体中每个被保险人的保险金额应一致。保险费可以按照被保险人的人数或按建筑工程项目总造价或建筑施工总面积计算，并一次缴清。

（4）赔偿处理。保险人对每一被保险人所负给付保险金的责任以保险单或保险凭证所载每一被保险人的保险金额为限，一次或累计给付的保险金达到每人保险金额时，本保险合同对该被保险人的保险责任终止。

（5）保险期限。分为一年和根据施工项目期限长短确定两种。

此外，该保险还可附加意外伤害医疗保险。

2. 住房抵押贷款个人定期寿险

当借款人向银行或公积金管理机构申请住房贷款时，贷款人通常会要求借款人购买房屋财产保险或定期寿险。住房抵押贷款个人定期寿险以贷款购房者为被保险人，投保人可以是借款人本人或配偶、直系亲属，办理住房贷款业务的金融机构也可为贷款客户投保。一般情况下，贷款人会要求在扩展条款中指定该保险的受益人为贷款机构。该保险的主要保险责任是在保险有效期内，被保险人因疾病或遭受意外事故导致身故或残疾，而丧失全部或部分还贷能力的，由保险人向受益人给付保险金。当出现战争、军事行动、武装冲突、罢工、暴动、民众骚乱；核子辐射或核污染；投保人、受益人故意杀害或伤害被保险人；被保险人违法、故意犯罪、故意自伤或自杀、醉酒、斗殴；被保险人吸食毒品；被保险人无证或酒后驾车等情况导致被保险人身故或残疾的，保险人不承担保险责任。该保险的保险期间通常与贷款期相同。

部分保险公司在住房抵押贷款人身保险的基础上，增加因经济收入减少等原因借款人无力履行抵押贷款合同等信用保证保险条款或因自然灾害或意外事故造成抵押房屋财产损失等财产保险的相关条款，从而以综合险的形式承保房地产融资过程中可能遭遇的房屋财产损失、借款人人身意外伤害或信用缺失等组合风险。

由此，目前我国保险市场中的住房抵押贷款保险主要有三类，一是个人住房抵押贷款房屋保险；二是个人住房抵押贷款的人身保险，三是综合保险，包括借款人保证保险和人身保险的综合保险及借款人人身保险和抵押物财产保险的综合保险等。

（五）工程保险

无论是建筑工程，还是安装工程，在施工过程中，都面临着财物损失和第三者责任赔偿的风险，工程保险承保工地范围内财产在保险期限内因自然灾害或意外事故造成的物质损失，以及工程的意外事故引起的邻近区域内其他人的伤亡和财产损失。由于保险责任范围十分广泛，工程保险的许多险种都冠以"一切险"，如中国人民保险公司的建筑工程一切险、安装工程一切险。二者均是集财产保险与责任保险于一身的综合保险。

1. 建筑工程保险

建筑工程保险是指以各类民用、工业用和公用事业用的建筑工程项目为保险标的的保险，保险人承担对被保险人在工程建筑过程中由自然灾害和意外事故引起的一切损失的经济赔偿责任，简称"建工一切险"。

（1）投保人。由于一个建筑工程项目往往涉及多个经济主体，所以建筑工程保险的投保人或被保险人往往是多个，包括建筑工程最后所有者、工程承包人、技术顾问、贷款银行或其他债权人等。由于承包方式不同，其投保人也有所不同。采用全部承包方式下，投保人一般是承包人；部分承包方式下，可推举一方为投保人；分段承包方式下，由所有人出面投保；施工单位只提供服务的承包方式下，由工程所有人投保。

（2）保险责任。建筑工程险的保险责任分为物质损失和第三者责任两部分。在保险期限内，若保险单明细表中分项列明的保险财产在列明的工地范围内，除责任免除外，因任何自然灾害或意外事故造成的物质损坏或灭失、费用和责任，均由保险人按保单约定予以赔偿。其中，自然灾害包括地震、海啸、雷电、飓风、台风、龙卷风、风暴、暴雨、洪水、水灾、冻灾、冰雹、地崩、山崩、雪崩、火山爆发、地面下陷下沉及其他人力不可抗拒的破坏力强大的自然现象。意外事故是指不可预料的以及被保险人无法控制并造成物质损失或人身伤亡的突发性事件，包括火灾和爆炸。另外，除保单列明的除外责任外，在工程保险期限内因意外事故造成工地以及工地附近的第三者人身伤亡或财产损失依法应由被保险人承担的经济赔偿责任由保险人按规定负责赔偿。

（3）总除外责任。由于物质损失责任和第三者责任不同，其除外责任也各有不同。其中既适用于物质损失部分又适用于第三者责任部分的总除外责任包括：战争、类似战争行为、敌对行为、武装冲突、恐怖活动、谋反、政变引起的任何损失、费用和责任；政府命令或任何公共当局的没收、征用、销毁或毁坏；罢工、暴动、民众骚乱引起的任何损失、费用或责任；被保险人及其代表的故意行为或重大过失引起的任何损失、费用和责任；核裂变、核聚变、核武器、核材料、核辐射及放射性污染引起的任何损失、费用和责任；大气、土地、水污染及其他各种污染引起的任何损失、费用和责任；工程部分停工或全部停工引起的任何损失、费用和责任；罚金、延误、丧失合同及其他后果损失；保险单明细表或有关条款中规定的应由被保险人自行负担的免赔额。

（4）保险金额。按不同的承保项目分项确定。建筑工程本身一般以工程完工时的总造价为保险金额，包括设计费、材料设备费、施工费、运杂费、税款及保险费等项。考虑到施工期间多种因素的变化如原材料价格的涨跌等，保险人一般让投保人根据计划价投保，待工程完毕后再按实际造价对保险金额予以调整。其他承保项目的保险金额则以投保标的的实际价值或重置价值为依据由保险双方协商确定。此外，因地震、洪水等特殊灾害造成损失的，保险人一般还另行规定赔偿限额，按保险金额的一定比例计算。

（5）赔偿责任。在赔偿限额方面，一般对第三者的财产损失和人身伤亡分项确定赔偿限额，并按每次事故、整个保险期间的风险情况确定累计赔偿限额。在任何情况下，保险人在保险单项下承担的对物质损失的最高赔偿责任不得超过保险单明细表中列明的总保险金额。在免赔额方面，保险人一般根据工程本身的危险程度、工地上的自然地理条件、工期长短、保险金额的高低以及不同的承保项目等因素与被保险人协商确定。在建筑工程保险市场上，合同工程承保项目的免赔额一般为该工程项目保险金额的 0.5%；机器设备项目的免赔额一般为保险金额的 5% 左右。有的保险人对地震、洪水等造成的损失还要规定单独的免赔额。

2. 安装工程保险

安装工程保险，简称"安工一切险"，是同建筑工程保险一起发展起来的一种综合性工程保险业务。它以各种大型机器设备的安装工程为保险对象。主要承保机器设备安装期间因自然灾害和意外事故造成的物质损失以及被保险人对第三者依法应承担的赔偿责任。在承保内容和形式上与建筑工程保险基本一致。只在除外责任方面与建筑工程保险有所区别。

（1）物质损失部分的除外责任。在建筑工程险除外责任范围内，安装工程对下列原因造成的损失不承保：因设计错误、铸造或原材料缺陷或工艺不善引起的保险财产本身的损失以及为换置、修理或矫正这些缺点错误所支付的费用；由于超负荷、超电压、碰线、电弧、漏电、短路、大气放电及其他电气原因造成电气设备或电气用具本身的损失；由于设计错误、铸造或原材料缺陷或工艺不善引起的被保险机器设备造成其他被保险财产损失的，安装工程保险可在赔偿后向设备制造厂商追偿。对于因各种电气原因造成其他保险财产的损失，安装工程也予以赔偿。

（2）第三者责任部分的除外责任。与建筑工程保险大部分相同，但是对由于震动、移动或减弱支撑造成的损失承担保险责任。

（3）保险金额。按照工程安装完成时的总价值确定，包括设备费用、原材料费用、安装费、建造费、运输费和保险费、关税、其他税项和费用，以及由工程所有人提供的原材料和设备的费用。

专题讨论：我国房地产保险业务发展中的误区[1]

我国城镇住房制度改革以来，房地产逐渐成为大部分家庭和企业价值最高的财产。然而与人寿保险和汽车等其他财产险的迅猛发展相比，房地产保险却始终难以大规模启动。这与我国房地产保险发展中存在的观念和实务操作中的误区有着密切关系。

---

[1] 选编自王国军.论中国房地产保险发展的误区.上海保险，2002 年第 5 期，8-9.

首先银行、保险公司与购房者之间对风险未能进行合理的划分。我国当前的房地产保险业务中，银行试图在把成本转嫁给借款人、把风险转嫁给保险公司的条件下获得房产抵押和信用保险的双重保障，完全规避自己的信贷风险，这是不合市场经济逻辑的。保险公司收取保费的同时承担了包括购房者的道德风险、行为风险（应属于银行缴费的信用保险的保险责任）以及引起购房者收入流减少或中断（应属于购房者缴费的保证保险的保险责任）的全部风险，在目前我国信用环境尚待建设的情况下承担的风险过大。

其次，对部分险种仍然存在概念上的混淆。以保证保险与信用保险为例。在西方成熟的房地产保险市场上，贷款银行以购房者的信用为保险标的，以自己为受益人与保险人签订的保险合同即为房地产信用保险合同。保险费由银行缴纳，银行作为受益人，可以在出售抵押房产仍不能收回全部贷款时，从保险人那里获得赔偿。当购房者以自己的信用为保险标的，以自己为受益人与保险人签订的由于自己收入流中断而不能如期还款时由保险人代为付款的保险合同，则是房地产保证保险合同，保险费由购房者缴纳。而目前我国各家公司试办的所谓"住房消费信贷保证保险"多是保证保险和信用保险的混合物，银行不交纳保险费也不作为投保人，但却得到了信用保险应有的保险赔付；而购房者虽然缴纳了保证保险的保险费，自己却不能得到应有的保障缴费义务与受益权利严重扭曲，不符合保险制度中权利与义务对等的基本原则。

第三，忽略了政府在房地产信贷保险中的作用和责任。许多发达国家抵押贷款保险发展的初级阶段都被定义为政策性保险业务，一般需要专门的政府机构主办或得到政府的大力扶持。但是我国现阶段房地产抵押贷款保险的风险基本上完全由商业化的保险公司承担。

此外，房地产保险实务中还存在费率超高、手续烦琐、法律缺失等操作误区。

结合本章第三节房地产保险险种的介绍，试讨论如何建立健全我国房地产保险产品体系，规范我国房地产保险业务的发展？

关键词中英文对照

投保人 Applicant	保险人 Insurer
投保单 Application	保险合同 Insurance Contract
保险单 Policy	保险条款 Insurance Clauses
保险标的 Insurance Subject	保险金额 Insured Amount
保险价值 Insured value	财产保险 Property Insurance
免责条款 exemption clause	产品责任保险 Product Liability Insurance
人身保险 Personal Insurance	
产品质量保证保险 Product Quality Bond Insurance	
安装工程一切险 Erection All Risks Insurance	
建筑工程一切险 Construction All Risks Insurance	
住房抵押贷款保险 Mortgage Insurance	

思 考 题

1. 如何理解保险的内涵？保险与其他经济补偿制度有何区别？
2. 保险的职能是什么？
3. 保险运行的基本原则有哪些？
4. 保险合同的主客体是什么？
5. 与房地产有关的风险有哪些？
6. 目前的保险实务中主要有哪些房地产保险？

第八章　项目融资

本章摘要

　　近年来，如何充分利用项目融资的优势走出资本困境，日益受到房地产企业和融资专家们的关注。本章首先介绍了项目融资的含义、特征、产生与发展，项目融资的参与者，项目融资的运作程序和适用范围等基本内容；然后介绍了项目融资的投资结构、融资结构、资金结构、担保结构等四大模块的内容；最后综述了项目融资的风险及其管理方法。

第一节　项目融资概述

　　作为国际资本市场最重要的资本运作方式之一，自 20 世纪 70 年代以来，项目融资在解决大型建设项目资金问题上卓有成效而且日趋成熟。当前我国经济正处于快速发展时期，项目融资被广泛应用于石油、电力等能源及基础领域的项目开发与建设。由于房地产开发多数以项目开发的形式展开，在近年来银根紧缩的宏观调控背景下，房地产领域中的项目融资开始得到越来越多的关注。

一、项目融资的含义和特征

（一）项目融资的含义

　　项目融资理论一直是国际金融界关注的热点之一。但作为金融术语，至今还没有一个准确公认的定义。在现已出版的中、外文书籍中，对项目融资定义的表述也各不相同。总体而言，有两种观点，即广义的项目融资观点和狭义的项目融资观点。从广义上讲，凡是为了建设一个新项目、收购一个现有项目或者对现有项目实施债务重组所进行的融资，均可称项目融资，即为项目进行融资；而狭义的项目融资则专指基于特定项目的资产和预期收益的无追索权或有限追索权的融资。

　　1. 无追索权的项目融资

　　无追索权项目融资，也称为纯粹的项目融资，是指除抵押资产外，贷款人对项目发起人无任何追索权，只能依靠项目所产生的收益作为还本付息的唯一来源。在这种融资方式下，贷款的还本付息完全依靠项目的经营效益。同时，贷款人为保障自身的利益必须从该项目拥有的资产取得物权担保。如果该项目由于种种原因未能建成或经营失败，其资产或收益不足以清偿全部贷款时，贷款人无权向该项目的发起人追索。

　　无追索融资是有限追索的特例。无追索权项目融资最早在 20 世纪 30 年代美国得克萨斯油田开发项目中应用。由于贷款者承担风险较高，程序复杂等原因，目前已较少使用。

　　2. 有限追索权的项目融资

　　有限追索权项目融资是指贷款人可以在某一特定阶段或在规定范围内对项目发起人进行追索，项目发起人只承担有限的债务责任和义务。其有限性主要体现在：

　　（1）一般情况下，在项目的建设开发阶段，贷款人有权对项目发起人进行追索；项目完成且达到预计营运能力，即项目进入正常运行阶段，贷款就变为无追索的。如果是通过单一目的的项目公司进行的融资，则贷款人只能追索到项目公司，不能对项目发起人追索。

（2）除了以项目的经营收益作为还款来源和项目资产提供物权担保外，贷款人还要求有项目实体以外的第三方提供担保。贷款人有权向第三方担保人追索。但担保人承担债务的责任，以其提供的担保金额为限。

当然，由于项目融资是极为灵活的融资方式，就某一个具体项目而言，考虑到项目风险程度及表现形式可能会发生变化，贷款人对追索的要求也可能随之调整，其有限追索权的表现形式也要视融资的具体约定而定。

（二）项目融资的特征

1. 以项目为导向

以项目为导向，是指安排融资的依据是项目未来的现金流量和项目资产，而不是项目发起人或发起人的资信。正是基于这一特点，使得一些在传统融资方式下无法获得资金的项目能够通过项目融资进行正常运作。另外，融资规模、融资成本、融资结构与项目未来的现金流量和项目资产的价值直接相联系。贷款期也可以根据项目的具体要求和项目的经济寿命期统筹设计，从而可以获得比一般商业贷款期限更长的贷款期，有的项目贷款期甚至长达20年以上。

2. 有限追索或无追索

在某种意义上，贷款人对项目借款人的追索形式和程度是区分项目融资与传统融资的重要标志。如前述，通过有限追索或无追索设计，项目融资借款人只承担有限的债务责任。而在传统的融资方式中，债权人对债务人有完全的追索权，债权人有权对借款人除抵押物以外的其他资产进行追索，直至债务完全清偿。

3. 风险分担、担保结构多样化

项目融资的多方参与结构决定了与项目有关的各种风险在项目贷款人、借款人和其他项目利益相关者之间进行分配。

借款人、融资顾问在组织项目融资的过程中，要在识别和分析项目的各种风险的基础上，确定项目各参与者承担风险的能力和可能性，充分利用一切可以规避风险的方法或策略，设计出具有最低追索和各方均能接受的融资结构，实现风险的合理分配。

在有限追索或无追索的条件下，为保障风险的合理分散和融资的成功，一般还会形成灵活而多样的担保体系。它是由项目主要参与者和其他利益相关者提供的各种形式的担保所组成的一个担保体系，涉及项目的投资、建设、运行和项目产品或服务的销售等。如，与资质优良的设计者签订工程技术保证条约提供项目设计可靠性的担保；通过严格的招投标程序选择优秀的承包商，与之签订固定价格、固定工期的承包合同，提供工程建设质量和进度的担保；与供应商签订具有价格合理浮动的供货合同，提供原材料和能源供应稳定性及成本稳定性的担保；与某实力雄厚、资信级别高的购买者签订长期供货协议作为项目产品的销售前景的担保等。

4. 实现资产负债表外融资

在项目融资中，通过精心设计项目投资结构和融资结构可以帮助发起人将贷款安排成为资产负债表外融资。

资产负债表外融资又称非公司负债型融资，是指项目的债务不表现在项目发起人的公司资产负债表中的一种融资形式。这种融资形式对于正在从事超过自身资产规模的项目投资，或同时进行几个较大项目开发的项目发起人而言，可以使其以有限财力从事更多的投资。如，对于大型项目的发起人而言，由于该类项目的建设周期和投资回收期比较长，如果项目的贷款安排全部反映在公司的资产负债表上，很有可能造成其资产负债比超出银行所能接受的安全范围，因而严重影响公司的筹融资能力。采用表外业务，将项目的债务以某种说明的形式反映在资产负债的诠释中，则可以很好地避免这一问题。

5. 融资成本高

项目融资涉及面广、参与方众多，需要协调、谈判的前期工作较多，发生的相关费用较高，如融资顾问费、法律费等。此外，由于项目融资的债权人追索权有限甚或无追索，贷款风险相对传统的完全追索融资方式要高，相应地，项目融资的贷款成本一般也要比同等条件下的公司融资高。

二、项目融资的产生与发展

最早的项目融资萌芽可以追溯到 13 世纪英国德文郡白银矿项目。当时英国王室与一家商业银行签订了贷款协议。协议规定，由该商业银行支付银矿开发的所有费用，作为回报，该银行拥有银矿一年的经营权及这一年中银矿的全部产出。这种贷款安排与现在的"产品支付贷款"模式有较多相似之处。17 世纪英国私人业主建造灯塔的投资方式与现在的 BOT 模式也较为相似，即，私人业主获得政府批准后，向政府租用土地建造灯塔，在特许期内管理灯塔并向过往船只收费，特许期后政府收回灯塔。

现代意义上的项目融资产生于 20 世纪 30 年代美国石油开发中。当时的经济大萧条使美国石油企业陷入贷款困境。考虑到石油商品耐储存、价格抗波动等特点，银行采取了以石油企业库存石油为抵押物进行贷款的方式，即产品支付贷款融资模式的最初形式。20 世纪 40 年代至 60 年代，美国为石油天然气项目安排的融资活动中，抵押物的范围从现存产品扩展到了预期生产出的部分或全部产品。20 世纪 70 年代开始，自英国北海油田开发项目起，开始以项目收入为还债来源。至 20 世纪 80 年代，由于各国先后出现了大规模基础设施建设与资金短缺的矛盾，项目融资被许多国家和项目采用。之后，受世界经济危机影响，项目融资经历了一个相对低潮的时期。20 世纪 80 年代中期迄今，BOT、ABS 等更为灵活的项目融资模式不断出现，项目融资的范围从传统的基础设施领域扩展到迪斯尼乐园这样的大型商业性设施建设中。项目融资重新在国际资本市场中扮演日益重要的角色。

我国的项目融资实践始于世界银行项目贷款。为尽快解决能源、交通、通信等基础设施严重不足的问题，政府开始大胆尝试项目融资方式。自 20 世纪 80 年代中期开始，项目融资在我国的一些大型投资项目中成功应用。20 世纪 90 年代以来，重庆地铁、深圳地铁、北京京通高速公路、广深高速公路、广西来宾电厂等项目陆续采用 BOT 模式建设成功。此外，围绕着大型购物中心等商业性项目融资在我国的运用也逐渐展开。随着我国国民经济的快速发展和城市化进程的加快，项目融资在我国有着广阔的发展空间。

三、适用范围

项目融资主要适用于资金需求量大、投资风险大、投资回收期较长、传统融资方式难以满足融资需求，一旦成功后可以获得稳定的现金流的大型工程项目。特别适用于：

（1）石油、天然气、煤矿、各类矿产等资源开发项目。以美国为代表的工业发达国家和以东欧为代表的经济转型国家都广泛使用这种融资方式发展其本国的能源工业。

（2）交通运输、电力、农林、公用、通信等大型基础设施项目。

（3）大型轮船、飞机等制造业项目。

在我国城市化建设和土地制度改革的过程中，成片土地开发、成片旧城拆迁改造这一类项目的运作也开始通过项目融资解决开发资金问题。特别是在土地一级开发中，可以大胆运用 BOT 模式进行土地收购储备。

此外，由于购物中心、豪华饭店、游乐园等大型商业设施投资规模大、投资回收期长，通过传统融资方式融资难度较大，且此类项目建设完成后通常可以租赁或经营等方式获取较高的收益，因而，这类项目的建设过程中越来越多地引入了项目融资方式。

但是考虑到大型商业房地产项目未来的现金流量受项目运营能力和经济环境影响较大，与资源类和基础设施类项目相比，其现金流量有一定的波动性，因此，如何通过项目融资安排及风险管理，避免现金流波动带来的风险及其对融资的影响，是这类房地产项目融资面临的主要问题。

四、项目融资的参与者及其权责

由于项目融资的结构复杂，参与融资并在其中发挥作用的利益主体也相对较多。概括起来主要有：

（一）项目发起人

项目发起人是项目的倡导者，通过项目的投资活动和经营活动，获取投资利润和其他利益。在有限追索的项目融资结构中，项目发起人除了拥有项目公司的全部或部分股权，提供一部分资金外，还需要以直接担保或间接担保的形式为项目公司提供一定的信用支持。通常情况下，项目发起人也是项目投资者。它可以是一家企业，也可以是由多家企业（如承包商、供应商、项目产品的购买方）组成的投资财团。

（二）项目的直接主办人和项目管理公司

项目的直接主办人是指直接参与项目投资和项目管理，直接承担债务责任和项目风险的法律实体。项目融资中普遍的做法是，成立一个单一目的的项目公司作为项目的直接主办人。

项目的直接主办人在项目发起、建设和融资阶段起到主要作用，在融资进入经营阶段时，可以由直接主办人继续负责项目的运营，也可指定一家独立的公司代表其负责项目的日常经营管理事务，这一公司通常被称为项目管理公司或项目营运商。项目管理公司可以是第三方经济实体，也可以是项目发起人之一。

（三）项目的贷款人

商业银行、非银行金融机构（如财务公司、租赁公司、公共基金或投资基金等）、各国政府的出口信贷机构、世界银行等国际金融机构及相关经营实体，是项目融资的债务资金来源的主要提供者。为方便起见，本章统称为贷款人。

其中，商业银行是项目融资最主要的资金提供者，承担贷款责任的银行可以是一两家银行，也可以是由几十家银行组成的国际银团。

各国出口信贷机构、国际金融机构可以为项目提供贷款和保证书。

保险基金、社保基金及商业性的投资基金也可以利用其归集的数额庞大的基金，为项目提供贷款。

租赁公司主要为项目提供设备融资。

原材料供应商、新产品的购买者或服务接受者、承包商等相关经营实体可以通过与项目公司签订的合作合同，为项目融资提供担保。

（四）项目建设的工程公司

项目建设的工程公司或承包商可以固定价、固定工期合同为项目融资提供担保，其资金情况、工程技术能力和以往的经营历史记录，在很大程度上影响项目融资的贷款银行对项目建设期的风险判断。此外，部分工程公司或承包商还可能以股本投资等形式直接为项目提供资金。

（五）项目的设备、能源、原材料供应者

这类参与者对于保证项目按时竣工及项目的正常经营起着十分重要的作用。此外，其资信水平和经营能力成为贷款银行考虑是否发放贷款的重要因素。其中项目设备供应者还可提供设备租赁融资。

（六）项目产品的购买者或项目设施的使用者

项目产品的购买者或项目设施的使用者是构成融资信用保证的关键部分之一。他们一般在项目融资中发挥着相当重要的作用，贷款人在考察项目风险时，项目产品的购买者或项目设施的使用者的资信水平就成为一个重要因素。

（七）项目融资顾问、法律顾问等各专业技术咨询服务机构

专业融资顾问在一定程度上影响到项目融资的成败。融资顾问通常由投资银行、财务公司或者商业银行中的项目融资部门来担任，它们的任务是准确了解项目目标，熟悉项目本身及所属地区、部门的技术发展趋势、成本结构、投资费用等，充分考虑各相关利益主体的要求，通过对融资方案的反复设计、分析、比较和谈判，形成一个既能在最大限度上保护项目发起人利益，又能被参与各方接受的融资方案。项目融资中的大量法律文件需要有经验的法律顾问起草和把关。在进行融资结构设计时，也需要法律顾问和税务顾问的参与，以尽可能降低资金成本，保障融资结构设计的合法性。

（八）其他项目参与者

主要包括有关政府机构、保险机构、信用评估机构、财务部门和其他专业人士等。其中，政府可以为融资提供优惠的信贷政策或贷款担保，可以为项目创造良好的投资环境等；保险公司通过保险合同的签订为项目提供担保，并通过保险机制分担项目融资风险；信用评估机构的资信评级结果为项目融资提供直接的参考。

五、项目融资的运作程序

项目融资从运作程序上可以划分为投资决策分析及投资结构确定阶段、融资决策分析及融资方案确定阶段、融资谈判及合同签署阶段和项目融资执行阶段。

1. 投资决策分析及投资结构确定阶段

这一阶段的主要任务是发起人通过对宏观经济形势判断、产业部门的发展态势以及该项目在其产业部门中的竞争性分析，项目的可行性研究等基本资料，进行投资决策并初步确定项目的投资结构。

2. 融资决策分析及融资方案确定阶段

这一阶段的主要任务是：①分析项目融资的可行性，即，是采用项目融资还是传统的公司融资方式为项目筹集资金。这取决于项目发起人对债务责任分担上的要求、贷款资金数量上的要求、时间上的要求、融资费用上的要求、债务会计处理等方面的综合评价；②如果决

定采用项目融资的方式筹集资金，则由发起人聘请融资顾问对项目的融资能力进行分析、设计并对可能的融资方案进行比较；③对项目风险进行全面分析和评估，设计并确定融资方案中涉及的项目融资结构、资金结构、担保结构，并对投资结构进行修正和完善。

在项目融资决策作出后，通过对融资方案的反复设计、分析、比较，选定一个既能在最大限度上保护项目发起人的利益，又能为贷款人接受的融资方案，是项目融资成功的关键环节。

3. 融资谈判及合同签署阶段

这一阶段的主要任务包括选择可能的贷款人、发出项目融资建议书、组织贷款银团、起草项目融资法律文件、与贷款人进行融资谈判、达成一致意见签订融资协议等。在与贷款人的谈判中，很可能会对初步确定的融资方案进行修改，特别是融资结构和资金结构的调整，有时甚至会对投资结构及相关法律文件做出修改，以满足贷款人的要求。在这一阶段中，融资顾问、法律顾问、税务顾问等的作用十分重要。

4. 项目融资的执行阶段

在正式签署项目融资的法律文件之后，项目融资就进入了执行阶段。这一阶段的任务主要包括：①贷款人按照融资协议发放贷款，借款人按照协议规定以项目收益还本付息；②贷款人通过其经理人对项目进度、质量和费用进行经常性监督管理，甚至参与项目的部分决策程序；③贷款人帮助项目发起人加强对项目风险的控制和管理；④对项目融资的效果进行评估，分析贷款人和项目发起人的投资目的是否达到。

第二节　项目投资结构

项目的投资结构是指项目的发起人对项目资产权益的法律拥有形式和项目发起人之间的法律合作关系。采用不同的投资结构，发起人对其资产的拥有形式，对项目产品、项目现金流量的控制程度，以及发起人在项目中所承担的债务责任和所涉及的税务结构会有很大的差异。因此，在项目所在地的法律、法规、会计、税务等制约条件下，设计出能够最大限度地实现发起人投资目标的投资结构对于项目融资的运行和组织起着决定性作用。

一、项目投资结构设计需考虑的主要因素

通常情况下，项目投资结构设计时，应结合项目本身的特点和参与各方的要求，考虑以下主要因素：

（一）发起人的数量及各自的投资目的

公司型投资结构中，发起人不得随意干预公司的正常经营活动，也不能随意撤资，在这种结构下，发起人之间的关系容易确定，因而这种投资结构比较适合于发起人数量较多的项目。又由于公司法规定股份有限公司的发起人至少应在5人以上，而项目融资发起人多数不足5人，因此，选择公司型投资结构时，多数项目采用有限责任公司形式。契约式和合伙式投资结构中，各方权利义务的协调、谈判相对较为复杂，这类结构比较适合发起人数量相对较少的项目。

发起人的投资目的决定了发起人在投资结构中所起的作用和对投资结构的要求。基础设施项目中，由于项目没有直接的有形产品，发起人投资目的仅为了增加公司利润，更注重项目收益，倾向于采用公司型投资结构。在资源开发类项目中，项目生产的产品是下游产业的

原材料和特定市场的关键资源，发起人多愿意直接拥有项目产品，因而倾向于选择契约式结构。

（二）项目风险分担和债务隔离程度的要求

发起人能够实现的收益率与其承担的风险是紧密相关的，如果发起人不愿承担直接风险，往往选择股权式投资结构，仅以投入项目公司的股本资金和承诺的担保责任承担风险，将债务屏蔽于自身之外。如果发起人资信水平高、实力强，愿意承担较大风险和债务责任，则可以采用契约式投资结构，按照投资协议和相关规定承担债务责任。可见，对发起人来讲，债务的隔离程度越高，承担的风险就越小，获得的回报也较少。

（三）充分考虑税收优惠

许多国家对建设项目投资都有税收优惠。不同的投资结构，其税务的灵活性不同。公司型结构中，公司的税收收入或亏损全部留在公司内部，发起人难以利用项目的税务亏损冲抵自己公司的盈余。而非法人式的投资结构中，销售收入直接归发起人所有，发起人可以将从该项目获得的亏损或盈利与其他业务的合并，统一纳税。

（四）融资便利性的要求

公司式投资结构中，项目公司作为独立法人实体，可以将项目资产抵押给贷款银行进行融资。而非法人式投资结构中，项目资产不能作为一个整体向银行申请贷款。

（五）财务处理要求

对契约投资结构而言，项目投资的全部资产负债和损益状况必须在发起人自身的公司财务报表中全面反映，不论该发起人在项目中的投资比例大小。而公司型投资结构中，股份有限公司要求信息公开披露，此外，根据发起人在项目公司中的持股比例确定财务报表的处理方式。一般情况下，持股50%以上，项目公司资产负债表与发起人自身公司的报表需全面合并；持股比例20%～50%的，不合并报表，但要在发起人自身公司财务报表中按持股比例反映该投资的实际盈亏；持股比例低于20%的，只要求在其自身财务报表中反映实际投资成本，不需反映被投资项目公司的财务状况。因此，如果发起人不希望在该项目中的投资状况反映在自身财务报表中，应处理好持股比例。如果发起人希望将项目投资合并进自身报表中，可考虑提高持股比例，或者契约式投资结构。

（六）资产拥有和产品分配形式

契约型投资结构中，项目资产由发起人直接拥有，发起人可以选择以项目作为依托共同销售产品，也可以自己在市场上单独销售自己份额内的产品。公司型结构中，项目资产由项目公司拥有，项目的产品也由项目公司统一销售，统一结算后，在发起人之间分配利润。合伙制的项目资产拥有和产品分配形式较为复杂一些。一般情况下，自身拥有广泛而成熟的销售渠道的大公司，偏向于选择契约型结构。而中小公司往往选择公司型投资结构。

（七）项目资金流量的控制程度

契约或合伙型投资结构中，项目的现金流量由发起人直接掌握，发起人可以自由支配现金流量，进而为参与项目融资的贷款银行直接控制现金流提供了可能。而公司型投资结构中，项目公司直接控制项目的现金流量。发起人无论持有多少股份，对项目现金流的控制都是间接的，一切分配和调动都必须符合公司法的规定和限制。

可见，投资结构的设计是一个在不同发起人之间进行利益平衡和风险平衡的过程。针对不同的项目，要考虑的因素会更为复杂。

二、公司型投资结构

公司型投资结构即发起人分别认购股份，共同组成有限责任公司，共同经营，共负盈亏，共担风险，并按照股份权额分配利润的投资结构。这一投资结构的基础是为项目运营成立的有限责任公司。该项目公司根据公司法成立，与项目发起人完全分离。作为独立法律实体，项目公司拥有一切项目资产和处置资产的权利，公司股东既没有直接的法律权益，也没有直接的受益人权益。

(一) 公司型投资结构的优点

(1) 公司股东承担有限责任。即股东最大的责任仅限于已认购的股本资金，实现了公司股东与项目的风险隔离，由项目公司对偿还贷款承担直接责任。

(2) 投资转让比较容易。发起人只需转让其持有的股份就可转让投资权益，相对项目资产的买卖而言，转让程序较简单。

(3) 融资安排比较容易。公司型结构便于贷款人取得项目资产的抵押权和担保权，便于贷款人对项目现金流的控制，因而融资难度相对较低；这种结构也更易于被资本市场接受，可以通过发行新股、股票上市或发行债券等多种方式筹集资金。

(4) 股东之间关系清楚，不存在任何信托、担保或连带责任。

(5) 可以安排非公司负债型融资结构。如前述，发起人在该项目公司中的股份不超过50%的情况下，根据某些国家的法律规定，项目公司的资产负债情况不必反映到发起人自身公司的资产负债表中，从而实现了资产负债表外融资。

(二) 公司型结构的缺点

(1) 发起人对项目现金流量缺乏直接的控制，对于希望利用项目的现金流自行安排融资的发起人来讲是一个不利因素。

(2) 项目的税务结构灵活性差。项目公司不是发起人的控股公司或子公司，项目开发前期的税务亏损或优惠无法转移给发起人，降低了发起人的综合投资效益。此外，存在双重纳税的现象降低了项目的综合回报率，即项目公司盈利需交纳公司所得税，发起人的股东红利还要交纳一次所得税。

三、合伙制投资结构

合伙制投资结构是至少两个以上合伙人之间以为获取利润，共同从事某项商业活动而建立起来的一种法律关系。合伙制结构不是一个独立的法律实体，其合伙人可以是自然人也可以是公司法人。合伙制结构通过合伙人之间的法律合约建立起来，没有法定的形式。合伙制包括普通合伙制和有限合伙制两种。

(一) 普通合伙制

普通合伙制结构中，所有合伙人对于合伙制的经营、债务及其他经济责任和民事责任承担连带的无限责任。在律师事务所、会计师事务所等专业化的工作组合中以及小型项目开发中，常用此投资结构。大型项目中甚少使用这一投资结构。

与公司型结构相比，普通合伙制的特点主要体现在：

(1) 税务安排的灵活性。由于合伙制结构本身不是纳税主体，其在财政年度内的净收入或亏损将按投资比例直接转移给所有合伙人，合伙人单独申报自己在合伙制结构中的收入，可以将从合伙制结构中获取的收益或亏损与自身其他来源的收入合并纳税，有利于合伙人灵活地做出自己的税务安排。这是合伙制结构的最大优点。

（2）合伙制的资产由合伙人直接拥有，合伙人对项目承担直接无限连带责任。

（3）合伙制结构的管理比较复杂。由于每个合伙人都可以要求以所有合伙人的名义执行合伙制的权利，每个合伙人都有权直接参与合伙制的经营管理，因此可能造成该结构的管理较为复杂。

（4）融资安排相对复杂。合伙制结构安排融资时，需要每一个合伙人同意将项目中属于自己的一部分资产权益拿出来作为抵押或担保，并共同承担融资安排中的责任和风险。另外，贷款人由于执行抵押或担保权利控制了合伙制结构的财务活动，有可能在法律上被视为普通合伙人之一，从而被要求与其他合伙人一样承担连带责任。因而，贷款人在发放此类贷款时通常较为谨慎。

（5）由于合伙制结构的资产或权益转让必须得到其他合伙人的统一，因此转让过程的协调比较复杂。

（二）有限合伙制

有限合伙制是在普通合伙制基础上发展起来的，该结构中至少包括一个普通合伙人和一个有限合伙人。其中普通合伙人负责合伙制项目的组织、经营、管理工作，并承担对合伙制结构的无限连带责任，通常是该项目领域具有技术管理特长的公司；有限合伙人不能参与项目的日常经营管理，对合伙制结构的责任也限制在其已投入和承诺投入到合伙制项目中的资本数量，又称"被动项目发起人"。有限合伙制既具备普通合伙制税务安排灵活的优点，又使得有限合伙人避免承担债务连带责任，能满足不同发起人的需求，在基础设施和资源勘探类项目融资中经常使用。

四、契约型结构

契约型投资结构从严格的法律概念上说，不是一种法人实体，只是发起人之间建立的一种契约性质的合作关系，也称"合作式投资结构"。依据合资协议，每个发起人都需要投入一定比例的资金，并且依据这个比例独自占有和销售项目最终产品。与合伙制投资结构不同的是，契约型结构规定每个发起人从项目中获得的是相应份额的产品而不是利润，并且每个发起人都有权独立做出与其投资比例相对应的项目投资等重大决策。因此，这类结构适用于产品可分割的项目，在石油、天然气、金属矿等资源类项目融资中得到广泛应用。

（一）契约型结构的优点

（1）发起人承担有限责任。由于该结构中的每一个发起人直接拥有并有权独自处理与其投资比例相符的项目最终产品，相应地，发起人只承担与其投资比例相符的相应的责任，不承担连带责任或共同责任。

（2）税务安排灵活。由于该结构不是法人实体，项目本身不必缴纳所得税，不论发起人的投资比例大小，经营业绩可以完全合并到发起人自身的财务报表中去，税务安排也由每个发起人独立完成，可以充分利用项目建设期和试生产。

（3）融资安排灵活。由于每个发起人直接控制项目的现金流量，因而每个发起人可按照自身的发展战略和财务状况安排项目融资。

（二）契约型结构的缺点

（1）由于需转让发起人在项目中直接拥有的资产和合约权益，投资转让程序比较复杂，关联费用也比较高。

（2）由于缺乏法律法规的界定，在合作协议中需要对所有决策和管理程序加以规定，因而合作协议的签订比较复杂。

（3）管理程序比较复杂。该结构中每个发起人都有权做出与其投资比例相应的项目投资、原材料供应、产品处置等重大决策，一般由每个发起人代表组成项目联合管理委员会对项目实施管理，从而导致管理链条的分散和拉长。

五、信托基金结构

信托基金结构主要在房地产项目、资源类项目中较常使用，是一种投资基金的管理结构。在形式上与公司型结构较为相似，将信托基金划分为类似于股票的信托单位，通过发行信托单位筹集资金。其具体内容详见本书第六章《房地产信托》。

这一结构在项目融资中主要作为一种被动的投资形式加以运用。其显著特点是易于解散，在不需要的时候可以很容易地将信托基金中的资产返还给信托单位持有人。当发起人不希望所投资项目的融资安排反映在自身公司的财务报表中时，并且要求所投资项目的投资结构只是作为临时安排时，可选择该结构。这种结构是将大型复杂收购活动及融资安排与原有公司业务区分开的一种有效方法。

信托基金结构是一种较为复杂的投资结构。其中信托单位持有人在该结构中仅以在基金中投入和承诺投入的资金承担有限责任。由于信托基金结构易于被资本市场接受，而且可提供完整项目资产的权益进行融资，其融资安排相对比较容易。相比公司型结构，项目现金流量的控制也较容易。但是信托基金的经营亏损在很多情况下被局限在基金内部结转以冲抵未来盈利，所以税务结构灵活性较差。

第三节 项 目 融 资 结 构

项目融资结构是项目融资最为核心的部分，是项目中不同渠道筹措资金的有机组合和配比。在现实经济生活中，按照不同的标准，融资结构有不同的表现形式。如按照融入资金来源的不同，融资结构可表现为内源和外源融资结构、直接和间接融资结构、股权与债权融资结构等；按融资期限不同，可分为长期和短期融资结构等。本节所探讨的项目融资结构，主要是指项目采用何种融资模式及其组合进行合理有效的融资安排。

一、融资模式设计应遵循的原则

项目的融资模式是指项目取得资金的具体形式。严格来讲，由于项目在行业性质、投资结构等方面的差异，以及发起人对项目的信用支持、融资战略等方面的不同考虑，很少有两个项目融资的模式是完全一样的。

设计项目融资的模式，是一个较为复杂的系统工程，牵涉到项目发起人、借款人、贷款人、项目公司等各方的利益。然而，无论一个项目的融资模式如何复杂，均遵循同样的设计原则：

（一）实现有限追索、合理分担项目风险

这是项目融资模式设计首要的基本的原则。

有限追索是项目融资区别于传统企业融资的显著特点。为此，应当考虑在正常情况下，项目的经济强度是否足以支持债务的偿还以及在发起人之外，能否找到有力的外部信用支持。

在项目建设开发、试生产、生产经营等阶段都有各种性质的风险，通过合理的融资结构设计，以某种形式将不同阶段的各种风险在项目参与各方中进行合理分配，也是融资模式设计必须遵循的基本原则。通常情况下，项目开发阶段的风险由发起人全部承担，项目建成投产以后，发起人承担的风险应当被限制在一个特定范围内，而项目贷款人在完全或部分丧失对发起人和借款人的追索权时，应全部或部分承担风险。

（二）最大限度降低融资成本

为减低融资成本，应考虑完善投资结构设计、增强项目的经济强度、选择合理融资渠道、优化资金结构、充分利用税收优惠等。

（三）实现发起人对项目较少的股本投入

尽管项目建设中通常对项目发起人注入的股本资金有一定要求，但是相比传统的公司融资，其股本资金的投入更为灵活，在设计融资模式时应当考虑如何使发起人以最少的资金投入获得对项目最大限度的控制。

（四）处理好与市场之间的关系

长期的市场安排是保证项目现金流量的信用基础。能否确定以及如何确定项目产品的市场价格也经常成为借贷双方谈判的焦点。因此设计融资模式时，应借鉴以往成功的项目融资经验，处理好与市场之间的关系。

（五）处理好近期融资战略和远期融资战略的关系

一般情况下，项目融资的期限为7～10年，有的甚至长达20年。不同的发起人能够接受的融资期限长短不同。有的发起人还可能随着项目的运行，希望重新安排融资，即再融资。为此，在设计项目融资结构时，需要明确各发起人选择项目融资方式的目标以及对重新融资问题的考虑。

（六）力求实现发起人的表外融资要求

如前述，实现表外融资，是很多发起人选择项目融资方式的重要原因。虽然项目投资结构设计，能够从一定程度上保障发起人所投项目的资产负债情况不与其自身的财务报表合并，但是多数情况下这种设计只能对某些发起人有效。在融资模式设计时，可以通过更为巧妙的设计，如将贷款或贷款担保设计为商业交易等，进一步实现发起人的表外融资要求。

二、项目融资的基本模式

1. 直接安排融资式

直接安排融资式是由项目发起人以其自身的名义直接安排项目融资，并且直接承担融资安排中相应的责任和义务的融资模式。在项目发起人自身公司财务结构不很复杂、发起人直接控制项目现金流的投资结构中，比较适合采用这一模式。这种模式融资结构较灵活，发起人能够直接拥有项目资产并控制项目现金流，可以比较充分地利用项目的税务亏损或优惠。但是这种模式对发起人资信状况的要求比较高，融资结构的设计比较复杂，实现有限追索的难度较大，而且不以实现表外融资。

这一模式又可以分为发起人统一安排融资并共同承担市场责任和发起人独立安排融资并各自承担市场责任两种典型的操作方法。前一操作方法中所有发起人面对统一贷款银行统一安排融资，并且通过项目公司统一代理项目产品，共同承担市场责任。后一操作方法中各发起人根据自身财务状况完全独立地面向各自贷款人安排融资，由发起人而不是项目管理公司负责组织相应份额的产品销售和债务偿还。

2. 项目公司融资式

项目公司融资式即项目发起人通过成立单一目的项目公司，以项目公司为融资主体来安排融资。

具体来说，这一模式也可以分为两种操作方法：一是作为投资载体的项目子公司模式。这种模式是在非公司型投资结构下，由项目发起人建立单一目的的项目子公司，以该公司的名义与其他发起人组成合资结构并安排融资。采用该操作模式，对其他发起人和项目本身而言，与发起人直接安排融资模式基本相同。这种融资模式下，项目子公司作为项目发起人的代表，承担项目中全部或部分经济责任，发起人容易实现表外融资。而且对发起人而言，其融资结构相对简单。但是由于该子公司缺少必要的信用，在融资安排时需要发起人提供一定的信用担保。另外，涉及母子公司之间的税务合并，税务结构的灵活性可能较差。二是作为经营主体的项目公司模式，这种模式是在公司型投资结构下，项目发起人共同出资组建一个项目公司，该公司代表所有发起人经营项目并安排融资。其信用担保主要来自项目公司拥有的现金流、项目资产及有关融资担保和协议。采用这一模式，较易实现有限追索和表外融资。以项目资产和现金流作为融资担保，融资安排较容易为贷款人接受。但是该模式下，通常也要求发起人提供信用担保，其税务结构安排和债务形式选择上也缺少灵活性。

三、项目融资的经典模式

在前述基本模式的框架下，结合不同项目的特点，产生了许多有代表性的项目融资模式。主要包括：

1. 产品支付模式

这种模式最早起源于 20 世纪 30～50 年代美国的石油天然气开发项目。与其他模式的主要区别在于该模式独特的担保结构，即完全按以项目产品及这部分产品的销售收益的所有权作为担保品，而不是转让或抵押。贷款偿还前，贷款人拥有部分或全部产品的所有权。但是通常，贷款人会要求项目公司购回这部分产品或充当贷款人的代理人销售这些产品。这种模式适用于资源储量已经探明，并且项目的现金流量能比较准确地计算出来的项目。其融资期限一般应短于项目的经济生命期，而且贷款银行一般只为项目的建设资本费用而不是生产费用提供融资。同时，还会要求项目发起人提供最低生产量、最低产品质量标准等方面的担保。

这一模式在房地产项目融资中运用时，多数由开发商出资设立项目公司，由该项目公司负责房地产项目的开发经营。项目公司与融资方进行融资安排协商，并达成产品支付协议，即融资方从开发项目中购买一定份额的房产，这部分房产的销售收益成为项目融资的主要偿债资金来源。开发项目建设后，将规定比例的房产的销售收入作为偿债资金偿还给融资方，或直接将房产交予融资方，其余部分收入作为投资所得由开发商获取。

2. 设施使用模式

即以工业设施或服务性设施的提供者和使用者之间达成的"无论提货与否均需付款合同"为主体进行融资安排的模式。这种模式比较适用于带有服务性质的项目，如天然气管道项目、发电设施、港口等。20 世纪 80 年代以来，该模式取得了良好的效果。与产品支付模式相似的是，该模式的独特之处也在于其担保结构。其成败的关键在于设施的使用者能否提供具有"无论提货与否均需付款合同"。这种模式的投资结构的选择比较灵活，既可以采用公司型投资结构，也可以采用非公司型投资结构、合伙制结构或信托结构。采用这种模式进行税务结构处理时，要非常谨慎。

该模式在房地产项目融资领域的应用体现在以房地产承购合同为基础的融资过程中。由于房地产项目建设周期长，如果市场情况发生变化，项目建成后难以出售或不能按预计价格顺利出售，则贷款人将承担很大风险。部分房地产项目的开发建设以住宅或商业项目建成后产品的承购合同为基础，即在立项和建设过程中已与未来购房者签订购房协议，例如某商品房建设过程中与某企业或事业单位达成购买协议，建成后，由该企业团购部分或全部产品。该购买协议为此类项目的融资安排提供独特的信用担保，有利于降低融资风险，吸引投资。在承购方资信良好的情况下可以采用此模式。

3. 杠杆租赁模式

杠杆租赁是金融租赁的一种，是由出租方以融资为目的，对承租人选定的设备进行购买，然后以收取租金为条件提供给承租方使用的一种租赁交易，它具有融资和融物的双重职能，兼有商业信用和银行信用的两重性。具体来讲，由发起人设立单一目的项目公司，项目公司签订资产购置和建造合同，购买开发建设所需设备，并在合同中说明该资产拥有权将转移给金融租赁公司，然后再转租回来。由愿意参与该融资的专业租赁公司、银行等金融机构成立金融租赁公司筹集购买租赁资产所需的债务资金，并根据项目公司转让过来的资产购置合同购买相应的厂房、设备，然后将之出租给项目公司。项目公司向租赁公司支付租金。

杠杆租赁应用范围比较广泛，既可以作为一项大型项目的项目融资安排，也可以为项目的一部分建设工程安排融资，例如用于购置项目的专项大型设备。由于资源类或基础设施类项目中大型设备的购置费所占比例较大，杠杆租赁模式在大型工业项目中普遍采用。

与其他项目融资方式相比，杠杆租赁模式具有融资成本低、易实现完全融资、不直接拥有但仍控制项目资产的优势。其主要缺陷是融资结构、法律关系和操作管理非常复杂。

在房地产项目融资领域，杠杆租赁方式主要应用于房地产项目开发中所用的建筑设备的租赁。此外，还出现了售后回租、售后回购等变形方式。如：房地产商将自有物业卖给金融租赁公司，并约定售后一定期限回购，而金融租赁公司再将收购该物业形成的应收款卖给银行。这样最终实际完成了房地产商从银行的融资。其融资成本较直接抵押贷款高，可以在直接向银行办理抵押贷款受到限制的情况下运用。

4. BOT 等公共项目融资模式

BOT 融资模式也称为"特许权融资"模式，是 20 世纪 80 年代以后逐渐兴起的一种公共项目融资模式。这种模式是由项目所在国政府或所属机构提供特许权协议从而为项目的建设和经营安排融资、承担风险，由某公司开发建设项目并在有限的时间内经营项目获取商业利润，最后根据协议将该项目转让给相应的政府机构。

BOT 融资模式围绕着建设—经营—移交等关键环节进行运作，其运作过程主要包括：①确定 BOT 融资模式并进行项目招投标。通常由项目所在国政府确定项目是否可采用 BOT 模式进行建设，然后成立项目委员会或委托一家机构进行项目招投标。②项目经营公司、工程公司、设备供应公司及其他发起人共同组成一个项目公司，投标并中标后，从项目所在国政府获得"特许权协议"作为项目建设开发和安排融资的基础。③由项目公司以特许权利、协议作为基础安排融资。在项目的建设阶段，工程承包商集团以承包合同的形式建造项目；项目进行经营运作阶段后，经营公司根据经营协议，负责运行、保养和维修设施、支付项目贷款本息并为投资财团获得投资利润。④BOT 融资模式结束时，保证将运转良好的项目移交给项目所在国政府或其他所属机构。其中特许权协议是该模式融资的关键基础。

BOT 的操作形式有许多,其中最基本的形式是:①BOT,即建设—经营—移交。私营机构自己融资进行建设,并在一定期限内经营,然后移交给政府相关机构。②BOOT,即建设—拥有—经营—移交。私营机构建设项目,并在规定时间内拥有所有权进行经营,期满后将项目移交给政府。③BOO,即建设—拥有—经营。私营机构根据所获得的特许权,建设并经营项目,但不在一定期限后移交给政府机构。

我国城市土地开发的过程中正在逐渐引入 BT、TOT、PPP 等公共项目融资模式,以解决城市土地储备资金问题。其中 BT,即建设—移交模式,是项目建成后移交给政府,政府按协议向项目发起人支付项目总投资和合理的回报率的融资模式。此模式适合基于安全和战略需要必须由政府直接运营的基础设施或开发项目。由于土地资源的稀缺性,作为重要的生产和生活资料,任何一个政府均不会将土地开发完全交给市场自主进行。通过 BT 模式,土地储备项目的收购、土地整理、拆迁等事项由项目公司融资建设,项目建成后立即移交土地储备中心储备或等待时机推向市场,土地储备中心向开发商发放确定利率的收益凭证,开发商凭借收益凭证从土地储备中心获得稳定的收益,或者将该凭证在土地储备中心备案后进行流转变现。这种模式适合那些对土地开发本身没有兴趣但对稳定的、低风险的投资感兴趣的发起人。

TOT,即"移交—经营—移交"模式,是指融资方(政府)把已经投产运行的项目在一定期限内移交给投资商经营,以项目在特许期限内的现金流量为标准,一次性从投资商那里融得一笔资金,用于建设新的项目。特许期满后,投资商再把该设施无偿移交给政府。这一融资过程与我国大部分城市土地的收益方式极为相似。根据我国现行土地制度,城市土地的所有权属于政府。政府通过征收生地或毛地进行土地开发形成熟地,在一级市场上转移土地的使用经营权即出让土地使用权。土地使用权人向政府或其授权人交纳土地出让金,政府获得资金,土地使用权人获得一定年期的土地使用权,在该期限内经营获益。土地使用期满后土地使用权人可申请续约也可向政府移交土地。政府转让土地获得的一次性资金,可用于下一轮土地收购储备,以此促进城市的发展。多年的实践表明,这一模式在我国土地开发项目融资中的应用是较为成功的。

部分地区的土地储备实践中也在考虑引入 PPP 模式,即公共部门与私人企业合作模式。是指土地储备中心、营利性企业和非营利性企业基于某个土地储备项目形成相互合作的关系,在合作过程中,项目的责任和风险不由某一方全部承担,而是由参与合作的各方共同承担融资风险,共享投资收益。通过这种合作模式,合作各方可以得到比单独行动更有利的结果。

此外,公共项目融资中还有 PFI 及 BOL、BTO、DBOY 等 BOT 模式的多种变化形式。总的来看,BOT 等公共项目融资模式有效缓解了政府基础设施建设资金不足的矛盾,具有将风险转移给项目承建者和运营者,通过承包人的有效设计控制预算等显著特点,在各国得到广泛运用。不论是在发达国家还是在发展中国家,这类模式在基础设施建设领域都有着较大发展空间。

5. 资产支付证券化模式

这是以目标项目所拥有的资产为基础,以该项目资产的未来预期收益为保证,在资本市场上发行信用级别高的债券来筹集资金的一种项目融资方式。总体来说,利用"资产支付证券化"模式进行项目融资具有可以大幅度降低融资成本、能够扩展资金渠道、充分分散项目风险、充分利用外部信用保证等优势。

该模式最早产生于 20 世纪六七十年代的美国住宅抵押贷款证券化，即 MBS。迄今为止，已被广泛应用于汽车贷款、信用卡贷款、房贷、设备贷款、公共设施和公用事业、自然资源等各类资产的证券化融资。

其具体运作过程主要包括：①确定有预期收益的资产为目标资产；②组建资信等级高的特定目的中介作为融资主体，简称 SPV 或 SPC；③原始权益人与 SPV 或 SPC 签订转让协议，转让目标资产权益，实现原始权益人和目标资产之间的破产隔离；④确定交易结构，进行信用增级，并发售证券；⑤SPV 按规定向原始权益人支付购买目标资产的价款，原始权益人以所得资金进行项目开发建设与经营管理；⑥按事先约定，由托管人建立基金，实现暂时闲置资金的保值增值，并在规定期限内，对发起人还本付息。

MBS 融资模式是项目融资的趋势性模式。近年来，在国外房地产项目融资中得到广泛应用，我国已开始进行 MBS 等资产证券化的尝试。具体内容参见本书第五章《房地产证券化》。

6. 房地产投资信托

从本质上看，REITs 属于资产证券化的一种方式。REITs 的典型运作方式有两种，一是由特殊目的的公司（SPV）向发起人发行收益凭证，将所募集资金集中投资于写字楼、商场等商业地产项目，并以这些经营性物业产生的现金流向凭证持有人还本归息；二是房地产商将旗下部分或全部经营性物业资产打包设立专业的 REITs，以其收益如每年的租金、按揭利息等作为标的，均等地分割成若干份出售给证券市场投资者，然后定期派发红利，实际上给投资者提供的是一种类似债券的投资方式。相比之下，写字楼、商场等商业地产的现金流远较传统住宅地产的现金流稳定，因此，REITs 一般更适用于商业地产。2005 年 12 月，越秀房地产投资信托基金成为首只以内地房地产为资产的房地产投资信托基金。

在众多创新融资模式中，REITs 以其低股本不限量持股、投资回报稳定优厚、标准化可交易流动性高、多元化组合投资风险低及税收优惠等优点深受投资者和融资者的青睐。

房地产投资信托在串接多种金融工具方面独具优势，一是信托融资具有巨大的灵活性，可以针对房地产企业本身运营需求和具体项目设计个性化的信托产品；二是有很大的创新空间，是组合融资、金融创新的核心，在房地产项目融资中有着巨大发展潜力。具体内容详见本书第六章"房地产信托"。

7. 夹层融资模式

"夹层"原指介于投资级债券与垃圾债券之间的债券等级，后逐渐演变到公司财务和项目融资领域。夹层融资是一种介于优先债务和股本之间的融资模式，指企业或项目通过夹层资本的形式融通资金的过程。所融通的资金从夹层资本的提供方（即项目融资的贷款人）的角度出发，称为夹层资本；从夹层资本的需求方（即融资者）的角度出发，称为夹层债务。夹层融资通常采用夹层债、优先股或两者结合的形式；也可以采取次级贷款的形式；还可以采用可转换票据的形式。运用这一方式进行项目融资时，贷款人将资金借给借款者的母公司或是某个拥有借款者股份的其他高级别实体（以下简称夹层借款者，也即项目发起人），夹层借款者将其对借款者的股份权益抵押给贷款人；与此同时，夹层借款者的母公司将其所有的无限责任合伙人股份权益也抵押给贷款人。这样抵押权益将包括借款者的收入分配权，从而保证在清偿违约时，贷款人可以优先于股权人得到清偿，用结构性的方法使贷款人权益位于普通股权之上、债券之下。在项目融资中，上述借款者为项目公司或非法人实体的合伙企业或契约企业。从资金费用角度看，夹层融资可以采取债权的固定利率方式，其费用低于股权融资；从权益角度看，夹层投资的权益低于优先债权，当企业破产清算时，优先债务提供者首先得到清偿，其次是夹层资本提供者，最后是公司的股东，所以对于优先债权人来讲，可以体现出股权的优点。对贷款人来说，夹层资本的风险介于优先债务和股本之间。

夹层融资是适合房地产项目融资的金融创新。它对资金回报的要求比较适中，融资门槛比较低，在"四证齐全"之前进入，且资金的使用效率比较高，股权进入后还可以向银行申请贷款；投资方对股权控制要求相对低，不会深度参与管理。近20年来，房地产夹层融资在美国蓬勃发展。受国内房地产金融环境的限制，夹层融资的发展相对滞后。2005年年底，联华信托公司发行的准房地产信托基金"联信-宝利7号"时，将1.5亿元的信托资金的信托受益人设置为优先受益人和劣后受益人，构成了一个经典的夹层融资。信托计划终止时，优先受益人优先参与信托利益分配，劣后受益人次级参与信托利益分配。

第四节 项目资金结构与资金成本

项目的资金结构是指构成项目的各种资金的结构比例。它包括债务资金与股本资金的结构比例、资金的期限结构、资金的货币结构、债务资金的利率结构等。

一、项目的资金结构设计需考虑的主要因素

（一）项目的总资金需求量

在项目融资中，确定合理的资本结构的重要前提条件之一是能够准确地制定出项目的资金使用计划及总资金需求量。通常，一个新建项目的资金预算应考虑三个方面的资金需求：①项目资本投资，包括土地、基础设施、厂房、设备、工程设计等前期费用、建设施工费用等；②投资费用超支准备金（即不可预见费）；③项目流动资金。资金结构设计时不仅应做好项目总资金预算，而且应做好项目建设期、试生产期和生产经营期等不同阶段的项目现金流量预算。

（二）资金成本和构成

毫无疑问，尽可能地降低项目资金成本是资金结构设计的基本原则之一。

在这一前提下，确定合理的债股比是确定资金结构时考虑的重要因素。实际上资金结构设计主要是围绕着如何安排和选择资金构成展开的。不同构成对资金成本的影响不同。其中项目债务资金和股本资金的结构比例，即债股比的选择和税务安排对融资成本的影响很大。在评价股本资金成本时，除了要参照发起人获取该部分资金时的实际成本，以及当时当地的资本市场利率因素和在可供选择的投资机会之间的比较利益和比较成本等客观因素之外，发起人的长期发展战略以及一些潜在的相关投资利益也是十分重要的考虑因素。相对于股本资金成本而言，项目的债务资金成本则是绝对成本，也就是项目贷款的利息成本。通常情况下，不能因举债过多而影响项目的经济强度。此外，充分利用税务安排也有助于资金成本的降低。

（三）资金使用期限结构的合理性

项目资金的期限结构是构成项目的各种资金的使用期限的结构比例。合理的期限结构是保证项目顺利建成和正常运行的重要条件。项目的权益资本和债务资本在使用期限上存在差

异。理论上说，发起人的股本资金是项目中使用期限最长的资金，其回收只能依靠项目的投资收益，而项目的债务资金则是有固定期限的，如果能够针对具体项目的现金流量特点，根据不同项目阶段的资金需求采用不同的融资手段，安排不同期限的贷款，可以起到优化项目债务结构、降低项目债务风险的作用。

（四）利率结构的合理性

利率结构是指各种债务资金利率的结构比例关系。在确定债务资金利率结构时应当综合考虑项目现金流量的特征、金融市场利率的走向、借款人对控制风险的要求。一般情况下，收入相对稳定的项目，选择固定利率有助于提高项目资金预算的准确性；对于产品价格波动较大，现金流量很不稳定的项目，宜采用浮动利率。利率结构的最终确定，取决于借款人在控制风险和减少资金成本之间如何权衡。如果借款人将控制风险放在首位，则应考虑固定利率，但是可能因此承担较高利息成本；如果借款人倾向于降低资金成本，则应结合金融市场利率趋势分析确定利率结构。

（五）货币构成的多样化

项目资金的货币币种结构和货币市场来源结构构成了项目资金的货币结构。通常情况下，债务资金的货币结构不应局限于某单一货币，以减少项目的外汇风险。甚至应考虑不局限于在一个国家的金融市场上融资。

项目融资过程中，需要对上述利率结构、货币结构等的混合结构进行合理安排，以降低项目融资成本，减少项目风险。

二、项目的资金构成

项目融资的资金构成一般有三个部分：股本资金、准股本资金和债务资金。这三部分在一个项目中的构成受到项目的投资结构、融资模式和项目的信用保证结构等的限制。同时，这三部分之间的比例在项目融资中也会起到特殊作用。通过灵活巧妙地安排项目的资金构成比例，可以达到既减少项目发起人自身资金的直接投入，又能够提高项目综合经济效益的双重目的。

（一）股本资金

股本投入是项目中的风险资金，它是项目融资的基础。在资金偿还序列中股本资金排在最后一位，因此贷款人将项目发起人的股本资金视为其融资的安全保障。在项目融资结构中，应用最普遍的股本资金形式是认购项目公司的普通股和优先股。过去项目公司的股本资金来源相对比较简单，基本上来自发起人的自有资金。近年来在项目融资中出现了一种新的情况，在安排项目融资的同时，直接安排项目公司上市，通过发行项目公司股票和债券的方式来筹集项目融资所需要的股本资金和准股本金。

此外，贷款担保形式作为项目股本资金的投入，也是项目融资中独具特色的一种资金投入方式。在项目融资结构中，发起人不直接投入资金作为项目公司的股本资金或准股本资金，而是以贷款银行接受的方式提供固定金额的贷款担保作为替代。贷款担保作为股本资金，有两种主要形式：担保存款和备用信用证担保。担保存款是指发起人在贷款人制定的银行存入固定数额的定期存款，账户及利息属于发起人，但是资金的使用权在贷款人手中。备用信用证担保比担保存款对发起人更有利，发起人根本不必动用任何资金，只需用自身资信作为担保。总的来讲，以贷款担保出现的股本资金对发起人来讲，是利用资金的最好形式，但是对贷款人而言，其项目风险高于发起人直接投资的形式。多数情况下，只能作为直接股本投入的补充。

（二）准股本资金

准股本资金是指项目发起人或者与项目利益有关的第三方提供的一种从属性债务。根据资金的从属性质，准股本资金又可以分为一般从属性债务和特殊从属性债务两大类。一般从属性债务在项目资金序列中低于一切其他债务资金形式。在从属性定义中，会明确规定特殊从属性债务相对某种债务的从属性，但是对另外一些债务来讲是平等的。

通常情况下，准股本资金的债务本金的偿还具有灵活性，不能规定在某一特定期间强制性地要求项目公司偿还从属性债务。准股本资金在项目资金优先序列中低于其他的债务资金，但是高于股本资金。一旦项目公司破产，准股本资金的偿还在项目融资贷款和其他的高级债务之后。从项目融资贷款人的角度，准股本资金将被视为股本资金的一部分。

项目融资中最常见的准股本资金有无担保贷款、可转换债券和零息债券三种形式。

1. 无担保贷款

无担保贷款是贷款中最简单的一种形式。这种贷款形式上与商业贷款很相似，只是没有任何项目资产作为抵押和担保，本息的支付也通常带有一定的附加限制条件。

2. 可转换债券

可转换债券是准股本资金的另一种形式。在其有效期内，可转换债券只需支付利息，但是，它允许债券持有人在特定的时期内（通常为债券到期日或者某一段时间），按照规定的价格将债券转成为公司发行的其他证券，比如，公司发行的其他债券、普通股、优先股等。通常情况下，经常转为普通股。可转换债券的履行没有任何公司资产或项目资产作为担保，债券利息一般也比同类贷款利息要略低一点。国外一些项目融资结构中的发起人，出于法律上或税务上的考虑希望推迟在法律上拥有项目的时间，常常采用可转换债券形式安排项目的股本资金。

3. 零息债券

零息债券也是项目融资中常用的一种从属性债务形式。零息债券计算利息，但是不支付利息。在债券发行时，根据债券的面值、贴现率（即利率）和到期日贴现计算出其发行价格，债券持有人按发行价格认购债券。其收益来自于债券认购价格和票面价格的差额。这种资金安排既带有一定的债务资金特点（如每年的名义利息可以取得税务扣减），同时又不需要实际支付利息，减轻了对项目现金流量的压力，因而在项目融资结构中获得较为普遍的应用。

（三）债务资金

项目债务资金的筹集是解决项目融资的资金结构问题的核心。活跃在金融市场上的债务资金具有多种多样的形式和种类，如商业银行贷款、国际银团贷款、欧洲债券等。

1. 商业银行贷款

商业银行贷款是项目融资中最基本和最简单的债务资金形式。商业银行贷款可以由一家银行提供，也可以由几家银行联合提供。可以在国内贷款，也可以在国际金融市场上贷款。贷款形式可以根据借款人的要求来设计，包括定期贷款、建设贷款、流动资金贷款等。贷款期限可以是短期贷款，也可以是中长期贷款。当然项目融资中以中长期贷款居多。此外，根据担保的不同，有抵押贷款和信用贷款。

2. 国际银团贷款

国际银团贷款是国际商业银行贷款的一种特殊形式，是由获准经营贷款业务的一家或数家银行牵头，多家银行与非银行金融机构共同组成的银行集团采用同一贷款协议，按商定的期限和条件向同一借款人提供融资的贷款方式。目前这一方式在国际金融市场上得到越来越广泛的运用。

国际银团贷款的优势在于：①有能力筹集到数额较大的资金；②各成员银行通常具有一定的国际声望和经验，具有参与复杂项目融资结构并承担项目信用风险的能力；③贷款货币选择的余地大，对贷款人的选择范围也比较大；④提、还款方式灵活。从贷款人角度来说，银团贷款可以降低单个银行承担的风险。

国际银团贷款的方式主要有两种：第一种是直接参与方式。各成员银行单独直接与借款人签订借款协议，它们按协议规定的统一条件贷款给借款人，并委托一家或数家银行统一负责贷款的日常管理工作。这种形式的银团贷款，各家银行同借款人之间直接形成债权债务关系。每个贷款银行的贷款义务限于它在银团贷款协议中承诺提供的部分，而对其他银行的贷款义务则不承担任何连带支付的责任。第二种方式是间接参与方式。这种形式涉及借款人、牵头银行和参与银行等当事人。参与银行是直接提供或将要提供贷款的银行，然后由牵头银行把要提供或将要提供的贷款的权利与义务转移给参与银行。

3. 外国政府及国际金融组织的贷款

外国政府向我国提供的长期优惠贷款，属于政府间开发援助。此类贷款一般投入非盈利的开发项目，如基础设施、交通、能源等项目，或者贷款国的优势行业，有利于该国对我国出口相关机器设备。房地产项目融资中较少获得此类贷款。

此外，国际货币基金组织的贷款条件相对比较严格，一般不对成员国的一般性项目发放，只在成员国国际收支暂时不平衡时提供贷款。

世界银行的贷款主要针对农业和农村发展、环保、交通、能源、基础工业及社会事业发放。贷款的实施要求以招投标形式进行，审查也较严格。

亚洲开发银行的主要项目贷款领域集中于农业和农产品加工、水利、林业、渔业、水电项目等。

4. 发行债券

企业为项目建设和经营向公众发行的承诺按期还本付息的有价证券称为企业债券。目前我国企业债券的数额受到控制，总量不大，但是这种资金来源正在逐步成长为企业或项目筹集中长期资金的重要方式。

企业债券有固定利率和浮动利率之分，担保程度和担保品也有所不同。具体内容参见本书第五章《房地产证券化》。

企业可选择在国内市场发行债券，也可选择发行境外债券。无论境内还是境外债券，其资金成本均低于股票筹资。

5. 欧洲债券

欧洲债券是一国的政府、金融机构、工商企业或国际组织在国外债券市场上以第三国货币为面值发行的债券。它为借款人提供从欧洲货币市场为数众多的金融机构投资者和个人投资者手中获得相对成本较低的债务资金的一种有效形式，与一般国家发行的本国债券或外国债券不同，欧洲债券的发行和交易超出国家的界线，不受任何一个国家的国内金融市场的法律法规限制。

欧洲债券市场为项目筹集债务资金有如下优势：一是筹资成本低。对于在国际金融市场上具有良好资信的借款人，利用欧洲债券市场融资，有可能获得比其他借款方式更低的融资成本。二是可以接触到范围广泛的投资者。三是集资时间比较短。四是还款可以采用多种货币形式。五是还款日期比较灵活。六是在一些国家，采用欧洲债券方式融资，可以获得不用支付利息预提税的优惠。

其劣势在于，由于组成分散，投资者很难掌握一个复杂的项目融资结构；其次由于组织欧洲债券发行的程序比较复杂，因而要求具有一定的发行金额才能具备规模经济效益。

6. 美国商业票据

商业票据是美国金融市场上主要的也是最古老的金融工具之一。美国商业票据市场为借款人提供了一种成本低、可靠性高、可以通过不断发展来满足长期资金需求的短期债务资金形式。在美国市场上发行的商业票据有记名和无记名的两种形式，其中无记名占绝大多数。商业票据的发行人包括美国的金融机构、外国的金融机构、美国和外国的工业公司、石油公司、矿业公司等。根据美国法律，商业票据不能直接售予个人，因此票据持有人（投资者）多为活跃在金融市场上的投资基金、保险公司、银行、养老基金等金融机构，以及一部分工业公司。

自 20 世纪 70 年代以来，美国商业票据开始逐渐成为非美国公司的一种重要资金来源，成为国际银团贷款、欧洲债券市场的一种具有竞争力的替代方式。美国商业票据市场融资的优点主要有：一是低成本。一般来说，在同等条件下，从美国商业票据市场上获得的资金可比 LIBOR 或美国银行优惠利率为基础的银团贷款在利息成本上来得便宜。二是资金来源多元化。借款人通过使用商业票据市场获得广泛的资金来源，从而避免过分依赖少数商业银行的投资银行。三是资金使用的灵活性。美国商业票据市场为票据发行人在票据期限和发行时间上提供了很大的灵活性，从而可以满足票据发行人的各种具体需要。

7. 租赁融资

除了杠杆租赁融资模式中的杠杆租赁融资外，租赁还经常作为一种重要的债务资金来源出现在项目融资结构中。租赁融资分为经营租赁和财务租赁。经营租赁是指一般租赁期较短，在租赁期内承租人有权取消租约将租赁物退还给出租人的租赁协议。这种方式下，出租人承担被出租资产的保养和维修责任，承租人仅按期交纳租金。租赁期间资产的使用价值仅占资产全部使用价值的一小部分。财务租赁是一种租赁期限长，承租人不能随意提前终止的租赁协议。出租人实质上只提供一种融资，被出租资产的一切费用和成本均需承租人承担。租赁期间资产的使用价值占资产全部使用价值的大部分，甚至 90％以上。由于租赁融资在项目发起人的财务、税务及经营上的安排比较灵活，所以在项目融资领域中广为使用。

三、项目的资金成本

（一）资金成本的概念

资金成本是项目取得和使用资金而支付的各种费用，它包括用资费用和融资费用两部分内容。其中用资费用是指项目在投资及经营过程中因使用资金比例而付出的费用，它是资金成本的主要内容，例如，向股东支付的股利、向债权人支付的利息等。融资费用指项目在筹措资金的过程中为获取资金而付出的花费，如，向银行支付的借款手续费。资金成本是比较、选择融资方案的依据，也是评价投资项目可行性的主要经济指标。在市场运行中，总体经济环境、证券市场条件、企业内部的经营和融资状况、项目融资规模多方面因素对项目资金成本的高低产生影响。

(二) 各种资金来源的资金成本

各种资金来源的资金成本是不同的。企业的长期资金一般有长期借款、债券、优先股、普通股、留用利润等，前两者统称为债务资金，后三者称为权益资金。根据资金来源不同，各种资金来源的资金成本也就相应地分类为长期借款成本、债券成本、优先股成本、普通股成本、留用利润成本等。

1. 权益资金成本

对于股份制企业，权益资金就是股票持有者享有的权益。股票的资金成本是能使普通股的市场价格保持不变的最小收益率，即：

$$P = \frac{C_1}{(1+k)} + \frac{C_2}{(1+k)^2} + \cdots + \frac{C_n}{(1+k)^n} + \frac{S}{(1+k)^n} \qquad (8-1)$$

式中　P——普通股的市场价格；

　　　k——股票资金成本；

　　　C_i——股票在投资期内第 i 年末的现金股息，$i = 1, 2, \cdots, n$；

　　　S——第 n 年末股票的市场价格。

公式 (8-1) 是计算股票资金成本的通用公式。实际运用中，可采用下列简化计算公式。

(1) 优先股成本。对于发起人而言，优先股的投资风险小于普通股，大于债务资金。其资金成本可按公式 (8-2) 计算：

$$k_p = \frac{D_p}{P_p(1-f_p)} \qquad (8-2)$$

式中　k_p——优先股成本率；

　　　D_p——优先股年股利；

　　　P_p——优先股融资总额；

　　　f_p——优先股融资费用率。

(2) 普通股的成本。这里仅介绍固定增长股利政策下，以股利折现模型计算资金成本的公式。

$$k_c = \frac{D_1}{P_c(1-f_c)} + G \qquad (8-3)$$

式中　k_c——普通股成本率；

　　　D_1——第一年普通股股利；

　　　P_c——普通股融资总额；

　　　f_c——普通股融资费用率；

　　　G——普通股股利预计年增长率。

(3) 保留盈余成本。保留盈余又称为留存收益，其所有权属于股东，是项目资金的重要来源之一。企业保留盈余，等于股东对企业进行追加投资。股东对这部分投资也会要求有一定的报酬，所以，保留盈余也有资金成本。其资金成本是股东失去向外投资的机会成本，与普通股成本的计算基本相同，只是不考虑筹资费用。其计算公式为

$$k_r = \frac{D_1}{P_c} + G \qquad (8-4)$$

式中　k_r——保留盈余成本率，D_1、P_c、G 含义同上。

2. 债务成本

债务成本主要有借债成本和债券成本。债务资金成本与其他形式的资金成本之间的主要区别在于：为借款支付的利息可以免征所得税，同时这种资金成本是以税后数据为基础计算的。从计算方法看，长期借款和短期借款成本计算是相同的。

（1）债券成本。债券所得税后筹资成本可用公式（8-5）简单计算：

$$k_b = \frac{I_b(1-T)}{B(1-f_b)} \tag{8-5}$$

式中　k_b——债券成本率；

　　　I_b——债券年利息；

　　　T——所得税税率；

　　　B——按发行价格确定的债券融资总额；

　　　f_b——债券融资费用率。

（2）长期借款成本。长期借款成本可按公式（8-6）计算：

$$k_l = \frac{R_l(1-T)}{1-f_l} \tag{8-6}$$

式中　k_l——长期借款成本率；

　　　T——所得税税率；

　　　f_l——长期借款融资费用率；

　　　R_l——长期借款年利率。

3. 加权平均资金成本

项目融资过程中往往需要通过多种来源筹集所需资金。为进行筹资决策，需要计算全部资金来源的综合资金成本，即加权平均资金成本。其计算公式为

$$k_w = \sum_{j=1}^{n} w_j k_j \tag{8-7}$$

式中　k_w——加权平均资金成本率；

　　　k_j——第 j 种个别资金成本率；

　　　w_j——第 j 种个别资金占全部资金的比重。

第五节　项目融资风险及其管理

风险是金融体系和金融活动的基本属性之一。项目融资风险是在项目融资过程中，对于融资目标可能产生不利影响的因素发生的概率及其后果。由于项目融资涉及的资金规模大、期限长、参与各方众多、结构复杂及有限追索的融资设计，导致项目融资的风险较大。其风险分配的合理与否在很大程度上决定了项目融资的成功与否。

一、项目融资风险的分类

（一）按照项目风险的阶段性划分

1. 项目建设阶段风险

项目建设阶段的风险是从项目正式动工建设开始计算的。项目动工后，大量资金投放到购买设备及支付工程费用当中，贷款利息因项目未产生任何收入而计入资本成本。从贷款人的角度看，这一阶段随着贷款资金的不断投入，项目风险也随之增加，在项目建设完工时达

到或接近最高点。

在这一阶段，项目融资需要发起人提供强有力的信用支持来保证项目的顺利完成。

2. 项目试生产阶段风险

项目融资在试生产阶段的风险仍然是很高的，即使这时项目建成投产，如果项目不能按照原定的成本计划生产出符合质量的产品，也就意味着项目现金流量的分析和预测是不正确的，项目很有可能生产不出足够的现金流量支付生产费用和偿还债务。

根据商业完工的概念，在融资文件中具体规定出项目产品的产量和质量、原材料、能源消耗定额以及其他一些技术经济指标作为完工指标。只有项目在规定的时间范围内满足这些指标时，才被贷款人接受为正式完工。

3. 项目生产经营阶段风险

项目从这一阶段起进入正常的运转，如果项目可行性研究报告中的假设条件符合实际情况的话，项目产出的现金流量应足以支付生产经营费用、偿还债务，并为发起人提供预期的收益。从这一阶段起，贷款人的项目风险随债务的偿还逐步降低。这一阶段的项目风险主要表现在生产、市场、金融以及其他一些不可见因素等方面。

（二）按照项目风险的表现形式划分

1. 完工风险

完工风险是项目融资的主要核心风险之一。这里的完工不仅是指项目按照设计建设完成，而且通常要求在规定的成本范围内按时开工，并且达到预期的生产能力。项目的完工风险存在于项目建设阶段和试生产阶段。其主要表现形式为：项目建设延期；项目建设成本超支；项目达不到设计规定的技术经济指标；由于技术及其他方面的原因，项目完全停工放弃等。

完工风险对于项目而言意味着项目建设成本增加、贷款利息负担增加、贷款偿还期限延长和市场机会的错过。从国际上的实践经验看，项目建设期出现完工风险的概率无论在发达国家还是在发展中国家，都是比较高的。

2. 生产风险

项目的生产风险是项目融资的另一个主要的核心风险，是在项目试生产阶段和生产运行阶段存在的技术、资源储量、能源和原材料供应、生产经营、劳动力状况等风险的总称。项目生产风险的主要表现形式包括技术风险、资源风险、能源和原材料供应风险、经营管理风险。

3. 市场风险

除黄金、石油等特殊商品被认为只有价格风险而没有需求风险外，其他大多数产品存在价格和市场销售量的双重风险。项目融资的市场风险同样主要包括价格风险和市场销量风险。

在项目融资的设计和谈判过程中，充分论证项目产品的市场前景，并建立一个合理的价格调节机制，对于发起人和贷款人无疑都是一个需要慎重对待的问题。双方均需对市场的结构和运作方式有清楚的认识，对各方承受项目市场风险的能力有正确的判断。

4. 金融风险

金融风险是项目融资行为带来的资金本身的风险。从某种意义上说，金融风险管理是项目融资风险管理的核心。

（1）利率汇率风险。利率风险是指由于利率变化造成项目价值降低或收益受到损失。实际利率是项目借贷款人的机会成本的参照系数。如果投资方利用浮动利率融资，一旦利率上升，项目的融资成本就会上升；如果采用固定利率融资，一旦市场利率下降便会造成机会成本的提高；而对于借款者而言，则反之。

外汇风险通常包括东道国通货的自由兑换、经营收益的自由汇出以及汇率波动所造成的货币贬值问题。

（2）通货膨胀风险。通货膨胀风险在世界各国普遍存在，通货膨胀使原材料价格、人工费用不断上涨，工程造价大幅度提高或者使得项目产品的销售受阻，降低实际收入，这些都会给项目发起人还款带来隐忧。

（3）信用风险。项目参与方是否能按合同文件履行各自的职责及其承担的对项目的信用保证责任，构成了项目融资的信用风险。项目融资的信用风险贯穿于项目始终。评价项目是否存在信用风险应综合考虑各种因素，在项目的建设和开发期间或以后，借款人和任何担保人是否有担保或其他现金差额补偿协议，承包商是否有一定的担保来保证因未履约造成的损失，项目发起人是否提供了股权资本或其他形式的支持；在项目的生产经营阶段，产品的购买者、原材料的供应者以及其他参与者的资信状况、技术和资金能力、以往的表现和管理水平，诸如此类等，都是评价项目信用风险的重要指标。

5. 政治风险

当发起人与所投资项目不在同一个国家，或者贷款人与所贷款项目不在同一个国家时，有可能面临由于项目所在国家的政治条件发生变化而导致项目失败、项目信用结构改变、项目债务偿还能力改变等方面的风险，这类风险统称为项目的政治风险。

项目的政治风险可以分为两大类：一类表现为国家风险，即项目所在国政府由于某种政治原因或外交政策上的原因，对项目实行征用、没收，或者对项目产品实行禁运、联合抵制，中止债务偿还的潜在可能性；另一类表现为国家政治经济法律稳定性风险，即项目所在国在外汇管理、法律制度、税收制度、劳资关系、环境保护、资源主权等与项目有关的敏感性问题方面的立法是否健全，管理是否完善，是否经常变动。

6. 环境保护风险

环境保护风险主要表现在为了达到环保要求而增加生产成本或资本投入，造成项目降低甚至丧失原有的经济强度，一旦发起人无法偿还债务，贷款人取得项目所有权和经营权后，也必须承担同样的责任和压力。在项目融资中，环境保护风险通常由项目的发起人或借款人承担，因为发起人被认为对项目的技术、生产条件更了解。

二、项目融资风险管理

项目融资的风险管理是指有目的地通过计划、组织、协调和控制等管理活动来防止风险损失发生、减少损失发生的可能性以及削弱损失的大小和影响程度，同时采取各种方法促使有利后果出现，以获取最大利益的过程。

项目融资的风险管理以项目可行性研究报告作为风险分析的首要前提，以风险的识别作为设计融资结构的依据，以项目的当事人作为风险分担的主体，以合同作为风险处理的首要手段和主要方式。与一般风险管理相似的是，项目融资的风险管理也包括风险识别、风险评估、风险处理及事后评估等内容。所不同的是，项目融资本身已经包含了风险的分散、规避和处理机制。如，资金来源分散化、以项目为导向实施风险隔离、多样化的信用保证结构等。

（一）项目融资风险管理的一般方法

一般风险管理方法有风险回避、风险自留、风险抑制和风险转移 4 类。

（1）风险回避，是指事先预料风险产生的可能性程度，判断导致其实现的条件和因素，在项目投资中尽可能地避免风险的发生。如：改变生产流程、改变生产经营地点、放弃投资和贷款计划等。风险回避适用于损失频率和损失程度都较大的特定风险、损失频率虽不大但后果严重的风险、采用其他风险管理措施的经济成本超过其预期收益等情况。风险回避是消除风险的最彻底的方法，但是同时也放弃了收益。

（2）风险抑制，是指采取预防措施，将风险的发生概率或后果降低到某一可以接受程度的过程。如：当集团面临偿债危机时，若判断其属于非流动性危机，则停止新增贷款；拍卖、撤回企业财产，减少风险损失等。

（3）风险转移，是指通过若干技术和经济手段将风险及其损失转移给第三方的行为。风险转移可以通过保险以及借助协议或合同的非保险两种方式全部或部分地实现。

（4）风险自留，是指对于一些无法回避和转移的风险，在不影响发起人根本利益或总体利益的前提下，由发起人自己将风险承担下来。风险自留通常要求当事人预先安排一笔资金用于弥补损失。

（二）运用金融衍生工具进行项目融资风险管理

在项目融资中，各参与方为了防范汇率、利率和产品价格风险，也大量利用金融衍生工具对项目融资风险进行主动积极的管理。项目融资风险管理中采用的金融衍生工具主要包括远期合约、期货合约、掉期、期权四种基本工具，其他各种工具从根本上说是在这四种工具基础上组合而成的。其中由于远期合约和期货合约的期限与项目融资的期限相比较短，所以这两类合约在项目融资风险管理中较少应用。下文仅介绍掉期和期权。

1. 掉期

掉期又称互换，是指两个及两个以上的当事人按共同商定的条件，在约定的时间内，交换一系列支付款项的金融交易。项目融资中的互换交易多是指在专门的互换市场上达成。经常使用的互换形式包括利率互换、货币互换和商品互换。

利率互换是指交易双方约定在未来指定日期将同种货币以不同利率形式的资产或债务相互交换。最常见的是浮动利率转换为固定利率。利率互换不涉及债务本金。自 20 世纪 80 年代在欧洲证券市场首次出现后，已成为管理利率风险的主要工具之一。

货币互换是指交易双方按照事先确定的汇率和时间交换两种货币。项目融资中经常使用的货币掉期工具是交叉货币掉期，特别是对于采用类似出口信贷作为主要资金来源的项目。其突出特点是在安排货币掉期的同时安排利率掉期。

商品互换是指交易双方约定在一定时期内定期地将规定数量的某商品用固定价格的付款来交换浮动价格的付款。这种掉期不是一种实际的商品交换，只有商品价格的差额由一方支付给另一方。由于商品互换的发展历史较短，受国际商品市场价格机制等因素影响，在项目融资中的应用不及利率和货币互换。

2. 期权

期权是指期权持有人在未来的一个特定时间（或时间段内），按照一个预先确定的价格和数量买入或卖出一种特定的商品的权利，但不负有必须买进或卖出的义务。期权是在期货的基础上产生的一种金融工具。从其本质上讲，期权实质上是在金融领域中将权利和义务分开进行定价，使得权力的受让人在规定时间内对于是否进行交易，行使其权力，而义务方必须履行。

与其他风险管理工具相比较，期权主要的优势在于，期权允许其持有人在管理不可预见风险的同时，不增加任何新的风险（只需要支付一定数量的期权费）。

按执行时间的不同，期权主要可分为欧式期权和美式期权两种。欧式期权，是指只有在合约到期日才被允许执行的期权，它在大部分场外交易中被采用。美式期权，是指可以在成交后有效期内任何一天被执行的期权，多为场内交易所采用。

此外，还有看涨期权与看跌期权。看涨期权是指赋予持有者购买标的资产权利的期权，反之，赋予持有者出售标的资产权利的期权称为看跌期权。前者从标的资产上涨中获益，后者从标的资产下跌中获益。

（三）项目融资担保

1. 项目融资担保结构

项目融资担保结构是分配和转移项目融资风险的主要手段之一，其核心是融资的债权担保。债权担保的核心包括物权担保和信用担保。这些担保可以是项目发起人提供的，也可以是第三方提供的，还可以由商业担保人提供；可以是直接的财务保证如完工担保，也可以是间接的非财务性的担保，如长期购买某种产品的协议。所有这一切担保形式的组合，就构成了项目的担保结构。

对于银行和其他债权人而言，项目融资的安全性来自两个方面：一方面来自项目本身的经济强度；另一方面来自于项目之外的各种直接或间接担保。一般来讲，项目的经济强度越高，需要提供的担保结构越简单；反之，则越复杂。

2. 项目担保人

项目担保结构涉及的担保人包括项目的发起人、与项目利益密切相关的第三方及商业担保人。

项目发起人是项目最重要、最常见的担保人。一般情况下，贷款人会要求借款人提供除项目公司以外的担保作为附加债权保证。如果项目发起人不能提供其他可被贷款人接受的担保人，发起人自己必须充当项目的担保人。发起人可以提供直接担保，也可以提供"完工担保"、"无论提货与否均需付款协议"等非直接担保。前者需要合并或体现在发起人的财务报表中，后者对其报表影响较小。

能够为项目提供担保的第三方主要包括政府机构、与项目开发有直接利益关系的商业机构（如工程公司、设备或原材料供应商、未来产品或设施的用户等）、世界银行等国际性金融组织。其中，对于大型基础设施、资源类项目来讲，政府作为担保人是极为普遍的。

商业担保人以提供担保作为盈利手段，银行、保险公司和专营商业担保的金融机构是主要的商业担保人。商业担保的担保目的有两类：担保项目发起人在项目融资中应承担的义务；防止项目意外事件的发生。前者主要通过银行信用证或银行担保实现。以某大型购物中心项目融资中的"卖出期权"担保为例。该购物中心拟融资 8000 万，如果贷款人认为该项目未来的现金流不足，只能安排 6000 万的贷款，此时贷款人通常会要求借款人以远低于市场价格的契约价格买入一份房地产卖出期权作为附加担保。如，发起人买入一份价格为2500 万（房产市值 5000 万）的卖出期权作为担保。一旦发起人违约，贷款人可以执行该期权，弥补自身的损失。防止意外事件的发生一般可由建筑工程一切险、预期利润损失险、雇主责任险等各种类型的商业保险实现，具体内容见本书第七章"房地产保险"。

3. 项目融资中常见的担保形式

项目融资的常用担保形式可分为物的担保和人的担保。

(1) 物权担保。物权担保，又称物的担保，指借款人或担保人以自己的有形财产或权益财产为债务的履行设定的担保物权。按照担保标的物的性质可分为动产、不动产物权担保。按担保方式可分为固定、浮动抵押。

不动产物权担保，是指以项目中的土地、建筑物等不动产担保。由于项目的失败很可能导致项目资产价值下降，因此，在大额贷款中，这种担保方式的效果不佳。

动产物权担保是项目公司以自己或第三方的设备、商品、股份、应收账款等动产进行履约担保。由于处理的技术难度低，受项目成败与否的影响相对较小，这种担保在项目融资中用的较多。特别是其中无形资产的担保。

浮动抵押是以借款方所拥有的某一类资产，而不是某个特定资产作为担保物的担保方式。这种担保方式下，只有在特定事件发生时才能最后确定受偿资产。

项目融资中，主要是项目公司、项目投资人或第三方以自身资产进行的物权担保。总的来看，项目融资中物权担保的作用不如信用担保。

(2) 信用担保。信用担保又称人的担保。项目融资中应用较多的是信用担保，其中常见的信用担保形式包括项目完工担保、资金缺额担保、"无论提货与否均需付款合同"、"提货与付款协议"等。

项目完工担保是一种有限责任的直接担保形式。对贷款银行来说，项目完工担保主要是化解项目建设和试生产/试运行阶段，由于工程或技术上的原因造成的项目延期或成本超支以至项目停建甚至最终放弃的项目建设风险进行的担保。项目完工担保通常在一定的时间范围内，由项目完工担保人对贷款人承担全面追索的经济责任。该担保的提供者主要是项目的发起人或承建项目的工程公司或有关保险公司。其中，直接由发起人作为项目完工担保人是最常用，也是最容易被贷款银行所接受的方式。项目发起人须提供能够使项目按照预定工期完工或按照预定"商业完工"标准完工的支持和条件。

资金缺额担保是一种在担保金额上有所限制的直接担保。主要为化解项目运行阶段，可能出现的由于项目公司收入不足，无法支付生产成本和偿付到期债务的风险。实践中，资金缺额担保可以由项目发起人提供担保存款或提供以贷款人为受益人的备用信用证进行担保，也可以项目净现金流量的部分或全部建立"留置基金"账户，以备不可预见支出，还可以由发起人提供对项目最小净现金流的担保，如果未来的实际净现金流小于该最小值，由发起人补足缺额。新建大型项目通常要求以前两种形式共同作为其资金缺额担保。

"无论提货与否均需付款合同"是由项目产品购买者承担绝对的无条件的根据合同付款的义务的一种契约，也就是说，即使出现由于项目灭失、爆发战争等不可抗力导致项目不能交货，只要合同中未特别规定，产品购买者仍须按合同付款。这种合同在法律上体现的是项目买方与卖方之间的商业合同关系，实质上是由项目产品购买者对项目融资提供的一种担保，但是这类协议仍被视作为商业合约，因而是一种间接担保形式。该合同中的产品购买者可以是项目发起人，也可以是其他与项目利益有关的第三方担保人。

"提货与付款协议"与"无论提货与否均需付款合同"不同的是，项目产品购买者只承担在取得产品条件下履行付款义务的责任。因此，该协议的担保分量低于"无论提货与否均需付款合同"。对某些经济强度很好，且管理能力强的项目，贷款人有可能接受该担保。

这两种付款协议都是国际项目融资所特有的项目担保形式。

除上述常用的担保形式外，项目融资中还可采用安慰信、东道国支持等意向性担保及融资租赁、出售和租回、出售和回购、所有权保留等准担保交易进行风险的分配和转移。

专题讨论：大型商业房地产项目融资模式及其难点分析

商业房地产指用于各种零售、餐饮、休闲娱乐等经营用途的房地产形式，从经营模式、功能和用途上区别于普通住宅、公寓、写字楼、别墅等房地产形式。自 2002 年以来，经济的快速发展带动了商业房地产的供需两旺。2007 年中国商业房地产市场投资总体稳定增长，全国商业用房的投资总额达 2775.56 亿元，同比增长 17.9%，连续三年保持在 17% 左右。

商业房地产的规模有大有小。规模大的商业房地产如美式 shopping mall，可以达到几十万平方米，规模小的商业房地产项目仅几百平方米，甚至更小。对于规模庞大的商业房地产，其经营多采用开发商整体开发，项目统一经营管理，以租金收入获取收益。目前我国的许多城市尤其是大都市，商业竞争已经趋于白热化，商业经营的不确定性增大。但是，与此同时，随着我国经济结构的转型，商业房地产开发投资中蕴涵着巨大的商机。作为一种不同于传统的商铺租赁形式、以全面融合房地产业与商业为特色的地产形式，商业房地产正悄然成为房地产市场的新宠。商铺地产、购物中心地产、写字楼等逐渐成为房地产投资的亮点。

由于购物中心、特色商业区、shopping mall 等大型商业房地产项目开发投资要求的资金规模大、投资回收期长、风险高。因此，资金问题，历来都是这类房地产开发公司最为关注的问题。可以说，在目前的资本融通环境下，商业房地产开发公司能否在市场竞争中取胜，除了取决于其技术能力、管理经验以及以往的从业信誉外，更重要的是取决于其筹措资金的能力和使用资金的能力。

在传统融资渠道变窄的背景下，项目融资具有融资规模大、风险分担等特点，对于大型的商业房地产项目可以考虑采用项目融资的方式，以实现融资目标和风险屏蔽的作用。以项目融资的方式筹集项目开发资金时，必须注意到项目的成败主要取决于项目的盈利能力，而项目可行性研究及项目融资方案的设计是否科学、合理、因地制宜，则直接影响其盈利能力的高低。

以欧洲迪斯尼项目为例。欧洲迪斯尼项目开创了在非传统项目融资领域利用公众资金和项目部分内存价值（如税务亏损）通过复杂的投融资结构设计安排项目资金的先例。

1. 欧洲迪斯尼乐园项目的投资结构

欧洲迪斯尼项目的投资结构由欧洲迪斯尼财务公司（Euro Disneyland SNC）和欧洲迪斯尼经营公司（Euro Disneyland SCA）两部分组成。

欧洲迪斯尼财务公司的设计是为了有效地利用项目初期的高额利息成本以及由于资产折旧、投资优惠等所形成的税务亏损，来降低项目的综合资金成本。SNC 结构近似于普通合伙制结构。其中的投资者（合伙人）能够直接分享其投资比例的项目税务亏损（或利润），与其他来源的收入合并纳税。欧洲迪斯尼财务公司将拥有迪斯尼乐园的资产，并以一个 20 年期的杠杆租赁协议，将其资产租赁给欧洲迪斯尼经营公司。财务租赁协议中止时，由欧洲迪斯尼经营公司以其账面价值（完全折旧后的价值）将项目购回，同时 SNC 结构解散。

欧洲迪斯尼经营公司的设计则是为了解决美国迪斯尼公司对项目的绝对控制权问题。由于美国迪斯尼公司只能在项目中占有少数股权，通常情况下项目融资结构又对投资者和经营者有较多限制。在这种情况下，迪斯尼公司选择了近似于有限合伙制的投资结构。SCA 结构中既有承担无限责任的普通合伙人，又有承担有限责任的有限合伙人。由于美国迪斯尼公司是 SCA 结构中唯一的普通合伙人，尽管在欧洲迪斯尼公司中只占有少数股权，但也完全地控制着项目的管理权。同时，SCA 结构还能在证券市场发行股票方式筹资，这成为欧洲迪斯尼项目的主要股本资金来源。

2. 欧洲迪斯尼项目的融资模式

欧洲迪斯尼项目的第一期工程（即迪斯尼乐园主体工程）耗资 149 亿法郎。项目资金由四个部分组成的：

（1）SNC 的股本资金。SNC 组织的 20 亿法郎"税务股本资金"，是一种不可撤销的具有极强股本性质的从属性债务。由于可以有效地吸收项目前期巨额税务亏损，所以这部分资金具有低成本的特性。在税务亏损产生之前这部分资金即可被提取。但是作为普通合伙人，SNC 中的投资者承担无限责任，可能面临来自银行的债务风险和项目责任风险。为此，通过 SNC 与贷款银团之间的无追索贷款协议和美国迪斯尼公司出具的担保上限为 5 亿法郎的有限担保吸引投资者加入 SNC。

（2）SCA 的股本资金。SCA 的股本资金中的大部分（51%）是通过在证券市场上公开发行股票筹集的，其余 49% 的股本资金则是由美国迪斯尼公司投资。

（3）从属性债务。项目第一期工程中的 28 亿法郎从属性债务是由法国公众部门储蓄银行提供的。

（4）项目贷款。法国公众部门储蓄银行和一个项目贷款银团提供了占项目第一期工程总资金需求量 43% 的项目贷款，这是一种无追索的高级债务。

在以上资金安排中，一期工程所需要的 149 亿法郎资金中将近 60% 的比例是股本资金和准股本资金，在很大程度上降低了项目的债务负担，提高了项目的经济强度，增强了项目的债务承受能力，使项目获得条件优惠的低成本的银团贷款，从而帮助项目在资本市场上筹集股本资金，进一步降低项目的债务资金比例。

这一投融资结构使得美国迪斯尼公司仅用总投资 14.12% 的资金就拥有了对项目的完全控制权，在后来的悉尼 2000 年奥林匹克体育场和墨尔本市区高速公路网等西方国家大型工程项目中被多次借鉴采用。

尽管拥有复杂、完善的投融资结构，但是由于迪斯尼公司在建设欧洲迪斯尼之前缺乏对整个欧洲市场从政治、经济、文化到环境、法律等各个方面系统的调研，对欧洲市场与美国及日本市场间环境差异缺乏足够的认识，在如何盈利的问题上，没有预先确定保证盈利的计划目标，以确定计划的盈利风险，导致欧洲迪斯尼乐园开业后的实际营业收入远远低于预期水平。开业后的当年只有 40% 的法国游客来此参观。至 1994 年底，欧洲迪斯尼乐园共亏损 20 亿美元。这一决策的失败也变成迪斯尼公司的"滑铁卢"，此后，迪斯尼公司的收入和股票价格开始下滑。

由此可见，尽管项目融资模式具有突出的优点，但是作为项目建设的有机组成部分，项目融资的成功与否必须依托于项目的投资和融资决策分析的合理性。

结合本章内容，试讨论：

1. 我国现阶段大型商业性房地产项目融资可采用的融资模式有哪些？

2. 商业性房地产项目融资的难点在哪里？在项目融资的全过程中，应注意哪些问题？

关键词中英文对照

项目融资 Project Financing

项目发起人 Project sponsor

财务报表 financial statement

贷款人 lender

风险管理/分散 risk management/dispersion

回租 lease back

杠杆租赁 leveraged lease

金融租赁公司 bank leasing company

融资租赁 finance lease

国际银团贷款 International Bank Group loan

连带责任 joint and several liability

无追索权 non - recourse

表外融资 off balance sheet financing

长期借款 long - term debts

借款人 borrower

担保 security

资金成本 capital cost

设备租赁 equipment leasing

思 考 题

1. 何谓无追索权的项目融资？有限追索权的项目融资，其有限性主要体现在哪些方面？

2. 项目融资有何特点？

3. 项目融资的过程有哪些参与者，其各自权责如何？

4. 什么是项目的投资结构？常见投资结构类型有哪些？

5. 融资模式设计时应遵循哪些原则？项目融资的经典融资模式有哪些？

6. 什么是项目的资金结构？设计资金结构时需考虑哪些因素？

7. 项目的资金构成一般有哪些？

8. 项目融资风险主要有哪些类别？

9. 项目融资风险管理的方法有哪些？

10. 项目融资的担保结构是什么？常用担保形式有哪些？

第九章　住 房 公 积 金

本 章 摘 要

　　本章内容共两部分。第一节是住房公积金制度概述，介绍了住房公积金的概念、特点及住房公积金制度的内容；第二节是住房公积金贷款，阐述了住房公积金贷款的性质、贷款条件及贷款程序、还款方法。

第一节　住房公积金制度概述

一、住房公积金的特点及意义

（一）住房公积金的概念

住房公积金，是指国家机关、国有企业、城镇集体企业、外商投资企业、城镇私营企业及其他城镇企业、事业单位、民办非企业单位、社会团体（以下统称单位）及其在职职工缴存的长期住房储金。

（二）住房公积金的特点

住房公积金具有专用性、强制性和政策性。

1. 专用性

住房公积金的专用性是指住房公积金只能专门用于住房建设和消费。职工可用住房公积金购买、建造、翻建、大修自住住房，其他单位和个人不得挪用。近几年，我国住房公积金主要用于职工购建住房方面。

2. 强制性

住房公积金的强制性是指住房公积金是一种强制性的长期储金，各单位和个人必须按照法律和政策规定交缴公积金。目前各地的交缴率不尽相同。

3. 政策性

住房公积金的政策性是指住房公积金有很强的政策性，住房公积金的筹集、管理、运用都受到有关政策的制约，国家对单位和个人交纳的公积金都给予免税也是政策性的体现。具体表现为住房公积金是个人收入的一部分，扣除的住房公积金是免个人收入所得税的；住房公积金孳生的利息也是免利息所得税的。

（三）建立住房公积金的意义

建立住房公积金具有特别重要的历史和现实意义：

（1）实行住房公积金有利于改变住房实物福利分配方式，形成按劳分配为主的货币工资分配方式；

（2）有利于转变住房分配体制；

（3）有利于住房资金的积累；

（4）有利于政策性住房抵押贷款制度的建立；

（5）有利于加快住房建设；

（6）通过住房公积金的长期积累，可以逐步提高职工的自我保障意识，增强职工购、建、大修住房能力。

二、住房公积金制度及其内容

（一）住房公积金制度的概念

住房公积金制度是结合中国城镇住房制度改革的实际情况而实行的一种房改政策，是有关住房公积金的归集、管理、使用、偿还等诸环节有机构成的整个运行机制和管理制度。

住房公积金制度是城市住房制度改革的产物。自 1982 年 2 月国务院发布《关于在全国城镇分期分批推行住房制度改革的实施方案》以后，上海在 1991 年借鉴新加坡中央公积金制度，在全国率先建立了住房公积金制度。1994 年国务院关于深化城镇住房制度改革的决定，明确提出在全国建立住房公积金制度。1998 年国务院关于进一步深化城镇住房制度改革，加快住房建设的通知中，要求全面推行和不断完善住房公积金制度。1999 年国务院颁布了住房公积金条例，对住房公积金制度作了进一步规定。这标志着我国住房公积金制度进入了法制化轨道。2002 年 3 月，国务院又对《住房公积金管理条例》进行了修改，进一步规范了住房公积金运行和管理机制，推动了住房公积金制度的发展。

（二）住房公积金制度的主要内容

1. 住房公积金的缴存对象

目前，住房公积金储蓄的对象是在本地工作、具有本地城镇常住户口或者本地居住证的国家机关、国有企业、城镇集体企业、外商投资企业、城镇私营企业及其他城镇企业、事业单位、民办非企业单位、社会团体的在职职工。离休干部、退休职工不实行公积金办法。

以北京为例：北京地区所有国家机关、国有企业、城镇集体企业、外商投资企业、城镇私营企业及其他城镇企业、事业单位、民办非企业单位（包括外商办事机构、代表处、联络处等）、社会团体等注册单位、中央在京企事业单位均应按规定建立住房公积金。可以参加住房公积金的个人包括：北京地区所有国家机关、国有企业、城镇集体企业、外商投资企业、城镇私营企业及其他城镇企业、事业单位、民办非企业单位（包括外商办事机构、代表处、联络处等）、社会团体等注册单位的在职职工（外方职工除外）；同时，按照北京市人民政府《北京市住房制度改革实施方案》（京政发〔1992〕35 号）规定，1993 年以前按照标准价优惠法购买住房且按有关规定补价的职工夫妻双方建立住房公积金或购房以前夫妇工龄和超过 65 年的职工可不补缴房价款，视同成本价购房，在职职工可按所在单位规定建立住房公积金。中央在京企事业单位的在职职工也按规定办理住房公积金。

2. 住房公积金的缴存

住房公积金的月缴存额由职工住房公积金月缴存额和单位住房公积金月缴存额两部分组成。职工住房公积金月缴存额为职工月平均工资乘以职工住房公积金缴存比例。单位住房公积金月缴存额为职工月平均工资乘以单位住房公积金缴存比例。职工月平均工资，按照职工本人上一年 1 月 1 日至 12 月 31 日期间的工资总额除以 12 确定。住房公积金的月缴存额每年核定调整一次。住房公积金的缴存由职工所在单位经办，每月从职工工资中扣除住房公积金，连同单位缴纳的住房公积金一起向指定办理住房公积金金融业务的受托银行办理缴存手续，记入职工个人住房公积金账户。新参加工作的职工从参加工作的第二个月开始缴存住房公积金，月缴存额为职工本人当月工资乘以职工和单位住房公积金缴存比例之和。

目前职工和单位住房公积金的缴存比例不得低于职工上年月平均工资的 5%。部分城市达到了 8%～12%，并且规定住房公积金缴存额上、下限。有的城市还允许符合条件的单位建立补充住房公积金制度。住房公积金缴存额确定后一年内不变。随着职工收入的变化，可以调整职工和单位的缴交率，调整计算住房公积金的工资基数。

从 2007 年 7 月 1 日起，北京的住房公积金基本缴存比例 8%，有条件的单位住房公积金缴存比例可适当提高，最高不超过 12%。2007 年度住房公积金的缴存额上限按照 2006 年职工月均工资的 300%，分别乘以单位和职工住房公积金缴存比例确定。按照北京市统计局公布数据，2007 住房公积金年度职工住房公积金月缴存额上限是：$3008 \times 3 \times 12\% \times 2 = 2166$ 元（四舍五入）。为更好地维护住房公积金的职工起点公平，自 2008 年 7 月 1 日起，北京住房公积金缴存比例统一调整为 12%；职工住房公积金月缴存额上限调整为 2392 元；原则上不允许突破缴存上限。这一调整将北京地区住房公积金缴存比例由原来的基准比例和特殊比例结合的方式（即一个地区存在多个缴存比例），调整为北京地区一个比例。

上海市 2007 年度职工本人和单位住房公积金缴存比例仍为各 7%；实行补充住房公积金的单位，职工本人和单位补充住房公积金缴存比例仍为各 1%～8%（取正整数），具体比例由各单位根据实际情况确定。参加上海市城镇个体工商户及其雇用人员、自由职业者缴存的个人缴存者，也明确了月缴存额上、下限，分别是 1774 元和 106 元。

天津市住房公积金缴存比例，2007 年则由单位和职工各 9% 统一调整为单位和职工各 10%，最高缴存比例可达单位和职工各 15%，最低为单位和职工各 5%。同时调整住房公积金缴存基数，原则不超过 7110 元，不得低于 670 元。

住房公积金制度是一项强制性住房储蓄制度，具有长期性、义务性的特点，住房公积金储蓄实行个人存储、单位资助的原则。每个在职职工要按月缴交住房公积金，并且承担长期存储、不能随意支取的义务。单位资助其职工缴存住房公积金是应尽的社会保障义务。

3. 住房公积金的支取

住房公积金属于个人所有，但支取则有一定限制。住房公积金只有用于支付职工家庭购买自住住房、自建自住住房、翻建和大修自住住房的费用以及房租超出家庭工资收入规定比例的支出和偿还购房贷款本息；职工使用本人的住房公积金不足支付上述费用的，可经配偶、同户成员或者非同户的直系亲属同意，并经指定的金融机构确认，动用配偶、同户成员、或非同户的直系亲属的住房公积金。住房的内部装修、房屋养护、住房租金和认购住宅建设债券等费用，一般不得用住房公积金支付。职工离休退休、调离本地、出境定居，其结余的住房公积金本息可以办理支取手续；职工死亡或者被宣告死亡，其结余的住房公积金本息可以由继承人或受遗赠人根据《继承法》办理支取手续。

但有些地方对住房公积金的支取也做了特殊的规定。如北京在 2006 年制定的《北京住房公积金提取办法》中规定：

职工有下列情形之一的，可以提取住房公积金账户内的存储余额：①购买、建造、翻建、大修自住住房的；②离休、退休的；③完全丧失劳动能力，并与单位终止劳动关系的；

④出境定居的；⑤偿还自住住房贷款本息的；⑥房租支出超出家庭工资收入5％的；⑦生活困难，正在领取城镇最低生活保障金的；⑧遇到突发事件，造成家庭生活严重困难的；⑨进城务工人员，与单位解除劳动关系的；⑩在职期间判处死刑、判处无期徒刑或有期徒刑刑期期满时达到国家法定退休年龄的；⑪死亡或者被宣告死亡的；⑫北京住房公积金管理委员会规定的其他情形。

北京住房公积金管理中心在《关于职工家庭突发事件提取住房公积金问题的通知》（京房公积金政法〔2006〕2号）中又明确规定了职工家庭突发事件提取住房公积金的问题：

突发事件是指住房公积金缴存人家庭成员（包括本人、配偶及其直系血亲）遇有重大疾病，不可预见的事故、灾难，引起家庭大额资金支出，造成日常基本生活困难的紧急事件。

突发事件具体包括：

（1）重大疾病：慢性肾衰竭（尿毒症）；恶性肿瘤；再生障碍性贫血；慢性重型肝炎；心脏瓣膜置换手术；冠状动脉旁路手术；颅内肿瘤开颅摘除手术；重大器官移植手术；主动脉手术；其他重大疾病。

（2）不可预见的事故、灾难。

提取额度：

（1）因重大疾病1～9项引起家庭大额资金支出的，住房公积金提取额不得超出医药费个人负担的部分。

（2）因重大疾病第10项及不可预见的事故、灾难引起家庭大额资金支出，且个人负担部分超过家庭年收入的可提取住房公积金，住房公积金提取额不得超出个人负担的部分。

提取方式：

突发事件提取住房公积金的，由管理部门按照该通知第三条的规定核定可提取总额，开具《住房公积金提取记录单》，职工可凭借《住房公积金提取记录单》按月提取账户内的住房公积金，职工住房公积金账户内最低保留人民币10元。

上海在《上海市家庭生活困难职工提取住房公积金实施办法》（试行）和《上海市住房公积金管理若干规定》中也规定：职工符合下列条件之一的，可以申请提取本人住房公积金账户内的存储余额，用于支付房租、物业管理费、售后公房物业维修费等费用：

（1）享受城镇居民最低生活保障的；

（2）本人、配偶及其直系血亲患慢性肾衰竭（尿毒症）、恶性肿瘤、再生障碍性贫血、慢性重型肝炎、心脏瓣膜置换手术、冠状动脉旁路手术、颅内肿瘤开颅摘除手术、重大器官移植手术、主动脉手术九种重病、大病的；

（3）连续失业两年以上，且家庭人均月收入低于当年公布的本市职工最低工资的。

4. 住房公积金的封存、转移、中断和恢复

职工与单位暂时中止工资关系但仍保留劳动关系的，单位应为职工办理住房公积金内部封存手续。

住房公积金管理中心设立集中封存库，管理以下情形人员住房公积金：

（1）调出原单位或与原单位解除劳动关系，未落实新单位或新单位未建立住房公积金的；

（2）调往外省市工作，所在单位未建立住房公积金的；

（3）单位被撤销、解散或者破产的；

（4）职工住房公积金在单位内部封存，自愿转入集中封存库的；

（5）其他。

有下列情形之一的，单位或职工应办理个人住房公积金转移手续，其在原单位住房公积金账户下的个人住房公积金账户，转入新调入单位或集中封存库：①职工在本市范围内调动工作的；②职工调入、调离本市的；③单位合并、分立的；④单位撤销、解散或者破产后，职工住房公积金进入集中封存库管理的；⑤集中封存库职工与新单位建立劳动关系的；⑥其他需要办理转移手续的。

职工工作变动时，其公积金本息转入新单位名下的职工个人住房公积金账户，该职工住房公积金账号也作相应调整。职工因故脱离工作单位、中断工资关系时，其住房公积金缴存随之中断，其结余的住房公积金本息仍留在原单位名下的职工个人住房公积金账户内，该职工住房公积金账号不变。职工恢复工作时，如在原单位发工资，则继续在原单位缴存住房公积金；如变动单位的，则应办理住房公积金转移手续。

单位与职工解除劳动关系，原单位应自与职工解除劳动关系之日起 30 日内，为职工办理住房公积金转移到集中封存库的手续。

职工与新单位形成劳动关系后，新单位应自与职工建立劳动关系之日起 30 日内，为职工办理住房公积金账户转移手续。

单位合并、分立、撤销、解散或者破产的，应自办妥变更登记或者注销登记之日起 20 日内持管理中心的审核文件，为本单位职工办理住房公积金账户转移或集中封存手续。

5. 住房公积金储蓄的计息、对账和查询

住房公积金的存款利率由中国人民银行提出，经国务院批准。利息于每年 6 月 30 日按上年 7 月 1 日银行挂牌的住房公积金储蓄利率结息，并自结息日起自动转存。住房公积金年度为本年 7 月 1 日至次年 6 月 30 日。当年缴存的住房公积金按活期利率计息，上年结转的住房公积金按三个月定期储蓄存款利率计息。根据中国人民银行新调整的利率规定，自 2007 年 12 月 21 日（含 2007 年 12 月 21 日）起，当年缴存的住房公积金按 0.72％计息，上年结转的住房公积金按 3.33％计息。

住房公积金的对账由经办金融机构于每年 6 月 30 日结息后 2 个月内开具单位、职工住房公积金明细账户对账单，并委托单位与职工对账。

单位和职工如需要查询住房公积金账户余额，单位可以向经办金融机构查询，职工可向单位查询，也可持单位证明到公积金管理中心指定的机构查询，或利用住房公积金存款受托银行的银行卡查询、住房公积金管理中心网上查询、电话查询、手机短信息查询、社会保障卡指定网点查询。目前北京市职工都通过交通银行等商业银行办理了住房公积金联名卡，可实时查询住房公积金账户的缴存状况。

6. 住房公积金的管理制度

我国住房公积金管理原则是："住房公积金管理委员会决策、住房公积金管理中心运作、银行专户存储、财政监督"。国务院建设部会同财政部、人民银行拟订住房公积金政策，并监督执行。省级人民政府建设厅会同同级财政厅、人民银行分行负责省市住房公积金管理法规、政策执行情况的监督。

住房公积金管理中心负责本行政辖区内住房公积金的管理运营，主要职责是：承担住房公积金的归集、支付、使用和核算。具体包括：编制、执行住房公积金的归集、使用计划；负责记载职工住房公积金的缴存、提取、使用等情况；负责住房公积金的核算；审批住房公积金的提取、使用；负责住房公积金的保值和归还；编制住房公积金归集、使用计划执行情况的报告等。

有资格的银行接受住房公积金管理委员会的委托办理住房公积金金融业务，住房公积金管理中心委托受托银行办理住房公积金贷款、结算等金融业务和住房公积金账户的设立、缴存、归还等手续。住房公积金管理中心应在受托银行设立住房公积金专户。单位在住房公积金管理中心办理住房公积金缴存登记，并且住房公积金管理审核后，到受托银行为本单位职工办理住房公积金账户设立手续。

第二节 住房公积金贷款

一、住房公积金贷款的概念

个人住房公积金贷款是以住房公积金为资金来源，由政府部门所属的住房公积金管理中心委托银行向缴存住房公积金的职工发放的定向用于购买自住住房的住房消费贷款。

二、住房公积金贷款的性质

住房公积金贷款既属于政策性贷款，也属于委托贷款。

（1）属于政策性贷款。体现国家对买房者的支持与优惠。利率较低，期限较长，额度较大。

（2）属于委托贷款性质。对银行来讲是委托贷款，贷款的对象、利率、期限、额度都是由住房公积金管理中心进行决策，贷款的风险由住房公积金管理中心承担，资金来源为住房公积金，而银行的商业贷款的资金来源是各项存款，属银行自筹。银行只是帮助住房公积金管理中心发放贷款，因此要收取一定的手续费。

三、住房公积金贷款条件

以北京市为例，申请住房公积金贷款必须具备如下条件：

（一）满足缴存住房公积金时限要求

借款申请人须建立住房公积金账户12个月（含）以上，同时足额正常缴存住房公积金12个月（含）以上（正常缴存包括按月连续缴存、预缴、补缴住房公积金），且申请贷款时处于缴存状态。

对于经中心审批同意，处于缓缴状态的单位，其职工在满足建立住房公积金账户12个月（含）以上，且足额正常缴存住房公积金12个月（含）以上的条件下，也可以申请贷款。

（二）具有购买、建造、翻建、大修自住住房的合同或相关证明文件

（三）支付规定的首期付款

借款人应拥有相当于购建（大修）住房费用的一定比例的自筹资金。首期付款的金额不得低于规定比例。按目前规定使用公积金贷款购买90平方米（不含）以上住房的，首付比例不得低于30％。购买90平方米（含）以下的住房，经济适用住房首付比例不得低于10％；其他性质住房的贷款额度不得超过房屋评估价值或实际购房款（以两者中较低额为准）的20％。

（四）有偿还贷款的能力

具有较稳定的经济收入是偿还贷款的保证。北京现在采取以住房公积金月缴存额反推的方式确定其月收入。

月收入 = 职工个人月缴存额 / 缴存比例

一般单位缴存比例为 8%，有条件的单位可以达到 12%。

（五）同意抵押登记、担保或保险及公证

借款人可选择不同的抵押、担保或保险方式。借款人可采取抵押加保证、质押加保证、抵押加保险方式。一般贷款的方式为抵押加保证，即将所购住房设定抵押并有具有法人资格的第三方作担保。借款人可向各地方政府主办的住房贷款担保中心办理贷款担保。

各地方政府主办的住房贷款担保中心是不以营利为目的的，从事个人住房贷款担保业务的专用性担保机构。其成立目的，旨在推动住房制度改革，规范个人住房贷款担保行为，维护贷款担保当事人的合法权益，完善住房金融体系，有效防范和化解个人住房贷款风险，为市民提供低廉、高效、便捷的住房贷款担保服务。其主要特点：①费用低廉。采用担保中心担保方式申请个人住房担保委托贷款时，借款人只需交纳相对低廉的担保服务费，不必再购买人寿保险；委托担保中心办理抵押登记的，借款人不必缴纳抵押登记费用。②全程担保。保证担保期间，担保中心对借款人偿还债务承担全程保证责任。③妥善处置。处置抵押物时，借款人符合廉租住房条件的，担保中心可协助提供廉租住房，不符合廉租条件的，担保中心可以采用其他方式协助解决租赁住房。④意外事件免责。借款人用于反担保的抵押物，由于下列事件灭失，担保中心承担清偿借款人剩余贷款本息的业务，而不再向借款人追偿：火灾；暴风暴雨、雷击、冰雹、雪灾、洪水、地面塌陷、龙卷风；空中运行物体坠落。借款人在履行债务期间，被追认为烈士或见义勇为死亡、伤残（完全丧失劳动能力），担保中心负责偿还借款人剩余贷款本息并不再向借款人追偿。

住房贷款担保中心的担保对象为：凡在本地购买住房并符合公积金贷款申请条件的借款人；担保的范围为贷款本金、利息和罚息。担保期限为借款合同生效之日起债务履行期限届满后六个月止。

借款人向担保中心申请担保，必须向担保中心提供反担保，反担保抵押物可以借款人本次贷款拟购房屋或其他合法房屋及其土地使用权，也可以是第三人合法房屋及其土地使用权，还可以是担保中心认可的其他方式。担保中心对担保物进行评估的，反担保人应当到担保中心认可的资产评估机构进行价值评估。担保物价值评估费由反担保人负担。

申请担保所需材料有：申请人、配偶身份证和户口本（首页、本人页、变更页），结婚证明文件，购房首付款发票，购房合同或购房协议，房改房售房方案，房改批复、购房办理产权通知单，借款申请表。

表 9-1 是北京市住房公积金贷款担保服务费速算表。根据速算表，借款人可算出自己应缴纳的担保费。按新标准规定，担保费不足 300 元的，按照 300 元收取；公积金贷款提前还贷的不再退还担保费。个人信用报告评为 AAA 或 AA 级的，将按照应收担保费的 95% 和 98% 收取。

表 9-1　　　　　　　　　　　北京市每万元贷款担保服务费速算表

年　限	担保服务费（元）	年　限	担保服务费（元）	年　限	担保服务费（元）
1	48.67	11	74.00	21	86.00
2	54.31	12	75.20	22	87.20
3	59.96	13	76.40	23	88.40
4	65.60	14	77.60	24	89.60
5	66.80	15	78.80	25	90.80
6	68.00	16	80.00	26	92.00
7	69.20	17	81.20	27	93.20
8	70.40	18	82.40	28	94.40
9	71.60	19	83.60	29	95.60
10	72.80	20	84.80	30	96.80

资料来源：北京市住房公积金网站。

（六）提供合规文件

借款人需要提供住房公积金管理中心要求的申请文件。详细文件种类见本节"住房公积金贷款操作过程"。

（七）年龄条件

借款人年龄与贷款期限之和不得超过 70 岁。

（八）借款人夫妻双方均无尚未还清的住房公积金贷款和住房公积金政策性贴息贷款

四、住房公积金贷款操作过程

（一）住房公积金贷款的程序

住房公积金贷款程序主要有以下 5 个步骤：

1. 贷款申请

借款申请人填写《借款申请表》（见表 9-2），并需准备以下个人贷款材料到住房公积金管理中心进行个人贷款初审：

（1）《借款申请表》（二份）。

（2）身份证或有效身份证明（原件）。

（3）户口本首页、本人页及变更页（原件，非本地户口可提供复印件）。

（4）结婚证或婚姻关系证明（已婚提供，原件）。

（5）离退休证明（离退休职工提供，原件）。

（6）收入证明（离退休职工提供，原件，一份）。

（7）最高学历证明（大专以上提供，原件）。

（8）职称证明（原件）。

（9）购房合同（原件）且借款人和购房合同中购房人必须一致。

（10）预售登记备案表（原件）。

（11）售房单位的房改售房方案（房改房，复印件，一份）。

（12）售房单位的房改售房方案批复（房改房，复印件，一份）。

（13）住房公积金管理中心要求提供的其他材料。

表 9 - 2　　　　　北京住房公积金管理中心住房公积金贷款借款申请表

一、申请人基本情况

申请人姓名（A）		性别		出生年月		婚姻状况		联系电话	家庭	
有效身份证件类型			证件号码						单位	
户口所在地						派出所			手机	
现住址								邮　编		
现工作单位及部门					现单位工作年限			已工作年限		
单位地址								邮　编		
单位性质		按行政关系来源性质分类			按所有制分类			按单位性质分类		
职　务					职　称					
学　历					毕业学校					

工作履历 填写近 3 年工作变化	单位名称	工作时间	主管业务	职位
		自　年　月至　年　月		
		自　年　月至　年　月		
		自　年　月至　年　月		

月均收入　　　元	其中：1. 工资收入（税前）　　　元 2. 奖金津贴补贴　　　元 3. 兼职收入　　　元

单位登记号		个人登记号		是否作信用评估	

其他申请人也需填写相应申请表，表格内容与上表基本一致，仅增加与申请人 A 的关系。

二、拟购房情况

所购房屋地址	区　　　　小区（项目）			
	具体购房地址（以购房合同所载地址为准）：			
房屋所有权证所载地址				
所购房屋性质				
购房首付款（元）		房屋总价(元)	建筑面积（m²）	单价（元/m²）
			套内面积（m²）	单价（元/m²）
售房人	名称		电话	
	地址			
拟交房日期		购房合同编号	房屋所有权证编号	字第　　　号

三、家庭财务情况（申请人夫妻共有财产和负债）

财产 总额	元	其中：1. 银行存款　　　　元　　　2. 有价证券　　　　元 　　　　3. 股票现值　　　　元　　　4. 其他财产　　　　元		
月均 支出	元	其中：1. 生活费　　元　2. 子女教育　　元　3. 赡养费　　元 　　　　4. 房租　　元　5. 税金　　　　元　6. 其他　　元		
家庭负债 情况	元	其中：1. 贷款　　　　元　2. 私人借款　　　　元 　　　　3. 其他　　　　元		
财产抵押情况		是否拥有个人 产权住房	是否租赁 公有住房	
现住房产权人			与申请人（A）关系	

四、拟借款情况

拟申请住房公积金 借款金额	（大写）　　　　　　　　　　元 （小写）　　　　　　元		借款期限	年
是否组合贷款	组合贷款中商贷金额	（大写）　　　　　　　　　元 （小写）　　　　　　元		
借款人拟提供担 保情况	○北京市住房贷款担保中心连带责任保证　○抵押担保　○质押担保 ○抵押加保险　○抵押加连带责任保证　○连带责任保证			
还款方式	○自由还款方式			

申请人（A）签名：　　　　　申请人（B）签名：　　　　　申请人（C）签名：

　　　　　　　　　　　　　　　　　　　　　　　　　　　　　年　　月　　日

资料来源：北京市住房公积金管理中心网站。

2. 信用评估与审核

　　按照规定需要对借款申请人进行个人信用评估的，借款申请人在住房公积金管理中心指导下填写《申请书》，向住房贷款信用信息服务中心申请个人信用评估。住房公积金管理中心指导借款申请人填写《住房公积金管理中心个人住房担保委托贷款〈房屋所有权证〉收押合同》（一式四份），并由借款申请人或委托代理人送至售房人处签章。同时借款申请人或委托代理人向售房人查询其开户行及账号，填写《售房人银行开户情况说明》，由售房人签章。按照规定要求对借款申请人所购房屋进行评估的，住房公积金管理中心同时向借款申请人开具《抵押物评估通知单》。借款申请人或委托代理人至住房公积金管理中心指定的评估机构申请抵押物评估。

　　住房公积金管理中心初审结束3个工作日后，借款申请人或委托代理人至住房公积金管理中心指定的评估机构领取《抵押物价格评估报告》。借款申请人或委托代理人携《抵押物价格评估报告》、售房单位签章后的《收押合同》、《售房人银行开户情况说明》及以下个人贷款资料送至住房公积金管理中心，住房公积金管理中心据此确定个人贷款期限、贷款额度、担保方式、个人贷款经办银行、个人贷款拟划入的售房人开户银行及账号。住房公积金管理中心向个人提供信用中心出具的《个人信用评估报告》。

个人贷款资料包括：

(1)《借款申请表》(二份)；

(2) 全部借款申请人的身份证或有效身份证明 (复印件，三份)；

(3) 户口本首页、本人页及变更页 (复印件，三份)；

(4) 结婚证或婚姻关系证明 (已婚提供，复印件，三份)；

(5) 离退休证明 (离退休职工提供，复印件，一份)；

(6) 收入证明 (离退休职工提供，原件，一份)；

(7) 购房合同 (原件，一份；复印件，二份)；

(8) 预售登记备案表 (原件，一份；复印件，二份)；

(9) 抵押物价格评估报告 (需要评估的房屋，原件，二份)；

(10) 售房单位的房改售房方案 (房改房，复印件，一份)；

(11) 售房单位的房改售房方案批复 (房改房，复印件，一份)；

(12) 住房公积金管理中心要求提供的其他材料。

住房公积金管理中心复审通过后，住房公积金管理中心开具《个人贷款发放通知书》。

3. 贷款额度审批

借款申请人或委托代理人办理个人贷款担保有关手续，提供符合要求的个人贷款担保后，进行额度审批。

目前北京市住房公积金贷款额度最高为 60 万元。对于 AAA 级的贷款申请人，可上浮 30%，为 78 万元。对于 AA 级的贷款申请人，可上浮 15%，为 69 万元。且需符合以下条件：

(1) 购买套型建筑面积 (指单套住房的建筑面积) 90 平方米 (不含) 以上住房的，最高贷款成数为实际购房价值 (二手房以房屋评估价值、实际购房价值或契税完税价值的最低者为准，下同) 的 70%。

(2) 购买套型建筑面积 90 平方米 (含) 以下住房的：经济适用住房等政策性住房最高贷款成数为实际购房价值的 90%，商品房和二手房最高贷款成数为实际购房价值的 80%。购买套型建筑面积 90 平方米以上住房的：最高贷款成数为实际购房价值的 70%。

具体确定贷款额度时，还要计算可贷额度。可贷额度的计算公式为

个人最高借款额 ＝ (公积金月缴存额 / 缴存比例 － 400 元)/(每万元月均还款额)

4. 签订协议

(1) 借款申请人在管理部复审通过后的 4 个工作日后，至住房公积金管理中心办理签字手续。借款申请人在签字时应提交购房首付款发票或收据 (原件一份，复印件三份)，住房公积金管理中心审核原件，留存复印件。

(2) 借款申请人及共同申请人、抵押人、出质人在《借款合同》(见表 9-3)、《城镇房地产抵押登记申请书》、《抵押登记授权委托书》、《房屋未出租证明》及《收押合同》等文件上签字。

（3）借款申请人等待个人贷款经办银行通知办理贷款发放手续。

借款申请人在贷款发放日至银行办理贷款发放手续，银行返回借款人相关合同文件。

表 9-3　　　　　　　　　　　**个人住房公积金借款合同**

贷款种类：＿＿＿＿＿＿＿＿＿　　　合同编号：＿＿＿＿＿＿

借款人：＿＿＿＿＿＿＿＿＿＿　　　电话：＿＿＿＿＿＿

住址：＿＿＿＿＿＿＿＿＿＿　　　邮政编码：＿＿＿＿＿＿

贷款银行：＿＿＿＿＿＿＿＿＿　　　电话：＿＿＿＿＿＿

法定代表人：＿＿＿＿＿＿＿＿＿　　　传真：＿＿＿＿＿＿

地址：＿＿＿＿＿＿＿＿＿＿　　　邮政编码：＿＿＿＿＿＿

借款人即抵押人（以下简称甲方）：＿＿＿＿＿＿＿＿＿＿＿＿＿＿＿＿

贷款人即抵押权人（以下简称乙方）：＿＿＿＿＿＿＿＿＿＿＿＿＿＿

保证人即售房单位（以下简称丙方）：＿＿＿＿＿＿＿＿＿＿＿＿＿＿

甲方因购买或建造或翻建或大修自有自住住房，根据××市公积金管理中心和《职工住房抵押贷款办法》规定，向乙方申请借款，愿意以所购买或建修的住房作为抵押。乙方经审查同意发放贷款。在抵押住房的房地产权证交乙方收押之前，丙方愿意为甲方提供保证。为明确各自的权利和义务，甲、乙、丙三方遵照有关法律规定，经协商一致，订立本合同，共同遵守执行。

第一条　借款金额

甲方向乙方借款人民币（大写）＿＿＿＿＿＿＿＿＿＿＿＿＿＿元。

第二条　借款用途

甲方借款用于购买、建造、翻建、大修坐落于＿＿＿＿＿＿区（县）＿＿＿＿＿＿街道（镇）＿＿＿＿＿＿路（村）＿＿＿＿＿＿弄＿＿＿＿＿＿号＿＿＿＿＿＿室的住房。

第三条　借款期限

借款合同期限从＿＿＿＿＿＿年＿＿＿＿＿＿月＿＿＿＿＿＿日至＿＿＿＿＿＿年＿＿＿＿＿＿月＿＿＿＿＿＿日止。

第四条　贷款利率

贷款利率按签订本合同时公布的利率确定年利率为＿＿＿＿＿＿％（月利率＿＿＿＿＿＿％）。在借款期限内利率变更，按中国人民银行规定办理。

第五条　存入自筹资金

甲方应在本合同签订后，在乙方开立活期储蓄存款户（储蓄卡账户），将自筹资金存入备用。如需动用甲方本人、同户成员、非同户配偶和非同户血亲公积金抵充自筹资金的，需提供当事人书面同意的证明，交乙方办理划款手续。甲方已将自筹资金支付给售房单位作首期房贷并有收据的可免存。

第六条　贷款拨付

向售房单位购买住房或通过房地产交易市场购买私房的甲方在此不可撤销地授权乙方，在办理住房抵押登记获得认可（乙方确定）之日起的五个营业日内将贷款金额连同存入的自筹资金全数以甲方购房款的名义转入售房单位或房地产交易市场在银行开立的账户。

甲方建造、翻建、大修自住住房的，在本合同生效后自筹资金用完或将要用完时，有乙方主动将贷款资金划入甲方在乙方开立的活期储蓄存款户储蓄卡账户，按工程进度支用。

第七条　贷款偿还

贷款本金和利息，采用按月等额还款方式。

贷款从发放的次月起按月还本付息。根据等额还款的计算公式计算每月等额还贷本息，去零进元确定每月还本息额，最后一次本息结清。

（1）第一期（合同签订时）每月还本息额为：人民币（大写）＿＿＿＿＿＿万＿＿＿＿＿＿仟

_____百_____拾_____元整。

（2）第二期至以后各期每月还本息额根据当年银行公布的个人住房公积金贷款利率计算，以乙方书面通知为准，同时变动分期每月还本息额。

甲方需动用本人、同户成员、非同住配偶和直系血亲公积金用于偿还贷款本息的，可在每年的_____月份办理一次，手续与本合同第五条公积金抵充自筹资金相同。

储蓄卡、信用卡还款：

甲方必须办理中国建设银行上海市分行储蓄卡、信用卡，委托乙方以自动转账方式还本付息的足额款项，存入储蓄卡账户或信用卡账户，保证乙方能够实施转账还款。

当因甲方原因造成用卡还款失败时，甲方必须持现金到原贷款经办行还款。

甲方提前将未到期贷款本金全部还清，乙方不计收提前还款手续费，也不退回按原合同利率收取的贷款利息。

第八条　贷款担保

本合同项下甲方购买的住房由丙方提供阶段性保证。在未将房地产权证交乙方收押前，如发生借款人违约连续三个月拖欠贷款本息、罚息及相关费用，丙方须在接到乙方发出《履行保证责任通知书》后的十日内负责代为清偿。保证期限从贷款发生之日起，至乙方取得房地产权证收押之日为止。

保证期间，借款合同的甲、乙方协议变更借款合同内容，应事先征得丙方的书面同意。

本合同项下甲方购买、建造、翻建、大修的住房作为借款的抵押担保，由甲、乙方另行签订《住房抵押合同》。甲方购买期房的，应将购房预售合同交乙方保管。

第九条　合同公证

甲、乙、丙三方自本合同签订之日起的十日内，向公证机关办理本合同和甲、乙方签订的住房抵押合同公证。

第十条　合同的变更和解除

本合同生效后，任何一方不得擅自变更和解除本合同。

甲方如将本合同项下的权利、义务转让给第三方，应符合有关规定，并应事先经一方书面同意（如在保证期间应征得丙方同意），其转让行为在受让方和乙方重新签订借款合同后生效。

第十一条　甲、乙双方的权利和义务

甲方有权要求乙方按合同约定发放贷款。

甲方应在合同约定的期限内向乙方归还全部贷款本息。

甲方必须按约定用途使用乙方贷款，未经乙方书面同意，甲方不得将乙方贷款挪作他用。

乙方应按合同规定期限及时发放贷款。

第十二条　违约责任

甲方在执行本合同期间，未按月偿还贷款本息为逾期贷款，乙方按规定对其欠款每_____天计收万分之_____的罚息；并由甲方在活期储蓄或储蓄卡账户内存入一个月的贷款数，保证按时归还乙方贷款。

甲方如连续六个月未偿还贷款本息和相关费用，或被发现申请贷款时提供资料不实以及未经乙方书面同意擅自将抵押住房出租、出售、交换、赠与等方式处分抵押住房的，乙方有权提前收回贷款本息，直至处分抵押住房，如不足以偿还欠款的没有继续向甲方追偿欠款的权利。

甲方未将乙方贷款按合同约定使用而挪作他用，对挪用部分按规定每天计收万分之十二的罚金。

第十三条　本合同争议解决方式

在履行本合同过程中发生争议时，可以通过协商解决，协商不成，可以向乙方所在的人民法院起诉。在协商或诉讼期间，本合同不涉及争议部分的条款，仍须履行。

第十四条　其他约定事项（略）

第十五条　本合同自甲、乙、丙三方签订后生效，丙方保证责任至甲方所购商品房的《房地产权证》

和《房地产其他权证证明》交乙方执管后终止。甲、乙双方承担责任至合同项下贷款本息和相关费用全部清偿完毕后终止。

第十六条　本合同正本一式五份，甲、乙、丙各执一份，公证机关，房地产登记机构个执一份，副本按需确定，其中：送城市公积金管理中心一份。

甲方：（私章）　　　　　　　　　　乙方：（私章）

（签字）　　　　　　　　　　　　　法定代表人（签章）

_____年_____月_____日　　_____年_____月_____日

丙方：（公章）

法定代表人（签章）

（或其授权代理人）

_____年_____月_____日

5. 贷款偿还

住房公积金贷款为分期偿还，有等额本息还款法、等额本金还款法和自由还款法三种方式。借款人取得贷款之后应按约定按期还款，借款人未按照借款合同规定的期限、额度偿还贷款本息的，对逾期部分，按照中国人民银行和委托人的有关规定计收罚息。

借款人可以在借款合同约定的到期还款日前提前还款，但应按照借款合同的约定通知委托人，并办理提前还款手续。提前偿还的部分按原贷款期限的利率和实际贷款的时间计息。

（1）等额本息还款法。等额本息还款法又叫月均还款法。即每月偿还的本金和利息是一样的。计算公式为

$$A = [Pi(1+i)^n]/[(1+i)^n - 1]$$

月偿还利息 = 未偿还本金 × 月利率

月偿还本金 = 月均还 - 月偿还利息

式中　P——贷款数额；

i——月利率；

n——贷款期限（月数）；

A——月均还款额。

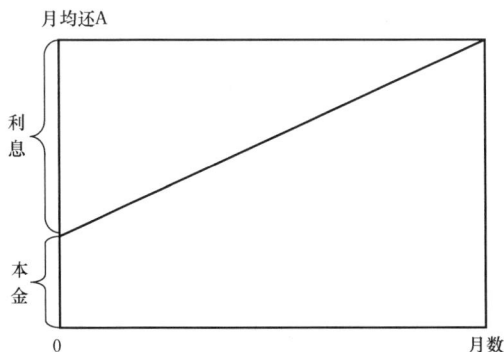

图 9-1　月均还款本息构成图

其原理如图 9-1 所示。

图 9-1 的整个矩形为偿还给银行的总资金，上面三角部分为还给银行的利息，第一期偿还的利息最多，越往后越少，直到最后一期利息为零。下面的梯形面积为本金，第一期偿还的本金最少，越往后越多，直到最后一期只有本金没有利息。所以这种还款方式的特点为先还息后还本。

表 9-4 为每万元住房公积金贷款的月均还款速算表（按中国人民银行 2007 年 12 月 21 日新调整的利率计算）：

表 9 - 4　　　　　　　　　月均还款法每万元住房公积金贷款首期还款速算表

贷款期限（年）	贷款年利率（%）	月均还款额（元）（借款 1 万元）	贷款期限（年）	贷款年利率（%）	月均还款额（元）（借款 1 万元）
1	4.77	855.02	16	5.22	76.93
2	4.77	437.69	17	5.22	74.05
3	4.77	298.68	18	5.22	71.50
4	4.77	229.25	19	5.22	69.24
5	4.77	187.66	20	5.22	67.22
6	5.22	162.07	21	5.22	65.41
7	5.22	142.38	22	5.22	63.78
8	5.22	127.65	23	5.22	62.30
9	5.22	116.24	24	5.22	60.97
10	5.22	107.14	25	5.22	59.75
11	5.22	99.74	26	5.22	58.64
12	5.22	93.60	27	5.22	57.62
13	5.22	88.43	28	5.22	56.69
14	5.22	84.02	29	5.22	55.83
15	5.22	80.23	30	5.22	55.04

（2）等额本金还款法。等额本金还款法又叫递减还款法。即每月偿还的本金是一样的，但利息越来越少。因此每月偿还给银行的本金与利息之和越来越少。

递减还款法的计算公式：

$$月付本金 = 贷款总额 / 分期付款次数$$
$$月付利息 = 未清偿贷款余额 \times 月利率$$
$$月还本付息额 = 月付本金 + 月付利息$$

其原理如图 9-2 所示。

图 9-2 中的整个梯形为偿还给银行的总资金，上面三角部分为还给银行的利息，第一期偿还的利息最多，越往后越少，直到最后一期利息为零。下面的矩形面积为本金，每一期偿还的本金都相同。（最后一期利息为最后一期本金一个月的利息额，不为零）

表 9-5 为每万元住房公积金贷款首期还款速算表（按中国人民银行 2007 年 12 月 21 日新调整的利率计算）。

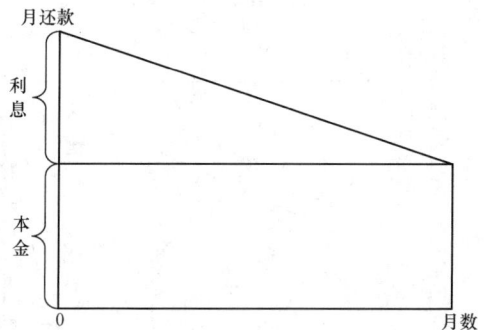

图 9-2　递减还款法的本息构成

（3）自由还款方式。自由还款方式是指委托人在与借款人协商确定贷款金额、期限后，确定贷款每期的最低还款额度，借款人在不低于最低还款额度情况下自由选择每月的还款额度。

表 9 - 5　　　　　　　　递减还款法每万元住房公积金贷款首期还款速算表

贷款期限（年）	贷款年利率（%）	首月还款额（元）（借款 1 万元）	贷款期限（年）	贷款年利率（%）	首月还款额（元）（借款 1 万元）
1	4.77	873.08	16	5.22	95.58
2	4.77	456.42	17	5.22	92.52
3	4.77	317.53	18	5.22	89.80
4	4.77	248.08	19	5.22	87.36
5	4.77	206.42	20	5.22	85.17
6	5.22	182.39	21	5.22	83.18
7	5.22	162.55	22	5.22	81.38
8	5.22	147.67	23	5.22	79.73
9	5.22	136.09	24	5.22	78.22
10	5.22	126.83	25	5.22	76.83
11	5.22	119.26	26	5.22	75.55
12	5.22	112.94	27	5.22	74.36
13	5.22	107.60	28	5.22	73.26
14	5.22	103.02	29	5.22	72.24
15	5.22	99.06	30	5.22	71.28

月最低还款额的计算公式：

①贷款期限在五年（含）以内的月最低还款额计算公式：

$$R = P \cdot i \cdot \frac{(1+i)^{n \cdot 12}}{(1+i)^{n \cdot 12} - 1}$$

式中　R——月最低还款额（保留到元，全部向上取整）；

　　　P——贷款本金；

　　　i——贷款月利率；

　　　n——贷款年限（年）。

②贷款期限在五年（不含）以上的月最低还款额计算公式：

借款人月最低还款额＝贷款到期日（不含）前至少应偿还的贷款本金按照等额月均还款
　　　　　　　　方式每月还款额＋最后一期应偿还的贷款本金每期产生的利息

$$R = P_0 \cdot i \cdot \frac{(1+i)^{n \cdot 12 - 1}}{(1+i)^{n \cdot 12 - 1} - 1} + (P - P_0) \cdot i$$

式中　R——月最低还款额（保留到元，全部向上取整）；

　　　P——贷款本金；

　　　P_0——根据房屋折旧情况，最后一期前应偿还的贷款本金；

　　　i——贷款的月利率（该利率在计算月最低还款额时使用）；

　　　n——贷款年限（年）。

注：P_0 是在综合考虑房屋折旧率、贷款风险度、利率风险等几项因素基础上确定的。

表 9 - 6　　　　　住房担保委托贷款自由还款方式下月最低还款额参考表

借款期限（年）	贷款年利率（%）	最低还款额（元）（借款 1 万元）	借款期限（年）	贷款年利率（%）	最低还款额（元）（借款 1 万元）
1	4.77	851	16	5.22	53
2	4.77	434	17	5.22	52
3	4.77	295	18	5.22	51
4	4.77	225	19	5.22	51
5	4.77	184	20	5.22	50
6	5.22	69	21	5.22	50
7	5.22	66	22	5.22	49
8	5.22	63	23	5.22	49
9	5.22	61	24	5.22	48
10	5.22	59	25	5.22	48
11	5.22	58	26	5.22	47
12	5.22	57	27	5.22	47
13	5.22	55	28	5.22	47
14	5.22	54	29	5.22	46
15	5.22	54	30	5.22	46

　　注　表中最低还款额供借款人参考使用，精确额度以借款合同约定为准。

资料来源：北京市住房公积金管理中心网站。

（二）住房公积金贷款的期限与利率

1. 住房公积金贷款的期限

贷款期限最长为 30 年。

2. 住房公积金贷款的利率

中国人民银行 2007 年 12 月 21 日对金融机构人民币存贷款基准利率进行了新一轮调整，但是规定个人住房公积金利率保持不变，即目前 1～5 年期住房公积金贷款利率为 4.77%，5 年以上住房公积金贷款利率为 5.22%。住房公积金贷款为浮动利率贷款。随央行利率调整而调整，但当年的贷款利率不变，转年后贷款执行新利率。由图 9 - 3 可看出，通常情况下，住房公积金贷款利率低于同期商业性住房贷款利率。

关键词中英文对照

住房公积金	housing common reserve fund
住房公积金制度	housing common reserve fund system
住房公积金贷款	housing common reserve fund loan
月均还	monthly average pay bills
递减还款	decrease progressively pay bills

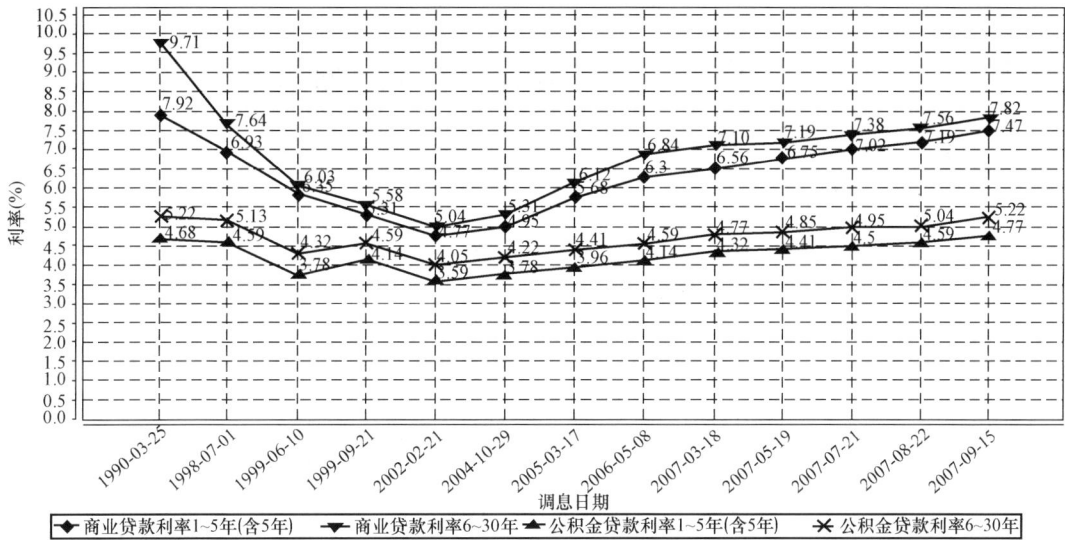

图 9 - 3 商业贷款利率和公积金贷款利率调整示意图
资料来源：北京市住房公积金网站 http://www.bjgjj.
gov.cn/wsyw/lldbt.html

思 考 题

1. 试述住房公积金贷款与住房按揭贷款有哪些区别。

2. 某人于 2007 年 10 月 1 日申请 20 年期的住房公积金贷款 20 万元，请计算：

（1）如果采取月均还款方式：总共应偿还给银行的多少资金？月均还额是多少？前三期每月的本息构成如何？

（2）如果采取递减还款方式，前三期的还款额和本息构成有如何？

3. 分析目前我国住房公积金制度存在哪些问题？请提出你的对策。

第十章　房地产金融法律法规体系

本　章　摘　要

　　本章首先分析了我国房地产法律法规体系的发展历程，并从土地管理、房地产开发、房地产交易、房地产权属登记、物业管理、房地产税收和住房公积金管理等方面介绍了我国的房地产法律法规。其次，从银行法、货币法、信贷法、票据法、信托法、融资租赁法、保险法、证券法等方面介绍了我国的金融法律法规。最后，结合房地产金融的特点，介绍了当前我国正在实施的房地产金融规章制度。

第一节　房地产法律法规

一、房地产法律法规体系概述

　　房地产法律法规体系是指国家制定的，用于调整公民之间、法人之间、公民或法人与国家之间在房地产权属、开发、交易、管理等方面权利义务关系的各种法律、法规及规章制度的总称。房地产法律法规体系涉及众多部门，调整的法律关系多种多样，既包括民事法律关系，也包括行政法律关系和经济法律关系。房地产民事法律关系是指平等民事主体之间发生的有关房地产的社会关系。主要包括：房地产所有权和共有权关系；房地产相邻关系；房屋拆迁关系；房地产转让、租赁、抵押、交换、典当、继承、赠与关系；房屋维修和物业管理关系；房地产中介服务关系等。房地产行政法律关系是政府管理部门基于其行政职权与管理相对人发生的有关房地产的法律关系。主要包括：土地利用规划和房屋建设规划关系；土地征收关系；土地使用和房地产开发建设审批关系；房地产市场主体管理关系；房地产市场秩序和市场规则管理关系；房地产税费收缴关系等。房地产经济法律关系是指对房地产业进行宏观和微观调控的各部门与房地产业相关主体之间的关系。主要包括：金融、税收、市场管理等部门与房地产开发商、建筑承包商、中介服务机构、业主等之间的关系。

　　新中国成立以来，我国房地产法律法规体系经历了如下几个发展阶段：

　　第一，萌芽阶段（1949年—1965年）。该阶段为新中国的国民经济恢复时期，国家围绕土地改革进行立法，并且对公房和私房加强了统一管理和保护。1950年6月颁布《中华人民共和国土地改革法》，其目的在于废除封建剥削的土地所有制，为农民实现"耕者有其田"提供法律保障。1952年5月，公布《关于加强城市公有房产管理的意见》，基本确立了根据公有房地产不同使用性质进行分工管理的制度，并明确公有房地产一律由房地产管理机关登记，发给使用证。1953年11月，颁布《国家建设征用土地办法》，标志着国家征用土地制度的创立。1958年全国范围内开始人民公社运动，将土地等生产资料公有化。1962年中国共产党第八届中央委员会第十次会议通过《农村人民公社工作条例修正草案》，确立了集体土地所有权制度。

　　第二，停滞阶段（1966年—1978年）。该阶段由于文化大革命运动的开展，在房地产方面并无立法活动，只是继续保持已有的土地国家所有和集体所有并存的局面。

　　第三，发展阶段（1979年至今）。党的十一届三中全会的召开，标志着我国进入改革开放时期，国民经济迅速增长。在以经济建设为中心的基本路线指导下，我国逐步形成以基本法律、行政法规为主，相应的房地产规章制度等规范性文件为辅的房地产法律法规体系。制定了《城市房地产管理法》、《土地管理法》、《城市规划法》、《建筑法》、《城镇国有土地使用权出让和转让暂行规定》、《城市房地产开发经营管理条例》、《城市房屋拆迁管理条例》、《物业管理条例》、《城市房地产转让管理规定》、《城市商品房预售管理办法》、《商品房销售管理办法》、《城市房屋租赁管理办法》、《城市房地产抵押管理办法》、《城市房屋权属登记管理办法》、《房地产测绘管理办法》和《城市房地产中介服务管理规定》等一系列与房地产相关的法律、法规和规章制度。在这些法律法规的规范下，我国的房地产市场逐渐朝着健康、有序的方向向前发展。

按照房地产产品的生命周期，房地产法律法规体系可分为土地管理、房地产开发、房地产交易、房地产权属登记、物业管理、房地产税收和住房公积金管理等几大方面。

二、土地管理法律法规

我国土地法律制度的一个重要改革就是引入了土地使用权的概念。1982 年 12 月 4 日通过的《中华人民共和国宪法》，其中第十条明确规定："城市的土地属于国家所有。农村和城市郊区的土地，除由法律规定属于国家所有的以外，属于集体所有；宅基地和自留地、自留山，也属于集体所有。国家为了公共利益的需要，可以依照法律规定对土地实行征用。任何组织或者个人不得侵占、买卖、出租或者以其他形式非法转让土地。"当时只是对土地所有权进行了规定，并未出现土地使用权的概念。1986 年 4 月 12 日颁布的《民法通则》，规定了包括土地、房屋在内的所有权、使用权等一系列基本的房地产民事法律规范。该法第 80 条规定："国家所有的土地，可以依法由全民所有制单位使用，也可以依法确定由集体所有制单位使用，国家保护它的使用、收益的权利；使用单位有管理、保护、合理利用的义务。公民、集体依法对集体所有的或者国家所有由集体使用的土地的承包经营权，受法律保护。承包双方的权利和义务，依照法律由承包合同规定。土地不得买卖、出租、抵押或者以其他形式非法转让。"该规定提出了从所有权中分离出来的占有、使用和收益的土地使用权能。1988 年 4 月 12 日第一次修改《中华人民共和国宪法》，删除了禁止土地出租的规定，提出土地使用权的法律概念，即"任何组织或者个人不得侵占、买卖或者以其他形式非法转让土地。土地使用权可以依照法律的规定转让。"从此，土地使用权作为一种财产权利正式得到了宪法的确认。在此基础上制定的《土地管理法》和《城市房地产管理法》，明确了国有土地的有偿使用，并进一步完善了国有土地使用权的出让和转让制度。土地使用权实际上是一种特权，是以开发利用、生产经营、社会公益事业为目的，在国家所有或者集体所有的土地上营造建筑物或者其他附着物并进行占有、使用、收益的权利。开发建设一个房地产项目，首先需要合法地获取土地使用权。因此，土地管理法律法规即是围绕土地使用权的出让、划拨、转让和抵押等方面的相关法律、法规和规章制度。

（一）土地使用权的取得

国有土地使用权的取得有出让、划拨和转让三种途径。

1. 土地使用权出让

土地使用权出让，是指国家将国有土地使用权在一定年限内出让给土地使用者，由土地使用者向国家支付土地使用权出让金的行为。

土地使用权出让具有以下特征：

（1）出让方的单一性和受让方的广泛性。土地使用权的出让方只能是代表国家的各级地方人民政府土地管理部门，其他任何部门、单位和个人不得实施国有土地使用权的出让行为；受让方可以是中华人民共和国境内的公司、企业、其他组织和个人。

（2）出让标的物的特定性。出让标的物仅限于国有土地使用权。集体所有土地必须经依法征收为国有土地后，方可有偿出让。

（3）出让的是一种独立的用益物权。土地使用权出让是以土地所有权与土地使用权分离为基础的。国家作为土地所有者的地位不变，而土地使用权受让人取得一种独立的财产权利。出让行为并不改变和影响国家作为土地所有者的身份和地位。

（4）土地使用权出让具有期限性。法律规定了各类土地使用的最高年限，土地使用权出让方与受让方可以在最高年限以内约定具体的使用期限。土地使用权的最高年限由国务院规定，现行规定为：居住用地 70 年、工业用地 50 年、教育科技文化卫生体育用地 50 年、商业旅游娱乐用地 40 年、综合或其他用地 50 年。

（5）土地使用权出让具有有偿性。土地使用者取得一定年限的土地使用权是以向国家支付一定数额的出让金为代价。在出让合同签订后的一定期限内，由受让方向出让方一次性支付或分期支付。

我国土地使用权的出让有协议、招标、拍卖和挂牌几种方式。其中，商业、旅游、娱乐和商品住宅等各类经营性用地，必须以招标、拍卖或者挂牌方式出让。

2. 土地使用权划拨

土地使用权划拨，是指县级以上人民政府依法批准，在土地使用者缴纳补偿、安置等费用后将该幅土地交付其使用，或者将土地使用权无偿交付给土地使用者使用的行为。国家机关用地和军事用地、城市基础设施用地和公益事业用地、国家重点扶持的能源、交通、水利等项目用地和法律、行政法规规定的其他用地等确属必需的，可以由县级以上人民政府依法批准划拨土地使用权。

土地使用权划拨具有以下特征：

（1）土地使用权划拨具有行政性。土地使用权划拨是国家的行政行为，经县级以上人民政府批准后予以实施。

（2）土地使用权划拨无使用期限的限制。以划拨方式取得土地使用权的，除法律、行政法规另有规定外，没有使用期限的限制。但这种无使用期限的限制，并不等于永久的土地使用权，而是可以认为不定期的权益。国家为了公共利益的需要，可以依法征收和征用该土地使用权。

（3）土地使用权划拨具有无偿性。通过划拨途径取得土地的使用者无需交纳土地费用，即可无偿使用。但有时可能要支付一定的征地补偿、安置费用。

（4）土地使用者行使权利具有有限性。以划拨方式取得土地使用权的，不得擅自从事转让、出租、抵押等活动。如果需要转让、出租、抵押的，应当办理土地出让手续或经政府批准。土地使用者不使用土地时，由政府无偿收回土地。

3. 土地使用权转让

土地使用权转让，是指土地使用者将土地使用权再转让的行为，包括出售、交换和赠与。广义的土地使用权转让，既包括土地使用权的直接转让，又包括以在建工程转让、股权转让、项目转让及房地产转让等为表现形式的间接转让。

土地使用权转让具有明确的限定条件：

（1）转让的土地使用权必须是出让土地使用权。行政划拨土地使用权可以进入转让市场，但在进入前，必须办理土地使用权出让手续，将划拨土地使用权转换为出让土地使用权后方可进入转让市场。

（2）土地使用权转让必须符合出让合同或法律规定的转让条件。《城镇国有土地使用权出让和转让暂行条例》第 19 条规定，未按土地使用权出让合同规定的期限和条件投资开发、利用土地的，土地使用权不得转让。《城市房地产管理法》规定，转让房地产，应当符合：第一，按照出让合同约定已经支付全部土地使用权出让金，并取得土地使用权证书；第二，按照出让合同约定进行投资开发，属于房屋建设工程的，完成开发投资总额的 25％以上，属于成片开发土地的，形成工业用地或者其他建设用地条件；另外，转让房地产时房屋已经建成的，还应当持有房屋所有权证书。

（3）对土地的权利和义务随之转让。《城镇国有土地使用权出让和转让暂行条例》第二十一条规定，土地使用权转让时，土地使用权出让合同和登记文件中所载明的权利、义务随之转移。新的受让人不得改变出让合同所载明的权利和义务。土地使用权转让时，地上建筑物、其他附着物所有权随之转让。

（4）土地使用年限要符合规定。转让的土地使用权，其使用年限为土地使用权出让合同规定的使用年限减去原土地使用者已使用年限的剩余年限。

土地使用权取得法律法规如表 10-1 所示。

表 10-1　　　　　　　　　　土地使用权取得法律法规

法　律	行政法规及文件	部门规章及文件	司法解释
《中华人民共和国宪法》 《中华人民共和国民法通则》 《中华人民共和国民事诉讼法》 《中华人民共和国行政许可法》 《中华人民共和国行政复议法》 《中华人民共和国行政处罚法》 《中华人民共和国行政诉讼法》 《中华人民共和国刑法》 《中华人民共和国城市房地产管理法》 《中华人民共和国土地管理法》	《中华人民共和国土地管理法实施条例》 《国务院关于深化改革严格土地管理的决定》 《国务院关于加强国有土地资产管理的通知》 《中华人民共和国城镇国有土地使用权出让和转让暂行条例》	《国土资源信访规定》 《国土资源行政复议规定》 《监察部、国土资源部关于违反土地管理规定行为行政处分暂行办法》 《土地监察暂行规定》 《国土资源部关于贯彻执行〈中华人民共和国土地管理法〉和〈中华人民共和国土地管理法实施条例〉若干问题的意见》 《城市国有土地使用权出让转让规划管理办法》 《协议出让国有土地使用权规定》 《国家土地管理局政策法规司关于对查处非法转让土地案件中有关问题请求的答复》 《关于城镇国有土地使用权出让和转让暂行条例有关问题的批复》 《关于划拨土地使用权管理有关问题的批复》 《征用土地公告办法》 《招标拍卖挂牌出让国有建设用地使用权规定》 《国土资源部关于严格实行经营性土地招标拍卖挂牌出让的通知》 《划拨土地使用权管理暂行办法》 《建设用地审查报批管理办法》 《城市国有土地使用权价格管理暂行办法》 《关于已购公有住房和经济适用住房上市出售中有关土地问题的通知》 《关于发布国有土地使用权出让合同示范文本的通知》 《土地储备管理办法》 《土地登记办法》	《最高人民法院关于审理破坏土地资源刑事案件具体应用法律若干问题的解释》 《最高人民法院关于土地被征用所得的补偿费和安置补助费应归被征地单位所有的复函》 《最高人民法院关于破产企业国有划拨土地使用权应否列入破产财产等问题的批复》 《最高人民法院关于审理涉及国有土地使用权合同纠纷案件适用法律问题的解释》

（二） 土地使用权的抵押

土地使用权抵押，是指土地使用者提供可供抵押的土地使用权作为履行债务担保的行为。土地使用权抵押的生效要件为：首先，设定土地使用权抵押的抵押人必须是土地所有权人或土地使用权人，以出让、转让方式取得的土地使用权可以抵押；以行政划拨方式取得的土地使用权，除法律规定的条件外，不得用于抵押。其次，设定抵押必须由抵押人与抵押权人签订抵押合同。再次，抵押必须办理登记，抵押登记应当凭土地使用权证书办理，抵押权人可以领取该项权利证书。

土地使用权抵押时，其他地上建筑物、其他附着物随之抵押；房地产抵押合同签订后，土地上新增加的房屋不属于抵押财产，需要拍卖该房地产时，可以依法将土地上新增的房屋与抵押财产一同拍卖，但对拍卖新增房屋所得，抵押权人无权优先受偿。

土地使用权抵押法律法规如表 10-2 所示。

表 10-2　　　　　　　　土地使用权抵押法律法规

法　律	行政法规及文件	部门规章及文件	司法解释
《中华人民共和国担保法》《中华人民共和国城市房地产管理法》	《中华人民共和国城镇国有土地使用权出让和转让暂行条例》《外商投资开发经营成片土地暂行管理办法》《关于发展房地产业若干问题的通知》	《关于土地使用权抵押登记有关问题的通知》《划拨土地使用权管理暂行办法》《城市房地产抵押管理办法》	《最高人民法院关于适用〈中华人民共和国担保法〉若干问题的解释》

三、房地产开发法律法规

房地产开发是指在依法取得的国有土地使用权的土地上进行基础设施、房屋建设的行为。它是通过将土地、建筑材料、基础设施、公共配套设施、资金、劳动力和专业技术等资源组合在一起，为人类提供生活和生产空间的一种活动。房地产开发具有周期长、风险大、涉及面广等特征。

国家运用法律法规和相关政策对房地产开发进行管理的领域包括：房地产开发企业的设立和资质管理；房地产项目开工、施工和竣工管理；工程建设监理管理；房屋拆迁管理等。

房地产开发法律法规如表 10-3 所示。

表 10-3　　　　　　　　房地产开发法律法规

法　律	行政法规及文件	部门规章及文件	司法解释
《中华人民共和国城市房地产管理法》《中华人民共和国土地管理法》《中华人民共和国城市规划法》《中华人民共和国建筑法》《中华人民共和国招标投标法》	《城市房地产开发经营管理条例》《关于发展房地产业若干问题的通知》《建设工程勘察设计管理条例》《建设工程质量管理条例》《建设行政处罚程序暂行规定》《建设工程安全生产管理条例》《建设项目环境保护管理条例》《城市房屋拆迁管理条例》《国务院关于促进房地产市场持续健康发展的通知》《关于严格控制高档房地产开发项目的通知》	《国家土地管理局关于贯彻〈城市房地产管理法〉若干问题的批复》《城市抗震防灾规划管理规定》《房地产估价规范》《房地产开发企业资质管理规定》《关于规范房地产开发企业开发行为的通知》《城市地下空间开发利用管理规定》《工程建设项目施工招标投标办法》《国家重大建设项目招标投标监督暂行办法》	《最高人民法院关于适用〈中华人民共和国担保法〉若干问题的解释》《最高人民法院关于审理房地产管理法施行前房地产开发经营案件若干问题的解答》

续表

法　律	行政法规及文件	部门规章及文件	司法解释
《中华人民共和国城市房地产管理法》 《中华人民共和国土地管理法》 《中华人民共和国城市规划法》 《中华人民共和国建筑法》 《中华人民共和国招标投标法》	《国务院办公厅转发建设部等部门关于调整住房供应结构稳定住房价格意见的通知》 《国务院办公厅转发建设部等部门关于做好稳定住房价格工作意见的通知》 《国务院办公厅关于制止和解决供销合作社经营、服务设施被无偿拆迁、占用的通知》 《国务院办公厅关于控制城镇房屋拆迁规模严格拆迁管理的通知》	《建筑工程施工许可管理办法》 《工程建设监理规定》 《经济适用住房管理办法》 《城市危险房屋管理规定》 《城市房屋拆迁工作规程》 《城市房屋拆迁估价指导意见》 《城市房屋拆迁行政裁决工作规程》 《房屋拆迁证据保全公证细则》 《城市房屋拆迁补偿、安置协议公证细则》 《建设部关于城市房屋拆迁有关问题的复函》 《建设部办公厅关于对拆迁人未在法定期间提出拆迁延期申请问题的复函》 《建设项目竣工环境保护验收管理办法》 《建设部关于落实新建住房结构比例要求的若干意见》 《建设部等六部委关于规范房地产市场外资准入和管理的意见》 《国家发展改革委国土资源部等部门关于印发新开工项目清理工作指导意见的通知》 《建设部办公厅关于加强和完善城镇房屋拆迁工作联系和信息交流制度的通知》 《建设部关于清理城市房屋拆迁有关地方性法规、规章中有关问题的通知》	《最高人民法院关于审理建设工程施工合同纠纷案件适用法律问题的解释》 《最高人民法院关于受理房屋拆迁、补偿、安置等案件问题的批复》 《最高人民法院行政审判庭关于拆迁强制执行的有关问题的答复意见》

四、房地产交易法律法规

房地产交易是指交易主体就房地产的土地使用权、房屋所有权及他项权利的流通。由于房地产市场上的商品本身不能移动，因此，房地产交易实质上是房地产权益的转移和再界定。房地产交易具有耗费时间长、交易费用多、市场信息不对称、需由专业人员提供服务等特征。房地产交易包括房地产转让、房地产抵押和房屋租赁三种形式。

房地产交易法律法规如表 10-4 所示。

表 10-4　　　　　　　　　　　　房地产交易法律法规

法　律	行政法规及文件	部门规章及文件	司法解释
《中华人民共和国城市房地产管理法》 《中华人民共和国城市规划法》 《中华人民共和国担保法》	《城市房地产开发经营管理条例》 《关于发展房地产业若干问题的通知》 《国务院办公厅关于制止违反规定突击分房和低价出售公有住房问题的紧急通知》	《国家土地管理局关于贯彻〈城市房地产管理法〉若干问题的批复》 《商品房销售管理办法》 《城市商品房预售管理办法》 《城市房地产转让管理规定》 《建设部关于加强商品房销售、房改售	《最高人民法院关于审理房地产管理法施行前房地产开发经营案件若干问题的解答》

法　律	行政法规及文件	部门规章及文件	司法解释
《中华人民共和国城市房地产管理法》 《中华人民共和国城市规划法》 《中华人民共和国担保法》	《城市私有房屋管理条例》	房与物业管理衔接工作的通知》 《商品住宅实行住宅质量保证书和住宅使用说明书制度的规定》 《已购公有住房和经济适用住房上市出售管理暂行办法》 《商品住宅性能认定管理办法（试行）》 《商品房销售面积计算及公用建筑面积分摊规则》 《经济适用住房价格管理办法》 《经济适用住房管理办法》 《关于进一步加强房地产广告管理的通知》 《城市房地产抵押管理办法》 《住房置业担保管理试行办法》 《关于进一步整顿规范房地产交易秩序的通知》 《关于对城市房地产转让有关问题的复函》 《国家计委、建设部关于规范住房交易手续费有关问题的通知》 《关于稳定住房价格工作的意见》 《城市房屋租赁管理办法》 《关于进一步加强和改进出租房屋管理工作有关问题的通知》 《城镇廉租住房租金管理办法》 《城镇最低收入家庭廉租住房管理办法》 《城镇最低收入家庭廉租住房申请、审核及退出管理办法》 《城市房地产中介服务管理规定》	《最高人民法院关于贯彻执行中华人民共和国民法通则若干问题的意见》 《最高人民法院关于审理商品房买卖合同纠纷案件适用法律若干问题的解释》 《最高人民法院关于适用〈中华人民共和国担保法〉若干问题的解释》 《最高人民法院关于已承担保证责任的保证人向其他保证人行使追偿权问题的批复》 《最高人民法院关于房地产管理机关能否撤销错误的注销抵押登记行为问题的批复》 《最高人民法院关于执行设定抵押房屋的规定》

五、房地产权属登记法律法规

我国明确规定，实行土地使用权和房屋所有权登记发证制度。

土地使用权登记是指县级以上人民政府根据国家有关土地确权和土地登记的规定，依照法定程序，对土地使用权进行审批、注册登记、确认、发放土地证书。土地登记具有强制性、公信性、完整性、连续性、保护性等特点。

房屋所有权登记是指凡在规定范围内的房屋，必须按照登记办法的规定，向房屋所在地的房产管理机构申请登记，经审核确认产权的，由房产管理部门颁发房屋所有权证书。房屋所有权登记是政府健全法制、加强房产管理、依法确认房产权利的法定手续，在确认房屋权属状态、保障产权人合法权益、监管房地产交易状况等方面发挥了巨大作用。

房地产权属登记法律法规如表 10-5 所示。

表 10-5　　　　　　　　　　房地产权属登记法律法规

法　律	行政法规及文件	部门规章及文件	司法解释
《中华人民共和国土地管理法》 《中华人民共和国城市房地产管理法》	《中华人民共和国城镇国有土地使用权出让和转让暂行条例》 《城市房地产开发经营管理条例》 《关于发展房地产业若干问题的通知》 《关于深化城镇住房制度改革的决定》 《城市私有房屋管理条例》	《关于颁发〈房屋所有权证〉式样及房屋所有权登记发证工作的通知》 《建设部关于对城市异产毗连房屋管理规定》 《建设部对〈关于确定直管国有房屋土地使用权问题的请示〉的答复》 《建设部关于不得给一个平方米单位产权颁发"房屋所有权证"的通知》 《建设部、国家国有资产管理局关于做好行政事业单位国有资产权登记中房产登记工作的通知》 《关于房改售房权属登记发证若干规定》 《建设部关于开展房屋产权验证和房屋登记工作的通知》 《关于整顿全国房屋所有权登记发证秩序的通知》 《城市房屋权属登记管理办法》 《关于房屋建筑面积计算与房屋权属登记有关问题的通知》 《房屋权属证书印制管理办法》 《建设部关于印发〈房屋权属登记信息查询暂行办法〉的通知》	《最高人民法院关于公房买卖的成立一般应以产权转移登记为准的复函》 《最高人民法院关于同一土地登记在两个土地证上应如何确认权属的复函》 《最高人民法院关于不服政府或房地产行政主管部门对争执房屋的确权行为提起诉讼人民法院应作何种案件受理问题的函》

六、物业管理法律法规

物业管理是指业主通过选聘物业管理企业，由业主和物业管理企业按照物业服务合同约定，对房屋及配套的设施设备和相关场地进行维修、养护、管理，维护相关区域内的环境卫生和秩序的活动。物业管理是随着我国住房制度改革以及房地产业的发展而产生的一种新型管理模式，委托和有偿是它的两个基本特点。

物业管理法律法规如表 10-6 所示。

表 10-6　　　　　　　　　　物　业　管　理　法　律　法　规

法　律	行政法规及文件	部门规章及文件
《中华人民共和国土地管理法》 《中华人民共和国城市房地产管理法》	《物业管理条例》 《关于促进房地产市场持续健康发展的通知》	《建设部关于加强商品房销售、房改售房与物业管理衔接工作的通知》 《住宅共用部位共用设施设备维修基金管理办法》 《全国物业管理示范住宅小区、大厦、工业区标准及评分细则》 《物业管理企业资质管理办法》 《物业管理企业财务管理规定》 《全国物业管理从业人员岗位证书管理办法》 《城市新建住宅小区管理办法》 《物业服务收费管理办法》 《物业服务收费明码标价规定》 《国家计委办公厅关于物业管理服务收费管理权限有关问题的复函》 《建设部关于印发前期物业管理招标投标管理暂行办法的通知》 《建设部关于印发〈前期物业服务合同（示范文本）〉的通知》 《业主大会规程》 《业主临时公约（示范文本）》

七、房地产税收管理法律法规

税收是国家凭借政治权力，按照事先公布的法定标准无偿取得财政收入的一种分配形式。房地产税收制度是国家以法律的形式规定的有关房地产的税种设置及征税办法的总和。房地产税收主要是指国家在房地产开发、流转、管理过程中，强制地向房地产纳税义务人征收的各种税赋。在我国现行的税种中，涉及房地产的税种有：属于财产税的城镇土地使用税、房产税、耕地占用税；属于所得税的土地增值税、个人所得税、企业所得税等；属于流转税的营业税、印花税、契税等；以及固定资产投资方向调节税、教育费附加等。

（一）城镇土地使用税

城镇土地使用税是以城镇土地为课税对象，向拥有土地使用权的单位和个人征收的一种税。城镇土地使用税的纳税人是拥有土地使用权的单位和个人；征税对象是在城市、县城、建制镇和工矿区内的土地；计税依据是纳税人实际占用的土地面积。城镇土地使用税实行分类分级的幅度定额税率，按年计算、分期缴纳。

城镇土地使用税的相关法律法规如表 10 - 7 所示。

表 10 - 7　　　　　　　　　　城镇土地使用税相关法律法规

法　律	行政法规及文件	部门规章及文件
《中华人民共和国税收征收管理法》	《中华人民共和国城镇土地使用税暂行条例》《国务院关于修改中华人民共和国城镇土地使用税暂行条例的决定》	《财政部、国家税务总局关于城镇土地使用税若干具体问题的解释和暂行规定》 《国家税务局关于水利设施用地征免土地使用税问题的规定》 《国家税务局对〈关于高校征免房产税、土地使用税的请示〉的批复》 《国家税务局对〈关于中、小学校办企业征免房产税、土地使用税问题的请示〉的批复》 《关于土地使用税若干具体问题的补充规定》 《国家税务总局关于外商投资企业征免土地使用税问题的批复》 《财政部关于对外商投资企业和外国企业在华机构的用地不征收土地使用税的通知》 《国家税务总局关于对已缴纳土地使用金的土地使用者应征收城镇土地使用税的批复》 《国家税务总局关于调整房产税和土地使用税具体征税范围解释规定的通知》 《国家税务总局关于房产税、城镇土地使用税有关政策规定的通知》 《国家税务总局关于下放城镇土地使用税困难减免审批项目管理层级后有关问题的通知》 《国家税务总局关于城镇土地使用税部分行政审批项目取消后加强后续管理工作的通知》 《国家税务总局关于进一步加强城镇土地使用税和土地增值税征收管理工作的通知》 《国家税务总局关于供热企业缴纳房产税和城镇土地使用税问题的批复》 《国家税务总局关于填海整治土地免征城镇土地使用税问题的批复》 《财政部、国家税务总局关于集体土地城镇土地使用税有关政策的通知》 《财政部、国家税务总局关于贯彻落实国务院关于修改〈中华人民共和国城镇土地使用税暂行条例〉的决定的通知》

（二）房产税

房产税是指以房屋为征税对象，按照房屋的计税余值或出租房屋的租金收入按期征收的税赋。房地产税的纳税人是房屋的所有人、经管管理单位、承包人、房产代理人或使用人；征税对象是城市、县城、建制镇和工矿区内的房产。对于非出租的房产，以房产原值一次减除 10%～30% 后的余值为计税依据；对于出租的房产，以房产租金收入为计税依据。房地产税采用比例税率，按年计征、分期缴纳。

房产税的相关法律法规如表 10-8 所示。

表 10-8　　　　　　　　　　房产税相关法律法规

法　律	行政法规及文件	部门规章及文件
《中华人民共和国税收征收管理法》	《中华人民共和国房产税暂行条例》	《财政部税务总局关于房产税若干具体问题的解释和暂行规定》 《财政部税务总局关于房产税和车船使用税几个业务问题的解释与规定》 《财政部税务总局关于对外籍人员、华侨、港、澳、台同胞拥有的房产如何征收房产税问题的批复》 《国家税务局对〈关于高校征免房产税、土地使用税的请示〉的批复》 《国家税务局对〈关于中、小学校办企业征免房产税、土地使用税问题的请示〉的批复》 《国家税务总局关于调整房产税和土地使用税具体征税范围解释规定的通知》 《关于外商投资企业征收城市房地产税若干问题的通知》 《关于非营业性科研机构税收政策的通知》 《国家税务总局关于邮政企业征免房产税、土地使用税问题的函》 《国家税务总局关于房产税、城镇土地使用税有关政策规定的通知》 《关于转制科研机构有关税收政策问题的通知》 《关于延长转制科研机构有关税收政策执行期限的通知》

（三）耕地占用税

耕地占用税是对占用耕地建房或者从事其他非农业建设的单位和个人征收的一种税。耕地占用税的纳税人是占用耕地建房或者从事其他非农业建设的单位和个人；征税对象是占用耕地从事其他非农业建设的行为；计税依据为纳税人实际占用耕地面积。耕地占用税实行定额税率，纳税人需在经土地管理部门批准占用耕地之日起 30 日内缴纳耕地占用税。

耕地占用税的相关法律法规如表 10-9 所示。

表 10-9　　　　　　　　　　耕地占用税相关法律法规

法　律	行政法规及文件	部门规章及文件
《中华人民共和国税收征收管理法》	《中华人民共和国耕地占用税暂行条例》	《关于耕地占用税征收经费问题的通知》 《关于耕地占用税减免管理的暂行规定》 《关于组织开展耕地占用税执法检查的通知》 《关于开展耕地占用税、契税执法检查工作的通知》 《财政部关于农民建房耕地占用税纳税义务人的通知》 《财政部关于中外合资、合作经营企业中方以土地作价入股是否征收耕地占用税问题的批复》 《财政部关于寺庙教堂占用耕地应照章征收耕地占用税的批复》 《国家税务总局关于对非法占地追缴耕地占用税问题的批复》 《国家税务总局关于公路建设临时占用耕地征收耕地占用税的批复》 《国家税务总局关于耕地占用税若干问题的批复》 《国家税务总局关于农业税、牧业税、耕地占用税、契税征收管理暂参照〈中华人民共和国税收征收管理法〉执行的通知》 《耕地占用税契税减免管理办法》

（四）土地增值税

土地增值税是对有偿转让国有土地使用权及地上建筑物和其他附着物的单位和个人征收的一种税。土地增值税的纳税人是有偿转让国有土地使用权、地上建筑物及其他附着物并取得收入的单位和个人；征税对象是有偿转让房地产所取得的土地增值额；计税依据为纳税人转让房地产所取得的收入减除规定扣除项目金额后的余额。土地增值税实行四级超率累进税率，由纳税人自转让房地产合同签订之日起 7 日内到房地产所在地的主管税务机关办理纳税申报。

土地增值税的相关法律法规如表 10‑10 所示。

表 10‑10　　　　　　　　　　　土地增值税相关法律法规

法　律	行政法规及文件	部门规章及文件
《中华人民共和国税收征收管理法》	《中华人民共和国土地增值税暂行条例》	《中华人民共和国土地增值税暂行条例实施细则》 《关于调整房地产市场若干税收政策的通知》 《财政部国家税务总局关于土地增值税一些具体问题规定的通知》 《关于印发企业交纳土地增值税会计处理规定的通知》 《财政部国家税务总局国家国有资产管理局关于转让国有房地产征收土地增值税中有关房地产价格评估问题的通知》 《国家税务总局、国家土地管理局关于土地增值税若干征管问题的通知》 《国家税务总局、建设部关于土地增值税征收管理有关问题的通知》 《国家税务总局关于进一步加强土地增值税征收管理工作的通知》 《财政部、国家税务总局关于土地增值税优惠政策延期的通知》 《国家税务总局关于进一步加强城镇土地使用税和土地增值税征收管理工作的通知》 《财政部国家税务总局关于增值税若干政策的通知》 《财政部、国家税务总局关于土地增值税若干问题的通知》 《财政部、国家税务总局关于土地增值税普通标准住宅有关政策的通知》 《国家税务总局关于房地产开发企业土地增值税清算管理有关问题的通知》

（五）契税

契税是指在房地产所有权转移时，就当事人订立的契约，按房产价的一定比例向不动产取得人一次性征收的税赋。契税的纳税人是在中国境内转移土地、房屋权属，承受的单位和个人；征税对象为转移土地、房屋权属的行为，包括国有土地使用权出让、土地使用权转让（不包括农村集体土地承包经营权的转让）、房屋买卖、房屋赠与、房屋交换。对于国有土地使用权出让、土地使用权有偿转让、房屋买卖的，计税依据为成交价格；对于土地使用权赠与、房屋赠与的，计税依据由征收机关参照土地使用权出售、房屋买卖的市场价格核定；对于土地使用权交换、房屋交换的，计税依据为所交换的土地使用权、房屋的价格差额。契税实行比例税率，由承受人自产权转移合同签订之日起 10 日内办理纳税手续。

契税的相关法律法规如表 10‑11 所示。

表 10 - 11 契 税 相 关 法 律 法 规

法　律	行政法规及文件	部门规章及文件
《中华人民共和国税收征收管理法》	《中华人民共和国土地契税暂行条例》	《中华人民共和国契税暂行条例细则》 《财政部国家税务总局关于契税征收中几个问题的批复》 《国家税务总局关于进一步明确契税纳税人有关法律责任的通知》 《国家税务总局关于出售或租赁房屋使用权是否征收契税问题批复》 《国家税务总局关于抵押贷款购买商品房征收契税的批复》 《财政部国家税务总局关于公有制单位职工首次购买住房免征契税的通知》 《财政部国家税务总局关于对消化空置商品房有关税费政策的通知》 《国家税务总局关于办理期房退房手续后应退还已征契税的批复》 《国家税务总局关于以项目换土地等方式承受土地使用权有关契税问题的批复》 《财政部国家税务总局关于纠正地方自行制定违规契税政策的通知》 《财政部国家税务总局关于企业改制重组若干契税政策的通知》 《国家税务总局关于事业单位合并中有关契税问题批复》 《财政部国家税务总局关于外籍个人取得港澳地区住房等补贴征免个人所得税的通知》 《财政部国家税务总局关于房屋附属设施有关契税政策的批复》 《财政部国家税务总局关于国有土地使用权出让等有关契税问题的通知》 《国家税务总局关于继承土地、房屋权属有关契税问题的批复》 《耕地占用税契税减免管理办法》 《财政部国家税务总局关于城镇房屋拆迁有关税收政策的通知》 《国家税务总局关于免征土地出让金出让国有土地使用权征收契税的批复》 《国家税务总局关于企业改制重组契税政策有关问题解释的通知》

（六）其他房地产税收

印花税是对因商事活动、产权转移、权利许可证照授受等行为而书立、领受的应税凭证征收的一种税。

营业税是对提供应税劳务、转让无形资产和销售不动产的单位和个人，就其营业额征收的一种税。

个人所得税是对在中国境内有住所、或者无住所而在境内居住满一年的个人，从中国境内和境外取得的所得征收的一种税。

企业所得税是对中国境内的企业（除外商投资企业和外国企业外），在一定时期内取得的生产、经营所得和其他所得征收的一种税。

印花税、营业税、个人所得税和企业所得税的相关法律法规如表 10 - 12 所示。

表 10 - 12 其他房地产税收相关法律法规

法　律	行政法规及文件	部门规章及文件
《中华人民共和国税收征收管理法》 《中华人民共和国个人所得税法》	《中华人民共和国土地印花税暂行条例》 《中华人民共和国个人所得税法实施条例》 《中华人民共	《中华人民共和国土地印花税暂行条例施行细则》 《财政部、国家税务总局、建设部关于个人出售住房所得征收个人所得税有关问题的通知》 《国家税务总局关于企业住房制度改革中涉及的若干所得税业务问题的通知》 《国家税务总局关于房地产开发有关企业所得税问题的通知》 《国家税务总局征收个人住房转让所得税有关问题的通知》 《国家税务总局关于房产开发企业销售不动产征收营业税问题的通知》

续表

法　律	行政法规及文件	部门规章及文件
《中华人民共和国税收征收管理法》《中华人民共和国个人所得税法》	和国企业所得税暂行条例》《中华人民共和国营业税暂行条例》	《国家税务总局关于个人从事房地产经营业务征收营业税问题的批复》《关于对消化空置商品房有关税费政策的通知》《关于对消化空置商品房有关税费政策的补充通知》《国家税务总局关于加强住房营业税征收管理有关问题的通知》《国家税务总局关于房地产开发企业所得税预缴问题的通知》

八、住房公积金管理法律法规

建立住房公积金是我国推行住房制度改革的一项措施，目的在于由国家、集体、个人三方共同负担，解决职工住房困难。住房公积金是一种义务性的长期储金，它由职工及职工所在单位缴纳，作为职工用于住房消费的资金。建立住房公积金的作用体现在以下几个方面：筹集住房资金；提高职工个人购房、建房能力；使房屋福利分配制向房屋货币化分配转变。

按照规定，职工个人按照规定比例缴存的及其所在单位按照规定比例为职工缴存的住房公积金，全部归集于住房公积金管理中心，由其在受委托的银行开立住房公积金专户，存入职工个人账户，集中管理运营。凡是缴存公积金的职工均可按公积金贷款的有关规定，申请公积金贷款。

我国颁布的公积金管理相关法律法规如表 10 - 13 所示。

表 10 - 13　　　　　　　　　　　住房公积金管理相关法律法规

行政法规及文件	部门规章及文件
《住房公积金管理条例》《国务院办公厅转发国务院住房制度改革领导小组关于加强住房公积金管理意见的通知》《国务院关于进一步加强住房公积金管理的通知》	《国家税务总局关于外商投资企业及其雇员投存、支用住房公积金有关税务处理问题的通知》《住房公积金财务管理办法》《中央国家机关住房公积金制度实施办法》《财政部关于住房公积金财务管理补充规定的通知》《建设部关于对国企改革中职工提取住房公积金问题的复函》《财政部、国家税务总局关于住房公积金管理中心有关税收政策的通知》《建设部关于降低住房公积金存、贷款利率的通知》《中国人民银行关于降低个人住房公积金贷款利率的通知》《关于完善住房公积金决策制度的意见》《建设部、财政部、中国人民银行关于住房公积金管理中心职责和内部授权管理的指导意见》《中国人民银行关于居民个人住房公积金存款账户日常销户结清时的利率适用和计结息方式的通知》《住房公积金行政监督办法》《建设部、财政部、中国人民银行关于住房公积金管理若干具体问题的指导意见》《关于住房公积金有关利率政策调整的通知》《关于调整个人住房公积金贷款利率的通知》《财政部关于加强住房公积金管理等有关问题的通知》

第二节　金融法律法规

金融法律法规即是货币流通和信用活动中所发生的各种关系的法律规范的总称。金融活动是通过银行和其他种类金融机构及客户来进行的，为了促进以银行为中心的金融关系正常发展，保证金融事业的顺利进行，国家制定了一系列调整金融关系的法律法规和规章制度，这是国家调控国民经济平稳、良性发展的重要法律手段。

金融法律法规的调整对象是金融业务和金融管理活动中形成的各种经济关系，包括：国家对金融活动进行了干预、管理而形成的经济关系；中央银行及其他监管机构履行对整个金融业领导、管理、协调、监督的职能时与其他银行及非银行金融机构形成的管理与被管理关系；银行与财政的关系；银行和各类金融机构单位或个人之间的关系；银行间、银行与非银行金融机构、非银行金融机构间的关系。

由于金融业务具有很强的专业性，国家对从事不同类型金融业务的经营机构、经营范围、运作方式以及监管重点都有不同的要求。目前我国对金融业实行分业经营和分业监管的原则，金融法律法规主要包括银行法、货币法、信贷法、票据法、信托法、融资租赁法、保险法、证券法等内容。

一、银行法

银行法是调整银行组织及其业务活动的法律规范的总称。我国银行法按照银行业务性质的不同，包括中央银行法、商业银行法、政策性银行法和非银行金融机构管理法等。

（一）中央银行法

中央银行法指调整中央银行的组织、业务活动及其在金融宏观调控和监督管理过程中发生的社会关系的法律规范。主要有《中国人民银行法》、《中国人民银行货币政策委员会条例》、《国家金库条例》、《外汇管理暂行条例》、《金银管理条例》、《现金管理暂行条例》、《非法金融机构和非法金融业务活动取缔办法》和《金融违法行为处罚办法》等。

（二）商业银行法

商业银行法指调整商业银行的组织及其业务活动的法律规范。主要规定商业银行的设立、变更、终止、业务规则及监管。主要有《商业银行法》、《储蓄管理条例》、《国有独资商业银行监事会暂行规定》、《商业银行内部控制指引》、《网上银行业务管理暂行办法》、《银行账户管理办法》、《贷款通则》、《主办银行管理暂行办法》、《支付结算办法》等。

（三）政策性银行法

政策银行法指调整政策性银行的组织及其业务活动的法律规范。主要有《国家政策性银行财务管理规定》、《政策性银行金融债券市场发行管理暂行规定》、《国家开发银行信贷合同管理暂行办法》等。

（四）非银行金融机构管理法

非银行金融机构管理法指调整非银行类金融机构的组织及其业务活动的法律规范。主要有《农村信用合作社管理规定》、《农村信用合作社县级联合社管理规定》、《农村信用合作社机构管理暂行办法》、《城市信用合作社管理办法》、《城市信用合作社联合社管理办法》、《邮政储蓄存款转存办法》、《企业集团财务公司管理办法》、《财务公司进入全国银行间同业拆借市场和债券市场管理规定》、《金融资产管理公司条例》、《金融资产管理公司资产处置管理办法》等。

二、货币法

货币管理法是调整货币发行、流通、兑换、管理过程中所形成的社会关系的法律规范的总称。主要包括人民币发行与管理法、外汇管理法、金银管理法等内容。

（一）人民币发行与管理法

人民币发行与管理法指调整人民币的发行、流通和管理过程中所形成的社会关系的法律规范的总称。主要有《中华人民共和国现金管理暂行条例》、《国家货币出入境管理办法》、《人民币管理条例》、《国家金库条例》、《大额现金支付登记备案规定》、《人民币大额和可疑支付交易报告管理办法》、《人民币银行结算账户管理办法》等。

（二）外汇管理法

外汇管理法指调整国家在管理外汇收支、兑换、结算以及出入境过程中所发生的社会关系的法律规范的总称。外汇包括外国货币、外币支付凭证、外币有价证券、特别提款权、欧洲货币单位以及其他外汇资产。我国的外汇管理法主要有《中华人民共和国外汇管理条例》、《金融机构大额和可疑外汇交易报告管理办法》、《外汇指定银行办理结汇、售汇业务管理暂行办法》、《关于惩治骗购外汇、逃汇和非法买卖外汇犯罪的决定》、《关于骗购外汇、非法套汇、逃汇、非法买卖外汇等违反外汇管理规定行为的行政处分或者纪律处分暂行规定》、《关于进一步加强和改进外汇收支管理的通知》等。

（三）金银管理法

金银管理法指调整国家在管理金银的加工、流通过程中发生的社会关系的法律规范的总称。主要有《中华人民共和国金银管理条例》、《中华人民共和国金银管理条例施行细则》、《关于白银管理改革有关问题的通知》、《对金银进出国境的管理办法》、《中国人民银行金银收购管理暂行办法》、《关于规范黄金黄金制品零售市场有关问题的通知》等。

三、信贷法

信贷法指调整信贷法律关系的法律规范。主要有《个人存款账户实名制规定》、《中国人民银行关于调整住房信贷政策有关事宜的通知》、《中国银行业监督管理委员会关于进一步加强房地产信贷管理的通知》、《关于开展个人消费信贷的指导意见》、《中国银行人民币信贷资金管理办法》、《中国工商银行关于及时处理信贷、结算业务中有关法律问题的通知》、《中国人民建设银行信贷资金管理暂行办法》等。

四、票据法

票据法指调整票据关系的法律规范的总称。票据是指由出票人依法签发的，约定由自己或委托他人，按一定时间、地点和票面文义，无条件支付一定金额的有价证券，包括汇票、本票和支票。我国的票据法主要有《中华人民共和国票据法》、《中华人民共和国票据管理实施办法》、《最高人民法院关于审理票据纠纷案件若干问题的规定》等。

五、信托法

信托法指调整信托关系的法律规范的总称。主要有《中华人民共和国信托法》、《信托投资公司管理办法》、《信托投资公司资金信托管理暂行办法》、《金融信托投资公司委托贷款业务规定》等。

六、融资租赁法

融资租赁法指调整融资租赁关系的法律规范的总称。主要有《金融租赁公司管理办法》、《最高人民法院关于审理融资租赁合同纠纷案件若干问题的规定》以及《合同法》中关于融资租赁合同的规定等。

七、保险法

保险法指调整保险关系的法律规范的总称。主要有《中华人民共和国保险法》、《保险公司管理规定》、《关于保险代理公司、保险评估公司审批程序的公告》、《财产保险合同条例》、《最高人民法院关于人身保险金能否作为被保险人的遗产进行赔偿问题的批复》、《最高人民法院关于财产保险单能否用于抵押的复函》、《工伤保险条例》、《失业保险条例》、《关于建立城镇职工基本医疗保险制度的决定》、《关于成立中国保险监督管理委员会的通知》、《中华人民共和国外资保险公司管理条例》等。

八、证券法

证券法是调整证券关系的法律规范的总称。主要有《中华人民共和国证券法》、《证券交易所管理办法》、《证券公司管理办法》、《证券基金管理暂行办法》、《公开发行证券公司信息披露编报规则》、《证券从业人员资格管理办法》、《最高人民法院关于冻结、扣划证券交易结算资金有关问题的通知》、《最高人民法院关于审理证券市场因虚假陈述引发的民事赔偿案件的若干规定》等。

我国目前由人大通过的金融法律和由国务院颁布的金融法规如表10 - 14所示。

表 10 - 14　　　　　　　　　　　　　金 融 管 理 法 律 法 规

法　　　律	行政法规及文件
《中华人民共和国物权法》	《国务院关于金融体制改革的决定》
《中华人民共和国反洗钱法》	《关于调整保险公司保费预定利率的紧急通知》
	《关于加强外汇兑换券管理工作的报告》
《中华人民共和国证券法》	《国务院批转国家进出口委等单位关于修订出口商品外汇留成试行办法的报告的通知》
《中华人民共和国公司法》	《中共中央、国务院关于严格制止外汇方面违法乱纪行为的决定》
《中华人民共和国刑法修正案》	《国务院关于中国银行地位问题的通知》
	《中国人民保险公司章程》
《中华人民共和国外国中央银行财产司法强制措施豁免法》	《中华人民共和国金银管理条例》
	《国务院批转中国人民银行关于国营企业流动资金改由人民银行统一管理的报告的通知》
	《关于中国人民银行专门行使中央银行职能的决定》
《中华人民共和国对外贸易法》	《国务院批转中国人民银行各专业银行发放固定资产贷款分工问题的报告的通知》
	《批转人民保险公司关于加快发展我国保险事业的报告的通知》
《中华人民共和国银行业监督管理法》	《关于加强外汇管理的决定》
	《关于加强银行金融信贷管理工作的通知》
《中华人民共和国商业银行法》	《关于人民币汇价调整后有关价格等问题的几项规定》
	《关于发行国家重点建设债券和重点企业债券的通知》
《中华人民共和国中国人民银行法》	《关于加强股票、债券管理的通知》
	《关于加强借用国际商业贷款管理的通知》
《中华人民共和国票据法》	《关于加强企业内部债券管理的通知》
《中华人民共和国保险法》	《储蓄管理条例》
《中华人民共和国证券法》	《关于进一步加强证券市场宏观管理的通知》
《中华人民共和国信托法》	《中华人民共和国国家货币出入境管理办法》
《中华人民共和国证券投资基金法》	《关于坚决制止乱集资和加强债券发行管理的通知》
	《股票发行与交易管理暂行条例》
《中华人民共和国银行业监督管理法》	《企业债券管理条例》
	《关于金融体制改革的决定》
	《国务院关于深化企业职工养老保险制度改革的通知》
	《关于进一步加强借用国际商业贷款宏观管理的通知》

法　律	行政法规及文件
《中华人民共和国物权法》	《中华人民共和国外汇管理条例》
《中华人民共和国反洗钱法》	《关于农村金融体制改革的决定》
《中华人民共和国证券法》	《中国人民银行货币政策委员会条例》
《中华人民共和国公司法》	《关于建立统一的企业职工基本养老保险制度的决定》
《中华人民共和国刑法修正案》	《关于进一步加强在境外发行股票和上市管理的通知》
《中华人民共和国外国中央银行财产司法强制措施豁免法》	《非法金融机构和非法金融业务活动取缔办法》
	《关于进一步整顿和规范期货市场的通知》
	《社会保险费征缴暂行条例》
《中华人民共和国对外贸易法》	《失业保险条例》
	《金融违法行为处罚办法》
《中华人民共和国银行业监督管理法》	《中华人民共和国人民币管理条例》
	《国有重点金融机构监事会暂行条例》
《中华人民共和国商业银行法》	《个人存款账户实名制规定》
	《金融资产管理公司条例》
《中华人民共和国中国人民银行法》	《金融机构撤销条例》
	《中华人民共和国外资保险公司管理条例》
《中华人民共和国票据法》	《工伤保险条例》
《中华人民共和国保险法》	《基金会管理条例》
《中华人民共和国证券法》	
《中华人民共和国信托法》	
《中华人民共和国证券投资基金法》	
《中华人民共和国银行业监督管理法》	

第三节　房地产金融规章制度

　　房地产业与金融业具有十分密切的关系，二者相辅相成、相互依托、相互制约。一方面，房地产业的发展离不开金融业的大力支持。房地产金融市场的良好秩序需要有健全的法律法规作保障，房地产金融的创新离不开法律的保障，特别是在金融市场、房地产市场发育并不成熟的情况下，房地产金融的法制建设具有更为重要的意义。为合理有效地分配和引导资金，规范房地产业与金融业的有机结合，推动二者互相促进，共同进入良性运转轨道，国家相关部委及金融机构颁布了众多涉及房地产金融领域的规章制度，包括开发信贷、消费信贷、住房公积金管理、市场规范和监管、资产证券化等方面。

　　1992 年邓小平南巡讲话推动了改革开放的发展，国务院明确提出房地产业在我国是一个新兴产业，将成为国民经济发展的支柱产业之一。为此，中国人民银行出台了一系列有利于房地产开发和居民住房消费的相关政策，并连续数次降低利率，房地产金融政策在刺激居民住房投资、拉动内需、扩大就业等方面发挥了重要作用，有力地促进了房地产业的繁荣与发展。而随着房地产投资规模的扩张，全国各地房价上涨、商品房空置率增加、土地囤积现象严重，房地产市场发展过于迅猛暴露出各种弊端。2003 年 6 月 13 日，为加强房地产信贷管理，防范金融风险，促进房地产金融健康发展，中国人民银行发布《关于进一步加强房地产信贷业务管理的通知》（121 号文），从此拉开了加强房地产市场宏观调控的序幕。迄今为止，政府正在运用适度从紧的房地产金融政策，例如提高房地产开发资本金比例、提高贷款利率、提高住房按揭贷款首付款比例等，以此来打击房地产市场的投机炒作行为，维护房地产交易的平稳秩序，推动房地产市场的良性运转。

我国实施的部分房地产金融规章制度如表 10 - 15 所示。

表 10 - 15 **房地产金融规章制度**

发 布 单 位	相 关 文 件
国家部委	《建设部、商务部、发展改革委、人民银行、工商总局、外汇局关于规范房地产市场外资准入和管理的意见》 《财政部关于加强住房公积金管理等有关问题的通知》 《财政部国土资源部中国人民银行关于调整新增建设用地土地有偿使用费政策等问题的通知》 《建设部关于制止违规集资合作建房的通知》 《中国证券监督管理委员会证券公司缴纳证券投资者保护基金实施办法》 《中国银行业监督管理委员会金融机构信贷资产证券化试点监督管理办法》 《中国银行业监督管理委员会商业银行房地产贷款风险管理指引》 《建设部、中国人民银行关于加强房地产经纪管理规范交易结算资金账户管理有关问题的通知》
中央银行	《中国人民银行关于居民个人住房公积金存款账户日常销户结清时的利率适用和计结息方式的通知》 《中国人民银行关于进一步加强房地产信贷业务管理的通知》 《中国人民银行关于规范住房金融业务的通知》 《中国人民银行行政复议办法》 《中国人民银行行政处罚程序规定》 《中国人民银行北京市国土资源和房屋管理局、中国人民银行北京营业管理部关于加强城市房屋拆迁补偿安置资金使用监督的通知》 《中国人民银行关于加强农林开发项目信贷管理，严禁利用中国人民银行土地开发和土地转让名义非法集资的通知》 《中国人民银行个人住房贷款管理办法》 《中国人民银行、中国银行业监督管理委员会关于印发〈经济适用住房开发贷款管理办法〉的通知》 《中国人民银行关于加大住房信贷投入，支持住房建设与消费的通知》 《中国人民银行关于进一步加快经济适用住房（安居工程）建设有关问题的通知》 《中国人民银行关于调整住房信贷政策有关事宜的通知》 《中国人民银行、中国银行业监督管理委员会关于加强商业性房地产信贷管理的通知》 《中国人民银行、中国银行业监督管理委员会关于加强商业性房地产信贷管理的补充通知》

发 布 单 位	相 关 文 件
国有商业银行	《中国银行房地产开发贷款管理办法（试行）》 《中国银行自营房地产贷款业务操作规程》 《中国银行个人住房贷款规定》 《中国银行家居装修贷款规定》 《中国农业银行住房按揭贷款流程》 《中国农业银行个人住房抵押贷款流程》 《中国农业银行个人营业用房贷款流程》 《中国农业银行公积金贷款流程》 《中国建设银行个人住房贷款办法》
国有商业银行	《中国建设银行个人住房贷款详细规定》 《中国建设银行个人住房装修贷款业务简介》 《中国建设银行北京市分行二手房抵押贷款试行办法》 《中国建设银行国家安居工程个人住房抵押贷款暂行办法》 《中国工商银行商品房开发贷款审批工作规则》 《中国工商银行个人房贷管理办法（北京）》 《中国工商银行商品房开发贷款管理暂行办法》 《中国工商银行商业用房贷款管理办法》 《中国工商银行个人住房贷款管理办法》 《中国工商银行个人住房贷款业务介绍》 《中国工商银行个人住房装修贷款和个人商业用房业务介绍》 《中国工商银行北京市分行个人住房贷款管理办法》
股份制商业银行	《中国光大银行个人住房和装修贷款简介》 《中国华夏银行个人住房贷款简介》 《中信实业银行个人住房按揭贷款规定》 《中信实业银行个人房产抵押贷款规定》 《招商银行个人住房贷款规定》 《广东发展银行个人住房按揭贷款规定》 《上海浦东发展银行个人住房组合贷款》 《福建兴业银行个人住房贷款简介》 《福建兴业银行个人住房装修贷款简介》 《福建兴业银行个人商用房贷款简介》

专题讨论：如何构建我国的房地产金融法律法规体系

房地产金融市场的良好秩序需要有健全的法律法规作保障，目前我国与房地产金融有关的法律法规仍存在不健全、不完善和不协调的现象，不能更好地适应房地产金融快速发展的需要。房地产金融的创新离不开法律的保障，特别是在证券市场乃至整个金融市场、房地产市场发育并不成熟的情况下，房地产金融的法制建设具有更为重要的意义。请结合我国房地产市场和金融市场的发展现状，谈一谈如何构建全面、系统、有效的房地产金融法律法规体系。

关键词中英文对照

房地产法律体系　　　　　　system of real estate law

金融法律体系　　　　　　　system of finanace law

房地产金融制度　　　　　　system of real estate finance

思　考　题

请结合本书第三章阅读材料 3-2"美国次级债危机的产生",探讨我国在制定房地产金融法律法规时应采取哪些措施避免此类危机。

参 考 文 献

[1] 胡海鸥. 货币理论与货币政策. 上海：上海人民出版社，2004.

[2] 黄达. 货币银行学. 北京：中国人民大学出版社，2000.

[3] 朱荣恩. 企业信用管理. 北京：中国时代经济出版社，2005.

[4] 李红艳，刘丽珍. 信用管理概论. 上海：复旦大学出版社，2007.

[5] 丁健，胡乃红. 房地产金融. 上海：上海译文出版社，2003.

[6] 曹建元. 房地产金融. 上海：上海财经大学出版社，2003.

[7] 殷红，张卫东. 房地产金融. 北京：首都经济贸易大学出版社，2002.

[8] 谢经荣，殷红，王玉玫. 房地产金融. 北京：中国人民大学出版社，2002.

[9] 李爱东. 住房金融新业务与法规. 北京：中国金融出版社，2004.

[10] 中国人民银行. 2004 年中国房地产金融报告. 2005.

[11] 中国人民银行. 2007 年中国房地产金融报告. 2008.

[12] 张红，殷红. 房地产金融学. 北京：清华大学出版社，2007.

[13] 寇慧丽等. 房地产金融. 北京：人民交通出版社，2007.

[14] 邓宏乾. 房地产金融. 上海：复旦大学出版社，2006.

[15] 董藩，王家庭. 房地产金融. 沈阳：东北财经大学出版社，2004.

[16] http：//www. cbrc. gov. cn/chinese/info/xglj/index _ jrjg. jsp. 中国银行业监督管理委员会国内金融机构.

[17] http：//www. csrc. gov. cn/n575458/n575727/n575787/n576024/index. html. 中国证券监督管理委员会机构监管.

[18] http：//www. circ. gov. cn/Portal0/default466. htm，中国保险监督管理委员会保险机构.

[19] http：//www. ccb. com/portal/cn/home/index. html，中国建设银行对公、对私业务.

[20] http：//www. icbc. com. cn/index. jsp，中国工商银行个人金融、公司金融.

[21] http：//www. abchina. com/cn/hq/abc/index/index. jsp/lang＝cn/index. html. 中国农业银行. 个人服务、企业服务.

[22] http：//www. sgb. cn/中德住房储蓄银行. 产品介绍.

[23] 苗乐如，孟桥，等. 住宅合作社发展的理论与实证分析 [J]. 北京房地产. 1997 (9)：9.

[24] 杜厚文，初春莉. 美国次级贷款危机：根源、走势、影响 [J]. 中国人民大学学报，2008 (1).

[25] 国务院. 住房公积金管理条例. 2002 (3).

[26] 马宜斐，段文军. 保险原理与实务. 中国人民大学出版社，2007 (8).

[27] 孙天琦. 中国金融改革：改革开放 30 年的历程与发展趋势. http：//finance. ce. cn/info/macro/200709/29/t20070929 _ 12649970 _ 5. shtml.

[28] 董金玲，刘传哲. 美国次级债市场的运作机制及其危机启示. 中国管理信息化. 2008 (1).

[29] 钟伟. 美国次级按揭市场的现状及其深远影响 [J]. 国际金融研究. 2007 (11).

[30] 周莉. 投资银行学. 北京：高等教育出版社，2004：185.

[31] 邹新. 次级债危机对中国的启示 [N]. 中国经济时报，2007 - 08 - 22.

[32] 董金玲. 信贷资产证券化的运作原理与路径选择 [J]. 经济纵横，2005，(9).

[33] 宁雯，韩羽，朱力，等. 美国次级房贷危机揭秘 [J]. 当代金融家，2007，(5).

[34] 王世豪. 房地产信贷战略与实务. 北京：中国金融出版社，2006.

[35] 闫军印. 建设项目评估. 北京：机械工业出版社，2005.

[36] 蔡鄂生，窦洪权，赵斌. 最新银行业务检查指南. 北京：经济科学出版社，2004.

[37] 谢怀筑. 个人理财. 北京：中信出版社，2004.

[38] 何小锋. 资产证券化：中国的模式. 北京：北京大学出版社，2002.

[39] 沈沛，许均华，刘敏. 信贷资产证券化原理与操作. 北京：中国金融出版社，1998.

[40] 张亦春，郑振龙. 金融市场学. 2 版. 北京：高等教育出版社，2003.

[41] 王洪卫等. 中国房地产证券化运行机制. 上海：上海财经大学出版社，2005.

[42] 刘丽巍，吴蕊. 新编股票投资学. 沈阳：东北财经大学出版社，2004. 7，39 - 41.

[43] 张艳. 我国房地产上市公司直接融资问题研究. 中国房地产，2008 (2).

[44] 万科股票有限公司可转换公司债券上市公告书. 2004.

[45] 吴定富. 保险原理与实务. 北京：中国财政经济出版社，2005.

[46] 徐一千，刘颖春. 房地产金融. 北京：化学工业出版社，2005.

[47] 王国军. 论中国房地产保险发展的误区 [J]. 上海保险. 2002 (5)：8 - 9.

[48] http：//www. circ. gov. cn/Portal0/default466. htm. 中国保险监督管理委员会网站.

[49] 曹建元. 信托投资学. 上海：上海财经大学出版社，2004.

[50] 陈淑贤，约翰·埃里克森，王诃. 房地产投资信托——结构、绩效与投资机会. 北京：经济科学出版社，2004.

[51] 张健. 房地产金融实务. 上海：上海财经大学出版社，2007.

[52] 龙胜平，高瑛. 亚洲房地产投资信托运作模式探讨. 商场现代化，2006 (7)：149 - 151.

[53] 张建新. 国外房地产投资信托发展的经验与启示. 经济与管理，2006 (12)：59 - 60.

[54] 北京国际信托投资有限公司网站 http：//www. bjitic. com/

[55] 陈怡，彭岩. 房地产融资理论与实务. 北京：中国建筑工业出版社，2005.

[56] 任淮秀. 项目融资. 北京：中国人民大学出版社，2004.

[57] 李春好，曲久龙. 项目融资. 北京：科学出版社，2004.

[58] 简迎辉，杨建基. 工程项目管理. 北京：中国水利水电出版社，2006.

[59] 戴大双. 项目融资. 北京：机械工业出版社，2005.

[60] 赵华，苏卫国. 工程项目融资. 北京：人民交通出版社，2004.

[61] 陈弘. 资产证券化 ABS 在大型房地产项目融资中的应用 [J]. 武汉大学学报（工学版）. 2004 (5)：106 - 110.

[62] 郑文娟，冯科. 项目融资模式在土地收购储备中的创新研究——以武汉市为例 [J]. 安徽农业科学. 2007 (35 卷 2 期)：560 - 561.

[63] 李恒毅. 房地产项目融资风险评估 [J]. 湖南经济管理干部学院学报. 2006 (9)：35 - 36.

[64] 赵旭. 商业房地产项目融资风险的模糊综合评价 [J]. 湖南城市学院学报. 2006 (1)：34 - 35.

[65] 冯宏伟. 我国房地产企业的融资策略研究 [J]. 资本运营.

[66] 滕跃. 中美房地产企业融资体系比较分析 [J]. 财经界. 2007 (11)：67 - 70.

[67] 刘志东，宋斌. 夹层融资的理论与实践. 现代管理科学 [J]. 2007 (5)：32 - 33.

[68] 艾静超. 欧洲迪斯尼乐园经营失败的环境分析. 长春理工大学学报 [J]. 2007 (3)：72 - 73.

[69] CS023：欧洲迪斯尼乐园项目融资案例. 卡耐基国际资讯网. http：//www. carnegie. com. cn/ReadNews. asp？NewsID＝1624.

[70] 汪丽娜著. 美国住宅金融体制研究. 北京：中国金融出版社，1999.

[71] 丁芸，马洪波，等. 房地产营销师教程. 北京：北京理工大学出版社，2006.

[72] 北京市住房公积金网站 http：//www. bjgjj. gov. cn/xwdt/200805/t20080509＿2464. html.

[73] 建设部网站 http：//www. cin. gov. cn/

［74］房地产法律适用全书. 北京：中国法制出版社，2006.

［75］马保顺，张燕妮. 房地产法法律适用依据与实战资料. 太原：山西教育出版社，2006.

［76］钱品石. 房地产法. 北京：高等教育出版社，2005.

［77］唐德华，高圣平. 房地产法及配套规定新释新解（上、下）. 北京：人民法院出版社，2005.

［78］黄乐平. 房地产开发经营全流程法律精解. 北京：法律出版社，2006.

［79］刘次邦，郑曙光. 金融法. 北京：人民法院出版社，中国社会科学出版社，2004.

［80］朱崇实，万建华. 金融法教程. 北京：法律出版社，2005.

［81］金融法律适用全书. 北京：中国法制出版社，2006.

［82］田耕. 我国房地产投资基金发展探讨. 商业时代，2007（12）.